브뤼노 라투르 : 정치적인 것을 다시 회집하기

브뤼노 라투르
Bruno Latour : Reassembling the Political
카이로스총서 73 Mens

지은이	그레이엄 하먼	펴낸곳	도서출판 갈무리
옮긴이	김효진	등록일	1994. 3. 3.
펴낸이	조정환	등록번호	제17-0161호
책임운영	신은주	주소	서울 마포구 동교로18길 9-13
편집	김정연	전화	02-325-1485
디자인	조문영	팩스	070-4275-0674
홍보	김하은	웹사이트	galmuri.co.kr
프리뷰	김지윤 · 안호성	이메일	galmuri94@gmail.com
초판 인쇄	2021년 4월 26일		
초판 발행	2021년 4월 30일		
ISBN	9788961952644 93100		
도서분류	1.철학 2. 정치철학 3. 인문학 4.서양사상		
값	23,000원		
종이	화인페이퍼		
인쇄	예원프린팅		
라미네이팅	금성산업		
제본	경문제책		

일러두기

1. 이 책은 Graham Harman의 *Bruno Latour : Reassembling the Political* (London : Pluto Press, 2014)을 완역한 것이다.

2. 외국 인명과 지명은 원어 발음에 가깝게 표기하려고 하였으며, 널리 쓰이는 인명과 지명은 그에 따라 표기하였다.

3. 인명, 지명, 책 제목, 논문 제목 등 고유명사의 원어는 맥락을 이해하는 데 원어가 꼭 필요하다고 생각되는 경우를 제외하고는 본문에서 원어를 병기하지 않았으며 찾아보기에 수록하였다.

4. 단행본과 정기간행물에는 겹낫표(『 』)를, 논문에는 홑낫표(「 」)를, 블로그 제목, 영화 제목에는 가랑이표(〈 〉)를 사용하였다.

5. 저자의 대괄호는 〔 〕를 사용하였고, 옮긴이가 이해를 돕기 위해 첨가한 내용은 [ ] 속에 넣었다.

6. 영어판에서 이탤릭체로 강조된 것은 고딕체로 표기하였다. 단, 영어판에서 영어가 아니라서 이탤릭으로 강조한 것은 한국어판에서 강조하지 않았다.

7. 지은이 주석과 옮긴이 주석은 같은 일련번호를 가지며, 옮긴이 주석은 *로 표시했다.

8. 한국어판 지은이 서문으로 옮긴이의 서문을 갈음한다는 옮긴이의 뜻에 따라 별도의 옮긴이 후기는 싣지 않는다.

차례

:: 라투르 저작 약어표

AIME *An Inquiry into Modes of Existence* [『존재양식들에 관한 탐구』] (2013).

BAB "Redefining the social link" [「사회적 연계를 재정의하기」] (1987).

BEC "Whose Cosmos, Which Cosmopolitics?" [「누구의 코스모스, 어떤 코스모폴리틱스?」] (2004).

COP "Coming out as a philosopher" [「철학자로서 고백하기」] (2010).

DBD "Let the dead (revolutionaries) bury the dead" [「죽은 (혁명가들)이 죽은 자들을 묻게 하라」] (2014).

EWC "The Enlightenment Without the Critique" [「비판 없는 계몽」] (1987).

GIFF "Facing Gaia" (the Gifford Lectures) [「가이아를 마주하며」(기포드 강연)] (2013).

INT "On Interobjectivity" [「상호객체성에 관하여」] (1996).

NBM *We Have Never Been Modern* (1993). [『우리는 결코 근대인이었던 적이 없다』, 홍철기 옮김, 갈무리, 2009.]

PA "The Powers of Association" [「연합의 힘」] (1986).

PF *The Pasteurization of France* [『프랑스의 파스퇴르화』] (1988).

PFM "How to Write 'The Prince' for Machines as Well as for Machinations" [「권모술수뿐만 아니라 기계를 위한 '군주론'을 쓰는 법」] (1988).

PH *Pandora's Hope* (1999). [『판도라의 희망』, 장하원·홍성욱 책임 번역, 휴머니스트, 2018.]

PIC *Paris : Invisible City* [『파리 : 보이지 않는 도시』] (1998).

PN *Politics of Nature* [『자연의 정치』] (2004).

PRG "Pragmatogonies" [「객체진화론」] (1994).

PW *The Prince and the Wolf* [『군주와 늑대』] (2011).

RAM "On the Partial Existence of Existing and Non-Existing Objects" [「존재하는 객체와 존재하지 않는 객체의 부분적 현존에 관하여」] (2011).

RD "From Realpolitik to Dingpolitik" [「현실정치에서 사물정치로」] (2005).

RGDV "Turning Around Politics" [「정치를 전환하기」] (2007).

SA *Science in Action* (1987). [『젊은 과학의 전선』, 황희숙 옮김, 아카넷, 2016.]

TPL "What if we *Talked* Politics a Little" [「정치를 조금 이야기했더라면 어떻게 되었을까」] (2003).

TSD "Technology Is Society Made Durable" [「기술은 오래 견디게 만들어진 사회다」] (1991).

UNS "Unscrewing the big Leviathan" [「거대한 리바이어던을 해체하기」] (1981).

객체지향 존재론(이하 OOO)과 라투르의 행위자-네트워크 이론(이하 ANT)은 지금까지 언제나 서로 가까웠지만, 뚜렷한 의견 차이가 나타나는 일도 때때로 있었다. 시카고에서 박사학위를 취득한 직후에 나는 운이 좋게도 라투르를 개인적으로 만날 기회를 얻게 되었다. 우리는 곧 친구가 되었으며, 나는 종종 그의 저작이 출판되기 전에 의견을 제시할 수 있게 되었다. OOO(객체)와 ANT(행위자)는 둘 다 세상에서 일어나는 모든 일에 대한 이유로 간주하는 개별적 존재자들에 집중한다. 그런데 ANT의 행위자는 그것이 다른 행위자들과 맺은 관계들에 의해 전적으로 규정되는 반면에, OOO는 실재적 객체를 그것의 모든 현행적 관계 및 가능한 관계 아래에 묻힌 비관계적 잉여물로 규정한다. 라투르와 나는 지금까지 언제나 정다운 친구였지만, 이런 철학적 입장 차이와 관련하여 가끔 불쾌한 언쟁을 벌이곤 했다. 2012년에 브라질 사우바도르다바이아Salvador da Bahia에서 내가 '철학자로서의 매클루언'이라는 제목으로 강연을 행한 학술회의가 끝난 후에 우리는 특히 격렬한 논쟁을 벌였는데, 그 강연은 『종과 호루라기』라는 책의 12장에 수록되었다.[1]

바로 이 무렵에, 나는 런던 소재 플루토Pluto 출판사로부터 라투르의 정치 이론에 관한 책을 저술할 사람을 추천해 달라는 요청을 받았다. 나는 그것을 그 주제를 이해하기 위한 드문 기회로 여기고서 나 자신이 그 책을 쓰겠다고 서둘러 자원했다. 나는 십여 년 동안 라투르의 모든 저작에 매혹되었지만, 그의 정치적 입장이 무엇인지에 대한 나의 생각은 결코 완전히 명백해지지는 않았다. 라투르가 좌파가 아님은 분명했지만, 그렇다고 라투르는 "부르주아 신자유주의자"라고 주장하는 잦은 비판도 단적으로 참이 아니라는 사실을 나는 알고 있었다. 우리가 대화를 나눈 세월을 살펴보면, 라투르는 일종의 정치적 자유주의자임이 분명한 한편으로, 영미식 자유시장 경제학을 불신한다는 점에서 전형적인 프랑스인이라는 것도 마찬가지로 분명했다. 이런 사실은 라투르가 최근에 출판한 『존재양식들에 관한 탐구』라는 유명한 저작에서 매우 명확히 드러나는데, 그 책에서 그는 공공연히 경제학을 세 가지 별개의 양식, 즉 애착(ATT)과 조직(ORG), 도덕(MOR)을 억압하는 잘못을 저지르는 것으로 분석한다.[2] 그렇다 하더라도 나는 아직 라투르의 실정적實定的 정치 이론을 분명히 이해하지 못했었다. 그런데 이런 종류의 불확실성은 일반적으로 어떤 책을 저술하기 위한 최선

---

1. Graham Harman, "McLuhan as Philosopher," in *Bells and Whistles : More Speculative Realism* (Winchester : Zero Books, 2013), 180~97.

2. Bruno Latour, *An Inquiry Into Modes of Existence : An Anthropology of the Moderns*, trans. C. Porter (Cambridge : Harvard University Press, 2012).

의 상황인데, 그 이유는 그런 상황이 추가적인 독서와 사변을 위한 강한 동기를 부여하기 때문이다.

정치에서 '좌익'과 '우익'이라는 용어들은 널리 이해되고 있지만, 근대성에서 비롯된 그것들의 철학적 근거는 그만큼 인식되고 있지는 않다. 궁극적으로 이들 용어는 정치 이론에서 이른바 '자연상태'에 관한 두 가지 다른 입장에서 유래한다. 어떤 문명이 존재하기 이전에 인간 행동은 어떠했는가? 인간은 야생 짐승처럼 행동하는 강간자이고 잔인한 도둑이었기에 어떤 정부 - 아무리 억압적이더라도 - 도 없는 것보다는 더 나은가? 마키아벨리, 홉스, 그리고 나중에 칼 슈미트와 같은 저자들에게서 알 수 있는 대로, 이것은 우익의 역사 이론이 되었다. 혹은 자연상태의 인간은 나중에 사회에 의해 다락되었을 따름인 친절하고 공유하는 평등주의자였던가? 루소의 저작과 그의 영향을 받은 맑스주의에서도 찾아볼 수 있는 대로, 이것은 좌익 판본의 역사 이론이 되었다. 결국 나는 라투르를 좌익과 우익 중 어느 진영에 속하는지 파악하기가 매우 힘들었던 이유를 깨닫게 되었는데, 그것은 그가 사실상 '자연상태'에 관한 이론을 결코 갖고 있지 않기 때문이다. 라투르의 경우에 인간 본성은 정치 이론에 관해서라면 정말로 중요하지 않은데, 그 이유는 라투르에 따르면 생명 없는 존재자들이 더 큰 역할을 수행하기 때문이다. 요컨대, 인간 실존은 문서, 반지, 장벽, 이름, 신분증, 그리고 은행 계좌 같은 비인간 존재자들에 의해 안정화된다. 라투르

의 경우에 인간이 '천성적으로 악한'지 아니면 '천성적으로 선한'
지 여부는 대체로 무의미한 것이 되는데, 그 이유는 인간의 결
정이 어떤 유의미한 역할을 수행하더라도 우리가 연루된 비인
간 존재자들의 네트워크가 우리의 정치적 운명을 궁극적으로
결정하는 것이기 때문이다.

　이처럼 자연상태의 중요성을 대단히 축소하는 것이 정치 이
론에 대한 라투르의 비근대적 접근법이 나타내는 한 가지 양태
다. 또 하나의 양태는 라투르의 경력에 걸쳐 더 서서히 출현하
는데, 그것은 라투르가 내가 '진리 정치'와 '권력 정치'라고 일컫
는 것들 사이의 또 다른 구분을 거부한다는 점이다. 이 구분은
좌익과 우익 사이의 구분과 같지 않은데, 그 이유는 이들 거대
한 근대적 진영 둘 다에 권력 정치인들뿐만 아니라 진리 정치인
들도 있기 때문이다. 라투르가 이런 새로운 대립을 극복하는 데
에는 더 오랜 시간이 걸리는데, 왜냐하면 그가 자신의 경력을
굳건한 권력 찬양자로서 시작한다는 단순한 이유 때문이다. 사
실상, 아무리 올바르더라도 어쨌든 패배하는 것은 한심한 일이
라고 라투르가 거듭해서 주장하는 대로, 그의 초기 저작들은
정치적 도덕주의자에 대한 경멸의 표현으로 가득 차 있다. 어쩌
면 당신은 자신이 진리를 알고 있다고 마음속으로 확신할 것이
지만, 당신이 그 진리를 세상에 성공적으로 펼칠 수 없다면 당
신의 노력은 허사가 된다. 빈번하게도 우리는 청년 라투르가 마
키아벨리와 특히 홉스를 찬양하는 것을 알게 되는데, 그것은

그들이 승리가 무엇보다도 더 중요함을 인식하고 있다는 이유 때문이다.

그런데 라투르 경력의 이런 초기 단계는 1991년 이후부터 새로운 정치 이론으로 교체된다. 『우리는 결코 근대인이었던 적이 없다』라는 유명한 얇은 책에서 라투르는 자신이 이전에 틀렸음을 공표한다.[3] ANT는 지금까지 언제나 과학적 진리를 해체함으로써 그것이 실재에의 직접적인 접근이 아니라 오히려 수많은 인간 행위자와 비인간 행위자의 상호작용으로부터 구성된다는 사실을 보여주었다. 하지만 동시에, ANT는 지금까지 정치적 권력을 해체하지 못하고서 그것이 언제나 옳은 자연력임이 명백하다고 간주했다. 이제 필요한 일은 정치적 권력이 불충분하다고 깨닫는 것인데, 왜냐하면 정치적 권력은 현재 권력을 지닌 자들이 인식하지 못하는 그런 존재자들을 고려해야 하기 때문이다. 1999년에 프랑스어로 처음 출판된 『자연의 정치』라는 책에서 라투르는 이런 주장을 매우 상세히 전개한다.[4] 라투르는 이전에는 과학자를 대체로 논쟁에서 이기고자 하는 권력 정치인으로 간주했던 반면에, 이제는 과학자를 아직 알려지지 않은 사물들을 찾아내는 야경꾼으로 다시 규정한다. 게다가

---

3. Bruno Latour, *We Have Never Been Modern*, trans. C. Porter (Cambridge : Harvard University Press, 1993). [브뤼노 라투르, 『우리는 결코 근대인이었던 적이 없다』, 홍철기 옮김, 갈무리, 2009.]

4. Bruno Latour, *Politics of Nature : How to Bring the Sciences Into Democracy*, trans. C. Porter (Cambridge : Harvard University Press, 2004).

라투르는 이전에는 도덕주의자를 한심하게도 이길 수 없으면 서 옳기만 하다고 비웃었던 반면에, 이제는 도덕주의자 역시 야 경꾼으로 다시 규정한다. 요컨대 도덕주의자는, 최근에 성전환 자들의 경우처럼, 지금까지는 사회가 멀리했지만 이제는 권리의 확장이 필요할 어떤 사람들을 찾아낸다.

이 단계 역시 라투르 정치 이론의 세 번째이자 마지막 단계 로 교체되는데, 여기서 라투르는, 최근에 출판된 『가이아를 마 주하며』라는 책과 『지구와 충돌하지 않고 착륙하는 방법』이라 는 책에서 볼 수 있는 대로, 자신의 초점을 또다시 권력과 승리 로 이동시킨다.[5] 이런 이행은 지구온난화를 둘러싼 기후 정치의 특정한 맥락에서 일어난다. 앞서 언급한 대로, 라투르는 중기 단계에 접어들면서 권력 정치에서 이전에 알려지지 않았던 것 에 대한 개방성에 초점이 맞춰진 정치 이론으로 이행했다. 자신 의 최종 정치 이론에서 라투르는, 기후변화 회의론자들이 우리 가 그런 변화가 실재적이라고 '확신'할 때까지 기후변화에 대한 어떤 행동도 계속해서 지연시키려고 개방성을 남용하는 방법에 관해 더 많이 우려한다. 라투르는 슈미트의 작업에 의존함으로 써 기후변화 회의론자들은 '적'이라고 주장하는데, 그리하여 그

---

5. Bruno Latour, *Facing Gaia : Eight Lectures on the New Climatic Regime*, trans. C. Porter (Cambridge : Polity, 2017) ; Bruno Latour, *Down to Earth : Politics in the New Climatic Regime* (Cambridge : Polity, 2018) [브뤼노 라투 르, 『지구와 충돌하지 않고 착륙하는 방법 : 신기후체제의 정치』, 박범순 옮김, 이음, 2021].

들은 더는 설득시킬 수 있는 대상이 아니게 된다. 이들 회의론자는 단적으로 무찔러야 하는데, 그 이유는 그렇게 하지 못한다면 인간 종 전체가 위험에 처할 것이기 때문이다.

이 책은 라투르의 고유한 정치철학에 대한 해설서로서 제시되지만, 독자는 필시 내가 이 기회를 이용하여 나 자신의 정치적 관념들도 고안했음을 알아차릴 것이다. OOO 정치 이론이 궁극적으로 어떤 형태를 취하든 간에, 그 형태는 필시 여기서 전개된 기본 관념들과 매우 유사할 것이다.

2021년 3월 3일
캘리포니아 롱비치
그레이엄 하먼

이 책의 주인공이 일부 독자에게는 생소할 것이라는 점을 참작하면, 그를 간단히 소개하는 것이 적절하다. 브뤼노 라투르는 1947년 6월 22일에 프랑스 부르고뉴 지방의 디종에서 남쪽으로 대략 50km 떨어진 본Beaune이라는 매력적인 소도시에서 태어났다. 라투르는 유명한 루이 라투르Louis Latour 와인 가문(보르도 근처의 샤토 라투르Château Latour와 혼동하지 말아야 한다)에 속하는 대가족의 막내다. 라투르는 자신의 소명이 와인 생산보다 지식인의 삶이라는 것을 일찍 깨달았고, 따라서 가족이 상당히 반대했음에도 불구하고 철학을 공부하기로 선택했다. 어쩌면 미래에 세계적으로 유명해질 첫 번째 징조는 1970년대 초에 라투르가 프랑스의 철학 교원자격시험인 아그레가시옹Agrégation에서 전체 수석을 차지했을 때 나타났을지도 모른다. 이런 뛰어난 결과를 참작하면, 외부 관찰자는 청년 라투르가 강단 철학자로서의 표준 경력을 선택했으리라 예상할 것이다. 그런데 라투르는 자신의 정신이 언제나 품어온 이단적 경향에 압도당함으로써, 오늘날까지도 기존의 대학 분과학문에 의거하여 서술하기가 어려운 경로를 밟게 되었다. 라투르는 아프리카에서 병역의무를 이행하면서 촉발된 인류학에의 관심에 힘입어 인류학자들이 세계에서 고립된 '원시'인들을 서술하는 데 사용한 것과 같은 견지에서 서양 과학을 서술할 과학의 인류학에 관한 자신의 착상을 얻게 되었다. 이 프로젝트를 계기로 라투르는 샌디에이고에 자리한 조너스 소크 연구소를 방문하게 되는데, 여기서 그는 연구 중인 과학자들을 관찰함으로써 영국인 사회학자 스티브 울거와 공동으로 자신의 첫 번째 저서인 『실험실 생활』을 출판한다. 겉보기에 반짝이는 경력에 접어들 무렵에 라투르는 오히려 미합중국의 한 명문 대학으로부터 배척당했으며, 몇십 년이 지난 후에 꼭 마찬가지로 고국 프랑스의 다른 한 대학으로부터도 회피당할 것이었다. 그 대신에 라투르는 파리의 국립광업학교 혁신사회학센터에 자리를 잡았는데, 그곳에서 라투르는 미셸 칼롱이라는 마음 맞는 동료를 만난 다음에 그와 함께 중요한 공동연구를 수행할 것이었다. 그후 이십 년이 더 지난 후에야 라투르는 국립광업학교를 떠나게 되는데, 그즈음에 그는 『프랑스의 파스퇴르화』와 『젊은 과학의 전선』, 『우리는 결코 근대인이었던 적이 없다』, 『판도라의 희망』 같은 영향력 있는 책들의 저자로서 국제적인 명사가 되었다. 2006년에 그는 시앙스포Sciences-Po라는 애칭으로 더 잘 알려진, 그 대단한 파리정치대학으로 옮겼다. 이 시기에 라투르는 인간과학에서 세계의 가장 저명한 인물 중 한 사람으로서 자신의 명성을 더욱더 공고화했는데, 이를테면 2008년에는 독일의 지크프리트 운젤트상을 받고 2013년에는 노르웨이의 홀베르그상을 받는 등 대단히 권위 있는 상들을 받았다. 라투르는 결혼하여 두 명의 성인 자녀 – 클로에라는 이름의 딸과 로뱅송이라는 이름의 아들 – 를 함께 둔 자신의 아내 샹탈과 파리 라탱 지구에서 살고 있다.

라투르는 사회과학에서 행위자–네트워크 이론(이하 ANT)으로 알려진 연구방법론의 창시자 중 한 사람인데, 그 이론은 어떤 상황에서든지 활동 중인 특정한 행위자들이나 행위소들에 대한 철저한 집중을 지지하면서 '사회' 혹은 '자본주의' 같은 포괄적인 분석 범주들을 거부한다. 그 낱말이 시사하는 대로, 행위자는 다름 아닌 자신의 행위에 의해서만 규정된다. 이로부터 두 가지 직접적인 결과가 생겨난다. 첫 번째 결과는, 혹자가 행위자들이 수행하는 공공연한 행위들의 배후에 감춰져 있다고 생각할 수도 있는 전통적인 객체들이나 본질들의 세계를 라투르가 없애버린다는 것이다. 달리 진술하면, 라투르의 세계는 명사보다 동사들의 세계, 실체보다 관계들의 세계다. 여기서 철학적으로 유사한 주요 인물들은, C.S. 퍼스와 함께 결과를 낳지 않는 사물은 결코 사물이 아니라고 천명한 미합중국인 실용주의 사상가 윌리엄 제임스,[1] 그리고 존재자는 자신의 관계들로 구성되고 어떤 존재자의 행위나 관계(혹은 '파악')의 배후에 감

---

1. William James, *Essays in Radical Empiricism* (Lincoln : University of Nebraska Press, 1996). [윌리엄 제임스, 『근본적 경험론에 관한 시론』, 정유경 옮김, 갈무리, 2018.]

취져 있는 근본적인 실체에 관한 모든 관념은 한낱 '공허한 현실태'에 불과한 것이라고 주장한 영국인 형이상학자 알프레드 노스 화이트헤드일 것이다.[2]

라투르 판본의 행위자-네트워크 이론의 두 번째 결과는 인간과 세계, 혹은 문화와 자연 사이에 설정된 전형적인 근대적 구분의 파괴다. 『우리는 결코 근대인이었던 적이 없다』라는 1991년에 출판된 라투르의 뛰어난 저서의 제목이 가리키는 대로, 이런 차이의 붕괴는 라투르에게 대단히 중요하다. 한 종류의 존재자는 (독립적으로 현존하고 시계장치처럼 기계적으로 정밀하게 작동하는) '자연적'인 것이고 다른 한 종류의 존재자는 (인간의 상대적인 의미와 가치를 차갑고 죽은 물리적 사물에 투사하는 데서 생겨나는) '문화적'인 것이라고 선언하는 어떤 임의적인 분류로 시작하기보다는 오히려 우리는 모든 존재자를 정확히 동일한 방식으로 고려함으로써 시작해야 한다. 말하자면, 그것이 중성자든 나무든 산이든 군대든 정치인이든 일각수든 막대인간이든 혹은 비행접시든 간에, 모든 행위자는 아무튼 실재적이다. 그 그림에서 일각수가 배제될 수 없는 이유는 그것이 동화의 구조와 아이들의 봉제 동물 수집품에 어떤 영향을 미치기 때문이다. 우리는 중성자가 일각수보다 더 실재적이라

---

2. Alfred North Whitehead, *Process and Reality* (New York: Free Press, 1979). [알프레드 노스 화이트헤드, 『과정과 실재』, 오영환 옮김, 민음사, 2003.]

고 말할 수는 없고, 다만 중성자가 일각수보다 더 강하다고 말할 수 있을 따름이다. 결국, 중성자는 자신의 현존을 증언하는 생물과 무생물의 더 좋은 동맹자가 일각수보다 더 많이 있을 따름이다. 진리는 어떤 외부 실재와의 빈틈없는 일대일 대응의 문제가 아니라, 주로 동맹자들을 회집하는 데 있어서 강함의 문제다. 정치철학의 견지에서, 이런 진리관은 초기 라투르가 철학자 토머스 홉스를 애호한 사실과 관련되어 있다. 홉스의 경우에는 리바이어던이 최고의 권위라는 점이 떠오르는데, 종교적 진리나 과학적 진리에 대한 모든 초월적인 호소에는 사회의 진리보다 더 고등한 진리에의 접근권을 주장하는 프리랜서 반체제 인사를 만들어낼 위험이 수반된다. 홉스의 경우에 그런 주장은 우리를 내전으로 빠져들게 할 수 있을 뿐이다. 라투르의 경우에도 역시, 행위자들의 다양한 관계적 네트워크를 넘어서 어떤 초월적 진리와 직접 접촉한다는 모든 주장은 인간 행위자와 비인간 행위자 사이의 불가피한 협상 ─ 우리에게 주어지는 유일한 실재를 구성하는 것 ─ 을 회피하려는 시도에 불과하다.

존재자는 오롯이 그 효과에 의거하여 고려되어야 한다는 단호한 주장을 견지하는 라투르와 그의 동료들은 지금까지 사회과학 전체를 산불처럼 휩쓸면서 수천 명의 신봉자를 낳은 강력한 방법을 제공한다. 그런데 바로 이 방법으로 인해 지금까지 라투르는 많은 과학적 실재론자에게서 비난을 받았는데, 그들은 라투르가 어떤 초월적 외부 세계와 대응하는 것으로서의 진리를 제거한 행위를 혐오하며, 그리고 과학적 진리를 생산하는 네트워크가 정치 투쟁에서 나타나는 네트워크와 그 종류가 다르지 않다는 라투르의 단언을 마찬가지로 혐오한다. 더 일반적으로 라투르는 '사회적 구성주의자'로 분류되었는데, 그 호칭은 라투르의 경우에 '사회'는 언어와 규율 행위에 못지않게 광자와 행성, 버섯도 포함한다는 점을 덧붙일 때에만 사리에 맞다. 라투르가 철학에 이바지한 바를 더 철저히 옹호하는 논변에 대해서는 2009년에 출판된 『네트워크의 군주』라는 나의 책을 참조할 것을 독자들에게 권한다.[3]

그런데 이 중 어느 것도 라투르의 철학에 관한 마지막 말이 아닌 이유는 최근에 그가 『존재양식들에 관한 탐구』라는 제목이 붙은 한 권의 무겁고 체계적인 책을 출판했기 때문인데, 이 책에서는 이전의 행위자-네트워크 접근법이 재배치되면서 엄격한 제한을 받게 된다. 초기 라투르는 모든 인간 존재자와 비인간 존재자를 행위의 단일한 평면으로 평탄화한 반면에, 후기 라투르는 실재 역시 서로 융합되지 말아야 하는 다수의 다른 구역 혹은 '양식'으로 분할된다고 역설한다. 단지 한 가지 예를 들면, 과학과 종교, 정치, 법은 다음과 같이 쉽게 대조된다. 과학은 외부 세계에 현존하는 것에 대한 준거를 확립하려고 시도함

---

3. Graham Harman, *Prince of Networks: Bruno Latour and Metaphysics* (Melbourne: re.press, 2009), 85~95. [그레이엄 하먼, 『네트워크의 군주: 브뤼노 라투르와 객체지향 철학』, 김효진 옮김, 갈무리, 2019.]

으로써 작동하며, 그것이 이 규준을 얼마나 잘 충족하는지에 따라 판정된다. 그런데 이런 동일한 규준이 정치에서는 터무니없을 것인데, 정치가 어떤 외부 실재와 대응하는 정치적 진술을 제기하는 단순한 실천이 아님이 명백한 이유는 성공하고자 한다면 표리부동하거나 온화하게 악수를 하거나 대중의 감정을 자극할 필요가 종종 있기 때문이다. 법의 경우에도 외부 세계와의 대응은 좋은 규준이 아닌데, 법은 외재적 사실과의 대응을 확립하기보다는 오히려 문서와 선례, 증거를 연계하는 데 관여하기 때문이다. 완벽히 정당한 법적 상소인이, 프란츠 카프카의 소설 『심판』에서 극단적인 형태로 나타난 대로, 마감일을 놓치는 일이나 절차상 하자와 같은 명백히 사소한 것들로 인해 여전히 재판에서 질 수 있다. 오늘날 서양 지식인들 사이에서 그 위신이 아무리 낮더라도, 종교라는 기묘한 사례도 있다. 여기서 또한 라투르는, 실천적으로 믿는 가톨릭교도로서, 종교는 외부 세계에 자율적으로 현존하는 실재적인 유일신과의 대응 문제가 아니라는 이단적으로 들리는 진술을 과감하게 표명하는데, 그리하여 오히려 종교는 순전히 내재적인 의례 및 진행 방식과 관계가 있다. 라투르의 후기 철학의 핵심 원리는, 각각의 존재양식이 여타의 존재양식에 적용될 수 있는 조건들과 혼동되지 말아야 하는 자신의 고유한 '적실성 조건,' 즉 진리를 확립하는 독자적인 방식을 갖추고 있다는 것이다.

이런 식으로 서두에 제시된 요약은 이어지는 장들을 이해하는 데 충분할 것이다. 그의 저작을 읽는 데 관심이 있는 라투르의 초심자에게 나는 좋은 출발점으로서 『우리는 결코 근대인이었던 적이 없다』라는 책을 권하고 싶다(나 자신이 그 책으로 시작했다). 『젊은 과학의 전선』과 『판도라의 희망』 역시 라투르의 행위자-네트워크 이론 단계에 대한 훌륭한 일반 개요를 제공하는데, 『사회적인 것을 다시 회집하기』라는 나중의 저작도 그러하다. 라투르의 최신 저서 『존재양식들에 관한 탐구』는 어쩌면 먼저 오르기에는 가장 좋은 언덕이 아닐 것인데, 그 이유는 그 책이 라투르의 초기 경력에 이미 익숙한 사람들에게 훨씬 더 잘 이해될 것이기 때문이다.

플루토 출판사가 브뤼노 라투르의 정치철학에 관한 책을 누가 저술해야 하는지에 대한 조언을 요청했을 때, 나는 나 자신이 그 일을 맡아서 하겠다고 강력히 요구했다. 그 이유는 내가 스스로 그 주제에 관한 전문가로 생각했었기 때문은 아니었다. 나는 라투르의 저작에 매혹되어 여러 해를 보냈고 그의 형이상학을 재구성하는 한 권의 온전한 책을 저술했음에도 불구하고,[1] 여전히 라투르의 정치철학을 명료하게 이해하지 못했었다. 라투르의 정치적 관념들은 좀처럼 집중된 형태로 나타나지는 않더라도 이따금 그의 저작 선제에 걸쳐서 씨앗처럼 흩이져 있었고, 때로는 네트워크와 접속하고 네트워크에서 벗어나는 행위소들의 투쟁과 동일시된 그의 정치가 실재 전체와 일치하는 것처럼 보였다. 이들 사례 모두에서 어떤 정합적인 정치철학이 라투르의 저작에서 다시 회집할 수 있을지는 의심할 만한 것처럼 보였다. 그런데 이 프로젝트가 마무리될 무렵에 모든 의심이 사라져 버렸으며, 나는 다음과 같은 세 가지 논점을 확신하게 되었다. 첫째, 라투르의 작업은 그가 경력을 시작한 시점부

---

1. Harman, *Prince of Networks*. [하먼, 『네트워크의 군주』.]

터 지금까지 줄곧 철저히 정치적이었다. 둘째, (통상적으로 좌파에서 비롯되는) 라투르의 정치철학에 대한 일반적인 비판은 단지 가장 지엽적인 쟁점에 그를 끌어들일 수 있을 따름이었다. 그리고 셋째, 라투르의 정치 이론에 아무리 많은 실제적 세부 사항이 빠져 있더라도, 그의 작업은 정치철학의 미래라는 표제 아래서 수행된 대다수의 더 잘 알려진 이론적 작업보다 그 미래에 더 가까이 있다.

처음에 내가 느꼈던 당혹감에도 불구하고, 이 책을 위한 연구는 철저한 무지에서 시작되지는 않았다. 『네트워크의 군주』에서 나는 철학자로서의 라투르가 지닌 역사적 중요성을 주장했으며, 그리고 이런 중요성으로 인해 혁신적인 것들이 담긴 그의 마법 상자가 우리에게 정치적 풍경에 대한 새로운 모형을 가져다주리라 추측할 만했다. 오래전부터 내가 보기에, 좌익Left 대 우익Right이라는 우리의 기본적인 정치적 스펙트럼은 1991년에 출판된 『우리는 결코 근대인이었던 적이 없다』라는 고전에서 라투르가 사실상 파괴한 근대적 존재론과 구제할 길 없이 얽혀 있었는데, 그런데도 대다수 철학자와 활동가는 여전히 이런 좌익/우익 도식에 의해 움직인다. 라투르가 이해하는 대로, 근대성은 이쪽에는 기계론적 자연이 자리하고 저쪽에는 임의로 구축된 사회가 자리하는 분류학적 균열에 근거를 두고 있다. 존재론에는 귀결이 뒤따르고, 따라서 이런 근대적 존재론의 결과로서 자연과 문화의 이원론은 정치가 인간사의 참된 본성에 관한 지식에 기반을 두거나 혹은 지식은 존재하지 않기에 지배를 위한 투쟁으로 대체되어야 한다는 확신에 기반을 두게 하는 도식을 제시하게 된다. 우리는 이들 두 가지 선택지를 '좌익' 정치와 '우익' 정치라고 일컫기보다는, 오히려 입자물리학에서 쿼크를 분류하는 경우와 마찬가지의 기발한 정신을 갖추고서 일시적으로 '하익'Down 정치와 '상익'Up 정치라고 일컬을 수 있을 것이다. 그런데 상익과 하익 사이의 분열이 좌익과 우익 사이의 구분과 일치하지 않는다는 점은 이미 명백할 것인데, 그 이유는 후자의 성향들이 정치의 두 가지 모형 아래 존재할 수 있고 존재하기 때문이다.

하익 정치는 무지에 대립적인 것으로서의 지식에 관한 정치철학으로 여겨진다. 그것은 좌익 형태와 우익 형태 둘 다로 나타난다. 좌익 형태의 하익 정치는, 인간은 사유하는 존재자이자 양도할 수 없는 권리의 소지자로서 평등하다는 혁명적인 견해를 견지한다. 인간이 현재 그런 권리를 누리지 못한다면, 인간이 지속하는 불평등의 희생물이 된다면, 그 이유는 인간이 어떤 감춰진 힘 — 역사의 우연적인 부착물, 특권을 지닌 집단의 이기적인 이데올로기, 그리고 어쩌면 심지어 그들 자신의 무지 — 에 의해 차단당하기 때문인데, 그리하여 인간은 그들을 어둠에서 해방할 교양 있는 선봉이 필요할 것이다. 이런 모형 아래서 핵심적인 정치 행위는 반대인데, 그 이유는 현행의 권력이 진리에 부합할 리가 거의 없을 것이기에 그것에 대항하고 그것을 교체하여야 하기 때문이다. 약자는 일반적으로 강자보다 더 옳은데, 그리스도교 성서가 서술하는 대로, "집 짓는 자들이 버린 돌이 모퉁이의 머릿돌이 되었다."[2] 경제적 및 군사적 권좌에 여전히 앉아 있는 서양은 우리가 세계를 평등주의적 진리의 형상대로 재건하지 못하게 막는 무시무시한 범죄와 기득권의 역사적 현장으로서 피학적인 자기 비난의 대상이 되어야 한다. 항의, 권위와 전통을 향한 야유, 참여에의 거부, 그리고 '권력에 진리를 말하기'가 진정으로 정치적인 태도를 나타내는 징표가 된다. 지난 십 년에 걸쳐 이런 형태의 좌익주의가 내가 작업하고 있는 대륙철학이라는 하위분야에서 되살아났다. 급진적인 강성 좌익 입장들이 1990년대의 사회적 구성주의 계열의 자유주의적 좌익주의 ― 지금은 편협한 언어 게임의 궤변으로 대개 일축당하는 입장 ― 를 거의 대체했다. 혁명석 선동가인 알랭 바디우와 슬라보예 지젝이 우리 시대를 상징하는 대륙사상가들이 되었다.

그런데 하익 정치는 덜 빈번하지만 우익 형태로도 나타난다. 이 경우에는 추정상의 정치적 지식에 힘입어 보편적인 인간 평등에 이르게 되는 것이 아니라, 오히려 대중에 대한 철학자들의 명백한 우월성에 이르게 된다. 포위된 이들 영웅은, 국기에 대한 고분고분한 맹세와 관대한 생활양식에의 안이한 헌신, 그리

---

2. *Psalms* 118:22, New International Version. [「시편」 118장 22절, 『공동번역 성서』, 대한성서공회, 2001.]

고 심지어 "일반인에게는 진리이고, 철학자에게는 거짓이며, 권력자에게는 유용한"[3] 종교에의 헌신에 의해 눈이 멀게 된 다수의 열등한 사람 속에서 아무튼 현존해야 한다. 그리하여 철학자들이 실제로 얼마나 위험한지 대중이 알아채지 못하게 함으로써 철학자들이 추방당하거나 심지어 독살당하지 않게 할 방법이 중요한 정치적 문제가 되었다. 이 방법은 암호화된 은밀한 글과 결합한 공개적인 영리한 수사법이 필요하며, 때때로 노골적인 정치적 기만도 필요하다. 세상에 대한 이런 관점은 플라톤의 『국가』에서 찾아볼 수 있으며(문자 그대로 간주할 때에만 그렇더라도), 오늘날에는 최근의 미합중국 정책에 미치는 영향력이 상당한 레오 스트라우스의 수많은 추종자 사이에서도 나타난다.

하익 정치의 좌익 형태와 우익 형태가 공유하는 깃은 정치가 진리의 형상대로 구축되어야 한다는 관념이며, 그리고 진리가 혁명적인 폭력이나 아니면 신중한 귀족주의적 풍자를 통해서 처리해야 하는 갖가지 불행한 장애물을 맞닥뜨린다는 관념이다. 두 가지 형태는 모두 누군가 ─ 노동계급 전체, 혁명적인 전위, 혹은 뛰어난 철학자 ─ 가 진리에 접근할 수 있다는 것을 전제로 한다. 그러므로 우리가 무매개적인 정치적 지식 같은 것은 전혀

---

3. Edward Gibbon, *The Decline and Fall of the Roman Empire* (New York : Modern Library, 2003), 19. [에드워드 기번, 『로마제국 쇠망사 1』, 윤수인·김희용 옮김, 민음사, 2008.]

없다는 사실을 알아낸다면 이들 정치철학은 모두 붕괴할 것임이 틀림없다. 그리고 라투르가 모든 형태의 무매개적 지식에 대한 치명적인 적이라는 점을 참작하면, 그는 이들 입장 중 어느 것과도 공유하는 것이 전혀 없다는 사실이 분명하기 마련이다. 라투르에게는 어떤 이상적인 형태의 사회에서 구현될 초월적 진리가 전혀 없다. 그러므로 우리는 하익 정치를 '진리 정치'로 다시 명명할 수 있을 것인데, 그 이유는 그것이 진리이기 때문이 아니라 그것이 스스로 진리를 지니고 있다고 생각하기 때문이다. 좌익 및 우익의 진리 정치에서 바라보면 라투르는 단지 소피스트처럼 보일 수 있을 따름인데, 왜냐하면 그가 진리에 관한 직접적인 지식에 대한 모든 주장을 거부하기 때문이다.

이렇게 해서 우리는 상익 정치에 이르게 되는데, 그렇게 명명된 이유는 그것이 외앙을 관장하는 어떤 근본석인 신리 위에 정치를 정초하지 않기 때문이다. 오히려, 정치는 초월적인 항소법원이 전혀 없는 권력 투쟁이 되는데, 이를테면 자신의 입지를 위해 권력을 장악하는 것이 목적 자체가 되는 만인에 대한 만인의 전쟁이 된다. 좌익 형태의 상익주의는 포스트모더니즘 지식인들의 정체성 정치뿐만 아니라 욕망은 무한히 창조적이기에 그것을 순화하는 어떤 사회적 제약의 구속도 받지 말아야 한다는 주장에서 친숙하게 나타난다. 우익 형태의 상익주의는 토머스 홉스에게서 찾아볼 수 있는데, 홉스는 종교와 과학에 초월적 호소가 주권자 리바이어던의 음울한 권력을 공격함으로써 내전을 초래할 것이라는 두려움을 품고 있었다. 그것은 또한 어두운 독일인 사상가 칼 슈미트에게서 찾아볼 수 있는데, 그에게 정치는 모든 공통 기반이 사라질 때, '예외상태'가 선언될 때 시작하며, 그리고 정치는 언제나 그런 것, 즉 모든 경쟁자를 동지와 적으로 가르는 사투로 드러난다. 적은 사악하고 타락한 사탄으로서 소멸시켜야 하는 것이 아니라 그냥 물리쳐야 하는데, 그 이유는 적에 관한 모든 도덕주의적 견해는 상익 정치의 지지자들에 따르면 존재하지 않는 정의와 선[※]에 대한 어떤 초월적 관점이 필요할 것이기 때문이다.

상익 정치의 좌익 형태와 우익 형태가 공유하는 것은 정치가 자신의 분쟁을 해결하기 위해 어딘가 다른 곳에 있는 진리에 호소할 수 없다는 감각인데, 그 이유는 정치 자체가 바로 궁극적으로 진리이기 때문이다. 모든 투쟁은 우리의 동지가 이길 것이고 우리의 적이 패배할 것이라는 희망을 품고서 벌이는 권력 투쟁 혹은 생존 투쟁이지, 진리를 위해 허위에 맞서는 투쟁이 아니다. 투쟁 자체 너머에 옳고 그름에 대한 기준이나 좋고 나쁨에 대한 기준이 존재한다는 것이 증명된다면 상익 정치철학의 두 가지 형태는 모두 틀림없이 붕괴한다는 점을 인식하자. 상익 정치는 이미 널리 알려진 용어인 '권력 정치'로 다시 명명될 수 있다. 그런데 라투르가 진리 정치에 거리를 두고 있음은 매우 명백하기에 진리 정치 진영에 속한다는 이유로 그를 비난할 사람은 결코 아무도 없을 것이지만, 한편으로 그가 권력 정치 진영과 맺은 관계는 공모와 모호성을 훨씬 더 많이 드러낸다. 사실상, 그의 경력에서 장기간 동안 라투르는 권력 정치 이론가로 오인되었을 뿐만 아니라 여러 가지 면에서 실제로 그러했다. 그렇다 하더라도 라투르의 경력 전체는 권력 너머에 있는 실재에 접근할 수 있는 어떤 권리를 되찾기 위하여 한낱 행위소들의 권력 투쟁에 불과한 정치에서 벗어나려는 오랜 노력으로 해석될 수도 있을 것이다.

이제 우리는, 둘 다 좌익 형태와 우익 형태로 나타나고 둘 다 라투르가 자신의 경력을 바쳐 파괴한 근대주의적 이원론에서 생겨난 진리 정치와 권력 정치 사이의 근대적 교착 상태를 마주하자. 진리 정치는 인간 문화의 피상성보다 인간 본성의 진리를 선호하고, 권력 정치는 인간 본성의 환상에 불과한 깊이보다 인간 문화의 내재성을 선호한다. 이 책의 후반부에서 우리는 진리 정치와 권력 정치를 파괴하려는 라투르의 시도가 정치적 좌익과 우익 역시 해체하게 되는지 여부를 고찰할 것이다. 한편으로, 라투르를 '부르주아 신자유주의적 가톨릭교도'로 일축하거나, 혹은 어떤 인기영합적인 흐릿한 수사적 표현으로 일축하지 말아야 한다. 거의 모든 대안적 견해를 '반동적'이라고 묘사하는 것은 혁명적 좌익의 두드러진 악덕이지만, 라투르는 결코 반동주의자가 아니다. 사정은 이보다 훨씬 더 미묘하다. 라투르가 실행하고자 하는 것은 진리 정치와 권력 정치의 근대주의적 딜레마를 내가 '객체 정치' ─ 라투르가 사물정치와 객체지향 정치철학 같은 용어들을 사용한 사실을 참조한 용어 ─ 라고 일컬을 것으로 대체하는 것이다. 라투르는 진리 정치나 권력 정치의 악덕에 굴복하지 않는 객체 정치를 규정할 수 있는가? 라투르는 존 듀이를 활용함으로써 객체 정치에 대한 실용주의적 계보를 확립하는 데 성공하는가? 다가오는 생태적 재난의 시대는 라투르가 제시하는 방식으로 객체 정치를 정말로 수반하는가? 더 일반적으로, 객체 정치는 그저 광범위한 형이상학적 결과를 낳기보다는 오히려 구체적인 정치적 결과를 낳는 실행 가능한 프로그램인가? 이것들은 이 책을 저술하는 데 지침이 된 의문 중 몇 가지다.

그런데 또한 나는, 라투르가 앞서 개관된 네 가지 정치적 입장(좌익 진리 정치와 우익 진리 정치, 좌익 권력 정치와 우익 권력 정치)과 관련하여 전적으로 중립적인 중개인이 아니라는 점을 시사했다. 긴가민가하다면, 라투르의 정치철학은 대충 다음과 같이 요약될 수 있다. 라투르는 정치적 권역에 생명 없는 존재자들을 추가하는, 자유주의적 성향의 홉스주의자다. 총으로 위협당하면서 앞서 제시된 네 가지 입장 중 하나를 선택하라고 강요받는다면 라투르는 필경 우익 권력 정치의 홉스/슈미트 극을 선택할 것인데, 그렇더라도 이들 저자에서 나타나는 무자비한 권위주의와 반동의 요소는 들어있지 않다. 십오 년 동안 내가 개인적으로 알고 지낸 (유권자와 시민, 뉴스 독자로서의) 라투르는 사악한 마키아벨리주의적 체스 경기자가 아니라 진보적 성향을 지닌 정치적으로 자비로운 프랑스 중도파 인물이라고 나는 어느 정도 자신있게 말할 수 있다. 그런데 라투르의 철학이 정치 행위를 견인할 수 있을 초월적 진리를 위한 어떤 여지도 남기지 않는 한, 정치철학자로서의 라투르는 홉스와 슈미트에게 매료된다. 라투르의 가톨릭주의가 초월적인 유일신이 없는 채로 의례와 진행 절차로만 이루어진 이단적 종교에 가까운 것과 꼭 마찬가지로, 그의 학문은 물자체가 없는 내재적인 네트워크들에 관한 학문이다. 라투르를 맑스 추종자라고 일컫는 것은 터무니없을 것이지만, 그를 슈미트 추종자라고 일컫는 것은 그리 어처구니가 없지는 않을 것이다. 하지만 홉스가 훨씬 더 좋은 비교 대상이다. 2012년 7월에 라투르와 나는 코파카바나 해변의 보도에서 맞닥뜨리고서 이 책에 대한 나의 계획을 잠깐 논의했다. 나는 그에게 정치철학에 대한 초기의 열광에 관해 물었고, 그는 아무 망설임도 없이 "홉스"라고 대답했다. 뒤돌아보면, 그것은 물어볼 필요가 거의 없는 질문이었다. '왕'王이라는 낱말을 직서적 의미로 이해하기보다는 오히려 상징적 의미로 이해하면, 라투르는 1991년에 홉스에 관해 요약하면서 자신에 관해서도 마찬가지로 언급하고 있었을 것이다.

시민들이 이 낮은 지상 세계를 관장하는 권위에 의해 박해를 받을 때 탄원할 권리가 있다고 느끼게 하는 초자연적인 존재자들이 현존하는 한, 내전이 맹위를 떨칠 것이다. 과거 중세 사회의 충성심 – 신과 왕에 대한 충성심 – 은 모든 사람이 신에게 직접 간청하거나, 혹은 자신들의 왕을 고를 수 있다면 더는 가능하지 않게 된다. 홉스는 시민적 권위보다 더 상위의 존재자에 호소할 모든 가능성을 지워버리기를 원했다. 그는 초월성에의 어떤 접근도 차단하는 동시에 가톨릭적 통일성을 재발견하기를 원했다(NBM, 19).

종교가 유일한 문제인 것은 아닌데, 왜냐하면 홉스는 과학에 의한 자연에의 초월적 호소도 거부하기 때문이다. 홉스가 진공의 현존을 증명하는 로버트 보일의 실험을 수용하지 않았다는 사실을 고려하자. 라투르가 자세히 서술하는 대로,

홉스는 묻는다. 어떻게 한 사회가 사실의 비참한 토대 위에 평화롭게 단결하도록 구축될 수 있는가? 홉스는 특히 현상의 규모에 있어서 상대적인 변화에 짜증을 낸다. 보일에 따르면 물질과 신의 권능에 관한 거대한 물음들은 실험적 해결의 대상일 수 있는데, 이 해결책은 부분적이고 그다지 대단하지는 않을 것이다. 이제 홉스는 제일 철학의 존재론적 이유와 정치적 이유로 인해 진공의 가능성을 부정하면서 계속해서 눈에 보이지 않는 에테르가 존재해야만 한다고 주장하는데, 보일의 작업자가 너무나 숨이 차서 그의 펌프를 작동시키지 못할 때도 그렇게 주장한다(NBM, 22).

앞서 언급된 네 가지 정치철학은 각각 명백한 위험에 처한다. 진리 정치의 엘리트 집단이 자신들이 주장하는 진리의 이름으로 사회를 재건하고자 할 때는 스탈린주의적 위험이나 플라톤주의적 위험이 존재하는데, 모든 결과는 가증스러울 것이다. 그리고 진리가 바람에 날려가 버리고 오로지 투쟁만이 남게 될 때 권력 정치는 마키아벨리주의적 위험뿐만 아니라 상대주의적 위험에도 직면하는데, 결국 투쟁 자체를 넘어서는 어떤 것에도 의지하지 못하게 된다. 라투르의 정치철학에 관한 나의 구상은, 라투르가 초월적인 항소법원이 없는 기본적으로 홉스주의적인 틀로 시작한 후에 점차적으로 이런 입장의 결점을 직시하게 된다는 것이다. 라투르가 우리의 정치적 무지를 점점 더 단언한다는 사실은 절대적 지식의 초월적 세계에 의지하지 않은 채로 권력 정치의 날카로운 테두리를 눈화할 수 있을 기준을 찾아내고자 하는 그의 투쟁을 가리키는 하나의 지표다. 이렇게 해서 라투르는 슈미트를 거쳐 월터 리프먼과 존 듀이 사이의 논쟁에 이르게 되고, 그리하여 투쟁이 스스로 배양되기보다는 오히려 외부의 자극물에 의해 촉발되는 '객체지향' 정치에 이르게 된다. 그런데 또한 나는 라투르의 해결책이 여전히 그가 처음에 설정한 홉스주의적 지평 안에 너무나 국한되어 있어서 권력 정치에서 완전히 벗어날 수 없다고 주장하는데, 그리하여 라투르는 언제나 맑스나 루소보다 슈미트에게 여전히 더 매혹된다. 그런데도 어떤 의미에서는 라투르가 진리 정치를 통째로 집어삼키는 사람들보다 정의로움에 더 가까이 있다. 더욱이, 라투르가 비인간을 정치적 권역에 도입한 점에 대해 지금까지 비판자들이 아무리 곤혹스러워했더라도, 기후 정치의 시대가 이미 도래하였기에 라투르의 객체 정치는 다양한 유형의 현대 정치철학 중 어느 것보다도 가이아로 가는 더 유망한 길임이 확실하다.

1장에서는 기본적인 논의 사항들을 설정하면서 라투르의 정치철학을 탐색하는 데 필요한 지침이 되는 문제와 실마리들을 살펴본다. 2장, 3장, 그리고 4장에서는 내가 (틀림없이 얼마간 진부한 표현으로) 초기 라투르, 중기 라투르, 그리고 후기 라투르라고 지칭할 단계에서의 정치철학을 고찰한다. 지금까지 대다수 철학자가 해당 철학자의 학문이 무르익은 어느 시점에 기계적으로 초기, 중기, 그리고 후기 단계로 분할되었지만, 라투르의 경우에는 그렇게 분할할 정당한 이유가 있음이 입증될 것이다. 5장에서는 좌파에서 제기되는 라투르에 대한 다양한 비판을 고찰하는데, 나는 이들 비판을 진리 정치에 기반을 둔 비판으로 재해석할 것이다. 이들 비판은 그 수가 예상보다 더 적은데, 그 이유는 라투르에 관한 방대한 문헌이 정치에 관한 한에 있어서 아직 그다지 방대하지 않기 때문이다. 6장의 주제는 권력 정치의 좋은 우익 모범으로서의 칼 슈미트인데, 여기서는 슈미트에 대한 다양한 우파적 및 좌파적 평가가 라투르의 고유한 평가와 어떻게 다른지 고찰한다. 7장에서는 리프먼과 듀이 사이에 벌어진 논쟁을 살펴보는데, 현재 이 논쟁은 라투르가 정치를 이해하는 방식의 핵심 중 하나다. 마무리하는 8장에서는 이 책의 다양한 실을 함께 묶고 라투르의 여파로 정치철학이 어떻게 변할 것인지 전망한다.

　나의 지도 원리 중 하나는 브뤼노 라투르가 말하지 않은 것을 말했다고 하지 않는다는 것이었다. 라투르는 살아 있고 잘 지내고 있으며 여전히 지적 전성기에 있기 때문에, 아렌트, 흐로티위스, 제퍼슨, 로크, 크세노폰, 혹은 그가 거의 언급하지 않았거나 전혀 언급하지 않은 다른 인물들의 정치철학에 관하여 라투르가 어쩌면 이야기할 내용을 짐작하는 것은 내가 나설 일이 아니다. 나는 라투르가 맑스와 더 오랫동안 관계를 맺으면서 어쩌면 언급할 바에 관해서도 짐작하지 않을 것이다. 사실상 이것은 내가 라투르 자신이 논의한 정치철학자들에 관해 대체로 언급했음을 뜻한다. 이렇게 내린 결정의 결과 중 하나는, 6장에서는 슈미트를 직접 다루고 7장에서는 리프먼과 듀이를 직접 다루는 반면에(그들은 모두 사후에 라투르와 대화를 나누었다), 5장에서는 맑스와 푸코를 직접 다루기보다는 오히려 라투르에게 비판적인 좌파 논평자들을 다룬다는 것이다(지금까지 라투르는 맑스와 푸코를 단지 지나는 길에 다루었을 뿐이기 때문이다).

　라투르가 철학자로서 가장 진지하게 여겨지는 나라는 여전히 네덜란드인데, 네덜란드는 그의 저서들이 혼란스러운 갖가지 서가에 걸쳐 흩어져 있기보다는 일반적으로 '철학' 섹션에서 함께 판매되는 지구에서 유일한 곳이다. 그러므로 라투르의 정치 철학에 관하여 세 명의 네덜란드인 저자 – 제라드 드 브리스, 누르츠 마레, 그리고 페르 쇼우텐 – 가 여타의 저자보다 나에게 더 많이 가르쳐 준 것은 확실히 우연한 일이 아니다. 운이 좋게도 나는 그 세 저자를 모두 개인적으로 알고 있기에 내가 그들에게 진 빚은 앞으로 인용될 그들의 작업을 훌쩍 넘어선다.

플루토 출판사의 윌 바이니는 이 프로젝트와 관련하여 나와 접촉한 사람이고, 『사회적인 것을 다시 회집하기』라는 라투르 자신의 저서를 참조하여 기억하기 쉬운 부제를 제안한 당사자이기도 하다. 그의 후임인 데이비드 캐슬은 이 책의 마무리가 뜻밖에 지연된 사태를 침착하게 견뎌낼 정도로 인내심이 대단한 인물이었다. 앤서니 와인더의 대단히 기민한 편집 덕분에 내 글의 실이 크게 향상되었나. 나는 또한 게인스빌 소재 플로리다 대학교의 조지 A. 스매더스 도서관의 직원에게 감사해야 하는데, 그는 나를 마치 그 대학의 교직원인 것처럼 대우했다. 2000년 이래로 내가 근무한 카이로 소재 아메리칸대학교 역시 이 책을 저술하기 위한 연구비를 관대하게 제공한 점에 대해 감사를 받아야 마땅하다.

그런데 나는 나의 광적인 저술 계획과 갖가지 다른 일을 견뎌낸 나의 아내 네클라 데미르 하먼에게 가장 큰 빚을 졌다. 내아내의 한결같은 지원이 없었더라면 앙카라에서 거주하면서 카이로에 있는 직장을 다니는 일은 불가능한 계획이었을 것이다.

1장

라투르의 정치철학을 찾아서

내가 이 책을 저술하고 있던 2014년 초에 브뤼노 라투르는 세계의 선도적인 지식인 중 한 사람으로서 그 입지가 확고히 정립되어 있었다. 아직 칠십 세가 되지 않았던 라투르는 자신의 영향력을 둘러싼 전투에서 대체로 승리한 국면에 이르렀다. 그의 저작은 대단히 많은 분과학문에서 수만 회 인용되었기에 라투르 자신이 하나의 새로운 분과학문의 화신으로 여겨져야 한다. 라투르는 상금이 많은 노르웨이의 홀베르그상을 받았는데, 그 상은 인간과학의 신흥 노벨상으로 알려져 있다. 라투르는 에든버러에서 영예로운 기포드 강연을 해냄으로써 한나 아렌트, 앙리 베르그송, 윌리엄 제임스, 그리고 알프레드 노스 화이트헤드처럼 권위 있는 철학자들의 반열에 합류했다. 라투르는 인문학에서 열 번째로 가장 많이 인용된 저자의 지위를 차지했는데, 그 바로 뒤에 지그문트 프로이트, 질 들뢰즈, 임마누엘 칸트, 그리고 마르틴 하이데거라는 가공할 만한 사인조가 자리하고 있었다.[1] 라투르는 자신이 몸담은 기관에서도 인정받았는데, 유럽의 가장 역동적인 대학 중 하나인 파리정치대학에서 연구 부총장을 역임했다.

이런 사태는 사상가로서의 라투르가 지닌 궁극적인 역사적 무게를 증명하지는 않지만, 그 덕분에 그가 앞서 언급된 인물들

---

1. "Most cited authors of books in the humanities, 2007," Times Higher Education website, March 26, 2009. http://www.timeshighereducation. co.uk/405956.article에서 입수할 수 있음.

과 비교될 권리와 부담을 얻게 되는 것은 확실하다. 내가 선택할 인물들은 대체로 철학자들인데, 나 자신이 철학자이기에 나는 라투르가 사회과학에서 이미 거둔 유명한 업적보다 철학에 이바지한 공헌에 더 관심이 있다. 그런데 철학에서는, 보고하기가 유감스럽게도, 결과가 여전히 지연되고 있다. 여기서는 라투르의 영향력을 둘러싼 전투가 간신히 개시되었으며, 그리고 그 전투는 라투르 자신의 자연적 수명을 넘어 지속할 것 같다. 놈 촘스키, 장 피아제, 그리고 롤랑 바르트(그들은 모두 라투르 자신보다 철학이라는 분과학문에서 더 멀리 떨어져 있다)와 더불어 미셸 푸코, 자크 데리다, 그리고 주디스 버틀러(그들은 모두 일부 강단 철학자에게 협잡꾼으로 일축당한다)에게는 '철학' 꼬리표가 자유롭게 주어졌지만, 라투르를 인문학에서 열 번째로 가장 많이 인용된 저자로 평가한 바로 그 목록에서 그는 '사회학, 인류학'이라는 표제 아래 분류될 따름이라는 점을 인식하는 것만으로 충분하다. 학술적 범주들이 장기적으로는 거의 중요하지 않지만 그 문제는 그저 범주의 문제가 아닌데, 왜냐하면 철학자들은 여러 권에 이르는 라투르의 저서를 여전히 읽고 있지 않은 것처럼 보이기 때문이다. 2009년에 나는 라투르를 현대철학의 중추적 인물로서 고찰한 최초의 책인『네트워크의 군주』를 출판했다.[2] 그 책의 주요 목표는 철학적으로 훈련받은 독

---

2. Harman, *Prince of Networks*. [하먼, 『네트워크의 군주』.]

자들에게 한 명의 도외시된 주요 인물이 그들 가운데 살고 있다는 사실에 대해 주의를 환기하는 것이었다. 그런데 아무튼 여태까지 나타난 증거는 『네트워크의 군주』가 철학자들을 라투르에게 안내하기보다는 오히려 사회과학자들을 철학에 안내하는 데 도움이 되었음을 시사한다. 나는 분과학문을 가로질러 그렇게 많은 독자가 『네트워크의 군주』를 읽어서 기쁘지만, 최근의 프랑스인 저자들이 열렬히 수용되고 긍정적인 평가를 받으리라 일반적으로 기대할 수 있는 대륙철학 분야에서 라투르의 저서가 여전히 읽히지 않을 뿐만 아니라 때로는 심지어 알려지지 않았다는 사실이 당혹스럽다. 그렇다 하더라도, 프랑스에서 라투르의 지위는 파트리스 마니글리에가 『르 몽드』의 지면에 라투르를 "우리 시대의 헤겔"로 과감히 서술하여도 터무니없는 것처럼 들리지 않을 만큼 향상되었다.[3]

　　그런데 『네트워크의 군주』에서 철학자로서의 라투르를 옹호하는 상세한 논변이 이미 전개되었기에 나는 여기서 그 작업을 반복하지 않을 것이고, 따라서 이어지는 글에서 나는 철학자들이 라투르를 인정하는 것은 기정사실인 것처럼 다룰 것이다. 그리하여 『네트워크의 군주』와 달리, 이 책의 지침이 되는 물음은 다음과 같다. 라투르가 철학자라는 점이 당연시된다

3. Patrice Maniglier, "Qui a peur de Bruno Latour?" *Le Monde* website, September 21, 2012. http://www.lemonde.fr/livres/article/2012/09/21/qui-a-peur-de-bruno-latour_1763066_3260.html에서 입수할 수 있음.

면, 그의 저작에서 어떤 정치철학을 찾아낼 수 있는가? 여태까지 라투르는 일반적인 의미에서의 정치에 관한 명시적인 논고를 저술한 적이 없고, 서둘러 그렇게 하겠다는 움직임을 보인 적도 전혀 없다. 하지만 '정치'라는 낱말은 라투르의 저작에서 종종 찾아볼 수 있는데, 단지 『자연의 정치』 혹은 「현실정치에서 사물정치로」 같은 명시적인 제목에서 그런 것만은 아니다. 그의 저작에는 마키아벨리, 홉스, 슈미트, 그리고 더 최근에 듀이와 리프먼 같은 정치철학자들에 대한 흥미로운 언급이 많이 있다. 초기에 라투르는 정치적 영역을 실재 전체와 동일시하는 경향을 나타내는데, 그리하여 그는 진리를 정치로 환원한다는 이유로 종종 비난을 받는 지경에 이른다.[4] 그런데 라투르의 저작에서 정치의 지위는 여전히 뚜렷하게 불안정하다. '존재양식'에 관한 더 최근의 글에서 라투르는 자신이 이전에 행한 정치의 존재론화를 단념하고서 정치를 다양한 양식 중 하나의 양식에 불과한 것으로 재구성한다고 주장한다. 정치에 관한 라투르의 구상에서 일어난 이런 변화는, 자신의 초기 저작에서 표명된 정치적 은유의 남용 가능성에 대한 명백한 우려와 더불어, 정치적 영역의 본성이 여전히 라투르의 주요 관심사 중 하나임을 암시한다.

---

4. 이런 견해를 나타내는 유달리 성급하고 격렬한 사례에 대해서는 Ray Brassier, "Concepts and Objects," *The Speculative Turn : Continental Materialism and Realism*, eds. Levi R. Bryant, Nick Srnicek, and Graham Harman (Melbourne : re.press, 2011), 51을 보라.

네 가지 위험

시작하기 전에, 내가 아무 조건도 붙이지 않고 빈정거리지도 않는 어투로 '대륙철학'이라고 일컬을 분야 — 세계의 대부분 지역에서 대학 학과를 지배하는 영미 분석철학에 대립하는 분야 — 에서 정치철학을 위협하는 네 가지 긴급한 위험을 먼저 인식해야 한다. 분석철학/대륙철학 분열의 소멸에 관한 소문은 아직은 상당히 시기상조의 것이다. 이런 분열은 "한낱 사회학적인 것에 불과하다"라는 무성한 주장은 사회학이 상상의 산물만 다룰 뿐이라는 점을 (상당히 비ㅑ라투르적인 방식으로) 뜻하는 것처럼 보인다. 라투르라는 별은 필시 독일과 그의 모국 프랑스보다 영어권 국가들에서 여전히 더 밝게 빛날지라도, 궁극적으로 그가 견주어질 수밖에 없는 대상 인물들은 솔 크립키와 데이비드 루이스, W.V.O. 콰인 같은 분석철학자들보다 하이데거와 데리다, 푸코, 들뢰즈 같은 독일과 프랑스의 대륙철학자들이다.

첫 번째 위험은, 예상했던 것보다 더 일반적으로, 최근에 철학자들이 정치철학을 비교적 언급하지 않는다는 점이다. 지난 백오십 년 동안 정치철학에 관한 수많은 저작이 저술되었음은 명백하고, 이들 저작 중 일부는 꽤 기억할 만하지만, 이 시기에 가장 위대했던 철학자 중 다수는 도대체 정치에 대해 거의 언급하지 않았다. 여기서 나는, 레오 스트라우스가 20세기 전반부의 가장 중요한 사상가들(그는 베르그송, 화이트헤드, 후설, 그리고 하이데거를 의미했다)이, 그들과 비견할 만한 수준의 과거 인물들과 비교해서 정치철학에 기여한 바가 놀랍게도 거의 없었다고 불평한 점에 대해 동의할 수밖에 없다.[5] 20세기 중엽에 철학의 주요한 인물들이 정치적 교착 상태에 이르렀다는 스트라우스의 주장을 수용하기 위해 고대 철학자들로 돌아가자는 그의 요구를 받아들일 필요는 없는데, 스트라우스의 주장을 파악하기 위해서는 베르그송을 스피노자와 비교하거나 후설을 플라톤과 비교하거나 하이데거를 헤겔과 비교하거나 혹은 화이트헤드를 로크와 비교하면 충분하다. 라투르는 이 첫 번째 위험을 벗어나는가? 그 대답은 복합적이다. 라투르의 저작에서 자세한 통치론이 전혀 나타나지 않는 것은 사실이며, 그리고 그의 정치철학에 관해 라투르에게 직접 문의하면 그의 대답은 스트라우스주의자나 맑스주의자의 대답만큼 단호하지 않을 것이다.[6] 이렇게 해서 라투르는, 대륙철학이 세계에 관한 일반 존재론에서 특정한 정치적 결과의 도출로 이행하려고 시도하면서 오랫동안 직면한 것과 마찬가지의 교착 상태에 직면한다. 그

---

5. Leo Strauss, *What is Political Philosophy?* (Chicago : University of Chicago Press, 1988), 17.

6. 앞서 언급된 대로, 2012년에 리우데자네이루에서 우연히 만나서 대화를 나누는 동안에 라투르는 정치철학이라는 주제에 관해 다소 망설였다. 라투르는 홉스에 대한 청년 시절의 찬양을 표현하는 것 이외에 슈미트에 대한 상당한 경의를 표현했을 따름이었고, 자신과 동시대의 많은 프랑스 사상가와는 달리, 그는 자신이 맑스주의 단계를 절대 거치지 않았음을 확실히 했다.

런데도 베르그송, 후설, 혹은 화이트헤드와는 명백히 다르게도, 그리고 내가 보기에는 하이데거와도 다르게도(하이데거의 철학 전체는 오로지 나치 선전으로 이루어져 있다는 에마누엘 페이의 신랄한 고발에도 불구하고),[7] 라투르의 저작은 정치적 개념들로 가득 차 있다. 라투르의 저작에서는 힘과 동맹, 위임 같은 용어들이 도처에 존재하기에, 그의 정치철학을 재구성하려고 시도할 때 그 흔적은 절대 희미하지 않다.

두 번째 가능한 위험 — 첫 번째 것과 정반대의 위험 — 은 철학에서 정치가 어디에서도 나타나지 않기보다는 오히려 도처에서 나타날 위험이다. 이런 일반적인 결함은 두 가지 가능한 형태 중 한 가지로 나타난다. 첫 번째 형태는 철학을 정치의 시녀로 여기는 것인데, 이 문제는 좌파와 우파 모두에서 종종 맞닥뜨리게 된다. 좌파의 경우에는 철학이 자본의 약탈 행위에서 인류를 구세주처럼 해방하지 못한다면 철학은 무가치하다고 주장하는 사람들이 있는데, 이를테면 매켄지 와크는 지나치게 푸념한다. "어쩌면 문제는 상관주의적 철학과 관련된 것이 아니라 철학 자체와 관련되어 있다. 철학자들이 우리를 구원할 것이라면, 그들은 이미 그렇게 하였을 것이다."[8] 우파의 경우에는 철학

---

7. 지적 선전에 관한 페이의 저서, Emmanuel Faye, *Heidegger : The Introduction of Nazism into Philosophy in Light of the Unpublished Seminars of 1933-1935*, trans. M. Smith (New Haven : Yale University Press, 2011)을 보라.

8. McKenzie Wark, "Accelerationism," *Public Seminar* blog, November 18, 2013. http://www.publicseminar.org/2013/11/accelerationism에서 입수할

자체를 주로 영원히 변치 않는 인간형들의 정치적 위계화를 위한 도구로 여기는 한편으로 철학의 개념적 혁신으로 추정되는 것을 '시詩'로 일축하는 사람들이 있다. 이제는 고인이 된 스탠리 로젠(스트라우스의 제자)이 그런 입장을 대표하는 좋은 사례인데, 그는 일견 니체에 관한 요약처럼 보이는 진술에서 자신의 사적인 견해를 드러낸다. "근본적으로 고유한 창조물은 존재할 수 없다. … 기본적인 과업은 지금까지 항상 나타났고 언제나 현존할 순위 매기기 유형 중 하나다."9 와크와 로젠 사이의 세대적 및 정치적 거리에도 불구하고, 철학을 자신들을 비롯하여 소수의 특권적인 장인과 동료에게만 알려진 어떤 궁극적인 정치적 질서의 하인으로 여긴다는 점에서 그들은 형제다. 이런 특정한 위험은 브뤼노 라투르가 직면하는 위험은 아닌데, 라투르는 정치적 삶에 관한 어떤 특정한 견해도 충분히 신봉하지 않기에 자신의 여타 사유를 그것에 종속시키지 않는다. 그런데 철학의 도처에서 정치를 찾아내는 잘못을 저지르는 또 하나의 방법이 있는데, 그것은 바로 정치의 **존재론화**를 통해서 이루어진다. 철학을 어떤 선호하는 정치적 대의의 종복으로 여기기보다

수 있음.

9. Stanley Rosen, *The Mask of Enlightenment : Nietzsche's Zarathustra*, 2nd ed. (New Haven : Yale University Press, 2004), 5. 1990~1년 동안 펜실베이니아 주립대학교의 학생이었던 나는 로젠이 자신이 행복한 사람으로 죽을 이유는 바로 자신이 누군가 채택할 수 있을 모든 철학적 입장을 알고 있기 때문이라고 말하는 것을 들었다.

는 오히려 정치적인 것과 비정치적인 것 사이의 구분을 흐리게 하는 방식으로 실재 전체를 정치적 은유로 서술할 수 있을 것이다. 우리는 이런 위험이, 와크-로젠 위험과는 달리, 라투르의 초기 경력 전체에 걸쳐서 그에게서 떠나지 않음을 알게 될 것이다. 그런 사실이 더 최근에 라투르가 정치는 한낱 열세 가지의 다른 양식 가운데 하나의 존재양식에 불과하다고 단언하는 주요한 동기 중 하나임은 틀림없다. 성공적이든 그렇지 않든 간에, 이런 위험을 헤쳐 나가는 라투르의 방식이 4장의 관심사가 될 것이다.

현재 대륙철학 진영에서 정치철학이 직면하고 있는 세 번째 위험은 프랜시스 베이컨이 극장의 우상Idola teatri이라고 일컬은 것에서 비롯된다. 자신의 시대를 벗어나서 당대의 지배적인 정치적 신조에 이의를 제기하는 것은 언제나 힘든 일인데, 우리 시대의 지배적인 정치적 신조는 1989년이라는 기적의 해 이후로 대체로 도전받지 않은, 시장경제와 결합한 대의민주주의 모형이다. 그런데 우리는 한 번에 하나 이상의 극장에 자주 가기 마련이고, 따라서 우리의 우상은 동시에 정반대의 형태를 나타낼 수 있다. 그 이유는, 자본주의의 종말보다 세계의 종말을 상상하기가 더 쉽다(흔히 프레드릭 제임슨에게 귀속되는 발언)는 것은 참일지도 모르는 한편으로, 자본주의는 반드시 반전되거나 파괴되거나 조롱당하거나 기피당하거나 혹은 자살할 지경에 이르도록 가속되어야 한다는 공리를 기계적으로 신봉하지 않을 대륙철학을 상상하기가 현재는 마찬가지로 어렵기 때문이다. 요약하면, 쇼핑센터와 선거의 현대 세계에서 좌파가 슬프게도 사면초가에 여전히 몰려 있다면, 대륙철학은 모든 사람이 다른 모든 사람의 왼쪽 측면으로 서둘러 움직이도록 경쟁시키며, 그리고 여타의 사람보다 더 급진적으로 그렇게 하는 것처럼 공개적으로 보이도록 경쟁시키는 압도적인 동료 압력이라는 정반대의 문제에 직면하고 있다.

최근 들어서야 이런 분위기가 다시 한번 우리를 덮쳤다. 수십 년 동안 대륙철학자들의 정치적 주류 입장은 일종의 놀랍지 않은 좌경 자유주의였다. 1980년대와 1990년대 초에 대륙철학의 지도자로 여겨진 인물들은 혁명에 관해 거의 언급하지 않았으며, 종종 지식인들 사이에서 비교적 위험하지 않은 쟁점들 ─ 아파르트헤이트, 사형제도, 제국주의, 여성의 더 큰 기회 ─ 에 대해 경탄할 만한 태도를 취하는 것에 국한했다. 그런데 이제는 상황이 강성 좌익만이 존중할 만한 입장으로서 찾아볼 수 있는 유일한 것이 될 정도로 바뀌어 버렸다. 이런 상황은 어쩌면 1990년대 중반에 들뢰즈가 지배력을 행사하게 됨으로써 시작되었을 것인데, 들뢰즈의 불손한 스타일과 개인적인 정치적 이력은 가장 격렬한 욕망의 혁명을 암시하는 것처럼 보였다. 하지만 지난 십 년에 걸쳐 대륙철학의 사실상의 지배권은 바디우와 지젝이 장악했는데, 그들은 각각 마오의 문화혁명과 스탈린의 강제 집산화를 기꺼이 옹호하는 공산주의적 중심인물들이다.

이런 새로운 지적 풍토에서는 자신을 강경파로 천명하면서 현행 질서의 전면적인 전복을 요구하고 주류 자유주의자들을 '반동주의자'라고 일컬으며 현재의 인간 상황과 관련하여 암울하게 허무주의적인 주장을 공표하는 행위에 대하여 즉각적인 사회적 보상이 따른다. 라투르가 급진적 좌익 인사로 오인될 가능성은 결코 없을 것이기에 그는 방금 언급된 견해들에 너무나 쉽게 굴복하는 사람들에게 지적 불화를 위한 귀중한 원천을 제공한다. 좌파에 대한 라투르의 관계는 5장에서 더 자세히 고찰된다.

마지막 위험은 대륙철학자들 전체보다 라투르가 특정적으로 대면하는 위험이다. 이 책의 원고와 관련하여 나는 네 명의 익명의 평가자에게서 이례적으로 철저하고 유익한 의견을 제시빋있다. 그들 중 한 사람은, 내가 라투르의 정치철학에 관해 무엇을 말해야 하는지 알게 되는 것은 흥미로운 일일 것이지만 그것은 필경 "힘이 곧 정의다"라는 라투르의 주장으로 요약될 따름일 것이라고 약간 회의적으로 진술했다. 이런 우려는 이해할 만하다. 결국, 라투르의 행위자-네트워크 이론에는 동맹자들과 연계하고 다른 존재자들을 효험이 있는 방식으로 배치함으로써 힘을 획득하는 데 실패하는 정의를 위한 자리가 전혀 없다. 라투르 자신이 인정하는 대로, 그는 지금까지 역사의 패자에게 종종 불공정했다. 내재성에 대한 라투르의 철학적 신념은 흔히 승리에 대한 신념에 접해 있는데, 그 이유는 그가 비 오는 날에 패자를 위로할 초월적 정의를 위한 여지를 전혀 허용하지 않기 때문이다.

네 가지 실마리

이들 네 가지 위험과 더불어, 라투르의 정치철학을 직조할 때 우리를 인도할 네 가지 흥미로운 실마리도 존재한다. 첫 번째 실마리는 이미 언급되었는데, 라투르가 최근에 자신의 사유에 있어서 정치의 지위가 급격히 변화한 상황을 알렸다는 사실이 바로 그것이다. 이런 상황은 2008년에 런던정경대학교에서 표명된 진술에서 예고되었다.

> 우리는 존재자들의 다양체라는 관념 및 그에 따른 인간–비인간 구분의 필연적인 폐기 사태를 정치체를 조직할 방법과… 혼동하지 말아야 합니다. 이것은 전적으로 다른 물음이며 … 법률과 다른 만큼 준거 등과도 다른, 정치적 존재양식에서 고유한 것을 규정하는 데 달려 있습니다(PW, 97).

초기 라투르는 인간과 비인간의 존재론적 평등성을 서술하기 위해 '민주주의' 같은 용어들을 능숙하게 채택하는 반면에, 후기 라투르는 모든 행위자를 단일한 평면으로 평탄화한 구상을 후회하는 것처럼 보이면서 갖가지 다른 존재양식 사이의 구분을 재확립하고자 한다. 정치에 관한 라투르의 견해에 있어서 초기 단계에서 후기 단계로의 이런 이행은 설명할 필요가 있다. 일반적으로 나는 어떤 사상가의 경력을 이산적인 시기들로 매끈하게 분할하는 방법을 몹시 싫어하지만, 라투르의 경력은 두 부분이 아니라 세 부분으로 분할되어야 할 것이다. 1980년대의 라투르가 생물과 무생물이 필사적인 마키아벨리주의적 결투에 갇혀 있다고 서술하면서 작은 북 연주자의 환희를 드러낸다면, 1990년대와 2000년대 초에 그의 강조점은 시민 평화를 내세우면서 취약한 네트워크들을 신중히 구축하는 것으로서의 정치로 이행한다. 우리는 이들 초기 단계와 중기 단계를 각각 2장과 3장에서 다룬 다음에, 4장에서는 흔치 않고 특정한 존재양식으로서의 정치에 관한 라투르의 구상으로 이행한다.

두 번째 실마리는 라투르가 정치인을 대단히 존중한다는 사실에서 찾아볼 수 있다. 라투르가 서술하는 대로, "정치인을 향한 경멸은 오늘날에도 여전히 강단 집단들에서 가장 광범위하게 합의된 것이다"(PF, 245). 하지만 라투르는 이런 합의에 도저히 동의할 수 없을 것이다. "우리가 정치인보다 결코 더 잘하지 못할 것이라는 사실을 인정하는 데에는 용기 같은 것이 필요하다. … [다른 사람들]은 실수를 저질렀을 때 단순히 숨어버리면 된다. 그들은 돌아가서 다시 시도할 수 있다. 정치인만이 사격 기회가 단 한 번으로 제한되고 공개적으로 발사해야 한다"(PF, 210). 우리는 정치인보다 결코 더 잘하지 못할 것이다. 라투르에게는 자신의 대의에 승리를 가져다줄 수 없으면서 자기 원칙의 이른바 순수성에 매달리는 그런 아름다운 영혼들을 위한 시간이 전혀 없다. "우리가 정치의 '평범함'으로 경멸하는 것은 정치인들이 우리를 대표하여 어쩔 수 없이 해야 하는 타협들의 집합일 뿐이다"(PF, 210). 타협에 대한 더 일반적인 라투르적 용어는 매개인데, 매개는 그가 지금까지 저술한 여타의 것의 핵심에 자리하고 있는 것과 꼭 마찬가지로 라투르의 정치철학의 핵심에도 자리하고 있다. 라투르의 경우에 우리가 평범할 때는, 우리가 행위자들을 연합들의 네트워크로 회집할 때가 아니라 우리가 자신의 원칙을 관철하는 데 필요한 일을 행하지 않으면서 원칙의 이름으로 젠체할 때다. 오래된 한 군사 격언에 따르면, 아마추어는 전략을 이야기하지만 전문가는 병참을 이야기한다. 이 격언은 이미 충분히 라투르적이지만, 우리는 다음과 같이 서술함으로써 그 격언을 훨씬 더 라투르적인 것으로 만들 수 있다. "아마추어는 목적을 이야기하지만 전문가는 수단을 이야기한다." 무언가를 초래하는 데 필요한 매개들로 인해 애초의 목표는 불가피하게 번역된다. 여기서 라투르는 그의 정치 이론 전체에 걸쳐서 또렷이 나타나는 현실주의자라는 인상을 주고, 따라서 정치의 일차적 의미는 억압의 제거라는 궁극적으로 루소주의적인 관념과 직접적으로 어긋나게 된다.

이렇게 해서 우리는 세 번째이자 연관된 실마리에 이르게 되는데, 이 실마리는 2008년에 런던정경대학교(이하 **LSE**)에서

열린 행사에서 라투르가 표명한 훨씬 더 솔직한 진술에서 드러 난다.

한마디 덧붙일 수 있을까요? 왜냐하면 제 말은 이것이 정치철 학에서 흔한 일이기에, 즉 반동적 사상가들이 진보적 사상가 들보다 더 흥미롭다(웃음)는 것은 일반적으로 참이기에 그렇습 니다. 여러분은 루소보다 마키아벨리와 (칼) 슈미트 같은 사람 들에게서 정치에 관해 더 많이 배운다는 점에서 말입니다. 그 리고 (월터) 리프먼(제가 누르츠 (마레)에게 신세를 진 일례입니 다) 같은 예외 사례는 극히 드뭅니다(PW, 96).

마키아벨리 혹은 슈미트가 "반동적 사상가들이 진보적 사상가 들보다 더 흥미롭다"라고 말하는 것을 듣게 된다면, 그로 인해 웃음보다 엄숙한 성찰이 초래될 것이다. 하지만 그 LSE 행사에 참석한 청중이 움츠리기보다는 오히려 웃을 수 있는 이유는 바 로 라투르가 반동주의자들이 '흥미롭다'라고 간파함에도 불구 하고 그 자신은 반동주의자가 아니기 때문이다. 이렇게 해서 다 음과 같은 질문이 제기된다. 우리는 스스로 반동주의자들에 합 류하지 않은 채로 반동적 사상가들이 진보적 사상가들보다 더 흥미롭다는 것을 어떻게 간파할 수 있을까? 아니면, 반동주의 자들이 진보주의자들보다 훨씬 더 흥미롭다면 우리는 그냥 그 들에 합류해야 하는가? 이들 물음은 6장에서 논의된다.

네 번째 실마리는 2007년에 라투르가 아리스토텔레스를 라투르의 철학하기의 과업에 적용하려고 시도했던 자신의 오랜 친구인 제라드 드 브리스에게 보낸 답변에서 찾아볼 수 있다.

〔드 브리스〕와는 대조적으로, 나는 아리스토텔레스로의 귀환이 유익하다고 믿지 않는다. 대단히 많은 대학의 신고전주의적 교실에서 졸업식 연설을 할 것이 아니라면, 나는 도시국가에 대한 그리스적 이상에서 재활용될 수 있는 것을 그다지 찾아내지 못한다. 때때로 데모스테네스와 페리클레스의 흉상에 묵례를 하는 것은 해롭지 않겠지만 적절한 자원은 훨씬 더 가까이 〔놓여〕 있을 것인데, 아리스토텔레스 대신에 실용주의자들과 특히 존 듀이에게 의지하자 … 〔듀이〕는 월트 리프먼에게서 힌트를 얻어 '공중의 문제'를 〔언급했다〕. 여기에 급진적인 의미의 코페르니쿠스적 혁명이 있는데, 그것은 바로 아무 쟁점도 없는 상태에서 정치를 규정하려고 시도하는 대신에 어떤 새로운 공중을 생성하게 하는 쟁점을 중심으로 공중들을 공전하게 하는 것이다(RGDV, 814~5).

이 구절에는 몇 가지 주목할 만한 요소가 포함되어 있다. 우리는 라투르가 고대 정치철학에 대한 관심이 명백히 없음을 알게 되는데, 그리하여 라투르는 고대 문명이 너무나 먼 과거에 자리하고 있어서 오늘날 우리에게 유용하지 않다는 꽤 비非라투르적인 주장을 제시하게 된다. 우리는 또한 존 듀이와 리프먼이라는 미합중국인 사상가들에 대한 라투르의 (자신의 이전 제자인 누르츠 마레에 의해 고무된) 열광도 알게 되는데, 이로 인해 라투르는 이들 저자가 정치철학에서 "급진적"인 의미의 "코페르니쿠스적 혁명"을 일으켰다는 마찬가지로 비라투르적인 주장을 하게 된다. 그리고 우리는 세 번째이자 가장 중요한 요소, 즉 정치는 진공 속에서 생겨나기보다는 오히려 쟁점들에 의해 생성된다는, 마레에 의해 고무된 라투르의 추가적인 견해를 알게 된다. 우리는 7장에서 라투르가 바라던 리프먼과 듀이의 종합을 논의한 다음에, 8장에서 라투르 이후의 정치철학에 대한 전망을 고찰한다.

인간과 비인간의 사회

닐스 보어의 엄청난 전기 작가인 에이브러햄 파이스는 보어가 이룬 지적 성공의 비밀을 한 매력적인 구절로 공유한다. "〔보어〕는 완전한 무지의 출발점에서 모든 새로운 문제에 접근해야 했던 방법을 설명했다."[10] 우리는 보어라는 예시적인 사례를 좇음으로써 라투르와 정치철학에 관한 논의를 원점에서 시작하

---

10. Abraham Païs, *Niels Bohr: His Life and Work as Seen by His Friends and Colleagues*, ed. Stefan Rozental (Hoboken: John Wiley & Sons, 1967), 218.

자. 나는 진행 중인 콩고 내전의 폐허보다 더 나은 원점을 생각할 수 없는데, 여기서 우리는 여태까지 이루어진 라투르의 정치에 대한 가장 유용한 분석 중 하나를 알게 된다. 스웨덴의 예테보리대학교에 재직하는 젊은 네덜란드인 연구원 페르 쇼우텐은 콩고 국가의 실패에 행위자-네트워크 이론의 가르침을 적용하려고 시도했다. 국가 실패의 물질성에 관한 쇼우텐의 2013년 논문 속에는 라투르가 근대 정치철학의 유명한 사회계약 전통과 맺은 관계에 대한 냉철한 평가가 감춰져 있다. 계약 이론은 다양한 형태로 나타나지만 사회를 이전의 '자연상태'에서 생겨난 인공적 구성물로 다룬다는 점에서 일치하는데, 자연상태는 자신이 선호하는 전통에 따라서 야만적인 상태(홉스)이거나 아니면 경이로운 상태(루소)였다.[11] 그 선택의 함의는 심대하다. 홉스주의적 전통은 질서를 전면적인 목숨을 건 전투로부터 쟁취한 운 좋은 구원으로 여기는데, 그리하여 정치적 제도는 혼돈으로 둘러싸인 취약한 구성물이기에 멸시당하지 말아야 한다는 점이 함축되어 있다. 이와는 대조적으로, 루소주의적 전통은 질서를 본질적으로 억압적인 것으로 여기기에 반대를 사회의 현행 권력들에 대한 찬양할 만한 기본적인 태도로 전환한다. 이들 선택지와 더불어 라투르가 네트워크의 취약한 우연성을 끊

---

11. Peer Schouten, "The Materiality of State Failure : Social Contract Theory, Infrastructure and Governmental Power in Congo," *Millenium : Journal of International Studies*, vol. 41, no. 3 (2013) : 553~74.

임없이 강조한다는 점을 참작하면 라투르는 홉스주의에 해당하는 장부에 정확히 기입되어야 하는데, 그리하여 네트워크에 대한 비판적 반대는 아무튼 핵심에서 벗어나게 된다.

이제 쇼우텐이 사회계약론에 의거하여 수행한 라투르에 대한 유용한 분석을 살펴보자. 그 논문에서 우리에게 중요한 것은 555쪽에서 563쪽까지 실려 있는, 「'사회'계약」이라는 2절이다. 쇼우텐이 '사회'라는 낱말에 역설적으로 작은따옴표를 붙인 것은 라투르가 그 용어를 개조한 유명한 사실을 가리키기 위함이다. 사회적인 것은 일반적으로 사람들을 뜻하고 생명 없는 자연을 배척하는 반면에, 라투르는 '사회'라는 용어를 모든 가능한 존재자 ─ 인간이든 동물이든 기계든 원자든 개념이든 혹은 허구적 캐릭터든 간에 ─ 를 포함하도록 확대한다. 일단 '사회'가 이런 의미로 대단히 광범위하게 재편되면 '사회계약'의 통상적 의미는 살아남지 못하게 됨이 확실한데, 왜냐하면 이런 전통은 생명 없는 존재자들을 거의 혹은 전혀 고려하지 않기 때문이다. 쇼우텐은 먼저 자신의 학술 분야, 즉 국제관계학(일반적으로 IR이라는 약어로 표현된다)의 기본 가정을 검토한다.

하나의 분과학문으로서의 IR은 일반적으로는 고전적 정치철학자들의 작업에 기초를 두고 있고, 근본적으로는 고전적 사회계약론에서 비롯되는 주권에 대한 이해에 달려 있다. 최초이자 가장 유명한 사회계약론자인 토머스 홉스의 경우에, 자연상

태 ─ 상호작용이 국가에 의해 매개되지 않은 존재 상태 ─ 에서 생명은 그야말로 무정부 상태였다.[12]

이런 홉스주의적 구상과 더불어, "IR은 자연상태에 처해 있는 개인을 비유적으로 무정부적인 국제 체계 속 국가라는 '거시적' 층위로 이동시킨다 ─ '세계 속 국가들은 자연상태의 개인들과 비슷하다'라는 (케네스) 왈츠의 유명한 주장을 고려하라."[13] 쇼우텐의 경우에 그렇게 보이는 것처럼, 만약에 행위자-네트워크 접근방식을 신봉한다면 IR에 의해 짜인 구상에서 무엇이 문제가 있는가? 전통적인 IR 관점에 따르면, 자연상태의 무정부적 상황은 다양한 치안 수단을 통해서 주권 국가에 의해 제어되지만, 그다음에 이런 주권 국가는 새로운 자연상태로 즉시 진입하여서 군사적 수단을 사용하여 다른 국가들과 경쟁하게 된다. 주권 국가에서 유일한 질서의 현장이 나타나는데, 그 위와 아래에서는 무정부적 상황이 휘감고 있다. 더욱이, 무대에 등장하여 질서를 부여하는 유일한 행위자는 주권적 인간 혹은 인간들의 형태를 취한 인민이다. 다시 말해서, 이 모형과 관련된 문제는 그것이 정치적 질서의 특권적인 소재지로서 일반적으로는 인간에, 특정적으로는 국가에 집중한다는 것이다.

---

12. 같은 글, 555.
13. 같은 글, 556.

이런 구상에 라투르가 기여하는 바는 존재론에서 그가 이룬 근본적인 혁신에서 자연스럽게 비롯되는데, 그 혁신은 모든 존재자가 그것이 다른 존재자에 어떤 종류의 영향을 미치는 한에 있어서 (동등하게 강하지는 않더라도) 동등하게 실재적이라는 '평평한' 모형으로 구성된다. 라투르는 근대주의에 대한 위대한 비판자 중 한 사람인데, 그는 근대주의를 세계를 한편으로 (1) '사실'의 영역 ─ 시계장치처럼 기계적으로 정밀하게 작동하는 자연의 경직된 불활성의 객체들 ─ 과 다른 한편으로 (2) '가치'의 영역 ─ 외부 실재에 근거를 두지 않은, 자유롭고 임의적인 인간의 문화적 투사물들 ─ 으로 분할하는 인공적인 분류학으로 규정한다. 이런 이원론은 대부분의 현대 철학에 여전히 붙어 다닐 뿐만 아니라, 무질서한 자연상태가 인간 문화를 적용함으로써 제어된다고 (언제나 이미 존재하는 것으로서의 사회에 대한 고대적 전통에 맞서) 상상하는 근대 정치철학의 전통에도 붙어 다닌다. 쇼우텐이 자신의 학문 분야에 관해 불평하는 대로,

고전적인 정치적 계약 이론은 IR에 독특하게 사회적인 정치적 영역의 구성요소들을 제공했을 뿐만 아니라, 근대 사회가 안정한 시공간적 현상으로서 어떻게 현존할 수 있는지에 대한 사회적 설명도 제공했다. IR에 있어서 '사회적'인 것에 대한 이런 존재론적 신념은 통치 권력과 그 정반대의 것, 즉 국가 실패가 순전히 인간의 상호작용들에 의거하여 전적으로 이해된다는 것

을 뜻한다.[14]

라투르(그리고 현재의 콩고)에 관한 쇼우텐의 기본 논점은 정치적 안정화가 인간 행위자들보다 비인간 행위자들에 훨씬 더 의존한다는 것이다. 들판에 서 있는 일단의 벌거벗은 사람은 오래가는 제도나 권력 위계를 만들어 내기가 어려움을 깨달을 것이다. 쇼우텐의 표현대로, "통계와 선박, 지도, 육분의六分儀 같은 〔비인간〕 인공물들이 어떻게 인간들이 관계들을 안정하게 유지하고 멀리서 통제할 수 있게 되며, 식민지 팽창과 국가 지배, 19세기 제국 형성을 가능하게 하는지를 설명하기 시작한다."[15] 루소는 이 점을 자신의 『인간 불평등 기원론』에서 동료 인간들을 노예로 삼기 위한 족쇄와 무기의 필요성을 논의할 때 이미 이해했는데, 그렇다 하더라도 관례대로 그는 그런 매개물들을 단지 부정적으로 억압의 도구에 불과한 것으로 여겼다.[16] 이와는 대조적으로, 라투르의 경우에는 오로지 매개물들이 우리를 자연상태에서 구조할 수 있을 뿐이라는 점이 판명될 것이다.

그런데 여기서 한 가지 명백한 모순이 나타난다. 처음에 라투르는 자연상태라는 개념에 전적으로 반대하는 것처럼 보였는

---

14. 같은 글, 556~7.

15. 같은 글, 560.

16. Jean-Jacques Rousseau, *Discourse on the Origin of Inequality*, trans. D. Cress (Indianapolis : Hackett, 1992). [장 자크 루소, 『인간 불평등 기원론』, 주경복 옮김, 책세상, 2018.]

데, 그 이유는 사회계약론이 모든 이진 대립쌍 중 가장 비라투르적인 것 – 미개한 자연과 개화된 문화 – 을 물려받은 것처럼 보이기 때문이다. 사실상 홉스주의적 전통에 대한 라투르의 관계는 양면적이고, 따라서 나는 이 책 전체에 걸쳐서 라투르가 홉스와 맺은 긴장 관계가 라투르의 정치철학 전체를 견인하는 엔진이라고 주장할 것이다. 중요한 여러 가지 점에서 라투르가 홉스에게서 벗어날지라도, 라투르는 소중한 스승 혹은 적수에게서 벗어나는 방식으로 그렇게 한다. "라투르는 루소주의자다" 혹은 "라투르는 맑스주의자다"라고 말하는 것은 터무니없을 것이지만, "라투르는 홉스주의자다"라는 대안적 진술은 거의 진실에 가깝다. 심지어 우리는 화이트헤드를 흉내 내어 "라투르의 정치철학은 홉스에 대한 일련의 주석이다"라고 말할 수 있을 것인데, 그렇다고 라투르의 정치철학이 홉스의 불발된 변형으로 해석되어야 할 필요는 없다.

쇼우텐은, 라투르가 사회계약론의 근저에 놓여 있는 자연/문화 분열과 양립할 수 없음에도 불구하고, "라투르는 사회계약론의 견지에서, 그리고 사회계약론에 대하여 자신의 입지를 가장 명시적으로 설정한다"라고 지적한다. 몇 가지 홉스주의적 요소가 라투르의 기본 원칙들에 묻어 들어가 있는데, 이를테면 존재자들 사이의 권력 투쟁에 관한 배경 모형(홉스가 의도한 것보다 더 넓은 의미에서의 '만인에 대한 만인의 전쟁')과 모든 초월성은 주권 정치적 해결을 넘어서는 무언가에의 의지를 허용함으로써 평화를 위협할 것이라는 관념이 포함된다. 어쩌면 가장 중요한 것은 라투르에게도 자연상태의 흔적이 있다는 점일 것이다. 쇼우텐이 명민하게 지적하는 대로, 이런 자연상태는 라투르가 개코원숭이에 관해 공동으로 저술한 책에서 찾아볼 수 있다. "자신의 전작에 걸쳐서 라투르는 일관되게 개코원숭이를 환기한다. … 개코원숭이 무리에서 라투르는 순수 '사회', 즉 상호작용에 간섭하는 객체들이 없는 사회에 가장 가까운 것을 찾아내었다. 라투르와 개코원숭이의 관계는 과거 고전과 아메리카 인디언의 관계와 같다."[17] 개코원숭이 사회에서 삶은 개체 너머로 확대되는 구조나 인공물에 의해 매개되지 않은, 직접적이고 사적인 상호작용들의 끝없는 연쇄로 구성되어 있다. 사회는 현존하지만 안정성이 없는데, 그 이유는 개코원숭이들의 만남이 일어날 때마다 매번 협상이 다시 이루어져야 하기 때문이다. 쇼우텐이 지적하는 대로, 이런 상황으로 인해 라투르는 유쾌하게도 도착적인 이론적 반전을 이루게 된다. "그런데 역설적이게도, 라투르의 자연상태는 순전히 '사회적'인데, 즉 인간들(혹은 개코원숭이들) 사이의 상호작용들로만 이루어져 있다. 여기서 우리에게 주어지는 것은, IR이 우리가 사회는 그런 것이라고 믿기를 바라는 대로 라투르가 재구성한 '사회', 즉 온전히 사회적 과정들과 인간(혹은 개코원숭이) 정치로 구성된 것이

---

17. Schouten, "The Materiality of State Failure," 558.

다."[18] 말하자면, 라투르의 경우에, 자연상태에 대한 IR의 고전적 해결책(생명체들 사이에서 정치의 출현)은 우리가 벗어나기를 바라기 마련인 바로 그 자연상태를 나타낸다. 그래서 원시적인 순수 사회의 매개되지 않은 상호작용에서 벗어날 유일한 방법은 매개된 상호작용을 거치는 것이며, 그리고 이런 매개는 생명 없는 사물들에 의해 이루어질 때 더 오래간다. 쇼우텐의 훌륭한 논문에서 마지막으로 한 문장을 인용하자. "[라투르의] 리바이어던 — 혹은 정치적 사회 — 은 무엇보다도 사회적 배치에 내구성과 '신체'를 부여하는 비인간 존재자들을 도입하는 것의 결과다."[19]

개코원숭이와 자연상태

개코원숭이에 대한 라투르의 관심은 일찍이 샌디에이고 소재 캘리포니아대학교의 영장류 동물학자 셜리 스트럼과 수행한 공동연구에 의해 촉발되었는데, 그들의 공동연구 결과는 1984년에 공저한 심포지엄 논문에 잘 요약되어 있다. 스트럼과 라투르는 그 논문을 홉스주의적 자연상태에 대한 익살맞은 고찰로 해석될 수 있는 것으로 시작한다. "개코원숭이에 관

---

18. 같은 글, 559.
19. 같은 곳.

한 전前과학적인 통속적 관념들은 개코원숭이들이 사회적 조직이 전혀 없이 아무렇게나 배회하는 일단의 무질서한 짐승이라고 주장했다"(BAB, 786). 하지만 시간이 흐름에 따라 그것들 사이에서 사회적 질서의 정도가 증가하는 현상이 관측되었는데, "그 추세는 개코원숭이들에게 더욱더 많은 사회적 기술과 더 많은 사회적 의식을 부여하는 방향으로 진전되었다. … 이들 기술에는 협상하기와 시험하기, 평가하기, 조작하기가 포함된다"(BAB, 788). 우리는 개코원숭이 사회가 수컷 지배 혹은 동일선상에 놓인 무언가에 의해 조직된다고 번드르르하게 진술하기보다는 오히려 이렇게 물어야 한다. "개코원숭이들은 누가 지배적인지 그렇지 않은지 어떻게 아는가? 지배는 사실인가 인공물인가?"(BAB, 788). 달리 진술하면, "개코원숭이들은 안정된 구조에 가담하고 있는 것이 아니라, 오히려 그 구조의 향후 형태를 놓고서 협상하고 있고, 게다가 여타의 그런 협상을 관찰하고 시험하며 확대하고 있다. … 가담할 [기존의 사회적] 구조가 존재한다면, 왜 이 모든 행동이 시험하기, 협상하기, 그리고 관찰하기와 연동되어 있겠는가?"(BAB, 788). 여기서 우리는 홉스에게서는 결코 찾아볼 수 없는 라투르 정치철학의 핵심적인 양태 중 한 가지를 깨닫게 되는데, 그 이유는 (공저자인 스트럼과 더불어) 라투르가 "행위자들 사이에 맺어진 관계들에서 사회적 연계를 찾아보기로부터 행위자들이 사회가 어떠한지 탐색하면서 이런 연계를 달성하는 방식에 집중하기로 강조점을 이행하"(BAB,

785)기 때문이다. 혹은 또다시, "변화하는 위계나 안정적인 위계는 개코원숭이들이 적응해야 하는 포괄적인 사회의 원칙 중 하나로서 발달하는 것이 아니라, 예측 가능한 상호작용들의 어떤 기초에 대한 탐색의 잠정적인 결과로서 발달할 것이다"(BAB, 789). 자연상태 이론가들이 (좋든 나쁘든 간에) 자연이 문화로 교체된 방식에 관한 완전한 이야기를 제시하는 반면에, 정치적인 것의 본성은 언제나 다소 미지의 것으로 남아 있다는 것이 라투르의 전형적인 주장이다. 이렇게 해서 라투르는, 소크라테스를 인식론적 전제 군주로 일관되게 오해함에도 불구하고, 소크라테스가 개시한 정치의 철학적 전통(지혜가 아니라 지혜에 대한 사랑이라는 의미에서의 철학)과 연계된다. 라투르는 적어도 에밀 뒤르케임의 그릇된 확실성보다 소크라테스의 불확실성의 정치철학을 선호하기 마련인데, 1986년에 청년 라투르는 그 이유를 다음과 같이 서술한다. "뒤르케임 이후로, 사회과학자들은 정치철학을 사회과학의 전사前史라고 여겼다. 사회학은 실증 학문이 되었는데, 그리하여 사회학은 단박에 사회의 기원에 관해 언쟁하기를 그만두고서 그 대신에 다양한 흥미로운 현상을 설명하는 데 사용될 수 있는 포괄적인 사회에 관한 관념으로 시작했다."(PA, 268). 여기서 우리는, 라투르에게 정치철학이 실제로 의미하는 바가 폴리스polis는 미리 주어진 것이 아니라 그것에 거주하는 사람들에게도 현행의 문제 혹은 불가사의한 것이라는 통찰임을 알게 된다.

어쨌든 개코원숭이들이 더는 아무렇게나 배회하는 일단의 무질서한 짐승처럼 보이지 않음을 인정하자. 이것이 사실이라면, 인간은 말할 것도 없고, 개코원숭이들 사이에서도 자연상태는 존재하지 않는다. 모든 사회는 언제나 이미 복잡하다. 하지만 모든 사회는 복잡하더라도 모든 사회가 복합적이지는 않은데, 이는 스트럼과 라투르에게 인간과 개코원숭이를 구분하는 문턱을 나타내는 미묘한 용어상의 구별이다. 개코원숭이들이 처한 곤경은 그 논문의 앞부분에서 공지되는데, "행위자들이 자원으로서 그들 자신만을, 그들의 신체만을 갖추고 있다면, 안정적인 사회를 구축하는 과업은 어려울 것이다"(BAB, 790). 개코원숭이 개체들 사이에서 주고받는 상호작용들의 강도는 명백한 불안정성을 초래한다. 그런데 수렵채집자 인간의 경우에는 이미 무언가 새로운 일이 발생했다. 이들 수렵채집자는 "현대 산업사회와 비교하면 빈약하지만, 개코원숭이에 비하면 사회를 구성하는 데 사용할 물질적 수단과 상징적 수단이 풍성하다. 여기서 언어와 기호, 물질적 객체들은 사회적 질서를 확인하고 협상하는 과업을 단순화하는 데 사용될 수 있다"(BAB, 791). 인간 사회는 점점 더 복합적인 것이 됨에 따라 역설적으로 단순해지는데, "현대의 과학적 관찰자들은 흔히 흐릿하고 연속적으로 바뀌는 행동과 관계, 의미를 복합적인 일단의 단순하고 상징적이며 명확한 항목으로 대체한다. 그것은 단순화라는 엄청난 과업이다"(BAB, 791). 이미 정주 농경문명의 경우에,

"사회적 유대는 개체들의 상대적 부재 속에서도 유지될 수 있었다"(BAB, 792). 인간 사회는 결코 사람들로만 이루어져 있지 않고, 혹은 심지어 사람들이 주를 이루지 않고, 오히려 사회의 안정성을 유지하려면 울타리, 화폐, 제복, 기념물, 선박, 깃발, 결혼반지, 고속도로 등이 필요하다. 그런데도 '사회적'이라는 낱말의 범위는 지금까지 계속해서 축소되었다. "모든 연합체와 동연적인 정의로 출발하였지만, 이제는 ('사회적'이라는 낱말의) 용도가, 통속적으로 말해서, 정치, 생물학, 경제학, 법률, 심리학, 경영, 기술 등이 연합체 중 자신의 몫을 각각 차지하고 남은 것에 한정된다"(BAB, 794).

다시 말해서, 모든 사회가 매개적이라도 일부 사회는 다른 사회들보다 더 매개적이다. 스트럼과 라투르는 이런 암묵적 원칙에 의지함으로써, 그 논문의 794쪽에 실린 표에 요약된 대로, 동물 사회와 인간 사회 둘 다의 상이한 정도에 관한 두드러지게 야심만만한 이론을 계속해서 제시한다. 첫 번째 분열은 다른 개체들을 피하는 비사회적 동물과 동종의 다른 개체들의 행동에 더 건설적으로 대응하는 사회적 동물 사이에 이루어진다. 후자의 유형은 사회적 실재보다 신체형에 따라 다양하게 분할될 수 있는데, "곤충 사회는 행위자들 각자의 신체가 비가역적으로 형성되는 일례"인 반면에, 다른 동물들에서는 "유전형들이 유사한 표현형들을 산출하며 [그리고] 이들 표현형이 개체들의 언제나 증가하는 사회적 기술에 의해 조작된다"(BAB, 795).

후자의 종류 역시 두 가지 하위종류로 분할되는데, "개코원숭이는 첫 번째의 일례가 된다. … 개코원숭이가 자신을 규정하는데 있어서 다른 개코원숭이들을 설득하고 징집하기 위해 동원할 수 있는 것은 자신의 신체, 자신의 지능, 그리고 시간이 흐름에 따라 구축된 상호작용의 역사 외에는 아무것도 없다"(BAB, 795). 이와는 대조적으로, "사회를 창출하는 데 있어서 그 과업을 단순화하기 위해 물질적 자원과 기호들을 사용하는 인간의 사례가 있다"(BAB, 795). 인간의 권역에 들어서게 되더라도 그 가지치기는 계속 이어지는데, "'원시' 사회는 최소량의 물질적 자원으로 창출되고, 그런 자원이 증가함으로써 '근대' 사회가 생겨난다. 그러므로 기술은 더 큰 규모의 사회를 구축하는 문제를 해결하는 한 가지 방법이 된다. 이런 의미에서 현대 기술도 사회적이다"(BAB, 796).

여기서 우리는 라투르의 철학 전체에, 그리고 특히 그의 정치철학에 붙어 다니는 한 가지 애매한 점을 맞닥뜨리게 된다. 한편으로 라투르에게 '매개'는 존재론적 범주인데, 그 이유는 순전히 물리적인 층위에서도 어떤 제3의 존재자에 의해 매개되지 않은 상호작용이 절대 나타나지 않기 때문이다. 다른 한편으로, 또한 '매개'는 모든 특정한 시나리오의 복합성의 정도를 측정하기 위한 기준으로 기능한다. 이런 딜레마의 첫 번째 경적은 라투르의 초기에 구상된 정치의 지위를 규정하는데, 스트럼과 라투르가 서술하는 대로, "정치는 여타의 것과 분리된 하나의 행동 영역이 아니다. 정치는, 우리가 보기에, 많은 이질적인 자원이 함께 엮여서 점점 더 파괴하기 어렵게 되는 사회적 연계를 형성할 수 있게 하는 것이다"(BAB, 797). 이런 의미에서는 절대적으로 모든 것이 정치적인데, 그 이유는 우리가 이미 라투르의 세계에서는 절대적으로 모든 것이 "함께 엮여서 사회적 연계를 형성하는 이질적인 자원들"로 이루어져 있음을 깨달았기 때문이다. 라투르의 사유의 초기 단계에서 이처럼 모든 것이 정치적이라면, 사실상 아무것도 정치적이지 않다고 누구나 의심할 것이다. 우리가 알게 되듯이, 라투르는 오래된 이 문제를 여러 해에 걸쳐 해결하려고 시도한다. 하지만 적어도 당분간은 라투르의 핵심적인 정치적 혁신 중 하나 — 비인간 존재자들이 안정화 매개물로서 함께 엮여서 정치적 얼개를 형성하는 방식 — 를 확보했다.

이 주제는 라투르의 정치철학에 매우 중요하기에 라투르의 초기와 중기에 그것이 얼마나 편재적인지 잠깐 언급되어야 한다. 라투르가 아직 사십 세가 되지 않은 1986년에 그의 꽤 전형적인 요구가 제기된다.

사회학을 사회적이라고 일컬어지는 소수의 유대에 관한 연구라기보다는 연합체들에 관한 연구로〔만듦으로써〕사회학을 규정하는 대안적 방식〔에 대한 요구〕…〔분석가〕는 우리가 연계된 이유와 어떤 명령들은 충실히 이행되고 다른 명령들은 그렇지 않은 현상을 설명하는 데 우리 인간 세계에서 지금까지 동원된 모든 힘을 사용할 수 있다. 이들 힘은 특성상 이질적인데, 원자나 낱말이나 덩굴식물이나 혹은 문신을 포함할 수 있을 것이다(PA, 277).

『우리는 결코 근대인이었던 적이 없다』라는 라투르의 선언이 공표된 1991년에 발표된 한 중요한 논문은 다음과 같이 시작한다.

오랫동안 사회 이론은 권력관계를 규정하는 데 관여했지만, 지배가 어떻게 달성되는지 이해하기가 어렵다는 것을 언제나 깨달았다. 이 논문에서 나는, 지배를 이해하려면 사회적 관계에의 배타적 관여에서 벗어나서 이들 관계를 비인간 행위자들, 즉 사회를 오래가는 전체로서 단결시킬 가능성을 제공하는 행위자들을 포함하는 얼개로 엮어야 한다고 주장한다(TSD, 103).

1994년에, 셜리 스트럼을 또다시 본받아서, 라투르는 이렇게 묻는다.

비인간 존재자들의 징집이 도대체 왜 유용한가? 그 이유는 이들 존재자가 사회적 협상을 안정화할 수 있기 때문이다.… 그것들은 유순하면서 오래가는데, 그것들은 매우 빨리 형성될 수 있고, 게다가 일단 형성되면 그것들을 제조한 상호작용보다 훨씬 더 오래간다. 다른 한편으로, 사회적 상호작용은 대단히 불안정하고 일시적이다(PRG, 803).

그래서 개코원숭이의 경우에는 사정이 훨씬 더 나쁘다. 1996년에 「상호객체성에 관하여」라는 또 하나의 경이로운 논문이 발표되었는데, 그 논문은 그 제목에도 불구하고 객체-객체 상호작용에 관하여 전혀 언급하지 않고, 오히려 유인원 사회의 교훈을 명쾌하게 바꾸어 말하면서 사회계약이라는 주제와 연계시킨다. 예를 들면, "새로운 유인원 사회학…다른 행위자들과 상세히 협상하지 않는다면 아무것도 달성할 수 없는 행위자들을 묘사한다. 가장 단순한 사례는, 무리가 끊임없이 움직이고 있고 자기 혼자 뒤처질 수는 없기에 자신이 찾아낸 풍성한 먹이를 감히 계속 먹지 못하는 침팬지의 사례다"(INT, 228). 더욱이, "각각의 원숭이에게는 누가 자신보다 강한지 혹은 약한지 알아야 하는 문제가 제기되고, 따라서 그 문제를 해결할 수 있게 하는 시행들이 발달하게 된다"(INT, 232). 한편으로 "원숭이들은 상호작용할 때 객체와 관련되는 일이 거의 없지만…인간의 경우에는 어쨌든 기술에 의지하지 않는 상호작용을 찾아내기가 거의 불가능하다"(INT, 238). 더욱이, 비인간 존재자들은 우리의 유인원 사촌들을 괴롭히는 부단한 사회적 불안에서 우리를 보호하는 방화벽으로서의 역할을 수행하는데, "내가 우표를 구매하려고 판매대에 다가가서 창구에 대고 이야기하는 동안 내게는 가

신체의 구성은 절대적 주권이 다중이 품은 소원들의 총합에 지나지 않게 되는 그런 식으로 계산된다. … 그는 다중의 대변자이자 탈을 쓴 자이자 확성기로서 다중에 의해 위임받지 않은 것은 전혀 말하지 않는다"(UNS, 278). 혹은 더 화려하게 진술하면, "우리가 기체 상태나 고체 상태에 관해 말하듯이, 그는 어떤 다른 상태에 있는 인민 자체다"(UNS, 278). 다중이 단일한 리바이어던이 되는 방식은 라투르의 모든 개념 중 가장 라투르적인 개념인 번역의 과정들과 관련되어 있다. 홉스주의적 정치철학이 권리가 다중으로부터 주권자로 번역되는 단일한 과정을 포함하고 있다면, 라투르의 정치철학은 번역이 모든 규모의 인간 사회적 신체 사이에서 그리고 심지어 인간과 무생물 사이에서 이루어지도록 번역 과정을 우주 전체에 걸쳐 분산하기를 바란다. 난점은 홉스의 해결책이 그가 밝혀낸 문제, 즉 번역 자체의 문제를 가려 버렸다는 것이다. "홉스가 제기한 문제의 독창성은 역사, 인류학, 그리고 이제는 동물행동학까지 불가능하다고 증명한 그의 해결책 – 사회계약 – 에 의해 부분적으로 가려져 있다"(UNS, 279). 사회계약론과 관련된 문제는 그 이론이 "번역 과정들이 다수의 상세하고 일상적인 협상에서 경험적이고 가역적인 방식으로 드러내는 것을 법적 견지에서, 사회의 바로 그 시초에, 한번만의 양자택일 의례에서 드러낸다"(UNS, 279)라는 점이다. 우리가 단지 홉스를 번역의 일반 이론가로 전환할 수 있기만 하다면 만사가 괜찮을 것이고, 그리하여 우리는 많은 행위자가 어떻게 일자 一者로서 작용할 수 있는지 설명할 수 있는데, 다수의 인간이 결합하여 단일한 국가를 형성하는 경우뿐만 아니라 다수의 존재자가 단일한 힘으로 작용하는 어떤 경우에 관해서도 설명할 수 있다. 그 문제는 긴급한데, 그 이유는 "현재 어떤 사회학자도 거시 행위자들과 미시 행위자들을 동일한 도구와 동일한 논증을 사용하여 검토하지 않"(UNS, 280)기 때문이다. 그 당시에 이것은 의심의 여지가 없이 참인 주장이었다.

1981년에 이미, 개코원숭이는 라투르의 정치 이론이 세워질 때 나타난다. 홉스는 사회와 정치가 인간 영역에서 최초로 나타난다고 가정했다. 동물은 한낱 "홉스가 가정한 '자연상태'와 밀접히 부합함이 확실한 야만적인 짐승들 — 털과 이빨의 혼돈 상태에서 서로 싸우고, 먹고, 짝짓기하고, 울부짖고, 노는 짐승들 — 의 무리"(UNS, 281)에 불과한 것으로 여겨졌다. "의심의 여지가 전혀 없이, 개코원숭이의 삶은 '궁핍하고, 비참하고, 야만적이고, 짧다'"(UNS, 281). 그런데 스트럼에게서 이미 알게 된 대로, 일단 개코원숭이들을 조사하고 나면 상당히 다른 그림이 나타났는데, 개코원숭이들은 인간들보다 훨씬 더 고통스러울 정도로 사회적이며 개코원숭이 이외의 매개자가 철저히 부재한 것으로 판명되었다. "어느 동물이나 여타의 동물에 가까이 가지 않는다. 한 동물은 우연히 다른 한 동물을 보호하거나 보살피지 않으며, 그저 닥치는 대로 비키지도 않는다. 동물들은 자신이 원하는 대로 이동할 수 없다"(UNS, 280). 더욱이, "만인에 대한 만인의 전쟁을 부채질하는 것으로 잘 알려진 기본 충동 – 먹기, 교미하기, 지배, 생식 – 은 사회적 상호작용의 연출에 의해 끊임없이 지연되고 중지되며 분산되는 것으로 관찰되었다. 혼돈 상태도 없지만, 견고한 체계 역시 없다"(UNS, 282). 이보다 더 오래가는 사회를 창출하는 것은, 우리가 앞서 이해한 대로, 직접적인 개코원숭이들의 상호작용을 넘어서 더 강하고 더 불활성적인 물질들을 우리 사회에 도입함을 뜻한다. "자연상태에서는 아무도 온갖 동맹에 맞서 견딜 만큼 강하지 않다. 그런데 자연상태를 변화시키면, 이를테면 불안정한 동맹을 가능한 만큼 장벽과 서면계약으로 교체하고 서열을 제복과 문신으로 교체하고 가역적인 우정을 이름과 서명으로 교체하면, 어떤 리바이어던이 생겨날 것이다"(UNS, 284). 그리고 또다시,

영장류 동물학자들은, 개코원숭이들은 자신들의 세계를 안정화하기 위해 관찰자가 조작하는 인간 도구 중 어느 것도 원하는 대로 사용할 수 없다는 점을 빠뜨리고 말하지 않는다. … 민속방법론자들은 인간 사회에서 나타나는 맥락의 모호성이 온갖 도구와 규제, 장벽, 객체에 의해 부분적으로 제거된다는 사실을 무시하고 자신들의 분석에 포함하지 않는다. 이제 우리는 그들의 분석이 빠뜨리는 것을 수집하고 신체와 재료, 담론, 기법, 느낌, 법률, 조직을 징집하는 전략을 동일한 방법으로 검토해야 한다(UNS, 284).

세계는 이쪽에는 자연 그리고 저쪽에는 문화로 이루어져 있는 것이 아니라, 오로지 행위자들로 이루어져 있을 따름이다. "행위자란 무엇인가? 자기 주변의 공간을 구부리고, 다른 요소들을 자신에 의존하게 하며, 이들 요소의 의지를 자신의 고유한 언어로 번역하는 요소라면 무엇이든 행위자다"(UNS, 286). 모든 행위자가 동등하게 태어나더라도 동등하게 죽는 것은 아닌데, 일부 행위자는 자신을 여타의 행위자보다 더 강하게 하는 비대칭적 관계를 어떻게든 수립함으로써 자신을 다른 행위자들이 거쳐야 하는 의무 통과점으로 전환한다. 칼롱과 라투르는 이 점을 프랑스에서 전기차의 미래를 둘러싸고 르노와 프랑스 전력공사(이하 EDF) 사이에 벌어진 다툼에 관한 간단한 사례 연구로 보여주는데, 그 다툼에서 처음에는 르노가 패자인 것처럼 보이지만 자신의 운을 반전시켜서 EDF의 동맹자들을 잘라내고 자신의 세력을 강화함으로써 승리자로 부상할 수 있게 된다. 이 사례 연구를 통해서 우리는 "홉스가 진술하는 것과는 대조적으로 … 어떤 행위자들은 리바이어던의 신체의 형상이 되고 어떤 행위자들은 그 질료가 된다"(UNS, 289)라는 점을 알게 된다. 처음에 그 상황은 다음과 같다.

EDF 같은 행위자들은 리바이어던이 사법적으로 구축되는 것이 아니라 실제로 구축되는 방식을 분명히 보여준다. 그것은 개개 요소의 환심을 사는데, 자연의 영역에서 비롯되는 것(촉

매, 연료전지의 그리드 조직), 경제의 영역에서 비롯되는 것(내연기관을 갖춘 차량의 비용, 버스 시장), 그리고 문화의 영역에서 비롯되는 것(도시생활, 호모 오토모빌리스[자동차 인간], 오염에 대한 우려)을 구분하지 않는다(UNS, 288~9).

그런데 몇 가지 능숙한 반전을 거쳐 르노는 다시 그 상황의 지배자가 되는데, "르노는 전자공학을 사용하여 [내연기관]이 수십 년 동안 천하무적이 되도록 완벽해질 수 있음을 알아내었다"(UNS, 291). 이처럼 끊임없는 권력의 가역성이 권력의 양극을 비대칭적인 '억압자' 항과 '피억압자' 항으로 고정하는 경향이 있는 정치적 좌파의 견해와 가장 양립할 수 없는 라투르의 철학이 지닌 특질 중 하나다.

앞서 이해한 대로, 우리는 비인간의 역할을 고려하지 않은 채로 인간을 정치의 유일한 현장으로 삼을 수 없다. 말하자면, "어떤 종류의 연합, 예를 들면 인간과 인간의 연합, 철과 철의 연합, 중성자와 중성자의 연합, 혹은 어떤 특정한 규모의 인자들에 우선권을 부여하면, 우리는 리바이어던을 분석할 수 없다. 사회학은 연합을 결성하는 행위자들과 최소한 같은 과감함으로 모든 연합을 검토할 때만 생생하고 생산적일 따름이다"(UNS, 292). 이것은 나중에 라투르가 이제는 잊힌 프랑스인 사회학자 가브리엘 타르드에게 심취할 조짐을 나타내는데, 타르드는 (뒤르케임과는 달리) 화학물질과 원자, 항성의 외관상 생명 없는 영역 속에서도 사회를 찾아내었다.[20] 단일한 초주권자인 악몽 같은 리바이어던에 반대하여, "단 하나의 리바이어던이 존재하는 것이 아니라 키메라처럼 서로 맞물려 있는 다수의 리바이어던이 존재하는데, 각각의 리바이어던은 모든 것의 실재, 전체의 프로그램을 대표한다고 주장한다"(UNS, 294). 이것은 라투르가 몇 년 후에 『비환원』이라는 중요한 저작에서 경구적으로 표현한 것과 대체로 동일한, 권력에의 의지에 대한 니체주의적인 견해다. "리바이어던들이 자신에 관해 쏟아내는 말의 홍수에…공포를 느끼지 않을 수 없"(UNS, 295)더라도 그들은 사실상 약하고 가변적인데, 흔히 그들의 안타까운 험담꾼들이 예상하는 것보다 더 빨리 권력을 상실한다. 그런데 때때로 그들은 미치도록 안정적일 수 있는데, 그들은 "성장하기 위해 스스로 배출한 엄청난 기술적 장치로 막혀 있고 무거워져 있다…"(UNS, 295). 리바이어던은 도시보다 더 안정하지도 않고 덜 안정하지도 않는데, 도시에서는 "지속적으로 – 하지만 결코 동시적이지는 않게도 – 거리가 만들어지고 주택이 완전히 파괴되고 수로가 덮인다. 이전에 낡았거나 위험하다고 여겨진 지구는 재건되고, 최신 건물은 유행이 지나게 되면서 파괴된다"(UNS, 295).

---

20. Gabriel Tarde, *Monadology and Sociology*, trans. T. Lorenc (Melbourne : re.press, 2012). [가브리엘 타르드, 『모나돌로지와 사회학』, 이상률 옮김, 이책, 2015.] 나의 타르드 비판에 대해서는 Graham Harman, "On the Supposed Societies of Chemicals, Atoms, and Stars in Gabriel Tarde," *Savage Objects*, ed. Godofredo Pereira (Lisbon : INCM, 2012)을 보라.

이런 식으로, 홉스는 번역의 일반 이론가로 재해석된다. 칼롱과 라투르는 이런 해석에 한계가 있다는 점을 인정하는데, "홉스는 이런 번역 과정을 지금은 '정치적 대표'라고 일컬어지는 것에 한정했다. … 그렇지만 '정치적 대표'만으로 다중의 욕망을 번역하기에 충분했던 시대가 지나가 버린 지는 매우 오래되었다"(UNS, 296). 정치적 비판조차도 인간 정치적 주권자들과 대표자들에 대한 초점을 이동시킬 필요가 있는데, 그 이유는 그들에게만 초점을 맞추면 지배 권력들이 안전하게 숨겨진 채로 남게 되기 때문이다. "〔분석자들은〕'사회적인 것에 관한 연구에 한정된다'. 그다음에 그들은 자신을 '사회적'인 것에 한정하기 위해 리바이어던을 경제적·정치적·기술적·문화적 측면들이 … 고려되지 않은 '실재 층위들'로 분할한다. … 리바이어던들은 안도의 한숨을 내쉬며 만족한 듯한 태도를 보이는데, 왜냐하면 그들의 사회적 부분은 공개되도록 허용하는 한편으로 그들의 구조는 은폐되기 때문이다"(UNS, 298). 사회학자들은 이 과정에 관한 어떤 특권적인 관점도 지니고 있지 않은데, 그 이유는 "리바이어던에 관한 '메타담론' — 의고석으로 표현하면 — 이 전혀 없기 때문이다. … 사회학자들은 여타의 행위자보다 더 낫지도 않고 더 못하지도 않다"(UNS, 298~9). 그들이 사회적인 것에 한정된다면, 그들은 "블랙박스에 도장을 찍고서 강자는 안전할 것이고 묘지 — 벌레가 우글거리는 밀봉된 블랙박스들이 줄줄이 늘어선 묘지 — 는 평화로울 것이라는 점을 다시 한번 보증한다"(UNS,

300). 이와는 대조적으로, 번역 이론이 우리에게 가르쳐주는 것은 "카불에 탱크를 진입시키는 것이 999 다이얼을 돌리기보다 더 어렵지는 않다"라는 점이다. "휴스턴 경찰서에서 전화 통화를 하는 비서를 서술하는 것보다 르노를 서술하는 것이 더 어려운 일은 아니다"(UNS, 299). 칼롱과 라투르는, 젊은 연구자들이 흔히 그러하듯이 자신들의 대담한 진술을 각주에 깊이 묻어 두지만, 이 화살을 맑스주의 좌파에게도 마찬가지로 겨냥한다. "홉스 이론의 근저에 자리하고 있는 것을 해석하는 데 도움이 되는 것은 맑스주의가 아닌데, 오히려 홉스의 이론이 맑스주의의 근저에 자리하고 있는 것을 설명할 것이다"(UNS, 302, 각주 10).

일반적인 성찰

이 서장에서 나는 라투르의 정치철학을 탐구하기 위한 무대를 설정하려고 했다. 탁월한 재능을 지닌 사상가라면 누구나 이전의 어떤 사상가에 의존하는 경우에 일반적으로 그 사상가에 맞서 장기적인 투쟁을 실행하는 징후를 나타내는데, 홉스에 대한 라투르의 관계도 마찬가지다. 그런데도 우리는 라투르를 홉스의 정치적 후예로 여기면 유익하다는 것을 알게 되었다. 이어지는 세 개의 장에서 이 투쟁은 내가 초기, 중기, 그리고 후기 ─ 그 피상적인 진부함에도 불구하고 정당한 것으로 판명될 분류 ─ 라고 일컬은 라투르의 세 시기를 통해서 논의된다. 우선,

라투르의 경우에 후기가 존재한다는 사실은 하이데거나 비트겐슈타인의 경우보다 훨씬 더 명백한데, 그 이유는 최근에 라투르가 수행하는 '존재양식' 프로젝트가 이전의 행위자-네트워크 이론을 명시적으로 한정함으로써 시작되기 때문이다. 그리고 정치철학에 관한 한(존재론은 아닐지라도), 행위자-네트워크 시기는 그 자체로 두 시기로 분할되어야 한다. 그 이유는 초기에 라투르가 홉스에 기울인 열광이 1991년에 『우리는 결코 근대인이었던 적이 없다』라는 책과 더불어 돌연히 사라지기 때문인데, 그 책에서는 홉스가 그의 적수이자 자연과학자인 로버트 보일보다 별로 나을 게 없는 인물로 갑자기 다루어진다. 라투르의 경력에서 처음으로, 어떤 명시적인 의미에서 홉스의 권력 정치는 보일의 진리 정치와 별반 다르지 않다는 주장이 제기된다. 이 점에 근거를 두고서 우리는 1991년을 초기 라투르와 중기 라투르 사이의 전환점으로 삼을 수 있다. 그런데 후기 라투르가 개시되는 시점이나 끝나는 시점은 여전히 정확히 포착될 수 없다. 그 이유는 한편으로, 라투르가 살아 있고 잘 지내며 절정에 이른 능력으로 연구하고 있는 한, 우리는 '양식' 시기가 앞으로 또 하나의 새로운 단계로 이어질 것인지 예측할 수 없기 때문이다. 그리고 다른 한편으로, 필시 철학사에서 보기 드문 독특한 이유로 인해, 후기의 정확한 시작 시점도 가리킬 수 없기 때문이다. 말하자면, 후기 라투르의 작업이 1980년대 말에 은밀히 개시되었기에 그 시기는 사실상 초기 및 중기와 동시적이었다. 비유적으로, 하이데거가 『철학에의 기여』라는 책을 마르부르크 청년 시절에 이미 저술했지만 출판하지 않았다고 가정하거나, 혹은 비트겐슈타인이 『철학적 탐구』라는 책을 일찍이 그리고 버트런드 러셀의 감시하는 코 바로 아래서 은밀히 저술했다고 가정하자. 이 책의 목적에 맞게, 나는 『프랑스의 파스퇴르화』(1984)를 초기 라투르의 정치철학을 전형적으로 나타낸 책으로 여기고, 『자연의 정치』(1999)를 중기 라투르의 상징으로 여기며, 『존재양식들에 관한 탐구』(2012)를 후기 라투르의 명백한 범례로 여길 것이다.

그런데 초기 라투르로 이행하기 전에, 여태까지 확인된 몇 가지 두드러진 특색을 살펴보자. 내가 보기에, 우리는 이미 라투르의 정치철학이 나타내는 최소한 여덟 가지의 주요한 특질을 추론할 위치에 자리하고 있다.

1. 라투르가 기계적인 자연과 임의적인 문화라는 근대적 이원론의 존재론을 거부한다는 사실은, 정치적으로, 무에서 구성된 사회와 자연상태 사이의 근대적 분열을 거부한다는 것을 수반한다. 자연상태가 결코 존재하지 않았던 이유는, 그저 그것이 매우 있을 법하지 않은 허구이거나 증명 불가능한 허구이기 때문이 아니라 오히려 매개가 없는 상황은 전혀 있을 수 없기 때문이다. 개코원숭이조차도 그저 군침을 흘리고 교미하는 먹보가 아니라 오히려 이미 고통스러울 정도로 복

잡한 사회에서 살아간다.

2. 어떤 자연상태도 절대 존재하지 않았다면, 더욱이 '좋은' 자연상태도 '나쁜' 자연상태도 결코 존재하지 않았다. 이들 상태 사이의 판정은 가능하지도 않고 적절하지도 않다. 그러므로 라투르는, 나쁜 자연상태의 이론가들에게서 비롯되는 경향이 있는 강하게 권위주의적인 정치도 옹호할 수 없고, 근본적으로 좋은 자연상태를 근본적으로 부패하고 불평등한 사회에 대립시키는 낭만적이고 혁명적인 정치도 옹호할 수 없다. 요약하면, 라투르는 좌익 정치든 우익 정치든 간에 현대의 표준적인 형식으로는 둘 다 수용할 수 없다.

3. 바로 그 이유로 인해, '반동'도 '혁명'도 라투르에게는 적절한 정치 모형이 아니다. 반동 정치는 정치를 자연권 아니면 의심의 여지가 없는 주권적 권위 위에 정초하고자 하고, 혁명 정치는 정치를 천부적인 인간의 평등성 위에 정초하거나 아니면 절대적 진리가 없는 세계에 있어서 환원 불가능한 다양성의 특질 위에 정초하고자 한다. 라투르의 렌즈를 통해서 바라보면, 이들 정치 중 어느 것도 세계에 대한 타당한 분석으로 여겨질 수 없다.

4. 라투르는 매개에 대하여 역설적인 태도를 나타낸다. 한편으로는 언제나 매개가 있을 따름인데, 개코원숭이 사회뿐만 아니라 (타르드의 방식으로) 곤충 사회를 거쳐 아래로 줄곧 생명 없는 물질 자체의 영역에 이르기까지 도처에서 그렇다. 매

개는 전체적인 존재론적 범주다. 하지만 다른 한편으로는 매개의 정도가 존재하는데, 그 이유는 매개가 더 많이 현존할수록 그 사회는 더욱더 고등한 사회이기 때문이다. 라투르와 스트럼은 사회 유형들의 다양한 도약을 수반하는 특정한 매개 **종류들**을 지적함으로써 이 역설을 부분적으로 해결할 수 있다. 곤충은 다양한 체형을 매개자로 이용하고, 개코원숭이는 순전히 사회적 관계를 이용하고, 수렵채집자는 사물을 이용하고, 농경사회는 오래가는 표식을 이용하며, 산업사회는 기계와 고차원의 상징적 매개물을 이용한다. 그런데 근본적인 긴장은 여전히 남아 있다. 지금까지 매개 이외에는 아무것도 존재한 적이 결코 없지만, 동시에 훨씬 더 많은 매개를 창출하는 것이 좋다.

5. 홉스는 자기 신민들의 의지를 표현하는 포괄적인 주권자 리바이어던에 관해 언급하는 반면에, 라투르와 칼롱은 무수한 장소에서 나타나는 분산된 다수의 리바이어던을 환기한다. 주권에 관한 물음은 단지 하나의 정치적 국면에서 제기되는 것이 아니라 오히려 도서에서 제기된다. 이것은 정치의 존재론화라는 명백한 위험을 수반한다. 제라드 드 브리스가 나중에 반 놀림조로 서술한 대로, 라투르는 "미니-왕들"의 정치를 신봉하는 것처럼 보인다.[21]

---

21. Gerard de Vries, "What is Political in Sub-Politics? How Aristotle Might

6. 라투르가 주권을 무수한 행위자 사이에 널리 분산함에도 불구하고, 초기 시기의 라투르는 여전히 홉스주의적인 '만인에 대한 만인의 전쟁' 같은 것을 신봉하거나, 혹은 각각의 중심이 더 상위의 어떤 권위에도 호소하지 않으면서 여타 중심을 지배하고자 하는 권력 중심들의 니체주의적 투쟁 같은 것을 신봉한다. 그리하여 라투르에게 제기되는 '힘이 곧 정의다'라는 혐의에는 일면의 진실이 있다.

7. 라투르의 경우에는 유일한 주권자도 자유로운 인간 주체도 정치철학의 중심으로서의 역할을 수행할 수 없기에 제도가 그 중심을 형성함이 틀림없다. 제도만이 군침을 흘리는 개코원숭이 사회와는 대조적으로 어떤 내구성을 제공할 수 있을 따름이다. 이로부터 제도에 대한 우리의 일차적 태도는 그것을 비판하거나 파괴하기보다는 오히려 구축하고 확장하는 것이어야 한다는 점이 당연히 도출된다. 그리하여 좌파가 가끔 제기하는, 라투르는 근본적으로 보수적인 사상가라는 불평에는 일면의 진실이 있다. 라투르의 일차적인 정치적 관심사는, 우리가 처음부터 시작할 수 있도록 억압적인 부정의가 완전히 분쇄되어야 한다는 것이 아니라, 오히려 행위자들 사이에 더 강하고 더 나은 연결 관계가 구축되어야 한다는 것이다. 그의 가장 유명한 책의 제목에서 예상할 수 있을 것처

Help STS," *Social Studies of Science*, vol. 37, no. 5 (2007) : 781~809.

럼, 라투르는 자신의 정치에서도 여타의 것에서 그런 만큼이나 단호하게 비근대적이다. 라투르는 (좌파가 일반적으로 바라는 대로) 어떤 세상이 세워져야 하는지에 관한 어떤 특정한 관념의 형상대로 세계를 재건하기를 열망하지 않는다.

8. 어쩌면 라투르가 그런 열망을 품지 않는 가장 중요한 이유는, 그가 보기에, 어떤 행위자들이 있는지 혹은 그것들의 가능한 최선의 연계가 무엇일지 우리는 사실상 결코 알지 못하기 때문이다. 우리는 어떤 완벽한 모형의 이름으로 정치적 이웃들 전체를 뜯어내기보다는 오히려 이들 연계를 개코원숭이들에 못지않게 주의 깊게 시험해야 한다. 정치에 있어서 혁명적 열망은 진리가 합리적 절차를 거쳐 직접 입수될 수 있다고 주장하는 철학적 관념론을 동반하는 경향이 있다(그리고 라투르가 「유물론을 되돌려 주시겠습니까?」[22]에서 주장하는 대로 유물론은 단지 또 다른 형태의 관념론일 뿐이다). 라투르는 행위자들이 그것들에 대한 우리의 구상을 언제나 넘어선다는 관념을 깊이 신봉한다. 이런 신념은 울분의 격렬한 분출이 아니라 신중한 실험의 정치를 수반한다.

---

22. * Bruno Latour, "Can We Get Our Materialism Back, Please?," *Isis*, vol. 98 (2007) : 138~42.

2장

초기 라투르 : 행위소의 한니발

라투르의 마키아벨리론

비환원

파스퇴르 : 사례 연구

"그렇지 않다. 홉스는 틀렸다."

정치철학이라는 견지에서 초기 라투르의 정신은 출판 시기 (대충 1991년까지)를 통해 감지될 수 있을 뿐만 아니라, 라투르가 인간 존재자들과 비인간 존재자들의 권력 투쟁을 묘사하면서 태평하게 축하하는 어조를 통해서도 감지될 수 있다. 이 시기에는 대체로 동맹자들의 네트워크를 성공적으로 회집하는 것을 넘어서는 것에 대한 모든 호소가 의심스럽게 여겨진다. 초기 라투르가 생명 없는 과학적 존재자들을 여타 종류의 비非이론적 동맹자들과 혼합하는 방법을 알고 있는 이론 창시자들에 대한 호의를 자주 나타낸다는 사실을 참작하면, 초기 라투르의 행위자-네트워크 영웅들은 어쩌면 마키아벨리주의적 독재자 혹은 군인 학살자가 아닐 것이다. 『이중나선』에서 묘사된 제임스 왓슨의 자화상이 떠오르는데, 그는 이론, 육감, 실험실 정치, 연구비 관련 절차, 그리고 소문을 성공적으로 융합했다.[1] 초기 라투르의 경우에도 중요한 것은, '힘이 곧 정의다'에 관한 문제라기보다는 오히려 힘을 획득하려고 절대 노력을 기울이지 않는 정의는 그 주위에 실패하거나 심지어 측은한 인물이 있다는 견해다. 1987년에 출판된 『젊은 과학의 전선』이라는 라투르의 유명한 책에서 인용된 다음과 같은 구절을 살펴보자.

---

1. James D. Watson, *The Double Helix : A Personal Account of the Discovery of the Structure of DNA* (New York : Norton, 2001) [제임스 D. 왓슨, 『이중나선 : 생명구조에 대한 호기심으로 DNA구조를 발견한 이야기』, 최돈찬 옮김, 궁리, 2006]. 이 책은 Latour, *Science in Action*[라투르, 『젊은 과학의 전선』]의 서두에서 우호적으로 인용된다.

한 논문이 이전 문헌에 어떤 영향을 미치든 간에, 그 논문으로 어떤 일을 행하는 사람이 아무도 없다면 그것은 절대 존재하지 않았던 것이나 마찬가지다. 당신이 어떤 치열한 논쟁을 단번에 잠재우는 논문을 썼을 수도 있지만, 독자들이 그 논문을 무시하면 그것은 사실로 전환될 수 없다. 절대 그럴 수 없다. 당신은 그 부당함에 대하여 항의할 수 있다. 자신이 옳다는 확신을 마음속에 소중히 간직할 수 있지만, 그 확신은 결코 당신의 마음을 벗어나지 못할 것이다. 다른 사람들이 돕지 않는다면 당신은 결코 확신을 진전시키지 못할 것이다(SA, 40~1).

요점은 필요한 동맹자들을 회집하지 못하는 사람들을 경멸하는 것이라기보다는 오히려 라투르의 철학에는 힘에 의해 기만당할 수 있을 어떤 초월적 옳음right을 위한 여지가 전혀 없을 따름이라는 사실을 깨닫는 것이다.

라투르의 마키아벨리론

라투르의 홉스와의 관계를 이미 고찰하였기에 이제 라투르가 철학의 역사에서 훨씬 더 불길한 인물인 니콜로 마키아벨리와 맺은 관계도 고찰하자. 마키아벨리를 노골적으로 변호하거나 아니면 그의 가장 유명한 책이 나타내는 위협을 줄이는 데 동원할 방법은 이미 많이 있다. 한 가지 방법은, 화이트헤드에 동조함으로써, 마키아벨리주의적 행동이 작동하는 것처럼 보이더라도 그것은 그리 오랫동안 작동하지는 않을 것이라고 주장하는 것이다. 화이트헤드는 대화 중에 무솔리니 혹은 스탈린(문맥상 불분명하다)을 언급하면서 이렇게 진술하는데, "그는 마키아벨리를 읽었습니다. … 그리고 마키아벨리는 오 년에서 십오 년까지의 단기적인 성공을 위한 규칙을 적었습니다."[2] 『군주론』에 대한 마키아벨리 자신의 변론도 있는데, 그것은 자신이 인민을 마땅히 그러해야 하는 대로 묘사하기보다는 오히려 있는 그대로 묘사한다는 것 ― '내재성'의 정치를 향한 그 움직임을 참작하면 중요한 철학적 의미를 지닌 진술 ― 이다. 마키아벨리에 대한 더 일반적인 면죄부도 있는데, 그것은 그의 '진정한' 정치적 견해는 『군주론』이 아니라 『로마사 논고』 ― 이 책에서는 기만과 교살로 정형화된 마키아벨리를 찾아볼 수 없다 ― 에서 드러난다고 말하는 것이다.

1988년에 라투르는 이런 오래된 『군주론』 대 『로마사 논고』 담론에 흥미로운 해석을 가하는데, 다음과 같이 그 두 저삭에는 동일한 가르침이 포함되어 있다고 강려히 주장한다.

---

2. Alfred North Whitehead and Lucien Price, *Dialogues of Alfred North Whitehead* (New York : Nonpareil Books, 2001), 123~4. [알프레드 노스 화이트헤드·루시언 프라이스, 『화이트헤드와의 대화 : 철학자와 신문사 주필이 13년여 동안 나눈 세기의 대화록』, 오영환 옮김, 궁리, 2006.]

진심으로 공화주의자인 마키아벨리는 『로마사 논고』에서 민주주의의 토대를 확립했다. 이렇다 하더라도 마키아벨리는 위험하고 비도덕적인 냉소주의자로 종종 여겨지는데, 그 이유는 그가 『군주론』을 저술했기 때문이다. 그렇지만 사실상 그 두 저작의 가르침은 동일한데, 그것은 민주주의가 안정적일 수 있으려면 권력의 가혹한 실재가 이해되어야 한다는 것이다(PFM, 1).

민주주의 이론가로서의 마키아벨리! 여기서 라투르가 제시하는 민주주의 이론은 흥미롭다. 한니발이 자신의 대규모 북아프리카 군대를 이탈리아에서 십 년 이상 동안 유지하기 위해 전략과 비인간적 잔인함 둘 다를 활용했더라도 한니발의 전략 부분과 잔인함 부분을 임의로 구분하지 말아야 하는데, "자신의 책〔『군주론』〕에서 마키아벨리는 도덕주의자, 시민, 혹은 역사가에 의해 설정된 선과 악 사이의 구분을 넘어서는 일단의 규칙을 제시한다. … 예를 들어, 고결하게 행동하는 것은 규칙도 아니고 예외도 아니어야 하며 여러 가능성 중 하나의 가능성이어야 한다"(PFM, 1~2). 그 구절은 마키아벨리에 관한 서술로서 제시되지만, 우리는 이미 초기 라투르의 고유한 입장도 감지할 수 있다. 라투르 자신은 한니발의 잔인한 행위(강도, 살인, 인질이 코끼리와 싸움을 벌이도록 강요하는 것)를 절대 모방하지 않을 21세기 사람에 더할 나위 없이 딱 들어맞을 사람이지만, 그의 초기 정치철학 역시 '선악을 넘어서는' 풍미가 있는데, 비록 그렇

다 하더라도 그의 이력에서 나타나는 마키아벨리주의적 국면
들은 우리에게 도덕적으로 비열한 인상을 절대 주지 않는다.

라투르가 마키아벨리에 대하여 정말로 제기하는 이의는, 홉
스에 대한 이의와 마찬가지로, 어떤 도덕적 기준의 결여에 대한
것이 아니다. 오히려, 라투르는 그 두 사상가가 비인간 행위자들
에 충분한 역할을 부여하지 못한 점에 이의를 제기한다. 이처럼
초기 단계에서 라투르는 정치에 관한 모든 도덕주의적 구상을
아주 싫어하는 것처럼 보이는데, "당신이 고결하기를 바란다면,
〔마키아벨리〕가 말한 대로, 당신에게는 독선적인 도덕 감각 이상
의 것이 필요하고 더 많은 동맹자가 필요한데, 그들 중 다수가
당신을 배반할 것이다"(PFM, 2). 라투르가 보기에, 마키아벨리
의 진짜 결함은 세계에 관한 과도하게 인간중심적인 그의 구상
에서 찾아볼 수 있는데, "〔마키아벨리〕가 서술한 권모술수는 다
른 사람들의 정념과 조작에 근거를 두고 있다. 그가 그 조합com-
binazione에 명시적으로 추가하는 유일한 비인간 동맹자는 요새
와 무기다"(PFM, 2). 그리고 또다시 "마키아벨리는 사람들을 다
른 사람들의 조종을 통해서 계속 견제함으로써 자신의 계략을
수립하는데, 조종하는 사람들 역시 다른 사람들의 관리를 받
게 된다. 그러므로 마키아벨리의 세계는 사회적 세계다. 쇠퇴하
는 사회적 질서를 끊임없이 회복하는 데 있어서 사회적 힘들이,
유일한 자원은 아니더라도, 적어도 주요한 자원이다"(PFM, 2).
오늘날의 세계에서는 사정이 이렇지 않은데, "그리하여 이런 이

유로 인해 마키아벨리의 세계는, 아무리 힘들고 유혈이 낭자하더라도, 우리에게는 오히려 참신하고 이해하기 쉬운 세계인 것처럼 보이고, 그의 교묘한 책략들은 오늘날 우리가 얽힐 수밖에 없는 것들에 비하여 상대방을 무장 해제시키듯 소박한 것처럼 보인다"(PFM, 2). 중요한 것은 더는 단순히 교황과 장군, 용병, 공주에 관한 문제가 아니다. 오히려, "우리는 남성이나 여성의 유서 깊은 정념과 배반, 어리석음에 전자, 미생물, 원자, 컴퓨터, 미사일의 완고함, 간교함, 강함을 덧붙여야 한다. 사실상 그것은 이중성인데, 그 이유는 군주가 언제나 두 가지 일 — 한편으로 인간 동맹자들에 작용하는 일과 다른 한편으로 비인간 동맹자들에 작용하는 일 — 에 관여하기 때문이다"(PFM, 3). 인간들은 서글프게도 매우 쉽게 변심하기에 공포를 통해 통제되어야 한다는 취지의 마키아벨리 발언을 인용한 후에, 라투르는 익살맞지만 진심 어린 마음으로 이렇게 진술한다.

[사랑과 두려움으로 인간을 결속시키는 것은] 참으로 영리하지만, 자신의 계약을 까기하고 석유 회사나 경쟁자에게 갈 채비를 언제나 갖추고 있는 서글픈 생명체인 인간을 전선과 계량기, 구리, 필라멘트 램프로 결속시키는 것은 〔훨씬 더〕 영리하다. 사랑과 두려움을 포함하는 매우 짧은 목록 대신에 현대의 군주는 사랑과 두려움에 덧붙여 많은 다른 요소를 포함하는 매우 긴 혼성의 목록을 갖고 있다(PFM, 9).

투쟁하는 행위자들의 '생물다양성'을 마키아벨리의 인간중심적인 견해가 허용하는 것보다 더 크게 설정한 후에, 라투르는 비슷한 오류를 저지르는 맑스주의적 전통을 겨냥한다. "〔맑스〕는 군주―자본가로 개명됨―를 계급투쟁 속에 위치시킨다. 그리하여 어떤 기계나 메커니즘이 생산 과정에 도입될 때마다 그것들은 노동자들을 해고하고 대체하고 탈숙련화하고 모욕하며 규율하는 것들이었다"(PFM, 7). 기계의 주요 기능은 필경 반항적인 노동자들을 대체함으로써 노동자들을 통제하는 것이었다. 그런데 정반대의 사태가 발생하는 경우에 맑스주의자들은 말문이 막힌다.

어떤 기계가 도입됨으로써 노동자들이 아무 피해도 보지 않을 때마다 많은 맑스주의자는 말문이 막히고, 그러고 나서는 기술적 인자 및 다른 결정론에 관해 이야기하기 시작한다. 어떤 기계가 섬유산업 노동자들을 탈숙련하는 경우에 그들은 무엇을 말할지 알고 있다. 기업들이 고도로 숙련된 새로운 노동자들을 창출하는 경우에 그들은 이 시태를 당혹스러운 예외 사례로 여기거나 혹은 심지어, 〔도널드〕 매켄지의 용어로 표현하면, '표면 추세'로 여긴다(PFM, 7).

맑스주의는, 적어도 마키아벨리주의만큼이나, 사람들 사이에서 벌어지는 투쟁의 견지에서 세계 전체를 생각하는 철학적 관념론(라투르에게 '유물론'은 그저 또 다른 형태의 관념론임)이다.

맑스주의자들은, '기술은 사회적으로 형성된다' ─ 그들의 표현 ─ 라는 점을 증명할 유일한 방법은 계급투쟁이 작동 중임을 보여주는 것이라는 신조에서 마지못해서야 벗어났다. 어떤 군주에게는 두 가지 적 ─ 노동자들과 다른 군주들 ─ 보다 더 많은 적이 있을 것이고, 따라서 그 군주는 많은 전선에서 동시에 투쟁하면서 때때로, 예를 들면, 다른 군주들에게 저항하기 위해 고도로 숙련되고 독립적인 기질을 지닌 협력자들이 필요할 것이라는 생각이 맑스주의자들에게는 좀처럼 떠오르지 않는다 (PFM, 7~8).

마키아벨리에 대한 라투르의 독법은 홉스에 대한 그의 독법과 비슷한데, 두 경우에 모두 대체로 높이 평가하는 태도가 보인다. 마키아벨리와 홉스 둘 다 진리가 유감스러운 정치적 인자들에 의해 왜곡되는 그런 정치 모형을 회피하는데, 그 이유는 힘겨루기가 유일하게 현존하는 것이기 때문이다. 실재는 그런 힘겨루기에 저항하는 것을 뜻한다. 자연적 정의와 문화적 힘 사이의 이원론적인 대립은 존재하지 않고, 오히려 힘이 없는 정의는 절대 현존하지 않을 단일한 내재적 평면이 존재한다. 우리의 입장이 지배적일 수 있게 하는 데 필요한 동맹자들을 결집하지 못하는 한, 위로하듯 이루어지는, 어떤 초월적 권위에의 모든 호소는 무의미하다. 홉스와 마키아벨리는 비도덕성으로 인해 실패하는 것이 아니라, 사람들을 자연에 대립시키는 그들의 근대주의적 존재론으로 인해 실패한다. 행위자들 사이의 투쟁에는 비인간 행위자들도 포함되어야 하는데, 요새와 무기뿐만 아니라 원자와 기계, 무지개, 버스, 타르도 포함되어야 한다. 우리는 천상의 영역과 지상의 영역에 관한 두 세계 물리학을 더는 수용하지 않는데, 마찬가지 취지로, 우리는 인간의 권력 투쟁이 인간과 비인간 사이의 다툼과 달리 취급되는 두 세계 정치도 수용하지 말아야 한다.

그런데 어떤 비판자는, 얼마간 정당하게도, 라투르가 정치를 경쟁하는 세력들 사이의 권력 투쟁으로 철저히 환원했다고 말할 것이다. 결국 이렇게 해서 라투르는, 플라톤의 『국가』에서 정의를 "더 강한 자의 이익"으로 규정하는 트라시마코스 같은 소피스트들의 진영에 속하는 것처럼 보일 것이다. 라투르에게는 행위소들의 다툼 너머에 호소할 상소 법정이 전혀 없기에 더 강한 자의 이익이 작동 중인 유일한 원리인 것처럼 보일 것이다. 여기서, 언제나 그렇듯이, 라투르에 대한 혐의를 가장 거칠게 공표하는 사람은 레이 브라지에다. "라투르의 텍스트들은 무언가를 하도록 고안되는데, 지금까지 그것들은 어떤 증명을 확립하기보다는 오히려 어떤 효과를 산출하도록 제작되었다. 라투르는 무언가를 증명하려고 시도하기는커녕 수사법을 특별히 능란하게 전개함으로써 민감한 사람들이 자신의 비환원주의적 세계관을 수용하도록 설득하는 데 명시적으로 관여한다. 이것은 소피스트의 전통적인 작업 방식이다."[3] 이런 혐의와 관련하여 가장 역설적인 것은 라투르 자신이 그 혐의를 가장 먼저 수용할 것이라는 점인데, 그 이유는 그가 1999년에 출판된 『판도라의 희망』이라는 책의 상당 부분을 소크라테스—라투르가 브라지에 자신의 노선을 따라 합리주의적 '인식론 경찰'의 수장으로 묘사하는 인물—에게 맞선 소피스트들의 세계시민주의적 정치 감각을 옹호하는 데 할애하기 때문이다. 그런데 이렇게 해서 라투르와 브라지에는 소크라테스에 대한 잘못된 해석을 공유한다는 점에서 하나가 될 따름이다. 소크라테스의 그리스 낱말 필로소피아philosophia는 브라지에와 그의 그룹이 습관적으로 그리고 엄숙히 옹호하는 '계몽된' 독단적 합리주의와는 아무 관계도 없다. 결국 그들의 수사적 노동에 동기를 부여하는 것은 어떤 지식을 주장하는 소피스트들인데, 그 지식이 (이를테면, '모든 것이 참이다', '아무것도 참이지 않다'와 같이) 아무리 피상적인 것처럼 보이더라도 그렇다. 『네트워크의 군주』에서 내가 주장한 대로, 적절한 조치는 라투르를 소크라테스와 관련시키고 합리주의자를 소피스트와 관련시키는 것인데, 왜냐하면 지식을 주장하는 것은 소크라테스의 진영에 합류하지 못하는 길이기 때문이다. 소크라테스가 무지를 고백하는 것은 한낱 역설적인 게

---

3. Brassier, "Concepts and Objects," *The Speculative Turn*, 53.

임에 불과한 것이 아니라 철학이 의미하는 바의 바로 그 핵심이다. 철학은 성공적인 인식론도 아니고 성공적인 자연과학도 아니다. 철학은 누군가의 정치관을 비롯하여 누군가의 세계관에 비非지식을 편입할 것을 요구한다는 점에서 이들 두 분야와 다르다. 그리고 여기서, 『판도라의 희망』에서 소피스트들 편에 서고자 하는 얼마간 도착적인 결단에도 불구하고, 철학의 의미에 여전히 충실한 사람은 라투르다. 우리가 이해하게 될 것처럼, 라투르의 성숙한 정치철학은 진리 정치가 아니라 오히려 무지 정치와 더 비슷한 것인데, 여기서 무지는 좋고 오래된 소크라테스적 의미에서의 무지를 가리킨다.

이와 관련하여, 철학과 정치에서 '리얼리즘'realism이라는 용어가 나타내는 상반된 의미들을 간략히 고찰하자. 철학에서 '리얼리즘'[실재론]은 다양한 의미가 있지만, 주된 의미는 실재가 마음으로부터 독립적으로 현존한다는 관념이다. 그런데 철학적 실재론은 그 이상의 것을 뜻한다고 종종 태평스럽게 가정되는데, 이를테면 "마음으로부터 독립적인 세계가 존재하고, 그리고 그 세계는 인식될 수 있다"라고 가정된다. 하지만 실재적인 것이 인식될 수 있다는 견해는 어쩌면 가장 은밀한 형태의 관념론인데, 그 이유는 그 견해가 실재적인 것이 그것에 관한 어떤 인식적 모형으로 대체될 수 있다고 믿기 때문이다. 우리는 이런 그릇된 전통적인 지식 실재론에 반대하면서 실재를 선택함과 동시에 실재에 도달할 수 있다고 절대 주장하지 않고 오히려 실재를 추구할 따름이라고 주장하는 필로소피아를 선택해야 한다. 유물론에 대한 라투르의 비판은 대체로 같은 논점을 제기하는데, 유물론은 물질이 무엇인지(공간 속 물리적인 실체의 연장) 알고 있다고 생각함으로써 물질을 물질에 관한 이론으로 영구적으로 대체한다. 이런 의미에서, 철학에서 실재론과 합리주의는 유사하기보다는 오히려 정반대되는 관점들로 여겨져야 한다. 라투르가 행위자들을 힘겨루기로 여길 때 그는 충분히 실재론적이지 않은데, 그 이유는 라투르가 우리에게 행위자들은 힘에 지나지 않는 것이라고 말하고 있기 때문이다. 그런데 라투르가 행위자들은 힘겨루기에 의해 불완전하게 가늠될 수 있을 뿐이라고 말할 때 그는 실재론자인데, 그 이유는 라투르가 겨루기의 배후에 자리하고 있는 것에 관한 의문을 암묵적으로 열어 두기 때문이다. 라투르는 행위자들의 관계적 네트워크를 넘어서는 모든 사물-자체를 부정함으로써 실재론의 형이상학적 토대를 잘라낸다. 하지만 그의 사유에는 실재론이 티끌만큼이나마 남아 있는데, 라투르가 마키아벨리주의적 권력 다툼의 난장판에 때때로 탐닉하는 것처럼 보이는 초기에도 그러하다.

이제 초월적 원리에 관한 모든 언급이 권력과 국익의 냉혹한 계산에 자리를 내주어야 하는 정치적 리얼리즘[현실주의]를 살펴보자. 이런 입장은 초기 라투르의 정치철학에 꽤 잘 부합되는 것처럼 보일 것이지만, 우리는 그 입장이 방금 서술된 대로의 철학적 실재론에 얼마나 잘 대응되는지 물어야 한다. 그리고 여기서 우리는 두 가지보다 세 가지 층위를 구별해야 한다. 층위 1은 초기 라투르에 의해 다소간 폐지된 초월적 원리의 층위인데, 예를 들면 그 원리는 선善의 표준에 대한 도덕주의적 호소의 형태를 취하거나 혹은 맑스주의자들을 비롯한 진리 정치 이론가들이 내미는 '과학적' 트럼프 카드의 형태를 취한다. 어떤 경우이든 간에, 우리는 네트워크에 자리하는 행위자들의 때때로 놀라운 저항에 적응되지 않은 채로 원리의 층위에서 오도 가도 못하게 된다. 층위 2는 일반적으로 정의되는 대로의 정치적 현실주의의 층위인데, 초기 라투르의 경우에는 이 층위가 우주 전체를 포괄한다. 도덕적 불평이나 혁명적 불평은 이 층위에서 아무 쓸모가 없다. 우리는 재선되고 싶다면 경제를 재빨리 향상하는 철도 시설을 구축해야 한다. 우리는 우리의 적이 우회하여 우리의 의표를 찔렀음을 인식해야 하며, 그리고 그 공격에 항의하는 대신에 우리 역시 그의 의표를 찔러야 한다. 어쩌면 우리는 통치자에게 그가 애호하는 코냑 한 병을 건네면서 아부하는 말을 늘어놓을 것이다. 어쩌면 우리는 해군 훈련을 함으로써 우리의 호전적인 이웃 국가를 겁먹게 할 것이다. 이런 정치적 현실주의는, 세계가 '기대 상황들'로 이루어져 있는 것이 아니라 현실들 혹은 '실제 상황들'(마키아벨리)로 이루어져 있다는 인식을 수반한다. 그런데 또한 층위 3이 있는데, 인식할 수 있는 현실적인 것 아래에 놓여 있는 어떤 실재계를 가리키는 이 층위는 합리주의자의 경우에 존재하지 않는 것과 마찬가지로 초기 라투르의 경우에도 존재하지 않는다. 이것은 진정한 소크라테스적 실재계로서 트라시마코스가 틀렸음을 드러내는 유일한 것인데, 그 이유는 '더 강한 자의 이익'의 본성이 언제나 우리에게 이해되지 않기 마련이기 때문이다.

이 문제에 접근하는 또 다른 시도와 관련하여, 라투르 자신이 거론하지 않은 '흥미로운 반동주의자들' 중 한 사람인 레오 스트라우스를 살펴보자. 물론, 일반적인 경향은 마키아벨리를 소피스트와 동일시하는 것이다. 그런데 스트라우스는 이 문제에 관하여 어떤 참신한 입장, 즉 처음에는 불가해하거나 노골적으로 사악한 것처럼 보이는 입장을 취한다. 공동 편집자로서 관여한 『서양정치철학사』라는 책에 실린 자신의 「마키아벨리」라는 논문에서 스트라우스가 서술하는 대로,

『니코마코스 윤리학』이 끝나 가는 부분에서 아리스토텔레스는 소피스트들의 정치철학이라고 일컬어질 수 있을 것에 관해 언급한다. 그의 주요 주장은 소피스트들이 정치를 수사법과 동일시했거나 혹은 기의 동일시했다는 것이다. 다시 말해서, 소피스트들은 연설의 무한한 힘을 믿었거나 혹은 믿는 경향이 있었다. 마키아벨리는 그런 오류로 인해 비난받을 수 없음이 확실하다. … 그런데 소크라테스의 제자였던 크세노폰은 가장 성공적인 지휘관인 것으로 판명되었는데, 그 이유는 바로 그가 신사들과 비신사들을 〔처벌할 수 없었던 프로크세노스와는 달

리) 모두 관리할 수 있었기 때문이다. 소크라테스의 제자인 크세노폰은 정치의 인정사정없음과 가혹함에 관해서, 연설을 초월하는 정치의 요소에 관해서 어떤 망상도 품지 않았다. 이런 중요한 면에서 마키아벨리와 소크라테스는 소피스트들에 맞서 공동 전선을 편다.[4]

어떤 의미에서는 이것이 무엇을 뜻하는지 알기가 어렵다. 우리의 최초 반응은 그것이 한 가지 어두운 형태의 스트라우스주의적 엘리트주의일 따름이라고 일축하는 것인데, 이 견해에 따르면 일부 사람은 연설에 설득당해서 올바른 일을 행할 수 있는 반면에 다른 사람들("비신사들")은 힘으로 다스려져야 한다. 우리의 두 번째 반응은 어쩌면 스트라우스의 종잡을 수 없는 논리를 한탄하는 것일 수도 있는데, 그는 연설의 불충분성에 대한 공동의 믿음을 통해서 크세노폰과 마키아벨리를 동일시한 다음에 사제 관계라는 단순한 사실을 통해서 크세노폰과 소크라테스를 동일시함으로써 마키아벨리와 소크라테스의 있을 법하지 않은 연관성을 산출한다. 그런데 그 구절을 지시에 대한 모든 주장을 넘어서는 실재의 힘에 대한 인식으로 해석하는 것

---

4. Leo Strauss, "Niccolo Machiavelli," eds. Leo Strauss and Joseph Cropsey, *History of Political Philosophy*, 3rd ed. (Chicago : University of Chicago Press, 2007), 316~7. [레오 스트라우스·조셉 크랍시, 『서양정치철학사 1』, 김영수 옮김, 인간사랑, 2010.]

이 더 흥미롭다. 소피스트와 합리주의자가 공유하는 것은 지식에 대한 주장과 추정상의 이런 지식에서 도출되는 모든 것에 대한 요구다. (알랭 바디우가 서술하는 대로, "진리는 자신의 결과에 반대되는 것에 상관없이 그 결과의 무한 권리를 단언한다.")[5] 그런데 스트라우스의 관점에서 바라보면, 초기 라투르가 마키아벨리 및 소크라테스와 공유할 것은 대체로 불가해한 힘겨루기로서의 정치라는 개념이다.

비환원

라투르의 주요한 철학적 저작 중 하나는 『프랑스의 파스퇴르화』라는 1984년의 연구서에 붙은 부록으로 출판된 짧은 논고인 『비환원』이다. 내가 이미 『네트워크의 군주』라는 책의 앞부분에서 이 논고를 자세히 고찰하였지만, 그 논고가 구체적으로 품고 있는 정치적인 의미는 여기서 검토할 가치가 있다. 『비환원』의 기원은 1972년 겨울에 라투르가 지적으로 이룬 '다마스쿠스로 가는 길' 개종 순간을 생생하게 묘사한 구절에서 찾아볼 수 있다. 어느 날 시트로엥 밴을 운전하여 부르고뉴 지방의 시골 지역을 지나던 청년 라투르는 모든 이론이 어떤 종류

---

5. Alain Badiou, *Logics of Worlds: Being and Event 2*, trans. A. Toscano (London: Continuum, 2005), 7. (바디우의 강조.)

의 환원을 수행한다는 사실을 깨닫고서 충격을 받았다. 라투르는 그 밴을 갓길에 세운 다음에 우리가 어떤 것을 어떤 다른 것으로 환원하는 것을 그만둔다면 상황이 어떠할지에 관한 백일몽에 빠져들었다. "그 당시에 나는 지금 내가 쓰고 있는 것에 대해서는 아무것도 몰랐고 그저 스스로 다음과 같이 되풀이하여 말했을 뿐이었다. '아무것도 무언가 다른 것으로 환원될 수 없고, 아무것도 무언가 다른 것에서 비롯될 수 없으며, 모든 것은 여타의 것과 동맹을 맺을 수 있다. … 그리고 내 생애 처음으로 나는 사물들을 환원되지 않고 해방된 상태로 보았다"(PF, 163). 세계는 온갖 형태와 크기의 행위자들로 가득 차 있으며, 그리고 한 행위자를 다른 한 행위자로 전환하거나 환원하는 것은 원래의 것을 결코 제대로 다룰 수 없는 번역 작업이다. 이것이 '비환원'이라는 용어가 나타내는 의미다. 계급투쟁은 소망이 꿈을 설명하거나 혹은 푸코주의적 감시가 감옥을 설명하는 것보다 1차 세계대전을 더도 덜도 '설명'하지 않는다.

이처럼 서로 환원 불가능한 행위자들의 평평한 우주가 그 위에 라투르가 자신의 경이로운 지적 경력을 구축한 초석이다. 물론, 모든 사람이 이런 경력에 깊은 인상을 받는 것은 아니다. 가장 거리낌 없이 라투르를 비판하는 브라지에를 다시 한번 인용하자.

비환원주의가 이룩하려면 얼마나 많은 환원 작업이 수행되어야 하는지 지적하는 것은 유익한데, 이성, 과학, 지식, 진리가 모두 제거되어야 한다. 당연히 라투르는 이성을 중재로 환원하거나, 과학을 관습으로 환원하거나, 지식을 조작으로 환원하거나, 혹은 진리를 힘으로 환원하고서도 아무렇지 않다. 라투르의 비환원주의적 영감의 진정한 대상은 그가 제멋대로 탐닉하는 환원 자체가 아니라 오히려 설명인데, 그것도 특히 과학적 설명에 부여된 인지적 특권이다.[6]

브라지에의 짜증은 그 자신의 합리주의적 성향에서 직접 비롯된다. 브라지에의 경우에는 '이성', '과학', '지식', 그리고 '진리'라는 용어들이 시적이고 수사적인 방종의 상대주의적 난투극에 맞서는 우리의 대항을 유일하게 보증하는 것들이다. 브라지에의 합리주의에는 마음의 외부에 어떤 실재적 세계가 있다. 비록 실제로 달성할 수 있는 상태라기보다 단지 어떤 바람직한 궁극의 목적telos으로서 접근하더라도 이런 실재적 세계에는 인간의 지식으로 접근해야 하는데, 그 접근 방식은 인간 정신이 지금까지 구상한 실재에 관한 모든 모형을 연이어 제거하는 부정적인 형식을 통해서 주로 이루어진다. 자연과학이 이런 조작을 수행하는 것과 관련하여 우리가 갖추고 있는 가장 성공적인 수단이고, 따라서 속기 쉬운 전前과학적인 맹목적 숭배물을 합리적이

---

6. Brassier, "Concepts and Objects," *The Speculative Turn*, 51.

고 과학적인 구상물로 대체하기 위한 수단이기도 하다.

라투르가 이성과 과학, 지식, 진리를 '제거하는' 것을 목표로 한다는 것은 결코 사실이 아니지만, 그가 그것들을 번역 행위로 재해석하기를 바란다는 것은 사실임이 확실하다. 라투르는 과학적 실천에 관한 연구를 수행하느라고 수십 년을 보냄으로써 "특히 과학적 설명에 부여된 인지적 특권" — 브라지에가 이런 특권을 연장하는 데 있어서 우리가 그에게 동조해야 하는 추가적인 이유를 전혀 제공하지 않은 채로 탁자를 두드리는 방식으로 단언할 따름인 특권 — 이라는 협소한 과학주의적 의미에서의 과학을 제외하고는 과학을 제거하려고 시도하지 않았다. 그런데 이것 자체는 특별히 흥미롭지 않다. 더 흥미로운 것은 라투르의 『비환원』이 그 제목 자체에도 불구하고 하나의 환원주의적 저작이라는 브라지에의 주장이다. 이런 혐의는 라투르의 지지자들도 가끔 제기하는데, 사실상 그 혐의는 바로 그 논고의 간주곡 III에서 라투르 자신에 의해 최초로 공표되었다. "왜 〔비환원〕이 〔환원〕보다 선호되어야 하는가? 나는 여전히 알지 못하지만, 나는 자신이 생겨나는 네트워크들을 홀쩍 넘어서 연소시키는 역능을 좋아하지 않는다. … 나는 환원주의자들을 환원하여 그 역능들을 그것들이 생겨난 무리와 네트워크들에 다시 바래다주고 싶다"(PF, 191). 라투르의 대답은 단지 잠정적일 뿐이고 전적으로 만족스럽지는 않다. 나 자신의 견해는 『비환원』에서 라투르가 사실상 환원을 정말로 수행한다는 것인데, 그렇다 하더라도 이것은 명백한 논리적 모순이 시사할 것만큼 중요하지도 않고 파괴적이지도 않다. 여기서 우리는 라투르가 말하는 것보다 그가 행하는 것에 단적으로 주의를 기울여야 한다. 『비환원』의 명시적인 주장은 아무것도 무언가 다른 것으로 환원될 수 없다는 것일지라도, 사실상 라투르는 자신의 지적 경력을 상징하는 한 가지 주요한 환원을 수행한다. 말하자면, 행위자는 다소 왜곡하는 어떤 번역 없이는 더는 환원될 수 없는 한편으로 여타의 것은 모두 행위자로 환원될 수 있다. 추정컨대, 실재의 어떤 양태들이 다른 양태들보다 더 중요하다고 여긴다는 의미에서, 어떤 종류의 환원 없이 이론적 작업을 행하는 것은 불가능하다. 유일한 대안은 철학적 물음들에 대응하여 손가락을 들어 올리기 같은 '선'禪 동작을 행하거나, 혹은 생각나는 대로 음절 외치기와 미친 듯이 가면무용 추기 같은 다다이즘적인 책략을 실행하는 것이다. 라투르가 "아무것도 무언가 다른 것으로 환원될 수 없다"라고 말할 때 정말로 뜻하는 바는 이러한데, 행위자는 어떤 다른 것으로도 환원될 수 없다. 라투르의 경우에 이것은 임의적인 결단이 아니라, 철학적 주제의 전 범위를 제대로 다루려는 그 자신의 시도일 따름이다. 그 시도는 라투르가 견지하는, 실용주의가 가미된 효과의 형이상학에서 직접 비롯되는데, 그 이론에 따르면 어떤 것이 다른 어떤 것에 어떤 종류의 영향을 미친다면 그리고 오로지 그런 경우에만 그것은 무엇이든 간에 실재적이다. 쓰레기통, 광대, 일각수, 펩시콜라병, 리어왕,

그리고 사각형 원이 실재적인 것이 되려면 뛰어넘어야 하는 이 상당히 낮은 울타리를 이미 넘어간 상태에 있다는 점을 참작하면, 우리의 탐구 시발점을 경성 과학에 의해 밝혀진 대로의 근본적인 자연적 하위성분으로 추정되는 것들을 위해 이들 행위자를 제거하는 것으로 삼지 말아야 한다. 라투르의 형이상학이 거부된다면, 그 이유는 『비환원』의 프로젝트가 표명되는 방식과 관련하여 어떤 인위적인 논리적 문제("라투르는 환원하지 않겠다고 말한 다음에 어쨌든 환원하는 큰 실수를 저지른다")가 발견되었기 때문은 아니어야 한다. 오히려, 비판자는 행위자들을 실재의 근본적인 층위로 여기는 것과 관련하여 본질적인 문제가 있음을 보여줌으로써 그 쟁점의 뿌리를 다루어야 하는데, 이것이 바로 『네트워크의 군주』에서 나 자신이 시도한 것이다.

『비환원』의 서두에서 라투르는 경험적 현장연구가 과학과 사회에 관한 자신의 견해를 누구에게도 결코 이해시킬 수 없는 것처럼 보인다고 보고한다. "나는 경험적 연구가 과학에 관한 믿음의 표면을 긁는 일 외에는 결코 아무것도 하지 않을 것이라는 점을 깨닫고서 경험적인 것에서 이행하여, 데카르트가 권고한 대로, 일 년에 몇 시간을 철학을 하는 데 할애하기로 결심했다"(PF, 153). 그처럼 "일 년에 몇 시간"(물론, 이보다 훨씬 더 긴 시간) 동안 그가 결정한 바는 세계가 행위자들로 이루어져 있는 것으로서 가장 잘 이해된다는 것이다. 이것은 세계가 힘들, 효과들, 혹은 관계들로 이루어져 있다고 말하거나, 아니면 다양한 유형의 이질적인 힘들로 이루어져 있다고 말하는 또 하나의 방식이다. "그리고 이들 힘은 모두 서로 확대하거나 환원하거나 혹은 동화함으로써 헤게모니를 함께 추구한다"(PF, 154). 몇 쪽 뒤에서 라투르는 전면적인 권력 의지에 관한 니체적 견해에서 물러서는데, "어떤 힘들은 측정당하기보다는 측정하려고, 번역 당하기보다는 번역하려고 끊임없이 시도한다. 그것들은 작용받기보다는 작용하기를 바란다. 그것들은 여타의 것보다 더 강하기를 바란다. 나는 니체의 호전적인 신화에서처럼 '모두'라고 말하기보다는 오히려 '어떤'이라고 말했다"(PF, 167). 어쨌든 우리는 실재적인 것을 다른 실재적인 것들에 영향을 미치는 것으로 규정하게 된다.

> 강함과 약함의 힘겨루기만 있을 따름이다. … 힘겨루기에 저항하는 것은 무엇이든 실재적이다. '저항하다'라는 동사는 특권적인 낱말이 아니다. 나는 그것을 사용하여 실재적임의 방식들을 함께 규정하는 동사와 형용사, 도구와 장치의 전체 집합을 나타낸다. 마찬가지로 우리는 '응고시키다', '접다', '가리다', '날카롭게 하다', '미끄러지게 하다'라고 말할 수 있을 것이다(PF, 159).

모든 존재자는 본질적으로 동등하거나, 혹은 서로 대칭적이다. 비대칭성을 창출하는 방법은 "〔자신〕보다 약간 더 오래가는 힘에 기대는"(PF, 160) 것이다. 라투르는 본질과 관계의 평등성도 진술하려고 시도하는데, "행위소는 본질인가 관계인가? 힘겨루기가 이루어지지 않는다면 구분할 수 없다. 자신이 더는 일축당하지 않기 위해서, 본질은 많은 동맹자와 연관될 것이고 관계는 많은 본질과 연관될 것이다"(PF, 160). 하지만 이 진술은 얼마간 오해를 불러일으키는데, 그 이유는 라투르가 이미 실재를 힘으로 규정했을뿐더러 힘은 그것이 다른 힘들과 맺은 관계들에 있기 때문이다. 라투르의 우주에는 자신이 다른 것들과 맺은 관계들의 바깥에 숨어 있는 비관계적 본질이 전혀 없다. 세계는 단지 구조적으로 관계적일 따름이다.

그런데 세계가 힘들로 이루어져 있더라도, 우리는 이들 힘이 무엇인지 알지 못한다. 행위자들에 대한 우리의 본질적인 무지가 라투르의 가장 소크라테스적인 관념이고(소크라테스에 대한 라투르의 불행한 거부감에도 불구하고), 게다가 심지어 그의 가장 중요한 정치적 원리인 것으로 판명될 것이다. 라투르가 서술하는 대로, "우리는 모두 다양한 힘의 장뿐만 아니라 약점의 장과 더불어 움직이기에 힘의 상태를 알지 못하며, 그리고 이런 무지가 우리가 공유하는 유일한 것일지도 모른다"(PF, 155). 이렇게 해서 라투르는 모든 형태의 철학적 합리주의와 모든 형태의 진리 정치에서 격리된다. 우리는, 자신이 로마 정치가이든 혹은 후대의 역사가이든 간에, 로마 공화국이 정말로 무엇인지 알지 못한다. 그것을 알아내려면, 우리는 로마가 우리에게 많은 것을 가르쳐줄지도 모르지만 결코 모든 것을 가르쳐줄 수는 없는 다양한 힘겨루기의 대상이 되게 해야 한다. 라투르가 서술하는 대로, "동등한 것들은 전혀 없고, 오직 번역들이 있을 뿐이다"(PF, 162). 합리주의자들이 오랫동안 소중히 여긴 꿈이지만, 현실적으로든 원칙적으로든 간에 실재에 직접 접근할 수는 없다. 모든 상호작용은 해석이다. "어떤 합의가 이루어졌든 간에, 불화가 서식할 무언가는 언제나 존재한다. 아무리 멀리 떨어져 있더라도, 그에 관한 이해가 구축될 수 있을 무언가가 언제나 존재한다. 다시 말해서, 모든 것은 협상이 가능하다"(PF, 163). 바로 이런 의미에서 논리는 "공공사업 혹은 토목공학의 한 갈래"(PF, 171)다.

그의 빈번한 홉스주의적 단상 중 인상적인 한 단상에서 라투르는 "우리는 자신이 힘을 가진 국면과 자신이 정의로운 국면을 구별할 수 없다"(PF, 183)라는 결론을 내린다. 그러므로 권력의 법정을 넘어서는 잉여물, 즉 힘의 투쟁에서 패배한 자들이 상소를 제기할 수 있을 실재라는 더 상위의 재판소는 전혀 없는 것처럼 보인다. 이렇게 해서 초기 라투르의 세계는, 선한 권력과 악한 권력을 구별할 어떤 '규범적' 지침도 없이, 인간 힘들과 비인간 힘들이 벌이는 무절제한 권력 투쟁과 약간 비슷한 것으로 여겨질 것이다. 그런데 우리는, 트라시마코스 및 다른 소피스트들의 경우와는 달리, 무지가 라투르의 주요한 정치적 원리중 하나라는 것을 잊지 말아야 한다. 라투르는 '더 강한 자의 이익'을 찾아낼 수 있을 곳을 알고 있다고 주장하는 것이 아니라 오히려 정반대로 주장한다. 무지와 더불어 되풀이되는 또 하나의 라투르주의적 주제가 있는데, 그것은 바로 권력의 놀랄 만한 취약성이다. "권력은 우리가 어떤 힘과 그것을 강하게 만드는 동맹자들을 혼동하게끔 하는 불꽃이다. … 우리는 언어를 전유하고 '권력을 쥐고' 있다고 주장하는 사람들에게 협박을 당하는 것을 방지할 수 있다"(PF, 186). 달리 진술하면, "우리는 항상 강자의 강함을 오해한다. 사람들은 강함을 행위소의 순수성에 귀속시키지만, 강함은 언제나 약한 것들의 중층적 배열에서 비롯된다"(PF, 201).

또한 우리는 힘에 관한 라투르 이론의 정치적 측면이 비인간 영역도 포괄한다는 점을 절대 잊지 말아야 한다.

나는 자신이 누군지도 모르고 자신이 무엇을 원하는지도 모르는데 오히려 다른 사람들이 나 대신에 알고 있다고 말한다. … 내가 폭풍인지, 쥐인지, 바위인지, 호수인지, 사자인지, 아이인지, 노동자인지, 유전자인지, 노예인지, 무의식적인 것인지, 바이러스인지 그들은 내게 속삭이고, 그들은 암시하며, 그들은 내가 무엇인지 그리고 내가 무엇이 될 수 있는지에 대한 해석을 시행한다(PF, 192).

혹은 또다시, "사물들-자체? … 당신은 당신의 시선이 닿는 예우를 받은 적이 없는 사물들에 대해 불평하는가? 당신은 이 것들이 당신의 의식이 비추는 조명을 결여하고 있다고 느끼는 가? …아프리카가 백인이 도착하기 전에는 백인을 결여하고 있지 않았던 것과 꼭 마찬가지로, 사물들은 자체적으로 아무것도 결여하고 있지 않다"(PF, 193). 인간/비인간 구분의 일반적인 붕괴는 모든 가능한 종류의 존재자를 사용하는 과학 자체에서 가장 잘 드러날 수 있는데, "과학이 성장한다면, 그 이유는 과학이 불확실하게 번식하는 수십 가지의 행위소 ─ 쥐, 박테리아, 산업가, 신화, 기체, 벌레, 특수강, 열정, 편람, 공방…도움을 주면서도 부정당하는 일단의 명칭이 ─ 에게 그들의 힘을 과학 자체에 빌려주도록 어떻게든 납득시켰기 때문이다"(PF, 204~5). 그런 힘들을 배치하는 것이 우리가 하여간 할 수 있는 최선의 조치인데, 그 이유는 그야말로 번역이 우리가 아무튼 할 수 있는 최선의 것이기 때문이다. "정치적 '냉소주의'로 인해 비난받는 마키아벨리와 스피노자는 가장 관대한 사람들이었다. 엉성하게 연결된 힘들 사이에서 서툴게 번역되어 이루어진 기존의 합의보다 본인이 더 잘할 수 있다고 믿는 사람들은 언제나 더 못한다"(PF, 211).

『비환원』의 주요 원리는 언제나 힘인데, 그것은 자연적 힘, 정치적 힘, 그리고 여타 종류의 힘을 모두 포함한다는 그런 의미에서의 힘이다. "나는 힘에 아무것도 추가하지 않을 것이다"(PF, 213). 이것은 더 널리 신뢰받아야 하는데, 그 이유는 "사람들이 '과학'의 존재를 믿지 않는다면, 힘겨루기 외에는 아무것도 없을 것"(PF, 214)이기 때문이다. 당신이 이것은 외부적 실재와의 대응으로서의 진리에 관한 어떤 구상도 배제한다고 불만을 제기하면, 라투르는 이런 사실을 단적으로 축하할 것이다. "우리는 현존하는 것이라면 무엇이든 실재적이라고 말할 수 있다. '진리'라는 낱말은 힘겨루기를 아주 조금 보충할 따름이다. 그것은 대단치 않지만 효능이 있다는 인상을 주는데, 그리하여 조사받으면 대체될 것을 구조하게 된다"(PF, 227). 라투르가 번역으로서의 힘겨루기에 관해 자주 언급하더라도, 어떤 의미에서 번역은 본래적이지 않다. "힘겨루기들은 온전한 것이자 전부인데, 바로 정확히 가능한 정도까지 그러하다. 그것들은 근사적이지 않다"(PF, 233). 힘은 보충될 필요가 없다. "시연은 언제나 힘과 관련되어 있으며, 그리고 역선力線들은 언제나 실재의 척도, 실재의 유일한 척도다. 우리는 결코 이성에 굴복하지 않고, 오히려 힘에 굴복한다"(PF, 233). 요약하면, "힘과 정의를 대립시키는 것은 범죄 행위인데, 그 이유는 그것이 정의로운 것의 효능으로 정의를 옹호하는 체하는 한편으로 악당들이 자유롭게 뛰어다닐 마당을 남겨두기 때문이다. … 스피노자와 마찬가지로, 우리는 공정하기 위해 잔인한 것처럼 보이게 한다"(PF, 234).

이 모든 것에도 불구하고 라투르는 과학과 정치 사이의 차이를 여전히 역설하는데, 이에 대한 명백한 이유는 그가 정치의 인간중심적 함의를 방지하기를 바라기 때문이다.

'과학'을 '정치'에 의거하여 설명할 수 있다면 과학은 전혀 존재하지 않을 것인데, 그 이유는 과학이 다른 동맹자들과 새로운 자원, 참신한 무리를 찾아낼 바로 그런 목적으로 전개되기 때문이다. 이런 이유로 인해 과학사회학은 선천적으로 매우 취약하다. … 과학은 정치가 아니다. 과학은 다른 수단에 의한 정치다. 그런데 사람들은 "과학은 정치로 환원되지 않는다"라는 이의를 제기한다. 바로 그렇다. 과학은 권력으로 환원되지 않는다. 과학은 다른 수단을 제공한다(PF, 229).

이런 다른 수단으로 인해 과학이 현실적이지 않게 되는 것도 아니고 꽤 강하지 않게 되는 것도 아니다. 그 이유는 "관념론자들이 올바르게 생각한 대로, 우리는 사물을 우리 자신으로 끌어당기는 한에 있어서 알 수 있을 따름이다"라는 것은 참인 한편으로, "〔관념론자들〕은 우리를 쓰러뜨리려면 사물들이 한데 모여야 한다는 점을 덧붙이기를 잊어버렸다"(PF, 231)라는 것도 마찬가지로 참이기 때문이다. 사물들이 한데 모일 수 있다는 사실은 그것들이 아무든 우리의 외부에 현존하기에 결코 인간의 정치적 계산에 내재적이지 않다는 점을 보여준다. 또한 라투르는 과학보다 뛰어나다고 주장하는 사람들에게 절대 공감하지 않는다.

더 직관적이거나 직접적이거나 인간적이거나 전체적이거나 따

뜻하거나 세련되거나 정치적이거나 자연적이거나 대중적이거나 오래되었거나 불가사의하거나 본능적이거나 정신적이거나 혹은 간교한, 뛰어난 형태들의 지식이라는 이름 아래 과학은 언제나 비판당한다. 지금까지 항상 우리는 어떤 대안이 더 낫다고 주장함으로써, 제1심 법원에 상소 법원을 추가함으로써, 유일신 혹은 신들에게 식자들의 자만심에 상처를 내고 겸손하며 비천한 사람들을 위해 세상의 비밀을 유보하도록 요청함으로써 과학을 비판하고 싶어 했다. 하지만 과학보다 뛰어난 지식은 전혀 존재하지 않는데, 그 이유는 어떤 지식의 척도도 존재하지 않고, 궁극적으로는 아무 지식도 절대 존재하지 않기 때문이다(PF, 231~2).

이제 우리는 『비환원』의 철학과 그 정치적 결과를 요약할 위치에 이르렀는데, 라투르가 이 논고에서 자신의 철학 전체의 핵을 찾아볼 수 있다고 주장한 사실을 참작하면 이것은 중요한 조치다.[7] 우리는 어떤 존재자들을 다른 존재자들보다 더 실재적이라고 간주함으로써 시작할 수 없다. 존재자는 행위자인데, 이것은 존재자가 힘겨루기에 저항하는 한에 있어서 실재적임을 뜻한다. 존재자는 결국 힘이고, 따라서 라투르는 무엇이든 힘을 넘

---

7. Bruno Latour, Personal Communication, November 11, 2005. Harman, *Prince of Networks*, 12에서 인용됨. [하먼, 『네트워크의 군주』.]

어서고 힘 위에 있는 것의 현존을 절대 인정하지 않는다. 이와 관련하여 우리는, 과학의 합리주의적 역사 ─ [이 역사는] 파스퇴르는 총명한 천재로 여기고 그에게 패배한 경쟁자들인 리비히와 페테르, 푸셰는 교육을 받지 않은 퇴행적인 어릿광대로 여긴다 ─ 가 쉽사리 그렇게 하는 대로, "승자와 패자를 비대칭적으로 다루지"(PF, 218) 말아야 한다는 라투르의 근본 원리를 듣게 된다. 그리하여 라투르는, 우리가 단순히 파스퇴르가 나머지 세 사람보다 더 강했다고, 자신의 프로그램을 위해 생명 있는 동맹자들과 생명 없는 동맹자들을 집결시키는 데 있어서 파스퇴르가 더 성공적이었다고 여겨야 한다고 생각한다. 이렇게 해서 라투르는 자신이 파스퇴르를 평가할 때 '대칭적으로' 진행하고 있음을 확신하기에 충분하다. 하지만 또 다른 의미에서는 라투르의 방법이 결코 대칭적이지 않음을 인식할 수 있는데, 그 이유는 『비환원』이 사실상 승자의 철학이기 때문이다. 승리와 패배를 넘어서는 상소 법원은 전혀 존재하지 않기에 애초부터 근본적인 비대칭성이 존재한다. 그리고 이와 관련하여 우리는 라투르에게서 진정한 문제가 되는 비대칭성에 이르게 되는데, 그것은 승자와 패자 자체의 비대칭성이 아니라(결국 라투르는 대다수의 과학사가보다 리비히와 페테르, 푸셰에게 훨씬 더 관대하다) 마땅한 승자와 마땅하지 않은 패자 사이의 비대칭성이다. 두 명의 실패한 화가는 똑같이 실패했지만, 나중에 비평가가 그들 중 한 화가가 무시당한 위대한 화가임을 '밝혀낼' 것이라는 점을 우리는 모두 인정하며, 그리고 우리는 미지의 위대한 화가가 그를 찾아내는 비평가에 의해 단적으로 산출된다고 일반적으로 생각하지 않는다. 다시 말해서, 객체는 그저 행위자에 불과한 것이 아닌데, 이를테면 그저 승리와 패배의 성적표에 불과한 것이 아니다. 초기 라투르가 아무리 떠들썩하게 이의를 제기하더라도, 우리는 언제나 힘에 무언가를 추가해야 한다. 말하자면, 우리는 다른 시점에 다른 힘을, 때로는 강하게 때로는 약하게, 표현하는 실재라는 보충물을 힘에 추가해야 한다.

이것의 정치적 함의는 명백하기 마련이다. 라투르는 힘겨루기를 지식으로 환원되게 내버려 두지 않는다는 점에서 옳음이 확실하다. 라투르가 "어떤 지식의 척도도 존재하지 않고, 궁극적으로는 아무 지식도 절대 존재하지 않는다"(PF, 232)라고 말하는 경우에, 라투르 자신과 그의 비판자 브라지에가 모두 믿고 있는 대로, 그는 소피스트들을 흉내 내고 있지 않다. 오히려, 정치적 영역에서 무지가 수행하는 중요한 역할에 관한 후기 라투르의 사유에서 분명해지는 대로, 그는 사실상 소크라테스를 흉내 내고 있다. 정치기 지식 위에 정초될 수 없는 이유는 지식이 소유될 수 있는 것이 아니라 단지 사랑받을 수 있을 뿐이기 때문인데, 이 논점은 철학을 과학이나 기하학으로 전환하기를 바라는 합리주의자들에 의해 결코 충분히 진지하게 고려되지 않는다. 정치적 영역을 초월적인 합리적 이념들에 의거하여 재건하려는 시도가 흔히 재앙을 초래한다고 경고하는 것은 전혀 독창적이지 않지만, 베르나르-앙리 레비를 반복적으로 비난하는 바디우가 최근에 이런 경고를 깔보는 쪽으로 되돌아갔기에 다시 한번 제기하는 것은 유용하다. 무지에 대한 자각이 정치철학에 편입되어야 한다. 불행하게도 초기 라투르는 정치적인 것의 내재성과 모든 외부 기준의 불가능성을 지나치게 애호하는 것처럼 보이는데, 그리하여 그에게는 약한 의미의 정치적 무지만 남게 될 뿐이다. 이 단계에서 라투르는 여전히 홉스와 마키아벨리의 신봉자이며, 그리고 얼마 후에는 슈미트의 신봉자인데, 그들 모두에게 정치는 더 상위의 공통 기준에의 호소라기보다 주로 승리를 향한 투쟁이다.

파스퇴르 : 사례 연구

『비환원』을 살펴본 우리는, 『비환원』이 부록으로 덧붙여진, 파스퇴르에 관한 유명한 연구 역시 고찰해야 한다. 라투르는 파스퇴르를 탐욕스러운 비합리적인 몽매주의자들의 무리에 맞서는 의료 계몽주의의 지도자로 간주하기보다는 오히려 자신의 발견 결과를 공고히 하려고 가까이에 있는 모든 수단을 사용하는 더 온건한 유형의 마키아벨리로 간주한다. 라투르는 『전쟁과 평화』를 자신의 모형으로 삼는데, 이 소설은 군사 행위들이 사령관들의 통제를 벗어나서 무질서하게 일어난다고 묘사하는 것으로 유명하다. 이런 관념은 파스퇴르의 경력에 관한 일반적인 설명과 명백한 마찰을 일으킨다. 파스퇴르의 연구 활동이 조금이라도 정치적 견지에서 고찰될 수 있다면(매우 드문 일이다), 그것은 다음과 같이 서술되는 경향이 있다. "그 전략은 사전에 철저히 구상되었다. 파스퇴르는 그것을 고안했고 모든 세부를 상세히 파악했다. 그것은 계획에 따라, 자신의 조수들과 더불어 관리자들에 의해서 파스퇴르에게서 양¥으로 이어지는 엄격한 명령 순서에 따라 진행되었다. 〔그렇지만〕 톨스토이의 충고를 좇으면, 그런 설명은 틀리기 마련이라고 말할 수 있다"(PF, 5). 불행하게도, "우리는 과학을 설명할 방법을 모르는 것과 별반 다르지 않게 전쟁과 정치를 서술할 방법을 알지 못한다. 과학을 설명하려고 잘 구상된 마키아벨리주의적 전략을 제시하는 것은 〔첫 번째 종대가 행진하고, 두 번째 종대가 행진한다〕고 적는 것만큼이나 무의미하다"(PF, 6).

파스퇴르의 경력에 관한 라투르의 해석이 품은 경이로운 세부 전체는 어쩌면 두 가지 주요 단계로 요약될 수 있을 것이다. 첫 번째 단계에서 파스퇴르는 위생학자들의 지지를 얻는다. 두 번째 단계에서 파스퇴르는 자신의 이전 적들인 의사들이 지지를 얻는다. 그다음에, 파스퇴르가 의학적으로 지배한 시기는 자신의 세균으로 더는 설명될 수 없는 기생충 질환들이 열대 지역에서 발견되면서 끝나게 된다. 라투르가 예증하는 대로, 19세기에 위생 운동은 신체적으로 더 양호한 노동자와 병사 — 질병에 시달리지 않는 이들을 뜻한다 — 에의 광범위한 요구에 대한 반응으로서 벌어졌다. 하지만 위생학에 대한 어떤 통일된 원리가 아직 없었기에 처음에 위생학자들은 다량의 단속적인 임시방편적 권고를 제시하는 것에 한정되어 있었다. 열린 하수구와 역병을 발생시키는 이웃을 피하는 것, 손을 씻는 것, 거리에 침을 뱉지 않는 것, 그리고 애완고양이와 같은 접시로 식사하지 않는 것은 일반적으로 좋은 것처럼 보였다. 하지만 엄청난 수의 지리멸렬한 규칙은 다루기 어려웠을 뿐만 아니라 언제나 제대로 작동하지 않았다.

어떤 판매자는 고객에게 더할 나위 없이 좋은 맥주를 보내고, 그것은 부패한 채로 도착한다. 어떤 의사는 산모를 도와서 3.6kg의 건강한 아기를 낳게 하고, 그 아기는 태어난 이후에 곧 죽는다. 어떤 엄마는 더할 나위 없이 순수한 젖을 유아에게 먹이고, 그 유아는 장티푸스에 걸려 죽는다. 어떤 관리는 모로코인들의 메카 순례 여행을 규제하고, 콜레라는 성결해진 순례자들과 함께 돌아와서 처음에는 탕헤르에서 발병하고 그다음에는 마르세유에서 발병한다. 어떤 주부는 브르타뉴 출신 소녀를 데려와서 요리사를 돕게 하고, 몇 달 후에 그 요리사는 분마성 폐결핵으로 죽는다(PF, 32).

그런 예측 불가능한 사고들은 어떤 운명주의를 낳는데, "사실상 '소름 끼치는 자발성'이라는 신조가 정말로 신뢰할 만한 유일한 것이었다"(PF, 32). 하지만 일단 파스퇴르가 세균을 감염의 근원으로 입증한 후에는 상황이 완전히 반전되었다. 이전에 "위생의 양식이 누적적이고 예방적이었던 이유는 그것이 모든 것을 포괄하려고 시도했기 때문"이었지만, 세균이 등장한 이후에 "그들은 위생의 힘들을 재편하였으며 [그리고] 다양한 지식을 제거했다. … 예전에 그들은 모든 사태에 관해 조언했다. 이제 그들은 소수의 사태에만 관여하기로 결정했다"(PF, 49).

파스퇴르 자신에 대해서는 "'위치 변화'에 관해 언급하면 충분하다. 파스퇴르주의자들은 내가 앞서 서술한 위생의 힘들과 관련하여 자신들의 위치를 정하지만, 매우 특별한 방식으로 그렇게 한다. 그들은 위생의 힘들을 맞닥뜨리기 위해 밖으로 나간 다음에 그 힘들과 같은 방향으로 움직이며, 게다가 그것들에 중요한 한 요소, 즉 실험실을 추가함으로써 그것들에 지시하여 그 방향을 바꾸는 척한다"(PF, 60). 생리학자들은 자신들의 지위를 정밀과학으로 확신하면서 콜레주 드 프랑스에 고립된 조용한 상황에서 연구했던 반면에, 파스퇴르의 실험실은 "자신의 해결책을 병리에 직접 강요하고자 했다"(PF, 61). 파스퇴르가 그런 일을 어떻게 달성할 수 있었는지에 대하여 라투르는 거의 마키아벨리적 어조로 이렇게 말한다. "일반 원리는 단순한데, 모든 승자의 원리다. 당신은 자신이 지배하는 지역에서 적과 싸워야 한다"(PF, 61). 파스퇴르의 사례에서 그 지역은 실험의 지역이었다. "파스퇴르의 연구 프로그램의 움직임은 파스퇴르주의자들이 자신들이 가장 강하다고 알고 있던 곳, 즉 실험실을 향해 해당 문제의 방향을 전환하는 탈취 행위로 이해될 수 있을 것이다"(PF, 66). 라투르는 『비환원』의 독자라면 누구도 놀라지 않을 어투로 이렇게 결론짓는다. "한편에는 자신의 실험실에 간힌 과학자 파스퇴르가 있었고, 다른 한편에는 자신이 해낸 것을 알려지게 하는 데 관심이 있었던 정치인 파스퇴르가 있었다고 말하는 것은 적절치 못할 것이다. 그렇지 않다. 천재적인 작업 자체가 자신의 전략이었던 오직 한 사람, 파스퇴르가 있었다"(PF, 71).

위생학자들과는 달리, 의사들은 애초에 파스퇴르에게 우호적인 경향이 없었다. "레오나르가 보여준 대로, 의사들은 회의주의자들이었다. 그들은 회의주의자를 훨씬 넘어 '불평꾼'들로 불릴 것인데, 그런 범주가 사회학에서 받아들여진다면 말이다"(PF, 116). 그 이유는 "의사들이 위생학자들에게는 논쟁거리가 되지 않았던 것이 논쟁의 여지가 있다고 깨달았"(PF, 117)기 때문이다. 의사들은 '타락하'지도 않았고 '비합리적'이지도 않았는데, 그렇다 하더라도 의사들은 자신들의 전문적 지위에 대한 위협을 느낌으로써 위생학자들이 단지 강점들만 발견한 파스퇴르의 사례에서 약점들을 발견하도록 고무되었다고 말해도 무방하다. "파스퇴르가 의학을 전적으로 인수하는 사태는 질병이 치료되는 대신에 방지되는 방식으로 병리학을 다시 정의하는 것에 겨냥되었"(PF, 122)는데, 이렇게 되면 의사들은 폐업하게 될 것이었다. 거의 마찬가지로 나쁘게도, 파스퇴르주의자들은 질병이 전염성이 있다고 공표하기를 원했는데, 이것은 환자의 병이 환자와 의사 사이의 전통적인 신중한 신뢰 문제라기보다는 오히려 이제는 공중 안전의 문제임을 뜻했다. "그런데 개인의 자유는 어떻게 되는가? 세균이 존재함으로써 그것은 다시 정의되었는데, 아무도 타인을 감염시킬 권리가 없다. … 질병은 개인적 불행이 더는 아니고 오히려 공공질서에 대한 공격이었다"(PF, 123). 의사들은 환자의 안내자에서 공중보건 당국의 조력자로 전환된다는 구상을 좋아하지 않았다. 우리는 이런 반파스퇴르주의적 회의주의를 이유로 의사들을 비난하기 힘든데, 왜냐하면 라투르의 표현대로 "우리는 자신에게 이익이 될 것을 믿을 따름"(PF, 123)이기 때문이다. 궁극적으로 의사들은 그 새로운 배치에 기꺼이 동조했지만, 단지 더 광범위한 거래의 일부로서 그러했다. "의사들은 국가에 봉사할 것인데, 한편으로 국가는 의사들의 전통적인 적들을 … 약제사, 가짜 의사, 수녀 등을 제거할 것이었다"(PF, 126). 라투르는, 우리가 편협한 타락을 이유로 의사들을 비난하기 전에 위생학자들 역시 마찬가지로 이기적인 이유로 파스퇴르의 시류에 편승했다는 사실을 잊지 말아야 한다고 지적한다. 의사의 경우에, 이기심과 파스퇴르주의는 "루와 그의 동료에 의해 발명된 혈청 … 환자가 병에 걸렸다는 진단을 받은 후에 사용된 치료법"(PF, 127)으로 인해 마침내 손을 잡았다. 백신은 모든 질병을 미리 방지함으로써 의사들이 폐업할 위험에 처하게 했던 반면에, 혈청은 의사의 진료실 자체에서 처방될 수 있었다.

우리가 앞서 이해한 대로, 초기 라투르에게는 정치와 과학 사이에 강한 구분이 존재하지 않는다. 파스퇴르의 행위들은 모두 동등했는데, 모든 행위에는 파스퇴르에게 필요한 작업을 행하는 동맹자들 – 생명이 있든 없든 간에 – 이 함께 엮인 회집체가 연루된다. 그런 의미에서 '정치'는, 우리가 '과학을 정치로 환원했다'라는 이유로 라투르를 비난할 수 있게 할 일종의 특정한 영역이라기보다는 오히려 실재 전체에 대한 은유일 따름이다. 그런데도 과학적 실재론자들이 라투르에 대하여 느끼는 혐오감에는 일말의 진실이 있는 것처럼 여전히 느껴진다. 라투르에게는 그들이 절대 좋아하지 않을 무언가가 있고, 게다가 이와 같은 우려로 인해 라투르 자신도 정치에 관한 자신의 구상을 할 수 없이 바꾸게 되는 것처럼 보인다.

어쩌면 이런 불가사의한 무언가의 주요한 징후는, 라투르가 파스퇴르가 세균을 발견하기 전에 세균이 현존했는지 여부에 대한 의문을 나루는, 얼마간 종잡을 수 없는 방식에서 나타난다. 안이한 실재론자는 이 의문에 "당연히 현존했다"라고 대답하고, 안이한 사회적 구성주의자는 "당연히 현존하지 않았다"라고 대답할 것이다. 두 가지 대안 모두에 불편함을 느낄 것임이 분명한 라투르는 중도적 입장을 찾아내려고 시도한다. "세균의 형상이 그것이 연구되던 시기 이전에 정착되었기에, 지크프리트의 겪처럼, 세균이 만들어져서 검사받고 있던 시점을 회상하기는 어렵다"(PF, 79). 라투르는 계속 서술한다. "그리스어 명칭〔세균〕은 우리가 그 검사들을 잊어버리게 하지 않기 마련인데, 그 이유는 그것이 인디언식 이름처럼 어떤 행위를 가리키는 명칭이기 때문이다. 우리에게는 스라소니-와-싸우는-자 대신에 녹말-을-분리하는-자가 있다. 그 객체는 이들 검사 외에는 어떤 다른 모서리도 없다"(PF, 80). 데이비드 흄이 '객체'는 성질들의 다발일 뿐이라고 여기는 것과 꼭 마찬가지로, 라투르는 객체가 단지 행위들의 다발이라고 생각하는 것처럼 보인다. 그런데 라투르는 어떤 객체가 인간이 그 객체를 발견하기에 앞서 현존하는지 여부에 관한 물음에 대해서는 얼버무리는데, "그 세균은 파스퇴르에 앞서 현존했는가? 실천적 관점에서 바라보면 ─ 나는 이론적이라고 말하지 않고 실천적이라고 말한다 ─ 그 세균은 파스퇴르에 앞서 현존하지 않았다"(PF, 80). 라투르는, 현대의 아베로에스처럼, '이론적'인 것(실재론)과 '실천적'인 것(반실재론) 사이의 노동 분업 속에서 두 가지 다른 진리 유형을 거의 옹호할 뻔했다. 하지만 십여 쪽이 지난 후에 라투르는 어떤 입장을 직접 취하지 않은 채로 그 물음의 반실재론적 진영에 상당히 명확하게 안착하는데, "'그런데 만물박사님, 파스퇴르가 탄저병의 원인을 발견했습니까? 아닙니까?' 이제 나는 마침내 긍정적으로 대답하고 싶다. 그런데 이런 긍정에는 많은 부속물도 수반된다. … 나는, '진실한'이라는 낱말이 혼동 이상의 것을 추가할지라도, 파스퇴르가 마침내 세균의 진실한 현존을 '정말로 발견했었다'라고 기꺼이 말할 것이다"(PF, 93).

한 세대가 지난 후에, 『판도라의 희망』에서 라투르는 파스퇴르와 관련된 이런 반응을 퀑탱 메이야수가 "상관주의적"[8]이라고 일축할 그런 종류의 존재론으로 단순화한다. 1999년의 중기 라투르는 그 자신이 포함되지 않은 '우리'라는 낱말을 사용함으로써 다음과 같이 비꼬듯이 진술하는데, "우리는 세균이 자신의 연쇄적인 역사적 표현을 조금 더 넘어서는 실체성을 갖추고 있음이 틀림없다고 짐작한다"(PH, 167). 이와는 정반대로, 라투르는 우리에게 이렇게 말하는데, "각각의 요소는 자신이 맺고 있는 연합들로 정의될 것이고, 그리하여 각각의 요소는 그런 연합들이 각기 성사되는 순간에 생겨나는 사건이다"(PH, 165). 이것은 사실상 급진적인 주장인데, 그 이유는 그로 인해 라투르가 세균은 1864년에 앞서 현존하였지만 단지 1864년을 시작으로 1864년에 앞서 현존하였을 뿐이라고 주장하게 되기 때문이다. 다시 말해서, 파스퇴르는 "과거를 그 자신의 미생물학에 소급하여 일치시켰는데, 요컨대 1864년 이후에 정립된 1864년은 1864년 내내 1864년이 산출한 것과 같은 구성요소들과 조직들, 연합들을 갖지 않았다"(PH, 170). 심지어 라투르는 대범하게도

---

8. Quentin Meillassoux, *After Finitude: An Essay on the Necessity of Contingency*, trans. R. Brassier (London: Continuum, 2008). [퀑탱 메이야수, 『유한성 이후: 우연성의 필연성에 관한 시론』, 정지은 옮김, 도서출판b, 2010.]

이런 입장을 "상식적"(PH, 145)이라고 일컫는데, 그래도 그것이 결코 상식적이지 않음은 확실하다.

1999년에 라투르가 시도한 파스퇴르에 대한 해석은 1984년의 해석보다 외관상 훨씬 더 급진적이지만, 그것은 사실상 『프랑스의 파스퇴르화』에서 이미 제시된 그의 입장에 관한 더 거침없는 진술에 불과하다. 라투르가 자율적인 실체를 일련의 행위로 대체한다는 점을 참작하면, 작용하지 않는 세균은 전혀 실재적이라고 일컬어질 수 없을 것이다. 그렇다면 세균의 실재성은 세균의 작용이 인식되고서야 확인된다. 여기서 라투르는 인간에게 인식되는 작용을 그 자체로 작용인 것과 융합하는 것처럼 보이는데, 왜냐하면 우리는 누군가가 세균이 작용한 사실을 인식하지 못하더라도 세균이 작용하였음을 쉽게 언급할 수 있을 것이기 때문이다. 이 상황은 나중에 라투르가 이집트의 파라오 람세스 2세의 죽음을 초래한 원인에 관해 제기한, 물의를 일으키는 주장과 유사한데, "람세스 2세에게 결핵과 코흐의 세균을 귀속시키는 것은, 우리가 그의 죽음의 원인을 맑스주의적 반란, 혹은 기관총, 혹은 월스트리트 폭락이라고 진단하는 것과 같은 정도로 시대착오적이라는 인상을 주기 마련이다"(RAM, 248). 라투르는 대안적인 제3의 입장으로 그 문제를 교묘하게 처리하려고 시도하지만, 그의 결론은 본질적으로 람세스가 결핵이 발견되기에 앞서 결핵으로 사망할 수 없었다는 것이다. 왜냐하면 라투르가 서술하는 대로, "실체substance라는 개념에는 사실상 한 가지 **보충물**이 있지만, 우리는 '아래에 놓여 있는 것'이라는 실체의 어원적 의미를 좇아서 이런 보충물이 일련의 표현 '아래에' 자리하고 있다고 가정하지 말아야 하"(RAM, 262)기 때문이다. 그런데 여기서 라투르는 그 주제에 한 가지 중요한 정치적 의미를 부여하는데, "일련의 존재자 위에 자리하고서 그 존재자들을 하나의 전체로서 작용하게 하는 제도에 대한 정의를 사용함으로써 사회학은 실체에 대한 훨씬 더 나은 정의를 제공한다"(RAM, 262). 라투르의 중기 및 후기 정치철학의 중요한 주제인 '제도'에 관한 이 구절을 기억하자.

"그렇지 않다. 홉스는 틀렸다."

초기 라투르의 정치철학이 마무리되는 시점은 『우리는 결코 근대인이었던 적이 없다』라는 그의 1991년 고전까지 거슬러 올라갈 수 있을 법하다. 지금까지 우리는 초기 라투르가 홉스의 영향을 깊이 받았음을 거듭해서 알게 되었다. 1991년에 라투르는, 라투르 자신의 작업에 대한 영감을 제공한 스티븐 셰핀과 사이먼 셰퍼의 유명한 책과 연관 지어 홉스에 관해 상세히 서술한다.[9] 이렇게 해서 라투르는 셰핀과 셰퍼의 공공연하게 홉

---

9. Steven Shapin and Simon Schaffer, *Leviathan and the Air-Pump : Hobbes, Boyle, and the Experimental Life* (Princeton : Princeton University Press, 1985).

스주의적인 주장으로부터 거리를 두게 되는데, 그리하여 이것은 라투르의 정치철학이 전개된 단계들을 분석하기 위한 주요한 계기 중 하나가 된다. 어떤 의미에서, 초기 라투르는 자연/문화 분열을 타파하면서 행위소들의 중립적인 존재론으로 대체하는데, 이것은 명백히 '대칭적'인 존재론을 향한 움직임이다. 하지만 또 다른 의미에서는, 결과로서 생겨나는 중립적인 존재론이 정말로 철저히 중립적인지 의심쩍게 여겨질 수 있다. 왜냐하면 라투르가 자연/문화 분열을 제거하더라도, 결과적인 중립 지대는 그것이 '자연' 극과 유사한 정도보다 '문화' 극과 유사한 정도가 훨씬 더 큰 것처럼 보이기 때문이다. 셰핀과 셰퍼가 구성주의자 홉스를 그의 자연주의자 라이벌인 보일보다 옹호하는 상황에 맞닥뜨렸을 때, 라투르는 자기인식의 공포로 움츠러드는 것처럼 보이는데, 결과적으로 필경 홉스가 옳을 수 있었다는 점을 부인한다. 라투르가 홉스주의적 전통에서 부분적으로 벗어나는 상황 — 초기 라투르에서 중기 라투르로의 이행을 나타내는 바로 그 계기 — 을 간략히 살펴보자.

라투르는 먼저 자기 동료의 저작에 대하여 대단히 감탄해 마지않는데, "일견, 〔셰핀과 셰퍼의〕 책은 지금까지 과학학의 에든버러 학파의 슬로건이자 과학의 사회사와 지식사회학에서 이루어진 많은 연구의 슬로건이었던 것 — '인식론에 관한 물음은 사회적 질서에 관한 물음이기도 하다' — 을 예증할 따름이다"(NBM, 15~6). 그런데 "얼마간 무의식적으로" 그들은 "과학을 설명하는

데 있어서 사회적 맥락에 주어진 특권을 〔파괴한다〕"(NBM, 16).
그들은, 자연과 정치로 일컬어지는 두 가지 별개의 영역이 서로
주고받는 영향을 보여주는 대신에, 공기펌프에 대한 보일과 홉
스의 상충하는 해석을 사용하여 "보일과 홉스가 과학과 맥락,
그리고 그 둘 사이의 경계를 고안하기 위해 다툰 방식을 검토한
다"(NBM, 16). 그들은 보일의 잊힌 정치철학과 홉스의 불신당한
과학 이론을 부활시킴으로써 "꽤 훌륭한 사분면을 부각하는
데, 보일은 어떤 과학과 어떤 정치 이론이 있고 홉스는 어떤 정
치 이론과 어떤 과학이 있다"(NBM, 17). 보일과 홉스는 정치적
견해뿐만 아니라 과학적 견해도 놀랍도록 유사한 것으로 판명
되는데, "그들은 왕, 의회, 유순하고 통일된 교회를 원하며, 그리
고 그들은 기계론적 철학의 열렬한 지지자다"(NBM, 17).

보일은 믿음직한 증인들에게 공기펌프의 작동을 목격하도
록 요청함으로써 경험적 방법을 고안하지만, "홉스는 보일의 입
증 연극 전체를 거부한다"(NBM, 18). 홉스는 초월성을 평화에
대한 위협으로 간주하기에 모든 형태의 초월성을 거부한다는
점을 떠올리자. "시민들이 이 낮은 시상 세계를 관장하는 권위
에 의해 박해를 받을 때 탄원할 권리가 있다고 느끼게 하는 초
자연적인 존재자들이 현존하는 한, 내전이 맹위를 떨칠 것이다.
과거 중세 사회의 충성심 — 신과 왕에 대한 충성심 — 은 모든 사
람이 신에게 직접 간청하거나, 혹은 자신들의 왕을 고를 수 있
다면 더는 가능하지 않게 된다"(NBM, 19). 라투르가 보기에는

이것이 권위주의를 초래할 필요는 없는데, 그 이유는 "주권자가 자기 마음대로 행동하고 리바이어던을 해체하기 위해 소환할 신성한 법칙 혹은 더 상위의 섭리가 전혀 없기 때문이다. 지식이 곧 권력인 이런 새로운 체제에서는 모든 것 — 주권자, 신, 물질, 그리고 다중 — 이 실상에 따라 평가된다"(NBM, 19). 요약하면, "무엇이든 어떤 초월성도 없고, 신에 의지하기도 없고, 활성 물질에 의지하기도 없고, 신성한 권리에 의한 권력에 의지하기도 없고, 심지어 수학적 관념에 의지하기도 없다는 그런 것이 내전 종식을 위해 고안된 홉스의 일반화된 구성주의다"(NBM, 19). 보일의 절차가 초래하는 위험은 그 절차가 시민적 권위를 초월하는 과학적 사실을 산출하고자 한다는 것이다. 훨씬 더 나쁘게도, 이들 사실은 홉스가 또한 평화에 위협이 된다고 믿고 있는 바로 그런 종류의 비물질적 존재자인 진공에 관한 사실이다. 그리하여 "지식과 권력은 다시 한번 분리될 것이다. 홉스가 서술하는 대로 '둘로 보이게' 될 것이다. 그런 것이 홉스가 왕립학회의 활동을 비난하면서 왕에게 전하는 경고다"(NBM, 20).

라투르는 셰핀과 셰퍼에 의해 설정된 애초의 보일/홉스 대칭성에는 감명을 받지만 그들의 비대칭적 결론에는 실망한다. 처음에는 보일과 홉스 사이에 노동 분업이 이루어져 있는 것처럼 보이는데, 보일은 "자연에 관해 말하기를 위한 주요 목록 중 하나('실험', '사실', '증거', '동료')"를 고안하고 홉스는 "권력에 관해 말하기 위해 이용할 수 있는 주요 자원('대표', '주권', '계약', '재산', '시민')"을 창안한다(NBM, 24~5). 하지만 셰핀과 셰퍼는, 보일과 홉스를 대칭적으로 다루는 대신에, 그들의 책 후반부에서 망설임의 순간이 몇 번인가 나타나더라도 결국 꽤 분명하게 홉스 편을 들게 된다. "상당히 기묘하게도, 그들은 과학적 목록보다 정치적 목록에 더 확고부동하게 집착하는 것처럼 보인다"(NBM, 28). 셰핀과 셰퍼는 과학학의 에든버러 학파 출신답게 다음과 같이 생각하는 것처럼 보인다. "인식론에 관한 모든 물음이 사회적 질서에 관한 물음이라면, 그 이유는 요컨대 사회적 맥락이 좋은 과학으로 여겨지는 것에 대한 정의를 자신의 하위집합 중 하나로서 포함하기 때문이다"(NBM, 26). 그들이 마무리하는 대로, "지식도 국가만큼이나 인간 행위의 산물이다. 홉스가 옳았다."[10] 라투르는 즉시 응대하는데, "그렇지 않다. 홉스는 틀렸다." 라투르는 이어서 특유의 위트를 추가하여 서술한다.

〔셰핀과 셰퍼〕는 공기펌프의 진화와 확산, 대중화를 능숙하게 해체한다. 그런데 왜 그들은 '권력' 혹은 '힘'의 진화와 확산, 대중화를 해체하지 않는가? '힘'은 공기의 탄성보다 문제가 덜한 것인가? … 누군가가 어떤 저자들의 비대칭적 자세를 채택하여 자연에 관해서는 구성주의자인 동시에 사회에 관해서는 실

---

10. 같은 책, 344. Latour, *We Have Never Been Modern*, 26 [라투르, 『우리는 결코 근대인이었던 적이 없다』]에서 인용됨.

재론자임에 동의하지 않는다면 말이다! 하지만 공기의 탄성이 영국 사회 자체보다 정치적 근거가 더 있을 가능성은 거의 없다…(NBM, 27).

사회에 과학을 포괄하는 더 넓은 맥락으로서의 특권을 부여하는 것은 사회를 자연과학의 원자들로 구축된 것으로 설명하는 것보다 별로 나을 게 없다고 주장할 때 라투르는 설득력이 있다. 사회와 과학 둘 다를 공정하게 다루는 대칭적 존재론을 제시해야 한다. 그런데 라투르가 셰핀과 셰퍼보다 이 작업을 도대체 더 잘 해내는지 여전히 의심스럽다. 라투르가 이들 두 동료에 관해 언급하는 바는 그의 과학주의적 비판자 중 일부가 라투르 자신에 관해 언급하는 바와 당혹스럽게도 유사한 것처럼 들리는데, "상당히 기묘하게도, 〔라투르〕는 과학적 목록보다 정치적 목록에 더 확고부동하게 집착하는 〔것처럼 보인다〕." 사실상 이것은 지금까지 라투르에 대하여 이루어진 꽤 표준적인 비판이며, 그리고 언제나 무지한 비판인 것은 아니다. 나는 그 비판이 공정하면서 동시에 불공정하기도 하다고 주장하고자 했다. 라투르가 인간 사회를 자연의 존재자들보다 분류학적으로 더 중요하다고 간주하지 않는 한에 있어서 그 비판은 불공정하다. 아무튼 라투르는, 그의 더 피상적인 비판자 중 일부가 주장하는 대로, 과학적 진리가 인간 사회에 의해 순전히 구성된다고 생각하지 않는다. 사실상, 라투르의 경우에, 모든 것을 포괄하는 틀로서의 '사회'는 존재조차 하지 않으며, 게다가 라투르는 바로 이 논점을 두고서 지금까지 뒤르케임주의적 전통과 오랜 논쟁을 벌였다.

그런데 라투르는 과학적 진리가 인간 사회의 구성물이라고 는 생각하지 않더라도, 과학적 진리가 인간과 비인간의 관계적 네트워크의 구성물이라고는 정말로 생각한다. 라투르는 보일의 믿음직한 증인들이 튜브 속 진공을 무로부터 구성하지 않는다 는 점을 확실히 인정할 것이지만, 어떤 인간 혹은 비인간 존재 자에 의해 목격되지 않을 진공-자체의 존재 역시 믿지 않는다. 이렇게 해서 라투르는, 람세스 2세의 경우에, 우리는 결핵을 그 것을 산출한 네트워크에서 추출한 다음에 그 질병을 고대 이집 트로 소급하여 투사할 수 없다고 말할 수 있게 된다. 라투르에 게 사물은 (화이트헤드의 유쾌한 구절을 사용하면) 시간과 공 간 속에서 모험을 겪을 수 없는데, 그 이유는 화이트헤드와 마 찬가지로 라투르의 경우에도 어떤 사물이 한 장소와 한 시점에 서만 생겨나기 때문이다. 일련의 행위 아래에 자리하고 있는 하 층은 전혀 없고 오히려 이들 행위를 위에서 통합하는 '상층'이 있을 따름인데, 이를테면, 흄이 어떤 사과의 연속적인 윤곽들이 그것들을 함께 결합하는 관습적인 연접을 통해서만 연계된다 고 생각하는 것과 꼭 마찬가지로, 다수의 개별 행위들을 함께 연계하고 그것들이 모두 '동일한' 행위자의 '동일한' 궤적 위에 자리하고 있음을 결정하는 '제도'가 있을 따름이다. 라투르는 자연적 존재자들(진공, 양성자, 물질)을 사회적 존재자들(사회, 언어, 권력)에 종속시키는 셰핀/셰퍼 문제는 벗어나는 한편으로 또 다른 종속을 시행한다. 말하자면, 사물들의 비관계적 측면은 관계적 측면에 종속된다. 이렇게 해서 과학자들이 라투르의 입장에 대해 불평을 계속 제기하는 데에는 일말의 진실이 있다.

이것은 라투르의 정치철학에 관한 책이기에 그의 동기를 본질적으로 정치적이라고 간주하는 것은 구미가 당기는 일이다. 사실상 라투르가 홉스의 정치적 관심사에 관해 말하는 바의 대부분은 필요한 변경을 가하여 라투르 자신에게도 적용될 수 있을 것이다. 홉스가 "시민들이 이 낮은 지상 세계를 관장하는 권위에 의해 박해를 받을 때 탄원할 권리가 있다고 느끼게 하는 초자연적인 존재자들이 현존하는 한, 내전이 맹위를 떨칠 것이다"(NBM, 19)라고 주장한다면, 이것은 진리들이 생산되는 네트워크의 외부에 존재하는 진리에 호소하는 사람들에 대한 라투르의 불평처럼 들릴 것이다. 라투르는 홉스 자신에 못지않게 초월성을 몹시 싫어한다.

마무리 지으면서, 과학적 합리주의자 들이 라투르에 대한 정당한 우려를 품고 있다고 내가 말하더라도, 나는 그들에게서 책임을 면해줄 생각으로 말하지 않는다. 그 이유는 과학적 합리주의자들에 대한 라투르의 우려가 상당히 강하게 과녁을 맞히기 때문이다. 보일과 그의 현대 후예에게 자연적 사물들이 아무리 '초월적'인 것처럼 보이더라도, 그것들은 사실상 철저히 내재적이다. 결국, 과학의 요체는 그 대상들이 인식될 수 있고, 게다가 다른 사람들의 입을 다물게 하고 정치적 대화를 조기에 끝맺음하는 데 (독단주의자들에게) 쓸모 있는 가용 지식으로 변환된다는 것이다. 마찬가지의 취지로, 홉스는 리바이어던을 사용하여 국가에 맞서서 신에 호소하는 사람들은 말할 것도 없고 초월적 진공과 다른 과학적 사실들을 언급하는 사람들의 입도 다물게 하기를 원한다. 달리 진술하면, 진리 정치와 권력 정치 둘 다 우리의 근본적인 무지를 고려하지 않는 내재성의 이론이다. 그리고 라투르는 홉스에 공감함으로써 스스로 이런 방향으로 종종 움직이지만, 우리가 정치체가 무엇에 자리하고 있는지 결코 확신하지 못한다는 점도 인식하고 있다. 라투르는 자신의 존재론에 못지않게 자신의 정치 이론에서도 놀라움과 잉여를 위한 여지를 만들려고 시도한다. 라투르는 셰핀과 셰퍼에 대한 1991년 비판과 더불어 실재는 힘과 동등하다는 자신의 초기 관념에서 한 걸음 물러서게 된다.

3장

중기 라투르 : 사물의 의회

새로운 권력 분립

벡의 세계시민주의에 반대하여

드 브리스에 대한 라투르의 응답

우리는 앞서 홉스주의적 종류의 권력 정치에 대한 초기 라투르의 선호가 1991년에 셰핀과 셰퍼에게 응대한 "그렇지 않다. 홉스는 틀렸다"라는 구절과 더불어 변화하기 시작함을 이해했다. '중기 라투르'라는 용어는, 그 모든 결점에도 불구하고, 이와 같은 홉스와의 부분적인 의절과 존재양식 프로젝트의 점진적인 출현 사이에 걸치는 시기를 명명하는 데 사용될 수 있는데, 라투르의 존재양식 프로젝트는 2003년의 한 논문(TPL)에서 부분적으로 드러났고, 2007년에 스리지-라-살$^{Cerisy-la-Salle}$에서 원고 형태로 공유되었으며, 그 후 마침내 2012년에는 프랑스어 판본으로 그리고 2013년에는 영어 판본(AIME)으로 출판되었다. 중기 라투르의 정치철학을 상징하는 가장 전형적인 저작은 『자연의 정치』임이 확실한데, 이 책의 프랑스어 판본과 영어 판본은 각각 1999년과 2004년에 출판되었다. 제라드 드 브리스에 따르면, "『자연의 정치』는 〔라투르의〕 정치철학을 보여준다."[1] 나는 스스로 그런 분명한 판단을 내리지는 않을 것인데, 그 이유는 바로 내가 광범위한 그 책에 대하여 드 브리스가 다음과 같이 제시한 평가에 동의하기 때문이다. 그 책의 "목적은 자그마치 코스모폴리틱스[2]를 위한 '정당한 절차'[3]의 개요를 제시하는

---

1. De Vries, "What is Political in Sub-Politics?", 803.
2. * 이 책에서는 이사벨 스탕게스의 고유한 형이상학을 포괄적으로 나타내는 '코스모폴리틱스'(cosmopolitics) ─ 코스모스(cosmos) + 폴리틱스(politics) ─ 라는 용어가 간단히 '코스모스의 정치'로 이해될 수 있는데, 여기서 코스모스는 인간들과 비인간들의 좋은 공동세계를 가리킨다. " '코스모스'라는 용어가 시

것이다. 다루어지는 핵심 문제는 인간들과 비인간들의 어떤 집합체를 하나의 공동세계[4]로 결합하는 방법이다."[5] 그런데 정치철학의 작업이 비정치적 문제와도 관련된 전체적 존재론으로 발전하지 않은 채로 어떻게 코스모폴리틱스가 될 수 있는지는 분명하지 않다. 1991년 이후 양식 프로젝트 이전에 이르기까지의 라투르는 모든 생명 있는 것과 생명 없는 것 사이의 니체주의적 힘의 투쟁에 관한 초기 구상에 덜 중독된 것처럼 보이지만, 여전히 그는 정치를 포괄적인 형이상학적 신조와 암묵적으로 동일시한다. 동맹자들의 네트워크들 사이의 권력 투쟁에 관한 모형은 신중하게 회집한 제도적 네트워크들에 관한 모형으로 대체되지만, 정치적인 것을 존재론화하는 경향은 대체로 유

사할 것과는 대조적으로, 우리는 별이 빛나는 하늘을 바라보면서 우주 전체에 관해 생각할 필요가 없다. 우리는 올려다보지 말고 내려다보아야 한다. 라투르의 철학이 거론하는 '코스모스'는 평범한 회집체들의 회집체인데, 그것은 사람들이 다른 사람들 및 비인간 존재자들과 공유하는 하나의 지상계를 가리킨다"[Gerard de Vries, *Bruno Latour* (Cambridge : Polity, 2016), 137].

3. * 라투르는 정당한 절차를 다음과 같이 규정한다. "법학과 행정학에서 차용된 이 표현은, 대조를 통해서, 구체제의 습관적 배치의 부당한 미신적 특질을 강조하고자 하는 의도로 사용된다. 자연과 사회의 구분, 사실과 가치의 구분과는 대조적으로, 집합체의 대의 권력들은 법률 국가와 동등한 공동세계를 산출함으로써, 정당한 절차에 따라, 천천히 나아감을 필수적인 것으로 만든다. 여기서는, 서로 대조적인 사실상의(de facto)라는 개념과 법률상의(de jure)라는 개념이 단일한 형식으로 결합한다"(Latour, *Politics of Nature*, 240).

4. * 라투르에 따르면, 공동세계라는 용어는 "외부 실재들의 점진적 통일의 잠정적인 결과를 가리킨다. 단수형의 이 세계는 확실히 주어진 것이 아니라, 정당한 절차를 거쳐 획득되어야 하는 것이다"(Latour, *Politics of Nature*, 239).

5. * De Vries, "What is Political in Sub-Politics?", 803.

지된다. 라투르는 『자연의 정치』라는 책이 또한 그 제목을 뒤집어서 생각하면 '정치의 본성'nature of politics에 관한 논고에 가깝다는 점을 언급하지만, 그 책의 경우에는 형이상학적인 것 혹은 적어도 메타정치적인 것이 있으며, 그리고 그 책에서는 생태에 관해서는 명시적으로 거론됨에도 정치적 영역에서 직접적인 실천적 용도를 찾아볼 수 있는 것은 거의 없다.

이 장은 세 단계로 서술된다. 첫째, 『자연의 정치』라는 책이 가능한 만큼 자세히 고찰된다. 둘째, 저명한 독일인 사회학자 울리히 벡에 관한 라투르의 2004년 논문이 논의되는데, 이 논의는 라투르가 평화를 공평한 합리주의를 공유하는 결과라기보다는 오히려 적들 사이의 거래로 이해한다는 것을 보여준다. 마지막으로, 『자연의 정치』에 대하여 라투르의 오랜 친구인 드브리스가 제기한 비판에 응답한 라투르의 2007년 논문이 고찰된다.

새로운 권력 분립

『자연의 정치』의 처음 두 개의 장은 명료하고 유용하지만, 대체로 라투르의 초기 경력의 주요 관념들을 요약한다. 이런 이유로 인해 우리는 이들 장을 압축적으로 다루어야 하는데, 그리하여 그 저작의 나머지 부분을 이해하는 데 필수적인 부분만 언급할 따름이다. 그 책의 핵심 용어는 '정치생태학'[6]인데, 현행 환경 운동들의 이데올로기와 혼동하지 말아야 한다. 그 이유는 그런 운동들이 지금까지 라투르가 파괴하고자 하는 자연/문화라는 바로 그 근대주의적 이원론을 신봉함으로써 언제나 좌절당했기 때문이다. "솔직히 서술하면, 정치생태학은 자연과 아무 관계도 없다. … 정치생태학이 자연과 관련되어 있다는 믿음은 그 분야의 소아병이다"(PN, 3). 더 중요하게도, 라투르는 '생태학'을 '근대주의'에 대립적인 용어로 종종 규정한다. 생태화한다는 것은 자연의 원시적 순결성에 개입하는 인간의 손들을 모두 제거하는 것이 아니라, 자연적 행위자, 문화적 행위자, 실재적 행위자, 상상의 행위자, 생명 있는 행위자, 생명 없는 행위자, 그리고 여타의 행위자로 구성되는 공동세계를 "정당한 절차"(PN, 8) ― 단적으로 행위자가 무엇인지 우리가 이미 알고 있다고 가정하지 않음을 뜻한다 ― 을 거쳐 조성하는 것이다. 이것은 라투르의 소크라테스적 유산을 나타내는 무지를 어떤 식으로든 인식하길 요구한다. 그런데 라투르가 모든 접근 너머에 자리하고 있는 초월적 세계를 허용하지 않는다는 점을 참작하면, 우리의 무지가

---

6. * 라투르에 의해 사용된 정치생태학이라는 용어는 "과학적 생태학과 정치적 생태학을 구별하지 않는다. 그 용어는 '정치경제학'을 본떠(하지만 그것에 반대하여) 정립된다. 그러므로 정치생태학은, '나쁜' 생태철학에 반대하여, 수행되어야 할 과업들을 설명하는 데 자연을 더는 사용하지 않는, 생태 위기에 관한 이해를 가리키려고 사용된다. 그것은 대안적인 '근대화 또는 생태화'에 따라 근대주의를 계승하는 것을 가리키는 포괄적 용어로 쓰인다"(Latour, *Politics of Nature*, 246~7).

정확히 무엇에 관한 무지이어야 하는지는 여전히 수수께끼다. 사실상 이것은 라투르의 정치철학에서 맞닥뜨리는 가장 깊은 난제인 것으로 판명될 것인데, 놀라운 것과 새로운 것의 저항을 설명하지 못하는 홉스주의적 권력 대결로 빠져들지 않으면서 초월적 실재에 대한 라투르의 홉스주의적 적대감을 어떻게 유지할 것인가? 정치생태학을 심층생태학뿐만 아니라 권력 투쟁과도 구별하는 것은 바로 이런 무지의 입장인데, "이것이 정치생태학의 크나큰 미덕이다. 그것은 무엇이 어떤 체계를 구성하는지 아니면 구성하지 않는지 알지 못한다. 그것은 무엇이 무엇과 연결되어 있는지 알지 못한다"(PN, 21). 또 하나의 중요한 구절에서 서술되는 대로, "정치생태학은 주의를 인간이라는 극에서 자연이라는 극으로 이행하지 않는데, 그것은 무위험 객체의 생산과 관련된 확실성에서 … 모든 배열, 모든 계획, 모든 영향을 파괴할 위험이 있는 뜻밖의 결과를 낳는 관계와 관련된 불확실성으로 이행한다"(PN, 25).

라투르는 관계를 가능한 모든 놀라움이 생겨나는 곳으로 여긴다는 사실을 우리는 인식해야 한다. 그 장의 뒷부분에서 라투르는 같은 주장을 제시하는데, "우리는 자연이라는 개념을 폐기함으로써 우리에게 가장 중요한 두 가지 요소 ─ 비인간의 다양성과 그 연합의 수수께끼 ─ 를 온전하게 남겨 둘 것이다"(PN, 42). 이들 구절의 어법은 우발적인 것이 아니다. 행위자들 자체가 어떤 감춰진 내부의 잉여 ─ 라투르가 몹시 싫어할 관념 ─ 로 인해 우리를 놀라게 하지 않는다. 오히려, 행위자들은 새롭고 예견되지 않은 조합을 이루게 될 때 우리를 놀라게 할 따름이다. 놀라움은 우리가 흡스의 부담에서 벗어나는 데 필요한데, 흡스의 유산이 이제 라투르를 더 무겁게 누르기 시작하고 있다. "우리는, 대문자 과학과 과학들을 구분한 것과 꼭 마찬가지로, [플라톤의] 동굴에서 물려받은 권력 정치를 공동세계의 점진적인 조성으로 여겨지는 정치와 대조할 것이다"(PN, 18). 우리가 앞서 이해한 대로, 이런 이유로 인해 우리는 초기 라투르와 중기 라투르의 정치철학을 구별해야 한다. 청년 라투르는 자신이 생명 없는 사물들의 마키아벨리라는 젠체하는 주장에 골몰했지만, 이제 라투르는 자신의 관심을 모두를 위한 공동 공간의 취약한 조성으로 이행한다.

라투르가 모든 놀라움을 관계와 연합에 위치시켜야 하는 이유는 그가 놀라움을 사물 자체 속에 감춰진 어떤 잔류물 — 라투르의 관계적 형이상학에서는 순전히 터무니없는 관념 — 에 자리하게 하려는 모든 시도를 철저히 거부하기 때문이다. 그러므로 라투르는 철학의 선동적 실재론을 싫어하는데, "이후로 검열자들이 어떤 객관적 실재의 현존에 관한 '거대한' 물음을 우리에게 제기할 때, 우리는 자신이 어쨌든 '실재론자'임을 증명하려고 노력함으로써 그 물음에 응답하기 위해 엄청난 노력을 더는 기울이지 않을 것이다"(PN, 17). 자체적으로 현존하는 사실의 문제7는 이제 단지 그 존재를 기입하는 다른 행위자들과 관계를 맺고서야 현존하는 관심의 문제[8]로 대체될 것이다. 라투르가 요구하는 세계의 외부성은 보이지 않게 감춰진 존재자들의 외부성이 아니라, 단지 지금보다 앞서 우리와 우연히 관계를 결코 맺게 된 적이 없는 행위자들의 외부성일 따름이다.

그렇다. 사실상 객관적인 외부적 실재가 존재하지만, 이런 특정한 외부성은 최종적이지 않다. 그것은 단지 새로운 비인간들, 이전에는 집합체의 작업에 결코 포함된 적이 없는 존재자들이 자신들이 동원되고, 징집되고, 사회화되고, 길듦을 깨닫는 것을 가리킬 따름이다. … 사실상 외부적 실재가 존재하지만, 그것에 대하여 야단스럽게 떠들어댈 필요는 정말 없다(PN, 38).

이 책에 의해 제기되는 주요한 결정적 물음은 라투르가 자신의 정치철학에 편입하는 그런 종류의 정치적 무지가 정말로 충분히 무지한 것인지 여부다. '인식론 경찰'에 대한 라투르의 정

---

7. * 라투르에 따르면, 사실의 문제(matter of fact)는 "감각 또는 실험의 명백한 재료[이다]. 이 용어는 낡은 정체에 의해 부가된, 논쟁의 여지가 있는 것(이론, 견해, 해석, 가치)과 명백한 것(감각 자료) 사이의 구분이 정치적으로 기이함을 강조하는 데 사용된다"(Latour, *Politics of Nature*, 244).

8. * 라투르에 따르면, 관심의 문제(matter of concern)는 "사실과 대조될뿐더러 생태 위기가 일종의 존재자들(예를 들면, 자연이나 생태계들)이 아니라 모든 존재자가 제조되는 방식과 관련이 있다는 점도 상기시키기 위해 발명된 표현[이다]. 정확히 말하면 생산양식과 제조자들뿐만 아니라 뜻밖의 결과도 객체들과 분리된 것처럼 보이지만, 그것들은 여전히 사실의 문제와 결부된다"(Latour, *Politics of Nature*, 244).

당한 경멸은 이른바 지껄이는 사람들과 권력 대결자들을 침묵시키기 위해 정치에 편입될 수 있을 모든 특권적인 외부적 실재에 대한 멸시에 해당한다. 그런데 내가 보기에, 라투르는 실재적인 것의 인식 가능성에 관한 쟁점을 실재적인 것이 행위자들의 현행 관계적 네트워크 아래에 존재하는지 여부에 관한 전적으로 다른 물음과 융합한다. 이런 사태는, 예를 들면 암을 유발하는 부작용이 인식되기 이전의 석면의 경우처럼, 근대 시대에 "생산된 객체는 명료한 경계, 잘 규정된 본질을 지니고 있었다"(PN, 22)라는 라투르의 모호한 불평에서 찾아볼 수 있다. 여기서 라투르는 무엇을 걱정하는가? 객체는 어떤 본질을 지니고 있다는 주장인가, 아니면 단지 그 본질은 '잘 규정될' 수 있다는 주장인가? 이것들은 사실상 두 가지 다른 문제인데, 왜냐하면 사물은 관계를 맺기에 앞서 어떤 내부의 특질을 지니고 있다는 주장이 우리는 이 특질을 알 수 있기에 무지한 사람들에게 입을 닥치라고 말할 권리를 부여받을 수 있다는 주장과 같지 않기 때문이다. 이 쟁점은 한낱 궤변에 불과한 것이 전혀 아닌데, 그 이유는 그것이 사신의 정치철학을 비롯하여 라투르의 철학 전체에서 나타나는 주요한 모호성을 가리키기 때문이다.[9] 한편으로 라투르는, 이쪽에는 기계적인 자연을 그리고 저쪽에는 임의적

---

9. 후속적 논의에 대해서는 Graham Harman, "Relation and Entanglement : A Response to Bruno Latour and Ian Hodder," *New Literary History*, vol. 45, no. 1 (2014) : 37~49를 보라.

인 인간의 시각과 가치를 위치시키는 근대적 분류학의 기반을 멋지게 제거한다. 그런데 다른 한편으로 라투르는 이런 구분을 '그 자체'의 것과 '우리에-대한' 것 사이의 전적으로 다른 구분과 암묵적으로 융합한다. 라투르는 기계적인 실재라는 별개 영역으로서의 자연의 기반을 제거함으로써 자신이 '사물들-자체'의 기반도 제거해 버렸다고 가정하는데, 그렇다 하더라도 '우리에-대한-사물들'에 대해서는 같은 와해 공작을 수행하지 않았다. 다시 말해서, 자연/문화 이원성은 중립적인 제3의 용어('행위소')로 성공적으로 교체되지만, 사뭇 다른 '그 자체'/'우리에-대한' 이원성은 결코 제3의 용어로 대체되지 않는다. 오히려 '우리에-대한' 것이 '그 자체'의 것을 누르고 이기는데, 비록 이런 상황이 모든 생명 있는 존재자와 생명 없는 존재자, 허구적 존재자가 포함되도록 '우리'를 확대한 라투르의 경탄할 만한 조치로 가려지게 되지만 말이다. 라투르가 서술하는 대로, "오직 두 가지 입장, 실재론과 관념론, 자연과 사회가 있을 뿐이라는 믿음이 사실상 동굴의 신화가 상징하고 정치생태학이 세속화하여야 하는 권력의 본질적 원천이다"(PN, 34). 누구나 자연적 영역에 못지않게 사회적 영역에 관해서도 실재론자가 될 수 있다는 점을 참작하면, 실재론과 자연의 짝짓기는 전적으로 불필요한 결합임을 인식하자. 쿼크와 달은 자신의 관계와 연합들이 망라하지 못하는 어떤 실재가 있으며, 그리고 군주와 어릿광대, 변호사도 그렇다.

실재론이 자연주의를 수반한다는 라투르의 쓸데없는 걱정은 "외부의 의지 대상이 없는 집합체"(PN, 37, 강조가 첨가됨)에 대한 그의 요구에서 찾아볼 수 있다. 이와 같은 외부에 대한 끊임없는 반감은 라투르가 초월성 없는 정치에 관한 홉스주의적 모형을 여전히 신봉한다는 사실을 알려준다. 그러므로 정치적 놀라움이 존재할 수 있게 할 라투르의 유일한 선택지는 사물들 사이의 현행 관계들을 재배열하는 것이다. 비관계적 실재가 본질적으로 인식될 수 있다면 라투르에게 그 선택지는 사실상 현명한 조치일 것인데, 그 이유는 그렇다면 인식론 경찰이 정치를 쉽게 분쇄하여 부패하거나 탐욕스러운 반동주의자들만이 반대할 어떤 대문자 과학으로 대체할 수 있기 때문이다. 라투르가, 자신의 정치 혹은 형이상학에서, 절대 고려하지 않는 것은 인식될 수 없는 초월적인 것이 존재할 가능성이다. 라투르는 이런 단일한 조치를 취함으로써 진리 정치와 권력 정치의 상보적인 위험들을 피할 수 있었을 것이다. 오히려 라투르는 홉스주의적/슈미트주의적 권력 대결을 수정하거나 가열하려고 시도하는데, 그 결과는 불충분하다고 일컬어질 수밖에 없다.

우리는 라투르의 전략이 "외부적 실재라는 개념을 전사 전통의 단순한 '저곳에-있음', 즉 사실의 문제의 완고한 존재와 결부시키기보다는 오히려 놀라운 것 및 사건과 결부시키는"(PN, 79) 것임을 이해했다. 때때로 라투르는 놀라운 것을 인간보다 비인간 쪽에 더 자리하게 하는 것처럼 보이는데, "[비인간]에 관해 언급될 수 있는 유일한 것은 그것이 **놀라운 방식으로 출현한다**는 것인데, 그리하여 고려되어야 하는 존재자들의 목록을 늘인다"(PN, 79). 그런데 라투르가 "그 연합이 때때로 놀라운 이들 **인간 행위자와 비인간 행위자**"(PN, 79, 강조가 수정됨)에 관해 그리고 생태 위기와 건강 위기가 "행위자들 사이의 **연결 관계들에 대한 무지를 통해서 간파될 수 있는**"(PN, 79, 강조가 수정됨) 방식에 관해 언급할 때처럼, 놀라운 것은 인간과 비인간 사이의 연결에서 더 빈번하게 생겨나는 것처럼 보인다. 그러므로 정치는 진리 정치의 경우에도 권력 정치의 경우에도 그럴 수 없는 방식으로 실험적인 것이 된다. 초기 라투르의 경우에, 비인간 사물들은 인간 사회를 안정화하는 데 필요한 역할 덕분에 중요하다. 그런데 중기 라투르의 경우에, 그것들의 주요 역할은 사회가 뜻밖의 논쟁을 맞닥뜨리게 함으로써 사회를 불안정하게 만드는 것인데, "우리가 '사물'을 뜻하는 기저의 라틴어 낱말 res의 함의를 부각하는 데 동의한다면 공화국[10]이라는 유서 깊은 낱말은 우리 과업에 훌륭하게 들어맞는다"(PN, 80). 그리고 근대 시대에

---

10. * 라투르에 따르면, 공화국(republic)은 "인간들끼리의 회집체도 가리키지 않고, 모든 전통적인 원시적 유대로부터 분리된 인간적인 것들의 보편성도 가리키지 않는다. 이와는 대조적으로, 레스 푸블리카(res publica) ― 공적인 것 ― 라는 그 어원을 다시 살펴보면, 공화국은 자신을 통일하는 것을 실험적으로 탐색하고자 노력하는 집합체를 가리킨다. 공화국은 정당한 절차에 따라 회집한 집합체이자 정체의 질서에 충실한 집합체다"(Latour, *Politics of Nature*, 248).

우리는 "어떤 사물이 판단이 공동으로 이루어지기를 요구하는 논의를 진행하는 회집체의 핵심에서 하나의 의혹으로 여타의 것 앞에 출현한다는 사실을 잊어버리는"(PN, 80) 경향이 있었다.

대문자 과학이 "사실/사물은 스스로 말한다"라고 주장하지만, 이것은 절대 정확하지 않다. 사물은 인간에게 직접 말할 수 없고, 오히려 매개자를 통해서 말할 수 있을 따름이다. "정치에서는 말하는 누군가와 그 사람을 대신하여 말하는 누군가 다른 사람 사이, 의심과 불확실성 사이의 전반적인 중개자를 가리키는 매우 유용한 용어가 있는데, 그것은 바로 대변자[11]다"(PN, 64). 우리는 정치를 비인간이 매개된 방식으로, 대변자를 통해서, 말할 수 있게 하는 그런 식으로 재구상해야 한다. "인간 주체의 발언권과 유일한 화자로서의 권리를 옹호한다고 해서 민주주의가 정립되지는 않는다. 오히려, 그것은 민주주의를 날마다 점점 더 실현 불가능한 것으로 만든다"(PN, 69, 강조가 제거됨). 사실상 문명 자체는 비인간이 발언권을 갖기를 요구한다. "발언권이 비인간으로 확장되는 것을 문명이라고 〔나는 명명한다〕. 〔그렇게 해서〕 민주주의가 발명되지마저 대문자 과학의 대항 발명으로 인해 민주주의를 무력하게 만드는 대표의 문제가 마

---

11. * 라투르에 따르면, 대변자라는 용어는 "우선 (정치적 의미에서) 인간의 대표자와 (인식론적 의미에서) 비인간의 표상 사이의 깊은 친연 관계를 보여주는 데 사용된[다]. 그다음에 이 용어는 집합체를 설명하는 모든 언어 장애를 가리키는 데 사용된다. 대변자는 '누가 발언하고 있는가?'라는 의문에 대한 확실한 해답을 허용하지 않는 바로 그 자이다"(Latour, *Politics of Nature*, 250).

침내 해결된다"(PN, 71). 그런데 우리가 비인간의 정치적 역할에 관한 이런 새로운 관념을 아무리 명료하게 구상하더라도, "그것이 결실을 맺게 할 개념적 제도[12]는 아직 존재하지 않는다. 이런 제도가 바로 우리가 발명해야 하는 것이다"(PN, 68). 『자연의 정치』의 나머지 부분은 바로 그런 제도를 발명하고자 하는 잠정적인 시도다.

「새로운 권력 분립」이라는 3장에서 라투르는 자연과 문화라는 근대적 양원제 체계를 대체하자고 제안한다. 이제 라투르는, 자연과 관련된 정치적 문제는 그 외부성에서 찾아볼 수 없다고 (암묵적으로 반홉스주의적인 방식으로) 주장한다. "왜냐하면 공적 생활이 영위되는 것은 오로지 그런 외부성 덕분이기 때문이다. 팽창하는 집합체는 자신의 모든 구멍, 모든 센서, 모든 실험실, 모든 산업체, 모든 기술을 통해서 그런 방대한 외부로부터 끊임없이 자양분을 공급받는다"(PN, 91). 추정되는 자연의 통일성도 문제가 아닌데, 그 이유는 "공적 생활이 우리가 공유하는 세계를 회집하고자 하는 것은 사실상 통상적인 일이며,

---

12. * 라투르에 따르면, 제도는 "서열대로 배치하는 권력의 두 가지 요구 사항 중 하나로서, 종결의 요구에 대응할 수 있게 할뿐더러 집합체가 그다음의 순환을 겪을 때 그것이 다시 집합하도록 준비시킬 수도 있게 하는 것이다. 이 낱말은 흔히 인간과학의 문헌에서 '자발적', '실재적', '창의적', 기타 등등의 낱말에 대립하는 경멸적 의미를 지닌다. 여기서 그 용어는 이유 있는 형식 중 하나로서 긍정적인 의미로 사용된다. 또한, 나는 '개념적 제도'라는 표현을 '삶의 형식'과 동의어로 사용한다"(Latour, *Politics of Nature*, 243).

그리고 그것이 결국 부분적으로 통일된 형태들로 이 세계를 획득하는 것도 통상적"이기 때문이다(PN, 91). 오히려 자연을 탓할 만한 유일한 이유는 "최종적으로 이런 통일성을 가져오는 데 자연이 사용될 때 그것이 승인하는 지름길에서 비롯된다"(PN, 91). 우리에게 필요한 것은 "정당한 절차"(PN, 91)이지, "그러므로 그냥 입 다물어!"(PN, 91)라고 말함으로써 세계를 조성하는 정치적 과업을 침묵시킬 권력 대결 혹은 자연 대결이 아니다. 라투르의 경우에 자신의 홉스주의적 기원으로부터 물려받은 날카로운 모서리를 둔화하는 데 있어서 외부성은 여전히 중요하다. 사실은 무지한 자를 괴롭히는 데 사용될 수 있는 무적의 곤봉이 아니라, "놀라운 행위자들의 현존을 알려준다"(PN, 103). 사실의 문제는 정말로 관심의 문제인데, "그것은 선동하고, 그것은 파란을 일으키고, 그것은 복잡하게 하며, 그것은 발언을 촉발한다"(PN, 103). 존재자, 혹은 라투르가 화이트헤드를 좇아서 일컫는 대로의 '명제'[13]는 "공존에의 입후보를 표명하고 그 결과가 여전히 불확실한 힘겨루기에 자진해서 나선다. 새로운 존재자

---

13. * 명제라는 용어는 "철학에서 통상적인 의미로, 참 아니면 거짓일 수 있는 진술을 가리킨다. 여기서 그 용어는, 형이상학적 의미로, 세계의 본질이나 언어적 형식을 가리키는 것이 아니라, 그것이 집합체의 전면적인 구성원, 제도화된 본질이 되기 이전의 인간들과 비인간들의 연합체를 가리키는 데 사용된다. 이런 의미에서, 명제는 참 아니면 거짓이라기보다는 오히려 제대로 표명되거나 아니면 잘못 표명될 수 있다. 진술과 달리, 명제는 좋은 표명, 좋은 코스모스를 탐색하는 집합체의 동학을 요구한다. 반복을 피하고자 [라투르]는 때때로 '존재자' 혹은 '사물'이라고 일컫는다"(Latour, *Politics of Nature*, 247~8).

는, 사실이라는 이름으로, 그것을 논의하는 사람들을 분규 상태로 남겨두는 것의 형태로 나타난다고 말할 것이다"(PN, 104). 그것은 외부의 사물–자체를 겨냥하는 문제가 아니라, 집합체의 투자자 수를 늘리는 것이다(PN, 106). 사람들이 확고부동한 사실과 임의적인 가치 사이의 근대적 구분을 여전히 고수한다면, "그 이유는 일견 그것이 공적 생활의 강력한 내재성 너머의 어떤 초월성을 보증하는 것처럼 보이기 때문이다"(PN, 121). 요약하면, 내재적인 것과 초월적인 것이 어떤 종류의 근본적인 존재론적 균열을 형성하기보다는 오히려 그것들을 구분하는 것은 집합체이며, 그리고 집합체는 자신이 거부한 입후보자들의 수용을 종종 재고해야 할 것이다. 더 생생한 사례 중 하나에서 라투르는, 프랑스에서 연간 8천 명의 사람이 자동차 사고로 사망하는 사실이 정치적으로 수용 가능한 것으로 여전히 여겨진다고 지적한다. 이와 관련된 우려는 모터 차량과 그 하부구조의 지속적인 사용을 둘러싼 논쟁(그런 것이 존재하기라도 한다면)에서 결정적인 인자로서 전혀 고려되지 않는다(PN, 133). 그런데 우리는 이런 상황이 바뀌는 경우를 상상할 수 있을 것이다. 연간 사망자 수가 20만 명이라면 어떠할까? 혹은 더 안전한 대안이 이미 존재한다면 어떠할까? 이들 사례에서는 프랑스에서 일어난 자동차 사고의 희생자들이 정치적 집합체에 합법적인 발언자로서 재편입될 것이다. 집합체의 이런 불안정한 상태에 의거하여 라투르는 다음과 같은 이점을 나타내는 '실험형이상학'14에 관해 언급하게 되는데, "낡은 체계는 지름길과 가속을 허용했지만 동역학을 이해하지 못했던 반면에, 상황을 늦추고 절차에 대한 존중을 크게 강화하는 것을 목적으로 삼는 우리의 체계는 운동과 과정을 이해할 수 있게 한다"(PN, 123).

그런데 3장의 진짜 목적은 세계에 관한 라투르의 (반근대적이지 않은) 비근대적 구상이 요구하는 제도를 늘어놓기 시작하는 것이다. 사실과 가치의 오랜 구분은 전적으로 폐기될 수는 없는데, 그 이유는 그 구분이 외부와 내부를 참조하면서 유용한 무언가를 표현하기 때문이다. 그런데 그 구분은 바꾸어야 한다. 사실과 가치 대신에, 우리는 "고려하는 권력"과 "서열대로 배치하는 권력"을 구분해야 한다(PN, 111). 고려하는 권력은 현재 집합체에서 배제된 존재자들을 찾아낼 책임이 있다. 그것의 암묵적인 물음은 "우리는 얼마나 많은가?"이고 그것의 도덕적 명령은 "단순화하지 말라"이다(PN, 104, 강조가 제거됨). 이것이 집합체에서 복잡성이 수행하는 기능인데, 그것은 집합체가 자신이 파악하기 어려운 것과 관련하여 회피하지 말아야 한다고 요구

---

14. * 라투르의 해설에 의하면, "전통적으로 형이상학은 자연학 이후에 혹은 위에 나타나는 것으로 규정되기에 … 공동세계의 문제를 너무 빨리 해결하는, 일차 성질과 이차 성질의 경험 독립적인 분배를 전제로 한다. 이런 조급한 해결책을 피하려고 [라투르]는 공동세계에 대한 탐색을 실험형이상학이라고 일컫는 한편으로, 자연에 정치적 역할을 부여하는 전통적인 해결책에 대해서는 '자연의 형이상학'이라는 역설적인 표현을 남겨둔다"(Latour, *Politics of Nature*, 241~2).

한다. 좋은 일례는 새로운 존재자를 끊임없이 밝혀내는 과학의 작업이다. 분규[15]는 외부적 실재를 다루기에 구체제의 '사실' 쪽을 차지하며, 그리고 '고려하기'의 방식으로 그렇게 한다. 라투르가 이 점을 언제나 명시적으로 주장하지는 않더라도, 그는 본질적으로 낡은 사실/가치 이원론을 어떤 네겹 구조로 배가하고 있다. 고려하는 권력은 '사실'과 '가치'라는 두 극으로 분리되며, 그리고 서열대로 배치하는 권력도 마찬가지다(PN, 115). 이것들은 나중에 네 가지 전문적인 기술 집합과 연관될 것인데, 각각의 집합은 세계의 네 가지 주요한 극을 모두 다루기 위해 요구되며, 그리고 그것들은 모두 아래서 논의할 작정인 제5의 기술에 의해 관리된다.

그런데 무엇이 '가치'를 고려하는가? 세계의 이 구역을 가리키는 라투르의 명칭은 협의[16]다. 우리가 어느 상황에서든 어떤 윤리적 문제에 관해 불평하고 있는 처지에 놓이게 된다면, "우리는 자신의 울분을 표현하면서 지금까지 유력한 정당들이 인간

15. * 라투르에 따르면, 분규라는 용어는 고려하는 권력의 두 가지 본질적 기능 중 하나를 가리키는데, 그 과업은 "동일한 공동세계의 일부이기를 바랄 다양한 명제의 현존에 대해 집합체가 관심을 보이고 민감하게 하는"(Latour, *Politics of Nature*, 246) 것이다.

16. * 라투르에 따르면, 협의는 "고려하는 권력의 두 가지 본질적 기능 중 하나[인데,] 이것은 어떤 명제의 존재, 중요성, 그리고 의도에 대해 판단하는 경우에 어떤 시행들이 적절한지에 관한 물음에 답한다. 물론 그것은 인간뿐만 아니라 비인간에도 적용된다. 그것은 이미 구성된 물음에 대한 답변이라는 통상적인 의미를 지니고 있지 않다. 오히려, 그것은 믿음직한 증인들을 찾아냄으로써 문제의 재구성에 참여하는 것을 뜻한다"(Latour, *Politics of Nature*, 239).

과 비인간의 어떤 연합체들을 고려하는 일을 등한시했음을 단언한다. 우리는 너무 작은 위원회에서 너무 빨리 결정함으로써 우리 앞에 기정사실을 제시했다는 이유로 이들 정당을 비난한다"(PN, 106). 그것의 암묵적인 물음은 여전히 "우리는 얼마나 많은가?"이지만, 그것의 격률은 "다양한 목소리에 귀를 기울여라"이다(PN, 106, 강조가 제거됨). 정치적으로 말하자면, "유일한 실재적 차이는 소수와 다수 사이의 차이인데, 공화국을 조성하기 위해, 존재하는 것을 조기에 통일하려고 은밀히 회합하는 사람들이 있고 그 논의에 자신의 소금을 첨가하고 싶다는 소망을 공개적으로 나타내는 사람들이 있다"(PN, 106). 그리고 여기서 라투르는 명시적으로 이렇게 언급한다. "이 세 번째 요구는 분규라는 첫 번째 요구와 유사하다. … 그 두 가지 요구는 매우 두드러진 가족 유사성이 있는데, 그런데도 전통은 이쪽에는 '대문자 과학'의 흰색 코트를 입히고 저쪽에는 '가치'의 흰색 토가를 입히고서 그 둘을 다른 진영에 위치시켰다"(PN, 106). 분규가 인식된 존재자들의 양을 인위적으로 한정하지 않는 것과 관계가 있다면, 협의는 그것들의 질과 관계가 있다.

이제 낡은 체계 아래서는 세계의 '가치' 측면과 전적으로 겹치는 서열대로 배치하기의 권력을 살펴보자. 여기서 또다시 유사한 가치/사실 분리가 존재한다. 이들 기능 중 첫 번째 것은 위계화[17]인데, 그것의 지침이 되는 물음은 "우리는 공생할 수 있는가?"이고 그 격률은 "새로운 명제들과 이미 제정된 명제의 양립

가능성을 논의하라"이다(PN, 108, 강조가 제거됨). 집단생활에 편입하고자 하는 후보들의 경우에, 이들 후보가 지금 현존하는 대로의 집단생활에 부합하는지에 관한 물음이 제기되어야 한다. "대량으로 집단생활의 운명을 복잡하게 만들게 되는 이들 명제는 살기에 적합한 세계를 형성하는가, 아니면 이와는 대조적으로 그것들은 세계를 교란하고, 그것을 축소하고, 그것을 파괴하고, 그것을 학살하고, 그것을 살만한 곳이 아니게 만드는가?"(PN, 107). 여기서 우리는 프랑스에서 교통사고로 인하여 매년 8천 명의 사망자가 발생하는 상황에 관해 다시 한번 생각해 볼 수 있을 것이다. 고려하는 권력은 무고한 자들이 도살당하는 현행 사태에 대한 도덕적 이의와 대량의 의료 데이터를 제시할 것이지만, 그 집합체는 어떻게 프랑스의 교통 체계를 파괴하지 않은 채로 이런 양심의 가책을 전적으로 고려할 수 있는가? 프랑스는 단지 매년 8천 명의 사람을 구조하기 위해 모든 자동차를 어떻게 해서든지 금지할 수 있는가? 그러므로 위계화 기능에 힘입어 프랑스는 모터 차량을 유지하면서 사망자 수를 사업 운영의 불행한 비용으로 치부하게 된다. 2014년에 푸틴이 우크라이나 영토의 일부를 장악하도록 내버려 둔 사태에 대한 도덕적 이의와 심지어 지정학적 이의가 제기될 수 있지만, 자신의

---

17. * 라투르에 따르면, 위계(화)는 "서열대로 배치하는 권력의 두 가지 본질적 기능 중 하나인데,] 이것은 그야말로 이질적이고 공약 불가능한 명제들을 균일한 단일 질서로 배치하는 문제[다]"(Latour, *Politics of Nature*, 242~3).

이웃 국가를 차지할 역사적 권리에 대한 신념에 의해 고무된 핵 강국 러시아에의 보복 공격으로 미합중국 집합체와 유럽 집합체가 치를 대가는 무엇일까? 어떤 의미에서, 위계화는 헤겔의 '아름다운 영혼'과 그것이 세계에서 실제로 일어나는 모든 것에 대하여 도덕적으로 우월하다는 당연한 생각에 반대하는 계기다. 집합체 자체가 파괴의 불이익 아래서 늑대들에게 직접 맞설 수 없기에 어떤 닭들을 늑대들에게 맡겨버리는 순간이 나타난다.

이 그룹의 두 번째 기능이자 전체적으로 네 가지 기능 중 마지막 기능은 제도다. 그것 역시 "우리는 공생할 수 있는가?"라는 물음을 제기하면서 다음과 같은 격률의 지침을 따르는데, "명제들이 일단 제정되면, 집단생활 속 그것들의 합법적 현존을 더는 따지지 말라"(PN, 105, 강조가 제거됨). 제도는 분규의 거울상이자 쌍둥이 형제로 여겨질 수 있다. 분규는 후보 존재자들의 수를 미결정 상태로 유지하려고 하는 반면에, 제도는 논의를 종결하고자 한다. "어떤 새로운 존재자의 입후보가 일단 더 오래된 명제들 사이에서 인성되고 수용되고 합법화되고 승인된다면, 이 존재자는 자연상태, 자명한 것, 블랙박스, 패러다임이 된다"(PN, 104). 그런 블랙박스는 "어딘가 다른 곳에서 계속 이어지고 있는 수많은 추리와 논증에 대하여 반론의 여지가 없는 전제로서의 역할을 수행한다"(PN, 104). 일단 확립되거나 제도화되면, 존재자는 "본질"(PN, 104)의 형식을 띠게 된다. 왜냐하면 그것이 집합체의 외부에 정말로 현존하기 때문이 아니라, 그것을 절개하여 그 내부 성분들을 검토할 좋은 이유가 현재로서는 전혀 없기 때문이다. 대다수 유럽인에게 대단히 불가사의한, 총기 폭력을 통제할 수 없는 미합중국의 무능력은, 우리가 일단 자국의 헌법에 대한 미합중국의 존중을 고려하면 파악하기가 더 쉽게 되는데, 그 헌법에 새겨진 "무기를 소지할 권리는 침해받지 말아야 한다"라는 직설적인 진술은 가장 미묘한 법 해석학에 대해서도 강력한 평형추로서 작용한다. 미합중국 헌법은 언제나 수정을 위해 재론될 수 있거나 개정을 겪게 될 수 있지만, 어쩌면 다른 부문들에서 엄청난 비용을 치르고서야 그렇게 될 것이다.

『자연의 정치』에서 「집합체를 위한 기술」이라는 제목으로 길게 서술된 4장은 네 부분으로 갈라진, 라투르의 새로운 정치적 영역을 더욱더 다양하게 만든다. 하이데거는 땅과 하늘, 신들, 필멸자들이라는 단순한 네겹 구조에 만족했던 반면에,[18] 이제 라투르는 열여섯겹이나 되는 구조를 개진한다. 라투르가 이렇게 하는 이유는 그가 네 가지 전문적인 '기술'을 식별하기 때문인데, 이들 기술 각각은 분규와 협의, 위계화, 제도라는 네 가지 기능을 제각기 논의하는 데 필요하다. 그 작업에

---

18. Martin Heidegger, *Bremen and Freiburg Lectures*, trans. A. Mitchell (Bloomington : Indiana University Press, 2012).

착수하기 전에, 라투르는 형이상학을 적극적으로 옹호하는 동시에 경제학에 대한 반론을 똑같이 적극적으로 제기한다. 그 장은 다음과 시작하는데, "형이상학은 평판이 나쁘다. 정치인들은 과학자들이 형이상학을 불신하는 것과 거의 같은 정도로 그것을 불신한다. 자신의 방 안에 홀로 앉아서 세계의 본질적인 얼개를 규정할 수 있다고 상상하는 철학자들의 사변이기에 진지한 사람이라면 아무도 더는 빠지지 말아야 하는 것에 불과하다"(PN, 128). 그런데 여기서 라투르는 형이상학을 희귀하고 흥미로운 방식으로 해석한다. 이 분과학문은 일반적으로 경험의 교훈을 도외시하는 포괄적인 절대적 지식을 주장한다는 이유로 비난받는데, 한편으로 라투르는 형이상학을 정반대의 것, 즉 절대 과학과 권력 정치의 전지적 주장에 대한 우리의 근본적인 무지를 보증하는 것으로 여긴다. 라투르가 서술하는 대로, "우리가 모든 형이상학적 사색을 그만둘 수 있다면, 그것은 우리가 세계가 구축된 방식을 이미 알고 있다고 믿는 것과 다름없을 것이다. 모두가 공유하는 자연이 있고, 그 위에 어떤 특정한 문화의 구성원 혹은 사적 개인으로서의 우리들 각자와 관련된 부차적인 차이가 있다"(PN, 128). 이런 의미에서 라투르는 형이상학을 정치생태학 자체와 동일시하는데, 그 이유는 그 둘 다의 과업이 결코 완전히 인식될 수는 없고 소란과 놀라움으로 우리를 조롱할 따름인 외부성에 맞서서 집합체를 구축하는 것이기 때문이다.

라투르는 경제학에 대해서는 덜 우호적인데, 여기서 경제학은 강한 비판을 받게 되고, 나중에『존재양식들에 관한 탐구』에서 거듭해서 강하게 비판받는다.『자연의 정치』에서 서술된 핵심적인 구절(PN, 134)은 너무 길어서 빠짐없이 인용할 수는 없다. 하지만 그 비판의 핵심은 경제학이 이중 게임을 벌인다는 것인데, 이를테면 경제학의 비도덕성을 비난하는 사람들에게는 '사실' 카드를 내어놓고("쉬! 나는 계산하고 있다 … .")(PN, 134) 경제학이 상황을 자세히 서술할 것을 요구하는 사람들에게는 '가치' 카드를 내어놓는다("경제학은 자신이 서술적인 것이 되기에는 시간이 모자란다고 응답할 것인데, 그 이유는 그것이 자신의 사명에 필수 불가결한 규범적 판단으로 이행해야 하기 때문이다.")(PN, 134). 그리고 더 일반적으로, "호모 오이코노미쿠스homo oeconomicus[경제적 인간] 같은 것이 존재하지 않는 것과 꼭 마찬가지로, 경제 같은 것은 존재하지 않는다. … 경제학자들이 그 위에 자리하고서 연구할 경제적 하부구조가 바닥에서 나타나지 않는다"(PN, 135). 오히려, "관계의 점진적인 경제화와 … 인간과 비인간 사이의 관계를 안정화함으로써 집합체를 성취한 … 경제화 행위자들"(PN, 135~6)이 있을 따름이다. 혹은 또다시, "정치생태학은 정치경제학의 위액 속에서 용해될 수 없음이 상당히 명료하다"(PN, 136). 문제는, 경제학이 교환가치에 의거하여 수많은 양립 불가능한 것을 양립할 수 있게 만들기 위해 많은 작업을 행한 다음에 이런 작업이 사물의 많은 특성을 경제화되지 않은 채로 남겨두는 번역 작업에 불과하다는 점을 망각한다는 것이다. 이런 이의들이 제기됨에도 불구하고, 경제학자는 곧 과학자와 정치인, 도덕주의자에 합류하여 라투르가 네 가지 생태정치적 기능을 다루기 위해 자율권을 부여한 네 가지 기본적인 직업을 구성할 것이다.

앞서 우리는 라투르가 두 가지 기능(분규, 협의)을 '고려하기'로 간주하고 두 가지 다른 기능(위계화, 제도)을 '서열대로 배치하기'로 간주함을 이해했다. 이들 네 가지 구역 각각에 알려진 한 가지 직업이 가장 적절히 배치된다. 과학자들은 분규에 해당하는데, 그 이유는 바로 그들이 이전에는 알려지지 않은, 실재에의 권리를 주장하는 청구자들을 끊임없이 밝혀내기 때문이다. 도덕주의자들은 협의와 연계되는데, 그 이유는 그들이 무시당하는 자들의 권리가 더는 무시당하지 않게 된다고 단언하는 사람들이기 때문이다. 위계화의 구역 출신은 정치인들인데, 그 이유는 그들이 현행 집합체의 외부 세계에서 비롯된 상소자들의 수용과 거부를 정리하는 작업을 다루어야 하는 사람들이기 때문이다. 그리고 마지막으로, 경제학자들은 제도와 연계되는데, 그 이유는 그들이 인간과 비인간 사이의 현행 경계를 안정화하는 사람들이기 때문이다. 그런데 라투르가 우리에게 너무나 문자 그대로 여기지 말아야 한다고 애써 말하는 이들 네 가지 직업은 그것들이 생겨난 각각의 권역에 한정된 상태로 유지되지 않는다. 왜냐하면 그것은 나쁜 근대적 방식의 노동 분업 – 정치인들은 인간에 관해서는 말하도록 되어 있지만 자연의 사실에 관해서는 침묵하여야 하고, 과학자들은 자연에 관해서는 말하도록 되어 있지만 정치와 가치에 관해서는 간섭하지 말아야 하는 분류학적 격리 – 일 것이기 때문이다. 그 대신에 라투르는 모든 직업이 각각 독자적인 상이한 기술을 사용하여 실재의 네 가지 구역 모두에 관해 언급해야 하는 새로운 모형을 구상한다. 그 결과는, 너무 상세하여 여기서 요약할 수 없는 백과사전적 일람표에 정리되어 있다(PN, 162~3). 그것으로 충분하지 않은 것처럼, 모든 네 가지 직업은 두 가지 추가적인 과업 – 권력 분립(다른 구역들이 서로 침범하지 못하게 막는 것)과 전체의 각색(공동세계에 정합성을 가져다주는 것) – 을 수반한다. 이렇게 해서 전체가 24면으로 이루어진 라투르의 다이아몬드가 형성되는데, 다만 그다음 장에서 그는 적어도 한 면 – 관료와 국가 둘 다를 비롯하여 관리자라는 직업에 부여된 "실행하는 권력" – 을 추가하게 된다.

근대성은 자신의 적들을 멸절시킬 꿈, 그들을 모든 구식의 하찮은 것이 갈 수밖에 없는 '역사의 쓰레기통'으로 던져 넣을 꿈을 언제나 꾸었다. 근대성은 마녀, 해적, 노예, 고리 대금업자, 종교, 그리고 독재자를 비존재의 외부 암흑 속으로 기꺼이 던져버리는데, 나중에 이들 형상이 모두 귀환하여 집합체를 괴롭히는 것을 보게 될 따름이다. 부분적으로 이런 일은 불가피한데, 그 이유는 모든 집합체가 실재에의 권리를 주장하는 어떤 청구자들을 거부해야 하기 때문이다. "과업 중 가장 어렵고 가장 힘들며 가장 잔인한 것… 누군가가 받아들일 수 없었던 존재자들의 명시적이고 공식적인 거부… 요컨대, 부정의를 저지를 위험이 남아 있다"(PN, 177). 그런데 선형적 진보에 관한 근대주의적 서사를 사절하는 라투르의 정치생태학의 특질 중 하나는 그것이 아무것도 영원히 내다 버리지 않는다는 것이다. 근대적 체계 아래서, "배제된 당사자들은 적의 형식을 띠는 것이 아니라 오히려 현실 세계에 결코 속한 적이 없었던 비현존적 존재자의 형식을 띤다"(PN, 177). 라투르에 따르면, 이제 거부는 단지 "어떤 존재자들을 공동세계와 당분간 양립 불가능한 것으로서 배제하는 과정"(PN, 179)을 의미해야 할 뿐이다. 아프가니스탄의 탈레반, 아일랜드 공화국군, 콜로라도 마리화나 흡연자들, 혹은 DNA 증거에 의해 풀려난 사형수들, 즉 비非인류의 블랙리스트에 기입되었지만 그 후 교섭을 갖게 되는 모든 것과 마찬가지로, 배제된 존재자들은 모든 가능한 타협의 범위 밖에 절대 존재하지 않는다. 우리는 단지 존재자들을 집합체에서 배제할 뿐인데, 우리는 "그것들로부터 존재를 제거함으로써 그것들을 욕보일 권리를 주장하지 않는다"(PN, 179). 라투르는 우리가 거부당한 자들을 다음과 같이 취급하리라 가정한다. "지금까지 시도된 각본에서는 당신이 공동세계에 속할 여지가 없다. 물러가라. 당신은 우리의 적이 되어 버렸다"(PN, 179). 하지만 라투르는 그들에게 다음과 같이 말하지는 않는데, "당신은 존재하지 않는다. 당신은 존재론에 대한 어떤 권리도 영원히 상실했다. 당신은 코스모스를 구축하는 데 있어서 결코 다시는 고려되지 않을 것이다"(PN, 179). 이런 식으로 문을 열어 두어야 하는데, 그 이유는 "모든 공화국이 제대로 형성되지 않고, 모든 것이 모래 위에 건설되기 때문이다. 그것들이 즉시 재건되며 그리고 하원에서 배제된 당사자들이 다음 날 아침에 복귀하여 상원의 문을 두드리면서 공동세계에 참여하기를 요구할 때에만, 그것들은 지속할 따름이다"(PN, 183).

이렇게 해서 우리는 『자연의 정치』를 마무리하는, 「공동세계들을 탐색하기」라는 제목의 5장에 이르게 된다. 라투르는, 그것으로 자신이 홉스로부터 물려받은 권력 정치에서 벗어나기를 바라는 바로 그 수단인 외부 혹은 외재적인 것이라는 주제로 되돌아간다. "구축을 통해서, 집합체는 자신이 아직 불러들이지 않은, 외부에 남아 있는 것을 먹여 살린다. 그런데 우리는 그런 상황에서 전적으로 벗어나 있는 것에 관해서 어떻게 말할 수 있는가?"(PN, 184). 어떤 자연-자체도 이제 터무니없는데, 그 이유는 "공적 회집체들에 관한 장광설을 종식할 수 있는 통일된 초월자가 더는 존재하지 않"(PN, 185)기 때문이다. 오히려, 현재 집합체에서 배제된 존재자가 많이 있는 것과 마찬가지로, 초월자가 셀 수 없이 많이 있다. 많은 것이 틀림없이 나타나거나 귀환하게 되는데, 그 이유는 자연과 정치가 "적과 상소자 사이의 구별, 집합체의 현행 단계와 그다음 차수에서의 재집합 단계 사이의 구별"(PN, 186)로 대체될 것이기 때문이다. 우리는 집합체를 자연법칙 아니면 폭력으로 간단히 처리함으로써 상황을 우리 자신에게 너무 편하게 만들 수 없다(PN, 187). 그런데 우리는 그렇게 할 필요가 전혀 없는데, 그 이유는 "집합체에 외재적인 명제들에 초월자가 많이 있"(PN, 187)기 때문이다.

이제 라투르는 나중에 자신의 정치철학에 매우 중요한 것으로 판명될 토폴로지적 관념, 즉 고리loop로서의 정치라는 관념을 도입한다. 라투르는 정치를 대체하는 상원과 과학을 대체하는 하원에 관해 언급하면서 다음과 같이 덧붙인다. "상원에 존재한다고 해서 당연히 하원에 존재하게 되는 것은 더는 아니다. 하원에 의해 거부당했다고 해서 당연히 상원에 존재하지 않게 되는 것도 더는 아니다. 그 두 회집체가 고리를 이루고서 작동한다면, 결과적으로 그것들은 잠정적인 회집체들을, 어떤 주어진 순간에, 생산하게 된다"(PN, 188). 고리라는 이 주제는 나중에 다시 검토될 것이다. 당분간 우리는, 존재자들이 집합체에서 배제되고 집합체에 편입되는 그런 추이가 옛것은 죽은 것에서 결코 귀환하지 못하는 연속적인 진보라는 근대적 관념을 위태롭게 한다고 간주할 필요가 있을 따름이다. 근대성의 경우에, 거부당한 존재자는 "현실 세계에서 추방되어 방대한 쓰레기 더미, 즉 의고적인 것들과 부조리한 것들의 묘지로 떠밀린 환상의 것"(PN, 189)이나 다름없다. 라투르에게는 그런 쓰레기 더미가 더는 존재하지 않는데, 그 이유는 거부당한 자가 귀환하여 우리를 괴롭히기 때문이다. "그렇다면 정치생태학은 역사에 뛰어들기를 삼가야 하는가? 그것은 전진 운동을 포기해야 하는가? 정치생태학은 근대성이 부족하기에 탈근대인들의 제자리 뛰기로 물러서야 하는가? 혹은, 훨씬 더 나쁘게도⋯ 그것은 '반동적'이라는 명칭을 받아들여야 할 것인가?"(PN, 191). 그 대답은 '그렇지 않다'이다. 왜냐하면 집합체는 여전히 앞으로 견인될 것이기 때문인데, 이번에는 반동적이고 의고적인 부조리한 것들을 소멸시키기보다는 오히려 어떤 배제된 외부에 반복적으로 대응함으로써 전진하게 된다. "그러므로 그것이 과거와 미래 사이의 차이를 보여줄 수 있음은 확실하지만, 그것은 그 차이를 사실과 가치 사이의 낡은 구분을 통해 더는 획득하지 않고 오히려 두 번의 잇따른 반복 사이의 간극을 통해 획득한다"(PN, 191). 다시 말해서, 어떤 집합체도 움직이지 않는 채로 있을 수가 없는데, 그 이유는 모든 공화국이 언제나 엉성한 한 편의 작품이고 포맷되지 않은 외부가 언제나 다가오는 위험이기 때문이다. 사실상, 어떤 주어진 순간에도 집합체를 파괴할 일이 발생할 수 있을 것이라는 점에 대한 우려에 시달리게 되는 것은 정치인들의 특별한 권한이다. 그런데 어떤 의미에서는 라투르가 근대적 의미의 진보에 대척적인 입장에 처해 있다. 근대인들의 경우에, 자연과 사회의 상호 정화의 증가는 진보가 세계에서 더욱더 분리되어 세계보다 결정적인 우위에 있게 되는 사태를 수반함을 뜻한다. 라투르는 정반대의 방식을 취한다. "우리는 미래에 진보가 우리를 우리 자신이 매여 있는 모든 것에서 해방할 것이라고 더는 기대하지 않는다. 정반대로 우리는, 진보가 우리를 형성 중인 집합체의 어엿한 구성원이 되어 버린 더 많은 에일리언과 더 단단하게 결부시킬 것이라고 예상한다"(PN, 191). 죽음 및 세금과 더불어 제3의 확실한 것이 존재하는데, "내일, 집합체는 어제보다 더 복잡할 것이다"(PN, 192).

이제 우리는 라투르의 마지막 장의 핵심에 이르게 되는데, 요컨대 그는 제3의 권력, 즉 '실행하는 권력'을 도입하여 고려하는 권력과 서열대로 배치하는 권력에 합류시킨다. 이것은 관리자 직업이 자연스럽게 자리하는 곳인데, 여타의 네 가지 기술이 실행하는 권력에 또한 부여됨으로써 라투르의 정치 지도에 이바지하는 전문적 기여의 총수가 29개가 된다. 실행하는 권력은 또한 "통치하는 권력"으로도 일컬어질 수 있을 것인데, "모든 사람이 모든 지배의 양도를 가리키는 데 이 표현을 사용하는 것에 동의한다면"(PN, 200) 말이다. 라투르는 우리에게 이것을 근대주의적 형태의 정치와 너무나 얽혀 있는 국가와 혼동하지 말아야 한다고 말한다(PN, 201). 그 대신에, 우리는 어쩌면 통치하는 권력을 정치학보다 과학 정책과 비교할 수 있을 것이다. 우리가 과학 정책을 상당히 넓은 의미로 고려한다면, 그것은 과학 정책은 "과학자들 아니면 정치인들이 곧바로 독점하지 않은 상태에서 집단적 실험의 상대적인 유익함을 규정할 수 있게 하는 기능"(PN, 202)이 된다. 우리는 관리자 혹은 심지어 관료를 경멸하지 말아야 하는데, 왜냐하면 "우리는, 관료가 절차와 형식의 달인이라는 탁월한 이유로 인해, 마침내 정당한 절차에 따라 전개될 공적 생활을〔관료〕없이 면밀하게 해낼 수 있는 방법을 알지 못하"(PN, 204)기 때문이다. 관리자의 경우에, 그들은 "공적 생활의 연속성을 보증한다"(PN, 205). 더욱이, "우리는 매우 긴 시간 동안 데이터를 꼼꼼히 축적하지 않으면서 장치 민감도의 극한에 있는 새로운 현상을 어떻게 감지할 수 있겠는가?"(PN, 205). 달리 서술하면, 기회원인론 철학자들이 상상한 연속적인 창조의 유일신과 거의 마찬가지로, "국가는 관심의 문제 n과 n + 1 사이의 비교를 보증한다"(PN, 207). 라투르는 관리자와 관료에 대한 자신의 옹호가, 좌파에서 우파에 이르기까지, 어쩌면 더 상스러운 정치적 의제를 바랄 사람들의 인내심을 시험할 수 있을 것임을 자각하는 것처럼 보이는데, "이런 정의가 자신이 루이 14세, 루소, 당통, 헤겔, 비스마르크, 혹은 레닌의 후예임이 틀림없다고 믿는 사람들에게 너무 박약한 것처럼 보인다면, 그들은 집합체의 내부를 외부와 분리하는 취약한 외피에〔『자연의 정치』에 의해〕결부된 중요성을 떠올려야 한다"(PN, 207). 집합체의 벽에는 실재에의 권리를 요구하는 존재자들이 이미 잠복하고 있기에 전환의 씨앗이 모든 방향에서 우리를 둘러싸고 있고, 따라서 소원을 빌 때는 조심해야 한다. 우리 모두에 영향을 미칠 만큼 충분한 변화가 언제나 있을 것인데, "거부당한 자는 … 그다음 날에 귀환하여 집합체를 위험에 처하게 할 것이다. 오늘의 적은 내일의 동지다"(PN, 207). 하지만 어쨌든 두려

워할 필요가 없는데, 그 이유는 적이 "우리만큼이나 겁에 질려 있"(PN, 209)기 때문이다.

라투르는 그 책의 마지막 장을 한 가지 새로운 포괄적인 직업적 표상인 외교관으로 마무리한다. 외교관의 첫 번째 장점은 허위 중립성을 견지하지 않는다는 것인데, "우월하고 공평무사한 입장에 언제나 의존하는 중재자와는 대조적으로, 외교관은 갈등의 당사자 중 한쪽에 언제나 속한다"(PN, 212). 혹은 훨씬 더 생생하게, "모든 진영에 대한 잠재적인 반역자로서 외교관은 자신이 교섭하고 있는 사람들이 전쟁 아니면 평화를 초래할 요구 사항을 어떤 형태로 표명할 것인지 미리 알지 못한다"(PN, 212). 외교관의 핵심 기능은 자신의 교섭 상대들의 본질적 이익과 비본질적 이익 사이의 차이 — 그도 그들도 사전에 완벽히 알지는 못하는 것 — 를 탐지하는 것이다. 예루살렘의 상황은 이스라엘과 팔레스타인 양쪽이 모두 정말로 교섭할 여지가 없는 사안인가, 아니면 한쪽 혹은 양쪽 모두 이것은 본질적이지 않고 무언가 다른 것이 그 분쟁의 본질이라고 설득당할 수 있는가? 타이완의 군사적 방어는 미합중국의 본질적인 공약인가, 아니면 중국과의 더 나은 관계를 명목으로 교섭할 여지가 있는 것인가? 이집트는 나일강 물 권리의 특정 비율을 둘러싸고 아프리카의 이웃 국가들과 전쟁을 벌일 채비를 정말로 갖추고 있는가? 그런 분쟁들의 당사자들은 자신의 본질적인 책무가 어디에 자리하고 있는지 알고 있다고 생각할 것이지만, 외교관은 이

것이 시험하기, 탐지하기, 그리고 협상 기술의 문제임을 깨닫는다. 다시 말해서, "외교는 소모될 수 있는 것과 본질적인 것을 분류해야 하"(PN, 214)지만, "단지 상대방이 같은 분류 방식에 동의할 것이라는 조건에서"(PN, 214, 강조가 제거됨) 이루어질 따름이다. 모든 것이 본질적이라면, 절대적으로 모든 것에 대해 전쟁을 벌일 채비를 갖추고 있어야 하는데, 이런 일은 터무니없다. 외교관은 아무것도 확신하지 않는데, "그는, 요구 사항과 표현의 정확한 분포에 대하여, 자신이 대리하고 있는 당사자와 마찬가지로 불확실성의 상태에 처해 있는 집합체들과 협상하는 데 동의한다"(PN, 215). 이 구절은 『메논』에서 소크라테스가 (단지 타자들만 쏘는) 전기가오리와 달리 자신은 자기도 쏜다고 말함으로써 자신을 전기가오리와 분별할 때의 상황과 맥을 같이 하는데, 그리하여 덕이란 무엇인지 아는 데 있어서 소크라테스는 자신이 이야기를 나누고 있는 사람들보다 별로 나을 게 없다. 외교관의 위대성은 "그가 자신을 파견한 바로 그 사람들에게 그들 자신의 요구 사항에 대한 이런 근본적인 의혹을 적용한다는 점이다"(PN, 216).

벡의 세계시민주의에 반대하여

2004년에 라투르는 『위험사회』라는 저서로 가장 잘 알려진 독일인 사회학자 울리히 벡에게 응답하는 한 편의 글(BEC)

을 작성했다. 문제가 되는 것은 새로운 세계시민주의에 대한 벡의 요청이었는데, 그에 맞서 라투르는 서두에 몇 가지 농담을 늘어놓은 후에 자신이 할 수 있는 한 격렬히 싸운다. 현대 평화를 위한 벡의 제안은 환영할 만하지만, "평화 제안은 그것이 해결하기로 되어 있는 갈등의 실제 범위가 이해될 때에만 유의미하다"(BEC, 450). 라투르는 벡의 경우에는 사정이 이렇지 않다고 생각하며, 그리고 그 이유를 설명하는 데 사정을 두지 않는다. 라투르에게 핵심적인 논점은 자신이 '일자연주의'monnaturalism 라고 일컫는 것과 다문화주의라는 대립쌍에 대한 친숙한 불평이다. 마음 바깥의 단일한 세계를 다양한 임의의 문화적 시각에서 비롯되는 그 세계에 관한 수많은 관점과 대립시키는 일반적인 근대적 대립쌍보다 덜 라투르적인 것은 누구도 상상할 수 없다. "벡은 자신의 핵심 용어 〔세계시민주의〕와 그 정의를 기성의 스토아학파와 칸트에게서 취한다. 이들 정의(벡의 정의, 칸트의 정의, 스토아학파의 정의)는 문제가 있는데, 아무것도 코스모스 자체가 걸려 있음을 이해하지 못한다"(BEC, 453). 이제 라투르는 벡 자신의 분과학문인 사회학에 맞서 인류학과 관련된 태도를 보이는데, "대다수 사회학자와 마찬가지로, 벡은 인류학 문맹을 겪는다. 사회학자의 경우에, 자연, 세계, 코스모스는 그저 저곳에 있을 따름이고, 게다가 인간들은 기본 특질들을 공유하기에 우리의 세계관은 기본적으로 모든 곳에서 동일하다"(BEC, 453). 우리가 그렇게 많이 공유하고 있다면, 갈등은 왜 발생하는가? 라투르는 이 물음에 대한 벡의 답변에 실망하는데, "삐딱한 마음, 소유욕, 규율되지 않은 본능이 우리에게 평화가 없는 — 드물게 찾아오는 — 사실을 설명한다"(BEC, 453). 이것은 라투르가 몹시 싫어하는 진리 정치의 합리주의적 모형의 또 다른 사례 — 계몽주의에 대한 부패하고 고지식한 모든 저항자의 미신적 종교와 불합리한 욕망, 범죄적 충동, 탐욕스러운 집착이 없었더라면 정치적 진리가 이미 구현되었을 것이라고 주장하는 모형 — 일 따름이다. '세계시민'이라는 용어는 합리주의 및 과학주의와 마찬가지로 같은 합리주의적 구유에서 꺼내졌고, 따라서 더 일반적인 '코스모폴리틱스' — 라투르가 대단히 애호하는 이사벨 스탕게스의 용어 — 로 대체되어야 한다.[19]

라투르의 주장에 따르면, 스탕게스와는 달리, 벡은 "전쟁이 격심하게 계속되는 이유는 인간 문화들이 동일한 세계에 대하여 서로 다른 관점을 갖추고 (그리고 옹호하고) 있기 때문"이라고 생각한다. "이들 관점이 조정될 수 있거나 단지 피상적으로 다를 뿐임이 증명될 수 있다면, 평화는 자동으로 수반될 것이다"(BEC, 454). 다시 말해서, 다문화주의는 일자연주의, 즉 만인이 동의하기 마련인 근본적인 신조에 의해 길들어야 한다. 라투르는, 자신이 보기에 너무나 온건한, 갈등에 관한 이런 견해에

---

19. Isabelle Stengers, *Cosmopolitics*, trans. R. Bononno, two volumes (Minneapolis : University of Minnesota Press, 2010).

맞서서, 윌리엄 제임스가 규정한 플루리버스,[20] 즉 다원적 우주의 "멋진 다양성"을 거론한다(BEC, 454). 라투르는, 스탕게스가 『코스모폴리틱스』의 7권에서 인간 갈등이 피상적인 것으로 일단 이해되면 상당히 자연스럽게 생겨나는 "관용의 폐해"(BEC, 454)에 반대한 점에 대하여 경의를 표한다. 그리고 이제 마침내, 우리는 라투르가 마음을 불편하게 하는 슈미트의 정치철학에 상당한 관심을 두는 이유를 깨닫기 시작한다. 어쩌면 벡의 주요한 문제는, 그가 전쟁을 인간의 사소한 결점에서 비롯된 결과로 일축함으로써 존재하지 않는 것으로 규정하기를 바란다는 점일 것이다. 그리고 그것이 슈미트는 갖고 있지 않음이 명백한 한 가지 문제다.

칼 슈미트의 정의로부터 잘 알려진 대로, 공동 중재자 아래서 벌어지는 모든 갈등은, 그것이 아무리 격렬하더라도, 전쟁이 아니라 그가 "치안 활동"이라고 일컫는 것이다. 이미 통일된 하나의 코스모스, 즉 우리의 모든 분쟁에 대한 중재자로서 활용되는 하나의 자연이 현존한다면, 정의상, 전쟁은 존재하지 않고 치안 활동만 존재한다(BEC, 455).

---

20. * 라투르에 따르면, "'단일-우주(uni-verse)라는 낱말이 '자연'이라는 낱말과 동일한 결함(정당한 절차 없이 통일이 이루어졌기 때문임)을 지니고 있기에 '플루리버스'(pluriverse), 즉 다원적 우주라는 표현이 공동세계에서 이루어지는 통일 과정 이전의 공존 후보자들인 명제들을 가리키는 데 사용된다"(Latour, *Politics of Nature*, 246).

이런 점에서, 지금까지 서양은 지나치게 잘난 체하여서 자신의 적을 진지하게 여기지 못했다. "슈미트를 또다시 인용하면, 지금까지 서양인들은 전장에서 자신들을 패배시킬 수 있는 적을 직면하고 있음을 이해하지 못했는데, 그들은 적을 그저 교정되어야 하는 불합리한 사람들로 여겼을 따름이다. … 내가 어딘가 다른 곳에서 주장한 대로,[21] 지금까지 서양인들은 **교육적 전쟁**을 벌였다"(BEC, 455).

교육적 전쟁은 더는 시대에 걸맞지 않은데, 그 이유는 "최근에 상황이 바뀌면서 이제 성패가 달려 있는 것은 코스모스의 구성이기에 우리의 전쟁은 이제 세계들의 전쟁"이기 때문이다. "분쟁에서 제외되는 것은 아무것도 없다"(BEC, 455). 과학과 합리주의는 사실상 세계를 탈정치화한다. "자연이 제공하는 해결책은 정당한 절차를 거치지 않은 채로 획득하게 되는데, 이들 해결책은 입수할 수 있는 것의 99%에 접근할 수 없게 만들기에 그 결과는 언제나 또 다른 갈등 과정이다"(BEC, 455). 혹은 훨씬 더 통명스럽게도, "정치가 (존 트레쉬가 일컫는 대로)[22] '코스모그램', 즉 코스모스의 그림과 관련된 것이 아니라면, 그것은 실제적인 가치가 거의 없다"(BEC, 455). 다시 말해서, "우리는 어쩌

---

21. "내가 어딘가 다른 곳에서 주장한 대로"라는 구절이 가리키는 것은 Bruno Latour, *War of the Worlds : What About Peace?*, trans. C. Brigg (Chicago : Prickly Paradigm Press, 2002)라는 책이다.

22. John Tresch, "Mechanical Romanticism : Engineers of the Artificial Paradise," Ph.D. dissertation, University of Cambridge, 2001.

면 의견과 관련해서는 절대 다르지 않을 것이고 오히려 언제나
상황 ─ 우리가 어떤 세계에서 살아가는지 ─ 과 관련하여 다르다.
그러므로 적수들은 다른 세계에 거주하기 시작하기에 그들이
의견과 관련하여 합의하게 되는 일은 결코 일어나지 않을 가능
성이 매우 높다"(BEC, 455). 여기서 암묵적인 것은 새로운 평화
관, 즉 개코원숭이 사회에서 출현하는 방식에 관한 라투르의 견
해에 의해 이미 예고된 평화관인데, 비인간 존재자들이 폴리스
를 안정화하는 것과 꼭 마찬가지로, 그것들은 또한 다양한 정
치체 사이에서 평화의 기반을 형성할 것이다. 대부분의 정치철
학에서는 사뭇 다른 견해가 만연하기에 라투르는 고음으로 비
아냥거리는데, "선의의 인간들이 이런저런 갈등의 휴전을 논의
하기 위해 자신들의 신들은 외투 보관소의 옷걸이에 걸어두고
시가를 피우면서 하버마스 클럽에 회집할 때, 나는 진행 중인
일이 결코 평화 회의가 아니라고 추측한다"(BEC, 456). 그리고
라투르는 벡에 대하여 다음과 같이 언급한다.

어떻게 해서 벡은 종교가 무시할 만한 것이라고 믿고 있는가?
게다가 벡의 세계시민주의에는 코스모스가 없는데, 그는 인간
이 엄청나게 많은 신과 우리에게 생명을 부여하는 초월적 존재
자들보다 언제나 덜 중요했다는 사실을 낌새조차 못 차리고
있는 것처럼 보인다. … 벡은 우리의 표상에 내재하는, 사회적
결함이든 심리적 결함이든 간에, 완고한 결함들의 배후에 자리

하고 있는 유네스코 표준어, 사회학적 에스페란토어의 존재를 믿고 있는 것처럼 보인다. 선의의 인간들은 신들이 표상에 불과하다는 점에 동의함이 틀림없다고 벡은 말할 것이다. …〔하지만〕 평화 합의는, 스탕게스가 강조하는 대로, 그들의 신(편협한 애착)들을 뒤에 남겨둔 선의의 사람들 사이에서 이루어지는 것이 아니라, 악의를 지닌, 인간 이상의 존재자들과 인간 이하의 존재자들에 홀린 악의의 인간들 사이에서 이루어진다 (BEC, 456).

갈등은 유연하게 주조될 수 있는 세계관들 사이의 피상적인 분쟁으로 여겨지지 말아야 하는데, 그 이유는 "유네스코 국제어가 지구의 모든 거주자를 충분히 규정할 수 〔있었〕다면, 평화가 이미 만연할 것"(BEC, 457)기 때문이다. 우리는 '타자들'이 우리의 합리주의적 클럽에 합류하도록 설득할 수 없는데, 왜냐하면 "그들은 그들 자신이 이미 최선의 클럽에 속해 있다고 믿을 이유가 있고 타자들 – 권고를 받았을 때 – 이 왜 합류하기를 거부하는지 가늠할 수 없"(BEC, 457)기 때문이다. 더 일반적으로, "자연주의의 가정들은 대단히 많은 인간이 공유하지 않는 것으로, 가장 최근에 그리고 철저히 필립 데스콜라에 의해, 밝혀졌다"(BEC, 458). 라투르는, 이 모든 반대자를 가능한 한 **빨리** 서양 과학과 의회민주주의에 편입해야 하는, 잘 속아 넘어가는 분별없는 사람으로 경시하기보다는 오히려 어떤 **구축주의**

적 경로 ─ 자연을 독립적이고 구성되지 않은 것으로 여길 '사회적 구성주의'라는 의미에서의 경로가 아니라 자연과 문화를 정당한 절차를 거쳐서 둘 다 구축되는 것으로 여기는 이론이라는 의미에서의 경로 ─를 권고한다. "먼 미래에, 우리는 자연주의가 규정하는 대로 규정된 공동세계 내에서 살아가게 될 수 있을 것이며, 그리고 그것은 서구(나의 부르고뉴)의 관점에서 바람직하다. 그런데 그 합의가 이미 정착된 것처럼 행동하고 그것을 달성하는데 아무 협상도 필요 없는 것처럼 행동하는 것은 이후 벌어질 전쟁을 위한 확고한 방아쇠가 될 것이다"(BEC, 458). 평화 합의는 어떤 객체들이 현존하는가에 대한 어떤 타협이 필요하다는 라투르의 관점을 참작하면, 이런 가설적인 미래 자연주의도 대체로 수사적 표현인 것처럼 보인다. 게다가 합리주의는 또 다른 형태의 근본주의에 불과한데, 근본주의 자체가 서양의 발명품이다. "구축되지 않고 협상 불가능한, 저쪽에 있는 자연에 호소하는 자연화 지지자들은 이제 코란과 샤리아에 관해서 마찬가지로 주장하는 사람들을 맞닥뜨리게 된다. 그리고 하나의 근본주의가 또 다른 근본주의와 충돌하는 경우에 어떤 평화 회담도 가능하지 않은 이유는 논의할 것이 전혀 없기 때문이다"(BEC, 461). 우리는 구축주의를 회피하려고 시도하기보다는 오히려 "좋은 구축과 나쁜 구축을 구별하는 방법"을 단적으로 알아야 하는데, "[그 이유는] 좋은 제작물과 나쁜 제작물을 구별하는 데 열렬히 관여한 적이 없는 삶의 방식이 현존하지도 않고 과거에도 전혀 없었기 때문이다"(BEC, 459), 이것이 우리에게 가능한 유일한 경로인데, 그 이유는 "그 속에서 공동세계가 회집할 수 있을 의회가 처음부터 새롭게 구축되어야만 하"(BEC, 462)기 때문이다.

드 브리스에 대한 라투르의 응답

브뤼노 라투르와 네덜란드인 철학자 제라드 드 브리스는 오랫동안 정치철학에 관하여 우호적이지만 때때로 가열된 논쟁을 벌여왔는데, 2007년에 스리지-라-살에서 그들이 활발히 주고받은 논의는 내 기억에 여전히 생생하다. 언젠가 드 브리스는 나에게 자신이 라투르의 저작에 처음 끌리게 된 계기는 라투르와 그의 친구들이 어쨌든 유머 감각을 지닌 소수의 현대 철학자에 속한다는 사실이었다고 말했다. 나중에 드 브리스는 네덜란드에서 철학자로서 라투르의 뛰어난 명성을 공고히 하려고 많은 일을 했는데, 네덜란드는 라투르가 단지 사회과학자 혹은 프랑스인 포스트모던 상대주의자로 분류될 개연성이 가장 적은 나라다. 스리지에서 그들이 논쟁을 벌인 해와 같은 해인 2007년에 그 두 사람은 『소셜 스터디스 오브 사이언스』라는 저널에서 견해들을 주고받았다.

지면이 한정된 이유로 인해 우리는 드 브리스의 논문을 직접 분석할 수는 없고, 그 대신에 라투르 자신이 가장 중요하다고 여기는 비판들에 국한하여 논의할 수밖에 없는데, 그중 세 가지는 다음과 같다.

1. "정치의 **주체들**([드 브리스가] 재미있게 '미니-왕'이라고 일컫는 것들) 주위를 공전하는 정치 이론과 정치의 객체들 주위를 공전하는 정치 이론 사이의 대조"(RGDV, 811).
2. "공식적인 통치 기구와 정치 행위가 정치학자들에 의해 정치 행위로 인식되지 않은 채로 배어 나올 다수의 현장[즉, 하위 정치] 사이의 대조"(RGDV, 811).
3. "[과학학]을 수행하는 두 가지 방식 사이의 ···[드 브리스의] 대조, 즉 정치철학을 연구하지 않고 '선반에서' 그냥 끄집어내는 한 방식과 과학뿐만 아니라 정치의 복잡하고 뒤얽힌 실천을 대칭적으로 연구할 다른 한 방식 사이의 대조"(RGDV, 811).

라투르는 드 브리스의 이들 비판에 일대일 형식으로 대응하지는 않더라도 사신의 고유한 논짐들을 제기함으로써 응답한다.

1. 과학학이 정치적으로 기여한 바는 코스모폴리틱스적 견지에서 정치를 재구성한 것이다.
2. 아리스토텔레스로 돌아가자는 드 브리스의 요청에도 불구하고, "쟁점에 관한 관념이 부각되게 ··· 하는 한"(RGDV, 811)

실용주의자들이 우리 시대에 더 적절하다.

3. 마지막으로, 라투르는 "'정치적'이라는 형용사의 다양한 의미
   가 어떤 쟁점의 궤적에서 연이은 계기들로 재서술될 수 있는
   방식"(RGDV, 811~2)을 보여주려고 한다.

대체로, 라투르는 과학학이 정치적 네트워크를 과학적 네트워
크만큼 자세히 추적하지 못했다는 점에 관한 드 브리스의 주장
을 인정한다.

〔과학학에서〕 우리는 과학적 실천의 일부 특질을 갱신하는 데
너무 바빠서 우리가 갖고 있던 정치 이론은 무엇이든 간에 선
반에서 끄집어내었다. 그 결과는, 현대 사회들이 과학의 단편들
과 기술의 조각들을 포함하는 한에 있어서, 정치가 이들 사회
〔전체〕에 동연적인 것이 될 정도까지 확대되었다. 이제 '모든 것
이 정치적'이기에 '정치적'이라는 형용사는 '사회적'이라는 형용
사와 같은 운명을 겪는데, 그것들은 모든 곳에 확대됨으로써
무의미하게 되어 버렸다(RGDV, 812).

라투르는 정치적인 것이 구성되는 방식에 더 많은 주의를 기울
일 때가 왔다는 사실을 인정하는데, "'사회적 설명'을 향한 굴성
이 필시 이런 불균형의 일부를 설명한다. '지식/권력' 복합체에서
'지식'은 (우리가 잘못 생각하기에) 지금까지 충분히 검토된 '권

력'보다 훨씬 더 많은 의심을 촉발했다"(RGDV, 812). 사실상 행위자-네트워크 이론은 과학적 사실의 사회적 구성에 관해서는 언급할 것이 많이 있었지만, "실재 자체에 의한 정치적 허구의 형성"이라고 일컬어질 수 있을 반대 현상에 관해서는 여태까지 그다지 언급하지 않았다. 누구나 1947년이 아니라 1977년에 태어난 어떤 브뤼노 라투르를 쉽게 상상할 수 있는데, 그는 이후의 교육 체계에 강제로 주입된 사회적 구성주의의 독단에 짜증을 내면서 그 대신에 그릇되게도 임의적인 관습과 가치인 것처럼 보이는 것을 '구성'하는 데 도움이 되는 실재적인 비인간 힘들을 향해 자신의 경력을 추구한다.

라투르는 과학학이 애초에 정반대의 양 진영에서 공격받은 사실을 우리에게 상기시키는데, 이런 사태는 어떤 새로운 이론이 모든 진영에서 오해를 받고 있음을 가리키는 더할 나위 없는 표지다. 한편으로, 라투르와 그의 친구들은 "실험실의 외진 으슥한 곳에서도 작동하는 권력의 다툼을 보여줌으로써 순수한 지식의 영역을 오염시켰다는 이유로 비난받는다"(RGDV, 812). 다른 한편으로, "우리는 '현실적 지배'의 무게를 망각하는 것처럼 보였기에 더 정치지향적인 사회적 개혁가들로부터 우리가 '걱정하는 과학자들'의 영역을 '탈정치화'했다는 이유로 비난받았다"(RGDV, 812). 그 두 비판자 집단이 공유했던 것은 그들이

정치적 무대를 차지하게 되어 있던 전통적인 캐릭터들 ― 시

민, '미니-왕들'의 회집체, 이데올로기, 숙의, 투표, 선출 ─ 과 정치적 사건의 전통적인 현장들 ─ 거리 시위, 의회, 행정실, 명령통제본부 ─ 과 더불어 우리가 정치적인 것에 자발적으로 결부시키는 전통적인 정념들 ─ 울분, 분노, 뒷거래, 폭력 등 ─ 을 과학학 문헌에서 찾아내리라고 예상했다는 점이다. 오히려 그들이 찾아낸 것은 실험복을 입은 기술자들, 기업 사무실의 최고경영자들, 칠판에 휘갈겨 쓰고 있는 수학자들, 특허 변호사들, 측량사들, 혁신가들, 온갖 종류의 기업가들과 전문가들이었는데, 이들은 모두 정치적 행위의 현장과 전적으로 무관한 현장에서 그리고 법과 질서의 유지 혹은 전복과는 철저히 다른 수단을 통해서 자신의 활동을 수행하고 있었다. 백신, 형광등, 방정식, 오염 기준, 건물, 혈액 선별 절차 등과 같은 것들이 정치가 이루어지게 하고 있었던 새로운 수단이었다(RGDV, 812~3).

라투르는 "이런 숨은 대륙의 발견"이 과학학의 결점이기는커녕 여전히 "그것의 위대한 비약적 진전"이라고 생각한다(RGDV, 813). 그러므로 "정치는 정치학자들이 믿고 있는 것과는 전적으로 다른 것인데, 그것은 그 속에서 모든 사람이 살아가는 코스모스의 구축, 공동세계의 점진적 조성이다. 이런 방대한 전환에 공통적인 것은, 이제 정치가 상충하는 **코스모그램**들의 힘겨운 정돈으로 규정된다는 점이다"(RGDV, 813). 그런데 라투르는 드 브리스가 다음과 같이 말하는 점에서는 옳음을 인정한다. "이런 새 포도주가, 처음에, 헌 병에 담겼다. 과학기술사회학[이하 STS] 학자들의 최초 반응은 정치에 대한 유서 깊은 정의들의 기반을 약화하는 것이 아니라 과학을 정치에 도입하는 방법을 이해하는 것이었다"(RGDV, 813). 전통적인 정치적 개념들이 생명 없는 행위자들의 영역으로 확대될 가능성도 없었고, 과학자들이 비전문가 공중과 협상에 나설 가능성도 없었다. "이들 두 운동의 단점은 그것들이 정치학과에서 배우게 되는 정치에 대한 정의를 마찬가지로 유지한다는 것이다"(RGDV, 814)라고 라투르는 단언한다. 하지만 "정치에 대한 정의가 STS에 의해 과학에 대한 정의만큼 심대하게 개편될 수 있다면 어떠할 것인가? 그저 확대되거나 축소되지 않고 오히려 전적으로 재편된다면 어떠할 것인가?"(RGDV, 814).

바로 여기서 라투르는 실용주의를 향해 움직인다.

드 브리스와는 대조적으로, 나는 아리스토텔레스로의 회귀가 유익하다고 믿지 않는다. … [오히려] 실용주의에, 그리고 특히 존 듀이에 의시하사. 드 브리스는, 듀이에 대한 누르츠 마레의 재해석을 좇아서, 정치를 일종의 절차로도 생명의 영역으로도 다시 정의하지 않는다. 정치는 어떤 본질이 아닌데, 그것은 움직이는 것이고, 그것은 궤적이 있는 것이다(RGDV, 814).

라투르는, 이것이 "리처드 로티와 힐러리 퍼트넘이 제안한, 다소

핵이 제거된 형태의 실용주의"와 그 자신의 실용주의를 구별하는 데 충분하다고 생각한다. 실용주의의 핵심적인 기여는 '정치적'이라는 용어를 직업적인 전문성에서 일종의 상황으로 재정의하는 것인데, "실용주의는 우리에게 관심의 대상들에 집중한 다음에, 그것들을 처리하기 위해, 그것들이 제기하였고 우리가 어찌할 도리 없이 얽혀 있는 물음들을 파악하는 데 필요한 도구와 장치를 생산하라고 제안한다"(RGDV, 814). 라투르는 '대상'보다 더 정확한 용어를 "집단 행위의 예상치 못하고 방치된 결과"(RGDV, 814)라는 듀이의 장황한 어구에서 찾아볼 수 있다고 말한다. 이것은 "쟁점들과 그 궤적들"이라는 마레의 표현 혹은 "공중의 문제"라는 리프먼의 구호와 같은 것이라고 라투르는 덧붙인다(RGDV, 814). 라투르는 실용주의적 접근방식을 강하게 요구함으로써 그 생각을 마무리한다. "여기에 급진적인 의미의 코페르니쿠스적 혁명이 있는데, 그것은 마침내 정치를 어떤 쟁점도 부재한 상태에서 절차와 권위, 주권, 권리, 대표성의 문제로 정의하려고 하는 대신에 정치가 그것을 둘러싸고 공중을 생성하는 쟁점 주위를 공전하게 하는 것이다"(RGDV, 814). 그리고 마지막으로,

> 누군가가 무슨 용어 — 객체, 사물, 모임, 관심 — 를 사용하기를 바라든 간에, 핵심적인 움직임은 쟁점을 기성의 정치권에 편입시켜 처리되도록 하는 대신에 정치에 대한 모든 정의가 쟁점 주

위를 공전하게 하는 것이다. 먼저 상황이 어떤 식으로 공중이 문제가 되게 하는지 규정하고, 그러고 나서야 정치적인 것이 무엇이고, 어떤 절차가 정립되어야 하고, 다양한 회집체가 어떻게 합의에 이를 수 있는지 등을 더 정확히 규정하려고 노력하라. 그런 것이 바로 인간중심적인 현실정치와 대조를 이루는 STS의 냉철한 사물정치다(RGDV, 815).

이제 우리는 정치가 어떤 식으로 쟁점 주위를 공전하는지 물어야 한다. 여기서 라투르는 천문학에서 비롯된 한 가지 빼어난 은유를 사용하는데, "천문학에서는 항성들이 천문학자들이 지금까지 지도를 그릴 수 있게 된 일련의 전환이 일어나는 유일한 무대인 것과 마찬가지의 방식으로, 쟁점들은 각기 자신의 일대기에서 어느 지점에 있는지에 따라 다양한 양태를 제시한다"(RGDV, 815). 내가 최초로 라투르의 강연을 직접 들은 것은 1998년 4월에 노스웨스턴대학교에서였는데, 그때 라투르는 조만간에 『자연의 정치』에서 나타날 소재를 발표했다. 그날 라투르가 시나가는 김에 한 발언 중 하나 — 공중위생(상수, 하수, 거리 청소)은 한때 정치적 쟁점이었지만 이제는 어떤 정당도 논쟁을 벌이지 않을 도시 관리의 일부로 여겨지는데, 어쩌면 환경주의의 경우에도 언젠가 같은 일이 일어날 것이다 — 가 특별히 강하게 나의 상상력을 사로잡았다. 나에게 대단히 흥미로웠던 것은, 어떤 쟁점이 시간이 흐름에 따라 공공연히 정치적인 것에서 하부구조 관리와 훨씬 더 유사한 것으로 변화할 수 있으며, 그리고 어쩌면 정반대의 사태 역시 일어날 수 있을 것이라는 관념이었다. 거의 10년이 지난 후에 라투르는 드 브리스에게 응답하면서 1998년 노스웨스턴에서의 발언을, 항성의 생애 단계들과 거의 유사하게도, 정치적 쟁점의 훨씬 더 풍성한 다섯 단계 수명으로 확대한다.

- 첫 번째 단계, 즉 정치적-1단계는, 드 브리스가 인용한 대로 네덜란드에서 임신 여성에 대한 혈액 선별검사를 둘러싸고서 이전에는 생각지도 못한 정치적 쟁점을 제기한 생명의료검사에서 그런 것처럼, "인간과 비인간 사이의 새로운 연합체들"(RGDV, 816)을 가리킨다. 라투르는 과학학이 "유물론에 대한 맑스의 정의 중 한 가지를 사실상 부활시킴으로써"(RGDV, 816) 우리의 주의를 이들 연합체의 정치적 특질에 기울이게 하는 업적에 대한 영예를 받을 자격이 있다고 말한다.
- 정치적-2단계는, 방금 서술했듯이, "공중이 언제나 문제라는 리프먼과 듀이의 멋진 주장"(RGDV, 816)에서 시사되는 대로의 실용주의적 의미에서 정치적인 것을 가리킨다. 드 브리스가 다룬 사례에서, "혈액 선별검사는 생물학자들과 의사들이" 그 결과를 추적할 "아무 장비도 개발하지 못한 상태에서 뜻밖의 많은 행위자들이 얽히게 하는 결과를 낳았다"(RGDV, 816). 고위험 연령 집단보다 더 젊은 다수의 임신 여성도 검사를 받고 싶어 했는데, 네덜란드 정부는 그런 검사의 확산이 임신을 정상

적인 생명 사건이라기보다는 오히려 의료 질환으로 규정하는 결과를 낳는다고 여겼다. 이런 전례 없는 문제를 둘러싸고 이해관계가 있는 공중이 갑자기 구현되었다.

• 정치적-3단계는 통상적인 의미에서의 주권과 관련이 있고, 따라서 "마키아벨리에서 슈미트에게까지 이르는 정치 이론의 중핵에 훨씬 더 가깝다"(RGDV, 816). 드 브리스의 사례에서, 네덜란드 내각은 임신 여성에 대한 혈액 선별검사의 쟁점에 개입하려고 시도했지만 실패했는데, 그런데도 "적어도 그 내각은 이 쟁점을 네덜란드 주권에 관한 큰 문제와 관계가 있게 만드는 일을 떠맡았었다"(RGDV, 816). 라투르가 덧붙이는 대로, "여기서 혈액 선별검사는 내가 정치적 원circle이라고 일컬은 것의 일부가 되었다. 그 전체는 자치와 자유를 산출하기 위해 법률을 제공하는 것인 동시에 법률을 수용하는 것일 수 있는가?" 우리는 '정치적 원'이라는 이 표상을 다음 장에서 꽤 생생하게 맞닥뜨린다. 그런데 라투르가 서술하는 대로, "모든 항성이 결국 블랙홀이나 적색 왜성이 되어야 하는 것은 아닌 것과 꼭 마찬가지로, 모든 쟁점이 정치적-3단계의 것이 될 필요는 없다. 하지만 어떤 쟁점이 그 단계에 있을 때, 그 쟁점은 사실상 여타의 쟁점과 매우 다른 것처럼 보인다"(RGDV, 816).

• 정치적-4단계로 일컬어지는 단계는 "발언하고, 계산하고, 타협하며, 함께 논의할 수 있는 능력을 부여받은 완전히 의식적인 시민들이 과학과 기술에 의해 제기된 '문제들을 해결'하려

고 모일 때"(RGDV, 817)이다. 라투르는 드 브리스가 이런 종류의 정치를 그릇되게도 "조롱한다"라는 이유로 그를 비난하는 한편으로, 모든 정치를 누군가가 바라는 대로 이 단계로 환원하는 것은 터무니없을 것이라는 드 브리스의 주장을 인정한다. 어쨌든, "이런 하버마스주의적 국면은 쟁점을 다루는 터무니없는 방식이 아닌데, 그것은 단지 쟁점이 정치적-3단계 혹은 정치적-2단계의 것이기를 그만두고서 숙의 민주주의의 일반적인 전통에 의해 흡수될 수 있는 정도까지 변화되었을 때 일어나는 것일 뿐이다"(RGDV, 817). 때때로 이것은 여타의 것보다 더 적절할 수도 있는데, "지구온난화는 이 단계에 이르지 않았음 — 태양계 외부 행성의 경우에도 마찬가지임 — 이 확실하지만, 수없이 많은 쟁점이 사고가 합리적인 시민들의 합의를 산출하도록 고안된 다양한 절차 중 하나에 의해 해결될 문제로서 전적으로 다루어질 수 있다"(RGDV, 817).

• 정치적-5단계는 "행정과 관리의 일상적 대상의 일부가 되어"(RGDV, 817) 버린 쟁점들을 가리킨다. 예를 들면, "천연두나 결핵에 대한 접종이 더는 정치적인 것이 아닌 것과 마찬가지로, 파리에서 하수 체계의 조용한 작동은 더는 정치적인 것이 아니다. 이제 그것은 거의 화제가 되지 않는 무언의 방대한 관료들이 관장한다"(RGDV, 817). 그런데 미셸 푸코는 이런 층위의 정치를 대단히 열심히 연구한 사람인데, "그런 제도들은 모두 겉보기에는 절대적으로 비정치적인 것처럼 보이는데도 예상과 다르

게 무언의 평범하고 철저히 일상화된 방식들로, 함께 살아가기가 뜻하는 바의 가장 중요한 양태들이다. 그렇다 하더라도 아무도 그것들에 관해 야단법석을 떨지 않고 그것들은 의원들을 의회의 졸음에서 흔들어 깨우는 경우가 거의 없다"(RGDV, 817).

라투르는 쟁점의 수명 주기를 이루는 다섯 단계 모두를 가리키는 데 '코스모폴리틱스'라는 스탕게스의 용어를 사용하자는 제안으로 마무리한다. 라투르는, 정치적-1단계와 정치적-5단계는 "과학사가들과 페미니스트 학자들, 다양한 과학도[徒] 이외의 모든 사람에게 전적으로 '비정치적'인 것으로 여겨진다"(RGDV, 818)라는 주목할 만한 진술을 덧붙인다. 그런데 모든 것이 모든 사람에게 정치적인 것이 될 이유도 전혀 없는데, "참여할 필요가 없는 상태는 여전히 이상적인 상황임이 틀림없을뿐더러 행동을 촉구할 때 그에 대응하여 대체로 내세우는 구실이기도 하다"(RGDV, 819). 그리고 또다시, "파리 하수 체계의 작동, 이라크 내 대량살상무기의 수색, 캘리포니아에서 수행되는 줄기세포 연구의 빌달, 시구온난화, P2P 소프트웨어, 유럽 기업들을 위한 새로운 회계 절차 등에 우리가 모두 끊임없이 연루되거나 관련되거나 혹은 개입하게 되기를 요구하는 인지적·심리적·정동적 장치는 전혀 없다"(RGDV, 819). 또한 그것들을 통상적인 의미에서 정치적으로 다루는 것도 현명하지 않을 것인데, "지구온난화, DNA 검출, 하천 오염, 새로운 행성적 체계들, 핵융합 연구 시연기의 구축 등이 모두 동일한 거리 시위와 동일한 의회 논의, 동일한 행정 절차를 거칠 것이라고 말하는 것은 터무니없다"(RGDV, 819). 이런 정서("신이시여, 가능한 한 저를 정치로부터 보호하소서")로 인해 라투르는 현재 슈미트를 신봉하는 다양한 사람 — 슈미트가 정치적 탁자에서 치워져 버린 많은 것을 재정치화하려고 노력함이 명백하다는 바로 그 이유로 인해 그 불길한 독일인 사상가에 관심을 기울이는 사람 — 과 분명히 구별된다.

정치적 삶의 다섯 단계에 관한 이 구절은 정치적 생명 주기와 관련하여 내가 알고 있는 유일한 것인데, 여기서 라투르는 자신이 나중에 정립한 열네 가지 존재양식(뒤에 보게 되듯이, 각각은 세 글자로 이루어진 고유한 약어로 표현된다) 중 하나의 연대기를 제시하려고 시도한다. 내가 알고 있는 한, 라투르는 정치 이외의 어떤 양식에 대해서도 결코 그런 일을 시도하지 않는다. 종교〔REL〕와 법률〔LAW〕, 조직〔ORG〕 같은 양식들도 어떤 생명 주기를 따르는 궤적을 좇는지 여부를 생각하는 것은 흥미롭다. 하지만 라투르는 그 쟁점을 탐구하지 않고서 연대기적 견지보다 토폴로지적 견지에서 양식들을 논의하는 것을 선호하는 것처럼 보이는데, 정치는 언제나 원이고 법률과 심지어 과학은 사슬chain로 표현된다. 이제 우리는, 여전히 진행 중인 단계이자 더 놀랄 만한 것들이 여전히 저장되어 있으리라 추정되는 후기 라투르의 정치철학에 이르는 길로서 쓸모 있는 정치적 원을 살펴보자.

4장

후기 라투르 : 하나의 양식으로서의 정치

정치를 말하기

하나의 존재양식으로서의 정치

1980년대 말 이후로 라투르는 은밀히 다양한 존재양식에 관하여 열심히 작업하고 있었는데, 그 프로젝트에 관한 라투르의 저작[이하 AIME]이 공개적으로 등장함에 따라 우리는 그의 사유가 새로운 단계에 이르렀음을 부인할 수 없게 되었다. 라투르는 자신의 AIME 프로젝트를 유쾌하게 개관하면서도 그 프로젝트의 구체적으로 정치적인 결과에 관해서는 거의 말해주지 않는 흥미로운 시론인 「한 탐구의 전기:존재양식들에 관한 책에 대하여」라는 글에서 이 노력의 긴 역사를 상술한다. 자신의 초기 경력에서 라투르는 모든 자연적 존재자, 인간 존재자, 인공적 존재자, 단순한 존재자, 복합적 존재자, 그리고 상상의 존재자가 네트워크 속에서 동등하게 서로 연계되어 있다는 의도적으로 평평한 존재론을 채택했지만, 그 새로운 프로젝트는 이런 평평함을 뒤집고 각기 독자적인 진리 규준을 갖추고 있는 다양한 존재양식의 양립 불가능성을 설명하고자 한다. 법[LAW]과 종교[REL], 정치[POL]가 가장 쉽게 분간할 수 있는 양식 중 세 가지인데, 그것들은 각각 여타의 것에 적용될 수 없는 기준에 의해 좌우된다. 인간의 삶에서 친숙한 이들 양식과 더불어 재생산[REP]과 준거[REF], 습관[HAB] 같은 외관상 전면적인 형이상학적 양식들이 있다. 또한, 경제학이 라투르의 정신 가속기에서 분쇄될 때 남게 되는 입자들로서, 조직[ORG]과 애착[ATT], 도덕[MOR]으로 명기된 세 가지 양식도 나타난다.

이제 존재양식 프로젝트로의 이행이 명확히 이루어졌음에도 불구하고, 코카콜라가 뉴 코크와 더불어 코크 클래식도 계속해서 유통한 경우와 마찬가지로, 라투르는 때때로 자신의 이전 체계의 어휘로 쓰고 말한다. 라투르의 확연히 다른 옛 목소리와 새 목소리는 향후 당분간 공존할 것이다. 그런데 이 일로 아무 문제도 생기지 않는데, 그 이유는 그것들이 전적으로 양립 가능하기 때문이다. 결국, 라투르의 새로운 체계에서 네트워크는 네트워크[NET]로 일컬어지는 양식으로 여전히 남게 된다. 또한 초기/중기 철학과 후기 철학을 구분하기는 꽤 쉽다. 라투르가 자연과 문화 사이의 근대주의적 대립을 해소하고 모든 존재자를 단일한 마법사의 큰 솥에 던져 넣어야 한다고 강조할 때마다, 우리는 라투르 클래식을 마시고 있다고 확신할 수 있다. 그런데 그 대신에 라투르가 독자적인 준거 양식을 갖춘 과학을 종교, 법률, 그리고 정치 같은 다른 양식들과 주의 깊게 구분하는 것을 듣게 된다면, 우리는 뉴 라투르 한 병을 마시고 있다고 확신할 수 있다.

정치를 말하기

2008년 9월에 프랑크푸르트에서 지크프리트 운젤트상을 받으면서 라투르는 다음과 같이 회상한다. "1987년 부활절부터 저는 언명 체제들을 비교하기에 관한 첫 번째 프로젝트(현재 제가 『존재양식들에 관한 탐구』라고 일컫는 것)를 본격적으로 개시했습니다. 그렇지만 그 이후로 저는 그것에 관해 한 줄도 발표한 적이 없습니다. 오늘날까지 그렇습니다"(COP, 603). 이 주장은 대체로 참이지만, 프랑크푸르트에서 라투르는 양식 프로젝트에 관하여 자신이 이전에 발표한 출판물들을 잊고 있는 것처럼 보인다. 그중 하나가 우리의 주제에 완전히 적합한데, 그것은 바로 2003년에 발표한 「정치를 조금 이야기했더라면 어떻게 되었을까?」라는 무시당한 논문이다.

이 논문의 초록조차도 바로 핵심을 거론하는데, "〔이 논문에서는〕 정치적 원이 재구성되며, 그리고 '투명한' 혹은 '합리적인' 정치적 언어 행위가 집단 형성의 바로 그 조건을 파괴하는 이유역시 재구성된다"(TPL, 143). 계속해서 라투르는 오늘날 정치와 관련하여 만연하는 환멸이 오해에서 기인한다고 추측하는데, "최근에 우리는 정치가 전적으로 불가능한 일종의 충실성, 정확성, 혹은 진실성을 제공하리라 기대하기 시작했던 것처럼"(TPL, 143) 보인다. 그 함의는, 합리주의가 정치적 영역에 단적으로 적용될 수 없는 대응—으로서의—진리 모형을 전반적으로 적용하려고 했다는 것이다. 그 결과, 근대인들에게 정치는 찬양할 가치가 전혀 없는 것처럼 보이게 된다.

정치적 표현은 언제나 기대에 어긋나는데, 그것이 바로 우리가 출발해야 하는 지점이다. 사회적 세계 혹은 자연적 세계에 관한 왜곡되지 않은 정확한 정보의 전달이라는 견지에서 살펴보면, 우리는 정치적 표현 ― 뻔한 문구, 진부한 표현, 악수, 절반의 진실, 절반의 거짓, 알맹이 없는 말, 대부분 반복되는 말, 중언부언 ― 이 언제나 전적으로 부적절한 것처럼 보인다고 말할 수 있을 것이다. 그것은 뛰어난 사람, 고결한 사람, 변함없는 사람, 조직적인 사람, 예리한 사람, 박식한 사람, 위대한 사람, 단호한 사람에게 충격을 주는 이런 담론 형식의 평범하고, 비속하고, 일상적이고, 축 늘어진 동어반복적인 특질이다. 누구든지 누군가 혹은 무언가가 '정치적'이라고 말할 때, 그는 무엇보다도 이런 근본적인 실망을 나타낸다.…"그것은 정치적이다"라는 표현은 무엇보다도 "그것은 곧장 움직이지 않는다", "그것은 빨리 움직이지 않는다"라는 것을 뜻하는데, 그것은 언제나 "우리에게 이런 부담이 없기만 하다면, 우리는 더 직접적으로 우리 목표를 달성할 것이다"라는 것을 함축한다(TPL, 145).

그런데 정치적 존재양식에 대한 우리의 경멸로 인해 우리가 그것의 침된 본성을 망각하게 되는 진짜 위험한 사태가 벌어질 것이다. "정치를 망각하는 것이 가능한 일일까? 정치는 '정치적 동물'의 보편적인 능력이기는커녕 매우 약한 삶의 형식이어서 우리는 그것의 점진적인 생성과 소멸을 기록할 수 있지 않을까?"(TPL, 143). 정치적 양식의 소멸은 전례가 없지도 않을 것인데, "어쩌면 우리는 이런 〔정치적〕 방식으로 말하는 것이 종교적 진술을 하는 것만큼 이해할 수 없는 것처럼 보일 지경에 이를 것이다"(TPL, 152).

라투르에게 정치란, 단지 "의회 선거, 선출된 대표들 사이의 부패, 혹은 통과되어야 하는 법안 등과 같은 명시적으로 정치적인 주제에 관한 대화를" 가리키는 것도 아니고 "… 정치학과의 복도에서 규정된 대로, 하나의 제도로서 정치의 모든 성분, 이를테면 국제관계, 헌법, 권력 투쟁 등을 가리키는 것도 아니다"(TPL, 144). 그 이유는 정치가 도처에 있기 때문이다. 이것은 정치가 또다시 "모든 것은 정치적이다"라는 지경까지 존재론화된다 ─ 초기 라투르와 중기 라투르가 무릅쓴 영구적인 위험 ─ 는 것을 뜻하지는 않는다. 그 대신에, 라투르는 정치를 한 가지 명시적인 종류의 내용으로 간주하기보다는 오히려 상황을 처리하는 한 가지 특정한 방식으로 간주하기를 원한다. 이런 정치적 방식은 도처에서 나타날 수 있지만, 모든 순간에 반드시 나타나는 것은 아니다. "누구나 의회의 구성원이면서 정치적 방식으로 말하지 않을 수 있다. 거꾸로, 누구나 가족과 함께 집에 머무르면서, 사무실에서 근무하면서, 어떤 작업을 하면서, 자신의 발언 중 어느 것도 정치적 영역과 명백히 연계되어 있지 않더라도, 이런저런 쟁점에 관해 정치적으로 말하기 시작할 수 있다"(TPL, 145). 정치는 도처에서 나타날 수 있지만, 모든 주어진 순간에 어디에서도 존재하지 않을 수도 있을 것이다.

모든 사람은 "정보, 투명성, 정확성, 청렴, 그리고 충실한 대표"로 구성될 합리적인 정치에 관한 꿈을 꾸는 것처럼 보인다. "그것은 정직한 사유, 비非왜곡, 즉시성, 모든 매개자의 부재에 관한 꿈이다"(TPL, 145~6). 그것은 라투르가 빈정대듯이 '더블 클릭' 소통이라고 명명하는 것에 관한 꿈이다. 그런데 그런 투명 성은, 정치는 고사하고, 과학의 경우에도 한낱 몽상에 불과한 것이다. "아무 실험실도 기기도 장치도 데이터 처리도 논문 작성 도 학술회의나 논쟁도 없이, 즉시, 즉흥적으로, 숨김없는 채로, 모든 사람이 볼 수 있게, 말을 더듬지도 않고 [혹은] 횡설수설하 지도 않고, 과학자들이 진리를 직접 말하도록 요구하는 것은 터 무니없을 것이다"(TPL, 147). 무엇이든 어떤 주제가 전형적으로 라투르적이라면, 그것은 매개만 있을 따름이고, 존재자들이 번 역이나 왜곡 없이 소통할 수 있게 하는 단순한 중개자는 절대 존재하지 않는다는 관념이다. 여기서 라투르는 자신의 존재양 식 체계에 관한 주요한 주제로 전환한다.

각각의 언명 체제[즉, 각각의 존재양식]은 진리와 허위에 대한 독 사적인 규준, 적정성과 비적정성에 대한 독자적인 정의를 공들 여 구성한다. 곡선과 직선 중 어느 것을 모든 발언의 이상적인 표상으로 선택하는지에 따라, 정치적 담론은 '꼬여 있다'라고 말하는 것은 매우 다른 의미를 띠게 된다. 직선은 사각형을 그 리는 데는 유용하지만, 타원형의 윤곽을 그리고 싶을 때는 거 의 유용하지 않다(TPL, 146).

정치가 진리에의 직접적인 접근권을 우리에게 제공하지 못하는 이유가 무엇인지 우리는 물을 수 있을 것이다. 라투르는 초초한 기색으로 응답할 것이다. "질문이 어리석으면 대답도 어리석을 수밖에 없다. 그것은 인터넷에 접속하여 주문한 커피를 여과할 수 없다는 이유로 모뎀이 형편없다고 불평하는 것과 마찬가지일 것이다"(TPL, 147). 그런데 정치와 진리 사이에는 정말로 아무 문제도 없는데, "정치적 담론은 다른 진리 형태들과 대조될 때에만 진실하지 않은 것처럼 보인다. 정치적 담론은 그것 자체로 단독으로는 깜짝 놀랄 만하게 정확히 진리와 허위를 분별한다. 그것은 진리에 무심하다고 부당하게 비난받는 것과는 달리 진리에 무심하지 않는데, 그것은 단지 진리 판단에 있어서 여타의 체제와 다를 따름이다"(TPL, 147).

이렇게 해서 우리는, 정치와 관련된 문제가 평범한 정치인들의 구부러짐을 바로 펼 수 있는 실재에의 투명한 접근의 문제가 아니라면, 정치가 어떻게 진리를 판단한다고 주장할 수 있는지 묻게 된다. 라투르의 대답은 매우 명료하다. 정치는 "정치가 없다면 현존하지 않을 것, 즉 일시적으로 규정된 전체로서의 공중을 현존할 수 있게 하는 것을 목표로 한다. 어떤 집단이 생겨나도록 견인할 어떤 수단이 제공된다면, 그 담론은 진실한 것이다. 반면에 아무 집단도 견인되지 않았다면, 사람들의 말은 허사가 된 것이다"(TPL, 148). 일반적으로 철학자들은, 어떤 진술이 마음 바깥의 세계 속 어떤 실제 사태에 대응한다면 그 진술은 참이라고 말한다. 그런데 이런 규준은 다음과 같은 정치적 진술에 대해서는 필경 유효하게 작용할 수 없을 것이다. "'나는 당신을 이해한다', '우리는 하나의 대가족이다', '우리는 더는 이 것을 참지 않을 것이다', 혹은 '우리 기업은 더 큰 시장 점유율을 달성해야 한다'…'모두 함께, 모두 함께, 모두!'"(TPL, 148). 그런 진술들은 외부 사태에 대한 어떤 준거를 통해서 성공하거나 실 패하지 않고, 오히려 "전적으로 새로운 현상, 즉 이런 담화가 견 인하고자 하는 집단을 규정하고 구체화하는 끊임없는 작업의 재개 혹은 중지에 의거하여 성공하거나 실패한다"(TPL, 148). 그 리고 이제 마지막 교훈이 나타나는데, "〔집단을〕 확대하는 것이 라면 무엇이든 참이고, 그것을 저지하는 것이라면 무엇이든 거 짓이다"(TPL, 148). 이것이 바로 좌익의 반증 불가능한 급진파가 반복적으로 저지르는 결과–없는–실패와 관련된 라투르의 불 만에 대한 이유다. 라투르가 터키의 한 잡지와 가진 인터뷰에서 진술하는 대로,

충체석 전복의 의지가 일부 진영에서는 여전히 존재하지만, 오 늘날 그 의지가 훨씬 더 대단하게 만족스러운 것이 되어 버린 이유는 그것이 또한 도덕적으로 뛰어나다는 절대적 안도감을 유지하는 상태에서 실패의 확실성과 연계되어 있기 때문입니 다.… 그리고 이것이 극좌익의 소수파 정당들이 여타의 운동 을 여전히 겁박할 수 있는 이유를 설명하는 데 크게 도움이 됩

니다. 당신은 최고이고 가장 똑똑한데, 당신은 실패할 것입니다. 실패는 결코 당신에게 불리하게 작용하지 않을 것인데, 당신만큼 급진적이지 못한 사람들에게만 불리하게 작용할 것입니다(DBD).

정치에서 실패는 비╬진리를 시사하는 것이지, 우리의 부패한 세계에 대하여 너무나 좋을 뿐인 뛰어난 진리를 시사하지 않는다. 여기서 우리는 라투르가 정치에서 '아름다운 영혼'을 명확히 거부하는 사태를 맞닥뜨리게 되는데, 라투르는 이런 거부 행위에 힘입어 행동주의는 진정한 실제 효과를 낳아야 한다는 푸코의 상쾌한 요구와 연결된다. 소외는 소외당한 자들 측의 실패를 보여줄 따름이다.

우리가 앞서 이해한 대로, 라투르는 정치가 어디에서나 생겨날 수 있고 생겨나야 한다고 생각한다.

모든 집합체의 경우에, 다시 규정하는 과정, 즉 부정직한 담화가 자신의 윤곽을 그리도록, 혹은 일시적으로 다시 그리도록 요구하는 과정이 필요하다. (재)집단화가 없는 집단은 전혀 없고, 동원하는 담화가 없는 재집단화는 전혀 없다. 가족, 개인, 기업, 실험실, 공방, 행성, 조직, 기관 중 어느 것도 국가나 민족, 로터리 클럽, 재즈 밴드나 일단의 훌리건보다 이런 〔정치적〕 체제를 덜 필요로 하는 것은 아니다. 각각의 집합체가 형성되고 재편

되려면 특정하고 적절한 분량의 정치가 필요하다(TPL, 149).

우리가 정치를 투표와 통치, 혁명에 관한 논의에 한정한다면, 이것은 앞서 언급된 외관상 '비정치적'인 집합체도 현존하려면 자신을 다시 그려야 한다는 사실을 간과할 것이다. 이렇게 해서 우리는 라투르의 논문이 제시하는 핵심 관념 −『자연의 정치』에서 이미 다루어진, 정치적인 것에 대한 **토폴로지적 정의** − 에 이르게 된다. 라투르가 매개자들의 사슬로 구성되어 있다고 일반적으로 서술하는 과학 및 법과는 달리, 정치는 원으로 구상된다. "〔정치적 원〕은 정확히 무엇과 관련되어 있는가? 처음에는 대표의 과정을 통해서 여럿을 하나로 전환하기와 관련되어 있으며…그리고 그다음에는 흔히 권력의 행사로 일컬어지지만 나는 더 솔직한 표현으로 복종이라고 일컫는 것의 과정을 통해서 하나를 여럿으로 다시 전환하기와 관련된다"(TPL, 149). 정치를 이런 식으로 구상하는 목적은 "너무나 흔히 분리되는, 정치학의 두 부분 − (a) 대표를 어떻게 달성해야 하는가? (b) 권력을 어떻게 행사해야 하는가? − 을 동시에 고려하는 것이다. 사실상 그것은 동일한 원형 운동의 다른 두 지점에서 같은 질문을 두 번 묻는 것과 같다"(TPL, 149). 독자는 '대표'(일상적인 통치를 너무나 많이 연상하게 한다)라는 낱말을 '매개'라는 낱말로 대체하는 것이 유용하다고 알아챌 것이다. 지배 권력은 피지배자들을 충실히 대표할 수 없는데, 그 이유는 피지배자들이 자신이 애초에 원하는 바를 언제나 알고 있는 것은 아니기 때문이다. "흔히 사람들은 당신이 그것을 그들에게 보여주고 나서야 자신이 원하는 것을 알게 되기"[1] 때문에 애플은 상품을 생산하기 위해 어떤 표적 집단도 시장 조사도 활용하지 않았다는 스티브 잡스의 즉석 발언을 라투르는 좋아한다. 호혜적으로 그리고 같은 취지로 피지배자들이 지배 권력에 충실히 복종할 수 없는 이유는, 라투르가 『프랑스의 파스퇴르화』에서 톨스토이의 『전쟁과 평화』에 대한 찬사를 표현할 때 분명히 하는 대로, 모든 명령이 국소적으로 번역되어야 하고 문자 그대로 추종되는 경우는 좀처럼 있을 수 없기 때문이다. 이것이 정치적 원인데, 여기서는 서로 전하고자 하는 것을 뒤섞어 고치는 일련의 번역을 거침으로써 지배자는 피지배자를 불가피하게 배반하고 피지배자 역시 지배자를 배반한다.

정치적 원은 하나의 도표로 제시되는데(TPL, 150), 그 도표는 텍스트의 산문 자체보다 이해하기가 반드시 더 쉽지는 않다. 정치철학의 꿈은 지금까지 언제나 자율이었는데, 여기서는 "따로 명령을 받는 사람도 없고 … 따로 명령을 내리는 사람도 없다"(TPL, 150). 다시 말해서,

---

1. Steve Jobs, "Steve Jobs on Apple's Resurgence : 'Not a One-Man Show'," *BusinessWeek*, May 12, 1998. http://www.businessweek.com/bwdaily/dn-flash/may1998/nf80512d.htm.

고전적 관점에서 바라보면, 법(노모스nomos)이 내 의지의 표현을 통해서 내가 만들어내는 것이면서 내 순응의 표현을 통해서 내가 따르는 것이기도 할 때 나는 자율적이다(그 반대는 타율적이다). 이런 동시 발생이 중단되자마자, 나는 자유의 상태를 벗어나서 반체제, 반란, 불만 혹은 지배의 상태로 진입한다(TPL, 150).

그런데 라투르는 이런 고전적 구상을 의문시하는데, 그 이유는 두드러지게도 이런 움직임이 "전적으로 실행 불가능하기 마련"이기 때문이다. "자율의 움직임이 구성상 불가능한 이유는 그런 움직임 속에서는 [다중과 단위체가 별개인데도] 다중이 하나의 단위체가 된 — 대표 — 후에 다시 그 단위체가 다중이 되기 — 복종 — 때문이다. 이런 변환은 주님의 성변화聖變化에 관한 교리보다 일견 개연성이 더 낮은 것처럼 보인다"(TPL, 150). 자율의 원과 관련하여 라투르가 문제라고 여기는 것은, 그것이 광고된 대로 투명하게 작동할 수 있다면 그것은 쓸모없을 것이라는 점이다.

정치인이 … '자신의 선거인들을 배반하지도 않고 〔그리고〕 조종하지도 않은 채로' 그들이 말하는 바를 '정확히 반복함'으로써 '충실하게 말하기'를 우리가 요구했다고 〔가정하자〕. 무슨 일이 일어날까? 여럿은 여전히 여럿이고 다중은 여전히 다중이기에 같은 것이 (정보에 대해서는 충실하게, 따라서 정치에 대해서는 그릇되게) 두 번 진술될 따름이다. … 투명성과 정직성, 충성을 요구함으로써 우리는 그 원이 더는 원이 아니라 직선이기를 요청하고 있기에 같은 것이 가장 완벽히 (그리고 치명적으로) 유사하게 여전히 바로 그대로 있을 수 있다. 사실상, 이런 일이 매우 높게 평가됨에도 불구하고, 그것은 정치의 종언과 그 결과로 인한 자율의 종언을 요청하는 것과 마찬가지인데, 그 이유는 다중이 하나가 될 방법을 결코 알지 못한다면 대표의 이득이 결코 없을 것이기 때문이다. … 어떤 특정한 형태의 '거짓말', 혹은 최소한 곡선이 필요한 자유에 관한 어려운 작업과 가장 극단적인 결과를 낳도록 추구되는 진정성 사이에 선택이 이루어져야 한다(TPL, 151~2).

복종의 경우에도 정직한 담화는 가능하지 않다. 이번에는 "'충실히 복종받기'를 요구하는 정치인을 상상하자. 이 경우에 실행 불가능할 것은 일자에서 다자로의 이행이다. 주어진 명령이 어떤 배반도, 변형도, 편향도, 그리고 번역도 이루어지지 않은 채로 정확히, 직접, 그리고 충실히 전달되어야 할 것이다!"(TPL, 152). 라투르의 저작에 일반적으로 친숙한 사람이라면 누구나 이런 일이 불가능한 이유를 알 것이다. 변형 없는 전달은 있을 수가 없는데, 그리하여 새로운 상황의 제약 조건에 대처하지 않은 채로 사실, 재화, 소원, 혹은 명령을 한 곳에서 다른 한 곳으로 이동시킬 방법은 전혀 없다.

이제 어쩌면 진리 정치의 진영에 속하는 어떤 비판자는 라투르가 정치는 거짓말과 기만, 즉 화려하거나 악랄한 형태의 궤변에 지나지 않는다는 점을 인정하고 있다고 이의를 제기할 것이다. 라투르는 "여기서 우리는 정치적 담화를 정확히 발설하기 위해서라면 아무리 기만적이더라도 괜찮다는 성급한 결론을 끌어내지 않도록 조심해야 한다"(TPL, 153)라고 응답한다. 요점은 거짓말을 하지 않거나 기만하지 않는 것이 아니라 오히려 정치적 원이 닫히게 하는 데 성공하는 것인데, 이를테면 새롭고 임시적인 집합체를 형성하고, 그 소원을 뜻밖의 형태로 번역한 다음에 뜻밖의 복종 방식의 필경 놀라운 결과를 기다리는 것이다. 우리가 "정치인들은 거짓말을 해야 한다"라고 간단히 말할 수만 있다면,

그것은 너무 쉬운 일일 것이다. 왜곡된 말의 군주가 투명성의 백기사를 단지 대체했을 따름일 것이다. 위선, 기회주의, 포퓰리즘, 부패, 논생, 그리고 타협과 조합의 기술은 그것들 자체로 원의 지속을 보증하기에는 충분하지 않다. 누구나, 정치적 원을 반드시 그리지는 않은 채로, 비스듬히 걷고, 비뚤게 생각하고, 가로지르며, 교활할 수 있다. … '비뚤어진 마음들'은, 그들이 하나같이 '올곧은 마음들'에 비웃음의 대상이더라도, 서로 간에 확연히 구별된다(TPL, 153).

그런데 정치적인 정직한 담화는 움직임이 없는 동어반복의 상황을 초래하는 것만은 아니다. 그 밖에도, 이런 참담한 결과에 이르는 길은 다수의 범죄를 동반할 것이다.

세계에서 최선의 의도를 지닌 채로 정치를 합리화하기를 원했던 사람들은 (그리고 신은 그런 측면에서 지금까지 역사가 인색하지 않았음을 알고 있다!) 자신들이 제거하고 싶어 했던 것들보다 무한히 더 심각한 괴물들을 생성해 내었을 따름이다. 소피스트들은 어쩌면 추방되었을 것이지만, 솔직히 말하자면, 그들은 다양한 종류의 '정치위원'으로 대체되었다(TPL, 156).

그 문제를 바라보는 또 하나의 방식은, 진리 정치도 권력 정치도 그 지배의 범위 너머에 자리하고 있는 어떤 형태의 초월성도 인정할 수 없다는 것이다. 우리에게는 인식 가능한 정치적 진리 혹은 인식 가능한 정치적 힘이 남게 될 것인데, 그것들은 모두 누구든 정의 혹은 힘을 갖추고 있다고 자칭하는 사람의 단적인 폭정이다. 라투르는 이런 정치적 원이 우리에게 "정치적 담화의 미니-초월성"(TPL, 156)을 제공한다고 주장한다. 접두사 '미니-'의 의미를 해석하기는 어렵지 않다. 라투르는 독립적인 사물-자체의 어떤 초월성도 인정할 수 없다. 이런 초월성은 라투르가 견지하는 관계와 번역의 존재론을 일련의 단적인 거짓말로 전환할 뿐만 아니라, 이들 사물-자체에 대한 **접근권**이 있다고 주장하는 인식론 경찰 등으로 통하는 문도 개방할 것이다. 오히려 라투르의 경우에는 초월성이 오직 정치적으로 획득될 수 있을 뿐인데, 이는 자체에 아직 편입되지 않은 행위소들이 제기하는 이의와 연루된 어떤 집합체가 초월성에 직면해야 함을 뜻한다. 초월성은 '미니-'일 수밖에 없는데, 그 이유는 그것이 실재들의 내세적 평면을 가리키는 것이 아니라 단지 세계 속에 이미 구체적으로 현존하면서 정치체에 의해 아직 동화되지 않았을 따름인 행위소들을 가리킬 뿐이기 때문이다.

좌익의 진리 정치는 정치를 지배의 견지에서 바라보는 경향이 있으며, 그리고 정치적 담화를 억압적 권력의 추악한 실재를 가리도록 고안된 한낱 이데올로기에 불과한 것으로 여긴다. 말할 필요도 없이, 라투르는 그런 견해를 고수하지 않는다. 우리가 계급 혹은 이해집단들의 잘 규정된 지도로 우리의 정치철학을 시작할 수 있다면, "우리는 자신의 담화를 배타적으로 소유할, 정해진 형상의 행위주체들과 함께 있을 것인데, 그들은 자신의 이해관계, 의지, 정체성, 그리고 의견과 전적으로 동일할 것이다"(TPL, 159). 그리고 사정이 이렇다면, "어떤 조성 작업도 의지와 의견, 이해관계, 정체성을 파괴하거나 분쇄하거나 소멸시킬 참을 수 없는 타협, 심지어 부정한 타협일 따름인 것처럼 [보일 것이다]"(TPL, 159). 더욱이, 우리가 모든 이해관계와 의견, 의지에 투명하게 귀를 기울여야 한다는 것을 우리의 원칙으로 삼는다면, "우리는 결코 원을 완결해내지 못할 것 – 양방향으로 모두 — 인데, 그 이유는 각각의 개인이 자신의 환원 불가능한 차이를 집요하게 고수해 낼 것이기 때문이다"(TPL, 159). 요약하면, 원을 진전시킬 유일한 방법, 정치를 '요리'하거나 '뜨개질'할 유일한 방법, (재)집단화할 유일한 방법은 **확립된** 의견과 의지, 정체성, 이해관계로 절대 시작하지 않는 것에 있다. 그것들을 도입하고, 재확립하며, 조정하는 것은 오로지 정치적 담화에 달려 있을 뿐이다"(TPL, 159).

라투르가 생각하기에, 공적 생활은 언제나 다시 꾸며지고 있으며 결코 동일한 정해진 성분들로 이루어져 있지 않다. 집합체는 일시적으로 조성되고, 다른 쟁점이 생겨남에 따라 자신의 정체성을 바꾼다. "정치의 자연적 관성에 의존하는 것은 극히 위험할 것인데, 그 이유는 우리가 단 하루만이라도 원의 '강요된' 움직임을 중지시킨다면 이해관계와 동일성, 소속, 의지가 각각 독자적인 행로를 재개하여 참새들의 비행처럼 흩어질 것이기 때문이다"(TPL, 161). 현재의 집합체는 취약한 것이지, 확고부동한 지배의 한 장면이 아니다. 라투르가 이해하는 대로, '비판적' 정치는 집합체들의 작업을 주의 깊게 다시 회집하고, 선환하며, 위임하는 것에 대한 인내심이 부족함을 너무나도 자주 보여준다. "부각되지 않은 불평의 단계, 엘리트 계급에 대한 증오의 단계에 머무르거나 혹은… 더는 시험받을 필요가 없는 정당성으로 둘러싸인 자신의 연구실에 머무르는 것이 훨씬 더 편안할 것이다"(TPL, 161). 그런데도 "우리가 또다시 불가능한 일을 꾀하지 않는다면, 넋두리도, 불평도, 증오도, 정당성도, 법도, 질서도 아무 의미가 없을 것이다"(TPL, 161). 우리는 정치적 진술의 어조, 음색, 혹은 '스핀'을 보존해야 한다. "'지배 관계들'을 말하면 마치 정치에 관해 말하고 있다고 생각하겠지만, 이 경우에는 이들 권력관계가 번역을 거쳐 곡선으로 움직이는 것이 아니라 마치 더블 클릭 정보처럼 직선으로 움직이고 있기에 우리는 권력관계에 관해 정치적으로 말하고 있는 게 아니다"(TPL, 161~2). 울분은 아직 정치가 아니며, 그리고 지금까지 너무나 흔히 울분을 품은 사람들은 "자신의 말이 정치적으로 들리게 할 수 있을 어조, 전체를 달리 대표함으로써 또다시 원을 그릴 담대함을 잃어버렸다"(TPL, 162). 이제 우리는 정치적 원이 라투르에 의해 규명된 여타의 존재양식과 어떻게 부합하는지 고찰해야 한다.

하나의 존재양식으로서의 정치

『존재양식들에 관한 탐구』(2012년에 프랑스어판, 2013년에 영어판)의 출판은 라투르가 자신의 체계에 관하여 사반세기 동안 대체로 은밀하게 수행한 작업의 총결산이었다. 앞으로 그 책은 간단히 『양식들』이라고 일컬어질 것이다. 많은 철학자가 초기 단계와 후기 단계를 거치는 반면에 라투르는 확실히 두 단계를 동시에 거친 최초의 인물임이 확실하다고 나는 종종 농담조로 말했다. 우리가 앞서 이해한 대로, 지금까지 브뤼노 라투르를 특징짓는 지적 책략은 모든 존재자를 단일한 평면 위에 평평하게 하는 것이었다. 우리에게는 자연과 문화라는 별개의 분류학적 영역들이 더는 있지 않고 오히려 행위자들 또는 행위소들의 통일된 하나의 평면이 있을 따름인데, 여기서 모든 것의 실재성에 대한 권리 주장은 그것이 무언가 다른 것에 영향을 미치는지 여부에 달려 있었다. 이런 이유로 인해 거의 모든 것이 행위자로 여겨져야 했는데, 예를 들면, 쿼크, 소행성, 말, 일각수, 사각형 원, 뽀빠이, 그리고 현재 프랑스의 대머리 왕은 모두 행위자였다. 라투르에게 이들 존재자는 모두 동등하게 실재적이었지만 동등하게 강하지는 않았는데, 이를테면 쿼크는 뽀빠이나 일각수보다 자신의 현존을 증언할 동맹자들이 더 많거나 혹은 더 강력했을 따름이었다. 실재성은 영향을 미치는 것이라면 무엇에나 자유롭고 동등하게 부여되었지만, 강함은 미약함에서 대단히 강력함에 이르기까지 다양한 세기로 나타났다.

라투르의 『양식들』에서 나타나는 새로운 태도는 세계를 평평하게 하는 이런 구상이 수정되지 않은 형태로 유지될 수 있음을 부인하는 것이다. 라투르는 그 책의 수십 쪽에 걸쳐서 매혹적인 한 편의 자기 풍자에 탐닉하는데, 요컨대 행위자-네트워크 이론[이하 ANT]을 최초로 고안하고 나중에 그 이론의 한계를 맞닥뜨리는 한 민족학자에 관한 가상의 이야기를 펼친다. 처음에 그 학자는 ANT의 방법을 매우 충실하게 적용하지만, "매우 당황스럽게도, 그 민속학자는 법, 과학, 경제, 혹은 종교에서 비롯된 단편들을 연구함에 따라 자신이 이들 단편 모두에 대하여 거의 같은 말을 하고 있음을 느끼기 시작한다. 즉, 그것들은 '각기 이질적인 방식으로, 탐구에 의해 밝혀진 뜻밖의 요소들로 구성되어' 있다는 것을 말이다"(AIME, 35). 그리고 또다시, "단언컨대, 그 민속학자는 자신의 정보원처럼 한 놀라운 사건에서 다른 한 놀라운 사건으로 움직이고 있었다. 그런데 각각의 요소가 같은 방식으로 놀랍게 됨에 따라 그것들이 더는 놀랄 만한 일이 아니게 되는 다소 뜻밖의 사태가 그녀에게 벌어졌다"(AIME, 35). 라투르는 자신의 초기 방법의 외관상 단조로움을 비판하더라도, 행위자-네트워크 이론에는 그것이 지루해져 버렸다는 모든 답답한 주장과 배치되는 참신한 것이 여전히 있다. 여기서 라투르가 정말로 직면하는 것은 지루하고 낡은 사회과학 방법의 문제가 아니라, 모든 존재론이 맞닥뜨리는 것과 같은 문제다. 즉, 일단 우리가 현존하는 모든 것에 속하는, 가장 뼈대가 되는 특질들을 식별하고 나면, 우리는 실재의 다양한 구역 사이, 혹은 존재자들의 온갖 종류 사이의 차이점을 어떻게 설명하는가? 철학이 궁극적 실재에 관한 이론으로 시작한다면, 그것은 궁극적이지 않은 실재에 관해서도 무언가를 말하기를 갈망함이 틀림없다. 라투르는, 인간과 세계 사이의 전형적으로 근대적인 균열 같은, 모든 설익은 분리 혹은 상식적인 분류를 언제나 거부했다. 모든 철학자의 경우와 마찬가지로 라투르의 경우에도, 이것은 세계가 부분적으로 자율적인 단편들로 절단되는 방법에 관한 새로운 이론을 제공하라는 압력을 초래한다. 『양식들』 프로젝트는 이런 영구적인 철학적 난제에 대처하고자 하는 라투르의 노력이다.

초기 라투르의 행위소에 관한 통일장 이론은 유지할 가치가 있는 중요한 미덕이 있다. 그리고 사실상, 행위자-네트워크이론은 새로운 프로젝트에서 네트워크(NET)로 일컬어지는 하나의 존재양식으로서 유지되고 있다. 모든 것이 행위소라는 점에서 동등하다는 것은 여전히 참이며, 그리고 라투르가 이해하는 대로, 우리는 행위소들을 '자연적', '인공적', '인간적', 혹은 '생명 없는' 같은 편향된 낱말들로 서둘러 특징짓기보다는 오히려그 행위들에 끊임없이 집중해야 한다. 이 모든 것은 『양식들』에서 전혀 바뀌지 않고, 따라서 그런 의미에서 라투르는 마르틴하이데거 자신과 마찬가지로 근본적인 케레Kehre, 즉 '전환'을 겪지 않는다. 그래도 또한 라투르는, 다른 종류의 실재는 다른 진리 기준이 필요하다는 것을 알고 있다. 과학은 마음과 실재의 대응adaequatio intellectus et rei, 즉 마음이 실제 세계 속 사물의 정확한 복사본을 만드는 대응을 명백히 겨냥한다. 하지만 라투르는, 정치(POL)는 고사하고, 심지어 과학의 경우에도 대응을 타당한 모형으로 인정하지 않는다. 정치는 진리를 규명하여 사회가 그 앞에 노예처럼 머리를 숙이기를 요구하는 직접적인 실천이 전혀 아님이 명백하다. 어쩌면 훨씬 더 명백한 것은 법(LAW)의 사례일 것인데, 여기서는 판사의 결정이 승소한 상소인에게도 종결되었다는 느낌을 종종 가져다주지 않으며, 그리고 사실은 확정적인 진리로서 직접 입증되기보다는 오히려 '참인 것으로 여겨진'다. 또한, 법 혹은 심지어 정치의 경우와도 달리 현대에 경멸적 대상이 되어버린 종교[REL]가 있다. 종교는 과학이 힉스 보손의 현존 혹은 부재를 확증하는 데 사용하는 것과 같은 경로를 따라 마음 바깥에 신이 현존함을 증명할 수 없음이 분명하다. 많은 합리주의자의 경우에, 이것은 종교가 단지 웃음거리가 되었음을 뜻한다. 라투르의 경우에, 오히려 그것은 과학에 속하는 입증 유형이 진리 기준에 대한 독점권을 그릇되게 획득했음을 뜻한다. 『양식들』의 목표는 범주들의 도표를 작성하고 우리가 한 존재양식을 다른 한 존재양식으로 오인할 때마다 (길버트 라일의 의미에서) '범주 오류'가 어떻게 생겨나는지 보여주는 것이다. 이들 범주는 모두 다른 존재양식들이다. 그것들은 오늘날의 도시 하부구조에서 나타나는 병렬의 단절된 네트워크들 — 가스, 상수, 하수, 전기, 광섬유, 전화, 케이블 텔레비전, ATM 기기, 그리고 지하철 — 과 유사하다. 전화선을 따라 꽃을 문자 그대로 배달하거나, 혹은 지하철 터널을 통해 가스를 배달하는 것을 예상할 사람은 아무도 없을 것이다. 마찬가지로, 우리는 정치, 종교, 혹은 법의 네트워크를 거쳐 '외부 세계와의 대응'을 배달할 것이라고 예상하지 말아야 한다. 이것은, 지하철이나 전화선이 우리에게 식수를 공급하지 않는다는 이유로 '쓸모없'거나 '열등하'지 않은 것과 마찬가지로, 이들 활동의 영역을 쓸모

없거나 열등하게 만들지 않는다. 또한 양식들은 음악의 조들로 여겨질 수 있는데, 어떤 진술이 잘못된 음조로 발설된다면 범주 오류가 일어난다. 라투르는 이들 음조에 사전배치[PRE]라는 이름을 부여하는데, 그 이유는 그것들이 모든 행위자가 동등하게 실재적인, 전체적으로 평평한 존재론뿐만이 아니라 어떤 특정한 종류의 네트워크에서 행위자들을 그야말로 사전배치하기 때문이다.

출판된 판본의 『양식들』은 모두 열다섯 가지의 양식을 규명한다고 주장하면서 그것들이 오성의 선험적 범주들이 아니라 오직 근대인들과 관련이 있을 따름이라고 시사한다. 그 프로젝트는 그 야심과 더불어 종종 숨이 막히는 통찰에 있어서 경탄할 만하다. 그런데 애초에 세 가지 비판적인 견해를 밝히는 것이 제격이다.

1. 양식 중에서 더블 클릭[DC]이라는 한 양식은 실제로 양식이 아니고, 인위적인 대칭성을 만들어내기 위해 도표에 추가된 것처럼 보인다. 컴퓨터 마우스와 트랙 패드의 최근 세계에서 도출된 은유로서의 더블 클릭은 정보가 매개 없이 직접 획득될 수 있다는 믿음을 가리킨다. 그리하여 그것은 여타의 양식보다 범주 오류와 공유하는 것이 더 많고, 따라서 라투르의 궁극적인 십오겹 목록에서 명백한 검은 양이다(AIME, 488~9). 각각 세 가지 양식으로 이루어진 다섯 집단의 억지 대

칭성과 관련된 문제는 그것이 열네 가지 양식에서 여타의 양식보다 더 전체적인 두 가지 양식 – 네트워크[NET]와 사전배치[PRE] – 의 포괄적인 역할을 가린다는 점이다. 사실상, 라투르의 새로운 체계를 초기/중기 라투르의 전체적인 네트워크를 별개의 구역들로 절단하는 사전배치에서 비롯되는, 각각 세 가지 양식으로 이루어진 네 개의 조로 묶인 열두 가지 양식으로 간주하는 것이 더 유익한데, 그다음에 사전배치와 네트워크를 추가함으로써 양식의 총수는 열네 개가 된다.

2. 『양식들』의 부제는 '근대인의 인류학'이다. 여기서 『우리는 결코 근대인이었던 적이 없다』라는 책의 저자인 라투르가 '근대인의 인류학'을 저술하는 것은 아무 모순도 없는데, 왜냐하면 『양식들』에서는 스스로 근대인이었다고 생각하는 사람들에 관해 라투르가 언급하고 있기 때문이다. 근대성은 서양의 발명품이고, 따라서 그의 책에 제시된 양식들은 인간 역사 전체에 관해 언급하고 있다는 주장을 전혀 하지 않는다. 그런데 그 책은 자신의 정확한 지리적 범위나 시간적 범위를 절대 한정하지 않는다. 러시아와 터키는 근대인에 속하는가? 일본은 어느 시점에 그 목록에 합류했는가? 미합중국과 캐나다는 유럽과 같은 존재양식들을 실천하는가? 이들 물음 중 어느 것도 거론되지 않는다. 독자는 양식 중 일부가 역사적 시대에서 언제 그리고 어떻게 시작되었는지 알고 싶어 했을 것이지만, 나는 그 책에서 단 하나의 날짜도 보지 못했음

을 떠올린다. 이런 생략 행위는 그 책의 의도된 범위에 속하지 않는다는 이유로 쉽게 해명될 수 있지만, 그런데도 양식 중 일부가 선험적인 존재론적 범주인지 아닌지를 궁금히 여기는 것에 대한 여지를 남겨둔다. 그렇다 하더라도 라투르는 근대인의 인류학을 전개하는 일을 하고 있을 따름이라고 주장한다.

3. 양식 중 적어도 한 가지의 양식, 이를테면 재생산〔REP〕은 전면적인 존재론적 범주임이 틀림없다. 라투르가 〔REP〕로 의미하는 바는 존재자가 자동으로 계속해서 현존하는 것이 아니라 오히려 매 순간 자신을 재생산하는 작업을 수행해야 한다는 것이다. 이것은 꽤 예리한 존재론적 주장인데, 이 덕분에 라투르는 화이트헤드, 17세기의 기회원인론 철학자들, 그리고 궁극적으로 초기 이슬람 이라크의 아쉬아리 학파 신학자들 — 이들은 모두 매 순간 우주가 끊임없이 재창조되고 있다고 생각했다 — 과 연결된다. 그런데 베르그송에게는 이런 관념이 철저히 터무니없을 것인데, 그는 시간이 별개의 순간들로 구성될 수 있다는 구상을 어처구니없는 것으로 간주했다. 그 관념은 생성에 관한 최근의 탁월한 사상가인 들뢰즈도 거부할 것이다. 그것은 심지어 아리스토텔레스도 거부할 것인데, 『자연학』에서 그는 시간이 실제로는 분할될 수 없고 단지 잠재적으로 순간들로 분할될 수 있을 따름인 연속체라고 주장한다. 요약하면, 〔REP〕는 근대인의 보편적인 인류학적 범주

가 결코 아니라, 오히려 고대, 중세, 근대 철학자들 사이에서 공히 활발한 논쟁이 펼쳐지는 형이상적 논점이다. 그것은 근대 문명이나 서양 문명의 기본 구조를 나타내는 것이 아니라, 브뤼노 라투르가 연속적인 생성이 개별 상태들에 선행한다는 대안 이론에 반대함으로써 내리는 솔직한 형이상학적 결단이다. 이런 이유로 인해 라투르와 화이트헤드는 베르그송 및 들뢰즈와 아무 관계도 없는데, 그런데도 들뢰즈 학파와 화이트헤드 학파를 '과정철학'이라는 실패한 일반 표제어 아래 통합하려는 엉뚱한 시도가 많은 재능 있는 논평자(스탕게스와 스티븐 샤비로가 떠오른다)에 의해 감행되었다.

이제 이 책의 주제인 정치를 살펴보자. 우리는 초기 및 중기 라투르가 정치적인 것을 존재론화할 위험을 끊임없이 무릅썼음을 앞서 알게 되었다. 1991년 이전 저작의 경쾌한 마키아벨리주의적 방백의 경우뿐만 아니라 『자연의 정치』에서 최고조에 이르는 더 취약한 자유주의적 '사물의 의회'의 경우에도 사정은 마찬가지로 그러하다. 두 경우 모두에서 '정치'는 실재 전체를 가리키는 이름이 되는 경향이 있는데, 결과적으로 그처럼 존재론화하는 모든 방법에 속하는 온갖 미덕과 악덕이 수반된다. 『양식들』에서는 사정이 더는 그렇지 않다. 이제, 라투르의 경력에서 처음으로, 정치는 실재의 어떤 한정되고 특정한 구역이 된다. 정치〔POL〕는 『양식들』의 5장과 12, 13, 14, 15, 16장에서 논의되는데, 여기서 그 모든 내용을 간략히 고찰하자. 5장에서는 『자연의 정치』의 주요 주제들 — 정치와 자연에의 대응 준거〔REF〕를 혼합하는 데서 비롯되는 재난, 그리고 「정치를 조금 이야기했더라면 어떻게 되었을까?」에서 가장 명확하게 다루어진 정치의 '원 모양' 혹은 고리 모양의 구조 — 에 관한 새로워진 논의가 전개된다. 12장은 온전히 정치를 논의하는 데 바쳐진다. 13장에서는 정치와 법이 구분되는 한편으로, 14장에서는 정치와 조직〔ORG〕이 구분되는데, 〔ORG〕는 사회학 — 뒤르케임의 의미라기보다는 오히려 타르드의 의미에서의 사회학, 즉 인간의 대문자 사회에 관한 사회학이 아니라 모든 것 사이에서 형성되는 연합체에 관한 사회학 — 과 대체로 같은 영역을 다루는 양식이다. 15장에서 라투르는 우리에게 정치와 조직을 혼동하지 않도록 경고하며, 그리고 16장에서 그는 놀랍게도 정치 및 여타의 양식 각각에 대한 도덕적 토대를 암시한다.

5장부터 시작해서 순서대로 논의하자. 여기서 라투르는 정직한 담화와 더블 클릭에 반대하는 활동을 계속 수행한다. 추론의 사슬은, 아무 비용도 들지 않고 아무 매개도 거치지 않은 것처럼, 이른바 기하학적 방식으로 진전되지 않는데, "오히려 준거의 사슬을 확립하는 데 있어서 놀라운 것은 앞서 언급된 연쇄적인 변환을 가능하게 하는 글쓰기 양식, 시각화 유형, 전문가들의 소집, 기기 설치, 새로운 표기법의 지속적인 발명이다"(AIME, 127). 정직한 담화는 너무나 쉽게 "시인, 수사학자, 보

통 사람, 상인, 점쟁이, 성직자, 의사, 현인, 요컨대 모든 사람"을
"스스로 이중거래자, 거짓말쟁이, 조작자가 되는 부정직한 담화"
의 죄를 저지른 것처럼 보이게 만든다. 더 일반적으로, "〔합리주
의자들이〕 '비합리적'인 것이라고 일컫는 것의 범위가 매우 방대
하다면, 그 이유는 합리주의자들이 '합리적'이라는 낱말에 대하
여 너무나 부당하고 너무나 논란의 여지가 있는 정의를 채택하
기 때문이다"(AIME, 128). 여기서 또다시, 합리화된 판본의 소크
라테스보다 소피스트들에 대한 라투르의 선호가 드러나는데,

> 그런데 누가 더 잘 말하는가? 누가 이런 진실 말하기의 요구
> 에 더 민감한가? 분노한 군중 속에서 그들이 원하는 것을 살
> 피면서 '부정직하게' 말하는 것을 터득한 사람인가, 아니면 어
> 쩌면 군중을 무질서한 격앙 상태에 그냥 둘지라도 정직하게 말
> 해야 한다고 주장하는 사람인가? 적어도, 광장에서는 그 대답
> 이 분명하다. 그런데도 우리가 계속해서 소피스트들을 혐오하
> 고 독약을 마신 사람을 대단히 찬양하는 것은 이상하지 않은
> 가?(AIME, 135~6)

아테네에서 재판을 받는 동안에 정직한 담화를 처참하게도 고
집하는 소크라테스에게 맞서서, 라투르는 난외의 주에서 우리
에게 "지식과 정치의 위험한 혼합"에 대하여 경고한다(AIME,
128).

그 책에서 그다음으로 정치적 양식〔POL〕이 나타나는 곳은 그 주제를 논의하는 데 온전히 바쳐진 12장이다. 근대인들은 정치를 합리화하기를 원하는데, "그들은 정치가 솔직하고 반듯하며 깨끗하기를 원한다. 그들은 정치가 그들이 생각하기에 사악한 천재에게 바랄 수 있는 그런 유형의 진리 말하기, 즉 더블 클릭에 따라 진리를 말해주기를 원한다. … 이것은 소크라테스로부터 시작하였고 홉스와 루소, 맑스와 하이에크를 거쳐 하버마스에 이르기까지 결코 멈춘 적이 없다"(AIME, 333). 이런 장기적인 운동으로 인해 어떤 정치적 인식론이 발달하는데, 그것은 "종교의 경쟁자였다가 일종의 도덕적 합리주의를 통해서, '과학적 세계관'이라는 이름으로 모든 메타언어에 대한 지배권을 주장함으로써, 종교의 지위를 차지하였다"(AIME, 329). 그런데 결과적으로, "정치적 세계는 어떤 진리 말하기의 왕국이 아니고, 그런 왕국일 수 없고, 결코 그런 왕국이 될 수 없고, 그런 왕국이 되지 말아야 한다는 점이 인정된다. 그 사안은 종결되는데, 정치에 진입하는 것, 정치적 소통을 이끄는 것, 선거 운동에 참여하는 것은 진리에 대한 모든 요구를 보류하는 것일 것이다"(AIME, 331). 이것은 과장이라고 라투르가 항의하는 일은 놀랍지 않다. 이제 라투르는 인식론적 진리 정치에 대한 비판에서 정반대의 악덕 ─ 초기 라투르 시기의 영웅 중 한 사람인 마키아벨리로 대표되는 권력 정치 ─ 에 대한 비판으로 방향을 전환한다. 이렇게 해서 라투르는 사람들이 또한 허구라는 또 다른 존재양식

의 비실재성을 과장하는 방식에 빗댐으로써 흥미로운 표현을 끌어낸다. 라투르가 서술하는 대로,

허구〔FIC〕의 경우에도〔정치와 관련된〕같은 문제가 나타나는데, 이 경우에 지금까지 사람들은 허구를 너무나 빨리 객관성과 진리에 대한 모든 요구의 보류로 환원하고자 했다. 어떤 맥락으로 정치적인 것의 이유를 좇을 수 있을지 더는 알 수 없었던 그들은 부조리를 과대평가하기 시작했고, 따라서 거짓말, 수완, 권력 투쟁, 폭력을, 더는 결점이 아니라 오히려 자질로서, 그런 삶의 형식에 대해 변함없을 유일한 자질로서 과시하기 시작했다. 그런 것이 마키아벨리주의의 유혹이다. 그런데 사람들이 정치적 양식으로부터 투명성과 정보를 요구함으로써 그 양식을 오해한다면, 그들은 그것이 모든 합리성을 버려야 한다는 믿음을 전파함으로써 오해하는 것과 꼭 마찬가지로 정치적 양식을 오해하는 것이다(AIME, 335~6).

라투르의 경우에 진리 정치와 권력 정치 사이의 중도는, 그가 사물정치와 객체지향 정치 둘 다를 대신하여 명명하는 대로, 객체 정치라고 일컬어질 것이다.[2] 라투르가 12장의 서두 목록에

---

2. 내가 아는 한, '객체지향'이라는 어구를 컴퓨터과학 맥락보다 철학적 맥락에서 사용한 최초의 사람은 바로 나다. '객체지향 철학'이라는 용어는 1999년 3월에 드폴대학교에서 심사를 받은 「도구-존재」라는 나의 박사학위 논문에서 처음

서 서술하는 대로, "객체지향 정치 덕분에 우리는 정치적 원의 사각형화를 식별할 수 있게 되는데, 다만 우리가 정치에 관해서 말하기와 정치적으로 말하기를 구별한다면 말이다"(AIME, 327). 오직 원이 정치에 매개를 가져다줄 수 있을 뿐이고, 따라서 오직 원이 정치가 도중에 맞닥뜨리는 '미니-초월적' 쟁점들로 대체될 수 있을 뿐이다. 라투르는 여러 훌륭한 구절에서 자신의 주장을 편다. 예를 들면, "정치가 '부정직'해야 한다면, 그 이유는 무엇보다도 정치가 부득이 자신의 입장을 외면하고, 왜곡하며, 바꾸게 하는 이해관계를 맞닥뜨리기 때문이다. 정치의 행로가 구부러져 있는 이유는 매 순간에 정치가 그것에 관해 아무것도 듣고 싶지 않은 사람들을 혼란스럽게 하는 의외의 결과를 낳는 의문, 쟁점, 이해관계, 사물 – 레스 푸블리카res publica, 즉 공적인 것이라는 의미에서의 사물 – 주위를 공전하기 때문이다"(AIME, 337). 게다가 "누르츠 마레가 제안한 강력한 슬로건에 따르면, '쟁점이 없다면, 정치도 없다!' 그러므로 정치가 언제나 이해되지 않는 것처럼 보이는 것은 무엇보다도 정치가 언제나, 정보과

제시되었는데, 나중에 그 논문은 나의 첫 번째 저서가 되었다. 그 용어가 학술회의에서 최초로 소개된 것은 영국 억스브리지 소재 브루넬대학교에서 「객체지향 철학」이라는 제목(그 외에 무엇이 있겠는가?)의 논문을 발표했을 때였다. 그 날짜는 1999년 9월 11일이었는데, 라투르가 직접 참가했으며, 그리고 애초에 그는 그 논문을 싫어했지만, 즉시 이메일로 나에게 그 기억하기 쉬운 제목에 대하여 축하했다. 현재 그 논문은 『사변적 실재론을 향하여』라는 내 책의 6장에 실려 있다.

학의 용어를 빌려 표현하면, 객체지향적이기 때문이다"(AIME, 337). 마레에 대한 언급은 이제 우리가 미합중국 언론인이자 정치사상가인 월터 리프먼의 궤도에서 움직이고 있음을 시사하는데, 그 이유는 라투르에게 리프먼과 그가 제시한 유령 공중이라는 개념을 처음 제시한 사람이 바로 마레였기 때문이다. 라투르가 서술하는 대로, "누구나 단지 정치적 양식을 호출되고 소집되어야 하는 유령 공중의 형태로 파악함으로써만 그 양식의 존재론적 존엄성을 존중할 수 있는 것은 바로 이런 이유 때문인데, 어쩌면 월터 리프먼이 그것을 실제로 파악한 유일한 사람일 것이다"(AIME, 352). 우리는 이 책의 7장에서 리프먼을 다시 만나지만, 라투르가 리프먼과 듀이를 객체지향 정치의 모범적인 스승으로 여긴다는 사실은 이미 분명함이 틀림없다.

이제 라투르는 정치적 원에 관하여 전보다 더 통렬하게 말하는데,

그것은 원이다. 그것은 추적할 수 없다. 그렇지만 그것은 추적낭해야 하고, 일단 추적당하면 그것은 사라진다. 그리고 우리는 처음부터 또다시 시작해야 한다. … 그것은 우리의 경직된 것들, 우리의 다른 확실한 것들, 우리의 다른 가치들과 큰 대조를 이룬다. 그것은 크게 상처를 입히고, 그것은 우리가 하고 싶은 좋은 일보다 오히려 우리가 바라지 않는 나쁜 일을 행할 조짐을 다분히 보인다(AIME, 338).

더욱이, 정치의 반복적 특성은 불가피한데, "종교〔REL〕와 법〔LAW〕처럼, 정치적 담론〔POL〕은 집합체 전체에 관여하지만 훨씬 더 특정한 방식으로 관여한다. 누구나 한 상황에서 다른 한 상황으로 이행한 다음에 다시 돌아와서 다른 형태로 모든 것, 정말 모든 것을 처음부터 또다시 시작해야 한다"(AIME, 338). 혹은 달리 진술하면, "정치적인 것에서 가장 웅장한 것, 그것의 움직임을 알아챈 사람들이 경탄의 눈물을 흘리게 하는 것은 누구나 끊임없이 다시 시작해야 한다는 점이다"(AIME, 341). 또한 이것은 정치가 어떻게 잘못될 수 있는지에 대한 실마리를 제공한다.

정치적인 것의 주요한 비적정성 조건은 그것의 행로가 차단되게 하는 것, 그 중계가 중단되게 하는 것이다. '그것은 아무 효과도 없을 것이다.' '그것은 무의미하다.' '그것은 효력이 전혀 없을 것이다.' '그들은 우리에 대해 잊고 있다.' '그들은 우리에 대해서 개의치 않는다.' '아무도 그것과 관련하여 아무 일도 하지 않고 있다.' 혹은, 더 학술적인 표현으로, '우리는 대표되지 않고 있다.' '우리는 추종을 받지 않고 있다.' 다시 말해서, 별개로 고려된 각각의 사례에서 무언가가 거짓으로 들리는 바로 그 이유는 그것이 별개로 고려되기 때문이다(AIME, 341).

그런데 그것이 여전히 차단되지 않은 채로 있을 때도 정치적 원

과 관련하여 위태로운 것이 언제나 존재하는데, 그 이유는

> 이 운동에서 그 지속을 보증하는 것은 아무것도 없기 때문이다. 여기에 그것의 모든 어려움, 그것의 모든 끔찍한 긴급 상황의 원천이 있는데, 그 이유는 어느 순간에도 그것이 포함자를 늘림으로써 확대되거나, 아니면 배제자를 늘림으로써 축소될 수 있기 때문이다. 만사는 그것의 갱신에 달려 있는데, 즉 자신의 행동이 그 곡선의 다음 부분을 견인하는 그런 식으로, 그 연쇄 전체에 걸쳐서, 행동하기로 동의하는 사람들의 용기에 달려 있다(AIME, 342).

라투르는 "이런 일이 일어날 때, 어떤 정치적 문화가 형성되기 시작하고 그리하여 서서히 그 원의 유지와 갱신, 팽창이 점점 덜 고통스럽게 된다"(AIME, 343)라고 언급한다. 그런데 "또한 상황은 다른 방향으로 전환될 수 있는데, 상황은 그야말로 '더 나쁜 쪽으로 전환될' 수 있고 '유감스러운 것으로 판명될' 수 있다"(AIME, 343).

12장을 떠나기 전에 우리는 칼 슈미트가 등장한 중요한 사실도 인식해야 하는데, 그에 대해서는 곧 자세히 살펴볼 것이다. 슈미트의 주요한 주제 중 하나는 '예외상태', 즉 어떤 초월적 기준으로도 중재될 수 없는, 생존을 놓고서 적과 벌이는 순전한 투쟁이다. 슈미트는, 이것을 부조리한 권력 투쟁으로의 한탄할

만한 전략으로 이해하기는커녕, 이런 예외상태를 정치적인 것의 바로 그 본질로 여긴다. 슈미트에 대한 라투르의 찬양(정치적 좌익의 많은 사람에 의해 공유됨)에도 불구하고, 라투르는 독재적 인물들에 의해 해소될 획기적인 역사적 위기에서만 나타날 예외상태라는 개념을 거부한다. 라투르는 '예외적' 순간들을 정치적 삶 전체에 걸쳐서 전개함으로써 그 개념에 반대한다. 라투르가 서술하는 대로,

> 이제는 도처에 작은 초월성만 있을 뿐이라는 점이 분명해졌을 것이다. 게다가 곡선에 대한 이런 정의의 이점은, 예외상태에서 '법 위에' 있어서 '결정적'일 '예외적 인간'이 있을 필요가 없게 한다는 것이다. 슈미트의 오류는, 그가 정치적 양식은 오로지 높은 곳에서, 강자들 사이에서 그리고 드물게, 예외 사례를 찾아내야 한다고 믿는 점에 있다. 원을 바라보라. 그것은 위와 아래, 왼쪽과 오른쪽, 모든 점에서 예외적인데, 그 이유는 그것이 결코 직진하지 않을 뿐만 아니라 그것이 확산하려면 언제나 처음부터 다시 시작해야 하기 때문이다(AIME, 347~8).

사실상 라투르는 정치적 양식에 관한 자신의 2003년 논문에 묻힌 한 각주에서 유사한 주장을 이미 공표했었다. 거기에는 다음과 같이 쓰여 있다.

슈미트와 꼭 마찬가지로 주권에 관해 이야기하는 사람들은 정치적 담화가 그 점들 하나하나에서 곡선을 필요로 한다는 점을 이해할 수 없기에 단 하나의 점에 정치적 성변화라는 기이한 사건을 응축한다는 사실을 알게 되는 것은 흥미롭다. 사실상 그들은, 마치 천둥과 번개의 권능 전체를 제우스 손에 맡기는 것처럼, 정치적 원의 곡률을 '예외상태'로 착각한다(TPL, 163, 각주 10).

13장은 하나의 존재양식으로서의 법(LAW)에 바쳐지더라도, 여기서도 정치가 여러 번 중요하게 등장한다. 사실상 정치와 법은 둘 다 '준주체'라고 일컬어지는 세 개의 양식에 해당한다. 라투르가 서술하는 대로,

> 2부의 끝부분에서 기술(TEC)과 허구(FIC), 준거(REF)의 존재자들을 준객체라는 단일한 표제어 아래 다시 모으자는 제안이 제기되었다.···그 이유는 정치(POL)와 법(LAW), 종교(REL)를 단일한 집단, 즉 준주체들의 집단으로 묶음으로써 우리의 작은 분류 도식을 계속 양육하는 것이 상당히 유용할 것이기 때문이다(AIME, 371~2, 문장 순서가 뒤바뀜).

덧붙여 말하자면, 여타의 존재양식이 정확히 같은 규준에 따라 분류된다. 준주체와 준객체 사이의 구분을 무시하고서 도처

에서 아무 제재도 받지 않고 작용하는 세 가지 양식이 있는데, 이것들은 가장 노골적으로 형이상학적인 특색을 나타내는 재생산〔REP〕과 변형〔MET〕, 습관〔HAB〕이라는 존재양식들이다. 준주체를 준객체와 연계시킨다고 하는 세 가지 다른 양식이 있는데, 그것들은 애착〔ATT〕과 조직〔ORG〕, 도덕〔MOR〕이라는 존재양식들이다. 이렇게 해서 나머지 세 가지 양식은 사소한 바구니에 던져진 채로 있을 것처럼 보이는데, 이 중 더블 클릭〔DC〕은 진정한 존재양식이라기보다는 오히려 사실상 범주 오류인 것으로 밝혀졌다. 그런데 네트워크〔NET〕와 사전배치〔PRE〕는 여타의 열두 가지 양식보다 지위가 더 높은데, 그 이유는 바로 그것들이 교차함으로써 여타의 양식을 산출하기 때문이다(AIME, 488~9). 다양한 존재양식에 관한 본격적인 해설에 대해서는 『양식의 군주 : 브뤼노 라투르의 후기 철학』이라는 나의 근간 도서를 참조할 것을 권한다.

말이 난 김에, 우리는 양식들이 조직되는 방식과 관련하여 적어도 두 가지 잠재적인 문제를 인식해야 한다. 첫째, 준주체/준객체에 대하여 분류된, 세 가지 양식이 한 조를 이루는 고도로 대칭적인 구조는 『양식들』이 한낱 서양인의 경험적 역사 혹은 인류학에 불과하다는 모든 주장에 중대한 의심을 드리운다. 이것은 포괄적인 구조가 인류학에서 자리할 여지가 없다고 말하는 것은 아닌데, 그 반대의 사실이 『구조인류학』이라는 고전에서 클로드 레비-스트로스에 의해 입증되었을 뿐만 아니라, 더 최근에는 애니미즘 사회, 자연주의 사회, 토템주의 사회, 그리고 아날로지즘 사회라는 흥미로운 네겹의 분류법이 제시된 『자연과 문화를 넘어서』라는 책에서 라투르의 친구인 필리프 데스콜라에 의해서도 입증되었다. 그런데 이것들은 규칙을 증명하는 예외 사례들인데, 왜냐하면 레비-스트로스는 철학적 견지에서 대체로 해석되고, 라투르는 점점 더 그렇게 되고 있으며, 그리고 데스콜라는 궁극적으로 그를 어떤 미지의 미래 데리다의 레비-스트로스로 만들 수 있을 프랑스 철학도들 사이에서 열렬한 독자층을 갖고 있기 때문이다. 데스콜라의 사례는 특히 시사적인데, 그 이유는 그가 자신의 인류학을 발달시키는데는 수년 동안의 힘든 현장연구가 필요했더라도 그 근저에 놓여 있는 네겹 구조의 메커니즘은 역사적 우연성에 의해 생성될 수 없었을 것이기 때문이다. 왜냐하면 데스콜라는 단지 네 가지의 가능한 존재론이 있을 뿐이라고 생각하기 때문인데, 그것들은 모두 두 가지 주요한 의문 — (1) 다른 존재자들은 우리와 마찬가지로 내면이 있는가? 그리고 (2) 다른 존재자들은 우리와 같은 물리적 특성들을 갖추고 있는가? — 에 대한 이진적 결정에서 비롯된다. 서양과 대다수 도시 문명의 존재론적 관점인 자연주의는, 다른 존재자들이 우리와 같은 종류의 물리적 특성들을 갖추고 있지만 다른 내면생활을 영위한다고 생각한다. 애니미즘은 이들 결정을 뒤집음으로써 우리가 다른 존재자들과 유사한 내면적 특성들을 갖추고 있지만 다른 물리적 특성들을 갖추고 있다고 말한다. 토템주의는 우리가 내부와 외부 둘 다에서 다른 존재자들과 유사하다고 주장하는 반면에, 아날로지즘은 그 반대로 우리가 내부와 외부 둘 다에서 다른 존재자들과 다르다고 주장한다.[3] 철학자 라투르는 신중한 태도를 견지하면서 『양식들』이라는 자기 책의 부제로서 '근대인의 인류학'이라고 붙인 반면에, 인류학자 데스콜라는 자신의 주요한 이원론에 대하여 어떤 철학적 겸양도 보여주지 않기에 '모든 문화의 존재론'이라는 부제를 사용했었을 것이다.

> 우리가 이해할 것처럼, 내면성의 층위와 물리성의 층위 사이의 구분은 마음과 몸 사이에 설정된 서양적 대립의 민족 중심적인 투사물에 불과한 것이 아니다. 오히려, 그것은 민족지학과 역사로부터 우리가 얼마간 알게 된 모든 문명이 지금까지 각기 독자적인 형식으로 객관화한 구분이다.[4]

라투르의 경우에, 요점은 다음과 같다. 라투르의 양식들이 준주체와 준객체의 이원성에 따라서 대칭적으로 분류된다는 사실을 참작하면, 더는 무엇을 어떻게 추가할 수 있을지 알기 어렵다(혹은 종교와 정치를 떠나지 않는 '망각'이라는 유령이 없다

---

3. Philippe Descola, *Beyond Nature and Culture*, trans. J. Lloyd (Chicago : University of Chicago Press, 2013), 122.

4. 같은 책, 116.

면 무엇을 어떻게 뺄 수 있을지도 알기 어렵다). 라투르의 양식 목록이 정말로 근대 서양에 대해서만 유효하다면, 다른 문화들은 어떻게 라투르가 선택한 쌍과 다른 항성들의 주위를 공전할 수 있는지 설명되어야 할 것이다.

양식들의 목록과 관련된 두 번째 문제는 바로 그것이 '준주체'와 '준객체'를 주요한 조작자들로 활용한다는 것이다. 라투르의 행위소 존재론이 자연과 문화 사이의 차이를 지워 버렸을 때, 그것은 또한 인간이 모든 상황의 온전한 절반을 구성해야 한다는 근대적 관념도 제거하는 것처럼 보였다. 라투르의 존재론은 행위소가 그것이 다른 행위소들과 맺은 관계들에 의해 규정된다고 생각하는 것이지, 퀑탱 메이야수에게 공격당한 '상관주의'에서 그런 것처럼, 행위소가 어떤 인간 관찰자와 상관관계를 맺은 상태에서만 현존한다고 생각하는 것은 아니다. 라투르가 온갖 종류의 모든 행위소 사이의 전체적인 관계주의를 견지한다는 사실을 참작하면, 사람들이 존재양식들의 절반에 개입할 자격을 갖추고 있어야 할 명백한 이유는 전혀 없다. 때때로 라투르는 '인간과 비인간'이라는 어구를 단지 아무것도 빠진 것이 없음을 보증하기 위한 만능 용어로 사용할 따름인 것처럼 보이지만, (현 사례의 경우처럼) 때로는 그 구분이 라투르의 철학에서, 데카르트의 유산이 완전히 떨쳐버려지지 않은 것처럼, 주요한 이원론으로서 계속 남아 있다.

13장의 다른 곳에서 라투르는 정치적 원에 관한 자신의 이전 논의를 반복하는데, 이번에는 정치〔POL〕라는 양식으로 다시 명명된다. 그런데 라투르는 무언가를 추가하는데, 즉〔POL〕이 자신의 흔적을 보존하지 않는다는 점에서 법〔LAW〕을 제외한 모든 양식에 합류한다는 관념을 추가한다.

사실상 지금까지 규명된 모든 양식은 다음과 같은 독특한 특질을 갖추고 있는데, 그것들은 넘어가고, 그것들은 나아가고, 그것들은 자신의 존속 수단에 대한 탐색을 개시한다. 각각의 양식은 달리 행함이 확실하지만, 그것들은 자신이 출발한 조건으로 절대 되돌아가지 않는다는 사실을 공유한다. 정치적 원〔POL〕조차도, 언제나 처음부터 다시 시작해야 하는 한편으로, 우리가 앞서 이해한 대로, 그것이 중단되자마자, 습관의 사소한 주름 외에는 아무 흔적도 남기지 않은 채로, 사라진다. … 다시 말해서, 〔법을 제외한〕 여타의 양식은 자신의 순차적인 이행이나 번역을 기록하지 않는다. 물론 그것들은 뒤에 지나간 자국을 남긴다. 그것들은 다시 시작하고, 매번 이전의 것들을 이용하지만, 그것들은 자신의 움직임의 흔적을 보존하기 위해 되돌아가지는 않는다. 후속하는 것이 이어받으면 선행한 것은 사라진다. 이것이 그것들이 행하는 것인데, 그것들은 넘어가고, 그것들은 패스들이다(AIME, 368~9).

그 책의 앞부분에서 라투르는 '패스'라는 자신의 핵심 용어가

축구나 배구에서의 패스라는 의미를 띠고 있다고 설명했다. 한 정치적 상태는 언제나 다른 한 정치적 상태로 넘어가며, 그리고 집합체는 이 형태에서 저 형태로 끊임없이 변환하고, 이전 시기로의 귀환은 전혀 가능하지 않다. 이제 그 책의 네 쪽을 건너뛰면, "이런 이유로 인해 정치는 기존의 사회에 결코 근거를 둘 수 없고, 게다가 반라의 인간 무리들이 결국 합쳐지는 '자연상태'에는 훨씬 더 근거를 둘 수 없다. 순차적인 변이에 관한 탐구는 우리를 이런 비개연적인 배경화면과는 정반대 방향으로 데리고 간다"(AIME, 373).

14장은 주목할 만한 방식으로 진전되는데, 우리 시대의 주인 담론이라고 주장하는 경제학의 각기 다른 세 가지 실패를 지적함으로써 새로운 세 가지 양식을 규명한다. 오히려, 경제학은 "〔그 민족학자가〕 해명해야 할 이유로 인해 근대인의 역사가 지금까지 혼합한 세 가지 존재양식이 함께 도출한 상수다. 그녀가 대문자 경제 혹은 그 비판을 믿고 싶은 유혹에 저항해야 하는 이유를 설명하는 것은 바로 이런 뒤얽힘이다"(AIME, 385). 좌파가 너무나 흔히 정치적 문제를 경제적 문제로 오독한다는 라투르의 주장을 참작하면, 라투르가 경제학을 세 가지 각기 다른 양식으로 분해하는 방법을 간략히 요약해야 한다. 라투르는 경제학과 실재 사이의 세 가지 간극을 예증하려고 시도함으로써 그 일을 해낸다.

첫 번째 간극은 뜨거운 실재와 차가운 계산 사이에 자리하

고 있다. 이 간극에 관한 라투르의 멋진 구절은 자세히 인용할
만한 가치가 있다.

첫 번째 간극. 지구 전역을 돌아다니기 시작하고 있는 재화, 자
신의 생활비를 벌려고 대양을 횡단하는 동안 익사하는 가련한
사람들, 매일 나타나거나 혹은 파산하여 사라지는 거대 기업
들, 부유해지거나 가난해지는 전체 국가들, 최루가스 연기 속
에서 급조된 바리케이드 위로 흩어지는 가공할 시위대, 산업의
전 부문을 갑자기 쓸모없게 만들거나 혹은 먼지구름처럼 확산
시키는 근본적인 혁신, 수백만 명의 열정적인 고객을 끌어들이
거나 아니면, 마찬가지로 갑작스럽게도, 아무도 더는 원하지 않
는 재고품을 쌓아 올리는 돌연한 유행… 그리고 사물과 인간
의 엄청난 동원이 목격될 것이다. 그런데 그들은 그런 일이 단
지 의심할 여지가 없는 필연적인 것들의 단순한 전달에 의해서
견인될 따름이라고 말한다.
여기서 모든 것은 뜨겁고, 격렬하고, 활발하고, 율동적이고, 모
순적이고, 빠르고, 불연속적이고, 쿵쾅거리지만, 여러분에게는
이들 끓어오르는 거대한 가마솥이 얼음처럼 차갑고, 합리적이
고, 정합적이며, 그리고 오직 이해타산의 계산의 끊임없는 표현
이라고 서술된다(AIME, 386).

심리철학은 가상의 '좀비'에 관해 종종 언급하는데, 좀비는 사

실상 그 어떤 의식적 경험도 겪지 않지만 내면생활에 대한 모든 표면상의 징후를 나타낼 존재자다.[5] 유추에 의해 어쩌면 우리는, 자신의 어떤 행위에 대해서도 기쁨이나 고통을 전혀 느끼지 않은 채로 지구를 돌아다니면서 합리적 이해관계에 근거하여 결정을 내릴 '경제적 좀비'를 상상할 수 있을 것이다. 위 구절에서 라투르가 시사하는 듯 보이는 바는 경제학이 사실상 인간을 서술하기보다는 오히려 경제적 좀비를 서술하고 있다는 것이다. 경제학은 다양한 사람과 기업, 사물 — 이것들이 시장의 힘에 연속적으로 난타당하더라도 — 에 대한 우리의 열정적인 애착을 빠뜨리고 고려하지 않는다. 한마디로, 경제학은 애착〔ATT〕이라는 양식을 빠뜨린다.

두 번째 간극은 경제학의 분명히 높은 위험성과 그것을 둘러싸고 있는 조용한 결정론의 분위기 사이에서 나타난다. 라투르 자신의 표현대로,

두 번째 간극. 대문자 경제에서, 문제는 희귀한 재화를 분할하는 것, 희소한 재료, 복지혜택, 혹은 상품을 분배하는 것에 있거나, 아니면 정반대로, 이런저런 자원의 보고로부터 최대의 수익을 올리는 것에 있다고 〔그 민족학자는〕 매우 엄숙히 듣게 된

5. '좀비' 주제에 관한 고전적인 개관 중 하나에 대해서는 David Chalmers, *The Conscious Mind : In Search of a Fundamental Theory* (New York : Oxford University Press, 1997)을 보라.

다. 모든 사람이, 차분히 진지하게, 반복하여 말하는 대로, 이 것들은 우리가 공동으로 다룰 수 있는 가장 중요한 문제들인데, 그 이유는 그것들이 세계 전체, 모든 인간과 모든 사물과 관련이 있기에 동일한 동원의 흐름, 동일한 역사, 그리고 동일한 공동 운명에 개입하기 때문이다. … 게다가 최근에, 그들이 그에게 훨씬 더 힘차게 말하는 대로, 이들 문제가 더욱더 구속적인 것이 되어 버린 이유는 여타의 것보다 더 뜻밖이고 더 근본적인 희소성이 드러났기 때문이다. 우리에게는 충분히 많은 지구가 없다! 모든 인간을 만족시키려면 두 개, 세 개, 네 개, 다섯 개, 여섯 개의 지구가 필요할 것이고, 우리에게는 오직 하나의 지구, 우리 자신의 지구, 가이아가 있을 따름이다.

〔그 민족학자는〕 그들이 그런 결정과 분할, 분배의 위업을 훌륭히 해내기 위해 어떤 절차를 채택할뿐더러 어떤 기기, 어떤 규약, 어떤 확약, 어떤 검증, 어떤 도덕관념을 활용할지도 궁금히 여긴다. 그녀는 이미 그런 공동의 문제가 격렬히 논의될 떠들썩한 회집체를 향해 응시하고 있다. 그런데 그곳에서, 그녀는 무엇을 듣게 되는가? 아무것도 그리고 아무도 결정하지 않는다. "계산만 하면 된다." 이것들은 모든 사람과 모든 사물에 대해서 삶과 죽음이 걸린 문제이기에 모든 것이 결정되고 논의되어야 하는 바로 그 장소가 그 주역들이 모두 떠나버린 텅 빈 광장인 것처럼 보인다(AIME, 386~7).

여기서는 새로운 종류의 좀비가 나타나는데, 그것은 마치 경제가 인간의 모든 개입을 넘어선 신성한 권능인 것처럼 경제를 운명 자체와 동일시하는 결정론적이고 스토아주의적인 좀비다. 이 새로운 좀비가 기입하지 못하는 것은 경제를 애초부터 제한하는 수많은 도덕관념이다. 도덕〔MOR〕이라는 양식이 없다면, 우리는 어쩌면 쉽게 아동에게 노예 노동을 하도록 강요하고, 부랑자에게서 판매할 수 있는 콩팥을 도려내고, 노인이 터무니없는 사기에 넘어가도록 꼬드기고, 상아와 호랑이 가죽을 위한 시장을 개척하며, 그리고 이베이에서 가이아를 경매에 부칠 수 있을 것이다.

세 번째이자 마지막 간극은, 경제를 유지하는 데 필요한 명백히 거대한 조직적 하부구조와 우리가 사실상 이 하부구조를 결코 규정할 수 없다는 사실 사이에 자리하고 있다. 라투르가 서술하는 대로,

세 번째 간극…〔그 민족학자는〕기업, 즉 법률 아래서 '법인체'로서의 자격을 갖춘 조직을 연구하는 일에 착수한다. 자신의 손을 뻗으면 그녀는 무엇을 찾아내는가? 견고하거나 오래가는 것은 거의 아무것도 나타나지 않는다. 연속적인 사건들, 축적, 연속적인 해체의 끝없는 층위들이 나타나는데, 사람들이 오가고, 사람들이 온갖 종류의 문서를 전달하고, 불평하고, 만나고, 헤어지고, 투덜거리고, 항의하고, 또다시 만나고, 또다시 조

직하고, 흩어지고, 다시 연결하며, 이 모든 것은 한결같이 무질서한 상태에 있다. 그녀가 아코디언처럼 계속해서 팽창하고 수축하는 이들 존재자의 경계를 도대체 규정할 수 있을 방법은 전혀 없다. 그 연구자는 보이지 않는 유령들의 이야기에서 벗어나기를 바라고 있었지만, 단지 그녀는 마찬가지로 보이지 않는 새로운 유령들을 찾아낼 뿐이다.

그리고 그 민족학자가 자신의 정보원들에게 그들이 자신을 속였다고 불평한다면, 그들은 마찬가지로 가늠할 수 없는 확신에 차서 이렇게 응답한다. "아, 그 이유는 당신이 모든 동요의 배후에 확실히 현존하는 조직의 실재적 원천을 아직 감지하지 못했기 때문입니다. 사회, 국가, 시장, 자본주의, 그것들만이 사실상 이 모든 혼란을 떠받치고 있는 거대한 존재자들입니다…" 그리고 물론, 그녀가 그런 회집체들을 탐구하기 시작하면 그 간극은 다시 나타나는데, 이번에는 배가된다. 더 많은 복도, 더 많은 사무실, 더 많은 흐름도, 다른 모임들, 다른 문서들, 다른 일관성이 없는 것들, 다른 배치들, 그러나 여전히 초월성은 전혀 없다. 어떤 위대한 존재자도 이런 일상적인 혼란을 주도하지 않았다. 아무것도 두드러지지 않는다. 아무것도 엄호하지 않는다. 아무것도 결정하지 않는다. 아무것도 확신시키지 않는다. 상황은 도처에서 내재적이고, 도처에서 비논리적이고, 비정합적이고, 막판에 따라잡히고, 즉석에서 다시 시작된다 (AIME, 387~8).

여기서 드러난 세 번째 경제적 좀비는 '라캉적 좀비'로 서술될 수 있을 것인데, 그 이유는 그것이 어떤 초능력을 지닌 대타자가 배후에서 세계가 질서정연한 상태를 유지하게 한다고 암묵적으로 주장하기 때문이다.[6] 경제학은 시장을 독립적이고 주의를 조금도 게을리하지 않는 거대-존재자로 물화함으로써 조직[ORG]으로 일컬어지는 존재양식의 임시방편적인 특질을 간과하는데, 조직에서 인간들은 매일 다양한 대본 사이를, 때로는 그것들 위에 있다고 느끼고 때로는 그것들 아래에 있다고 느끼면서, 전전한다.

세 가지 탈경제적 양식, [ATT]와 [MOR], [ORG] 중에서 초기 및 중기 라투르의 독자들에게 놀라움을 가장 적게 안길 것은 [ORG]라고 알게 되는 것은 흥미롭다. 결국, 행위자-네트워크 이론의 장기적인 주요 산물 중 하나는, 정부의 내각 회의, 기업 이사회, 중산층 가정, 종교 정상회의, 해변의 마약 거래 중 어느 것을 분석하든 간에 우리는 일반적으로 같은 수의 사람을 마주치고 같은 종류들의 대화를 듣게 된다는 관념이다. 모든 것이 마법적으로 함께 결합하게 되는 거시적 권위의 으뜸 층위는 전혀 존재하지 않는다. 이와는 대조적으로, [ATT]와 확실히 [MOR]은 라투르의 철학에 새롭게 추가된 것처럼 느껴진

---

6. Jacques Lacan, *Écrits : The First Complete Edition in English*, trans. B. Fink (New York : W.W. Norton, 2007). [자크 라캉, 『에크리』, 홍준기·이종영·조형준·김대진 옮김, 새물결, 2019.]

다. 라투르의 기존 경력에서 열정적인 애착에 대한 이전의 사례 중 최선의 것은 필시 기술적 탐정 스릴러 저작인 『아라미스』(부제: 기술에 대한 사랑)에 있었는데, 그 책에서 파리의 자동화된 지하철 체계로서 제안된 아라미스는, 마치 수많은 경제적 좀비에 의해 그런 것처럼, 사랑받지 못한 채 죽었다. 도덕의 경우에, 그것은 라투르의 위풍당당한 초기 마키아벨리주의적 시절에 업신여김을 많이 받았다. 그 후에 도덕은 『자연의 정치』에서 주요한 역할을 부여받았지만, 그것은 마치 도덕에 양보해주는 듯한 느낌으로 행해질뿐더러 심지어 이전의 나약한 상태를 얕잡아 보듯 언급한 후에야 행해졌다. "구식의 틀에서 도덕주의자들은 체면을 꽤 잃는데, 왜냐하면 세계는 도덕과 무관한 자연으로 가득 차 있고 사회는 도덕과 무관한 폭력으로 가득 차 있기 때문이다"(PN, 160).

〔ORG〕는 〔POL〕 자체와 꼭 마찬가지로 불안정한 것으로 판명된다. 라투르는 그 위험을 다음과 같이 서술한다.

조직은 결코 작동할 수 없다. 대본은 언제나 분산된 존재자들을 규정한다. 대본은 언제나 자신의 결과를 시차가 있는 방식으로 달성한다. 누구나 주변의 해체/재조직에 첨가되는 다른 대본을 통해서만 다시 그 대본을 거론하려고 시도할 수 있을 따름이다. … 이런 관점에서 바라보면, 조직화 행위는 정치적 원의 움직임〔POL〕, 혹은 법의 첨부〔LAW〕, 혹은 종교적 현전의 갱신〔REL〕, 혹은 신체의 단순한 생존〔REP〕과 꼭 마찬가지로 언제나 중단된다. 동일성은 이들 기묘한 짐승을 결코 육성할 수 없다. 그것들은 타자성이 필요하다(AIME, 394).

많은 양식의 이처럼 유사한 취약성에도 불구하고, 15장에서는 우리에게 〔ORG〕(즉, 사회학의 문제)와 〔POL〕(즉, 정치의 문제)을 혼동하지 말라고 촉구한다. 라투르는 이처럼 "〔ORG〕와 정치를 뒤섞고 싶은 유혹"(AIME, 415)에 굴복한다는 이유로 근대인들을 부드럽게 비판한다. 〔ORG〕와 〔POL〕이 둘 다 우리에게 우리 자신보다 더 큰 집단에의 소속감을 주는 것은 확실히 참이지만, 라투르는 다음과 같이 꽤 미묘한 방식으로 그것들의 차이를 그럴싸하게 설명한다.

사회적인 것을 동어반복적으로 정의한 것은 오류였고, 그것을 모든 양식에 확대하고자 한 것은 훨씬 더 큰 오류였다. 대본은 동어반복적인 것으로 제시되지 않는다. … 우리가 자신을 정확히 같은 시점에 혹은 정확히 같은 역량을 갖추고서 어떤 주어진 시나리오 '위에' 혹은 '아래에' 절대 처하지 않게 하는 약간의 시간적 간극을 망각하지 않는다면 말이다. 불행하게도, 동어반복이라는 개념은 대본에 매우 특정적인 이런 만곡을 전적으로 간과한다. 그리고 그 개념이 가까스로 그런 확대 양식을 좇을지라도, 그것은 여전히 정치, 종교, 법, 혹은 정신에 대한 척도로서의 역할을 수행할 수 없을 것이다. … 또다시, 우리는 여타의 것에 관해 말하기 위한 헤게모니적 메타언어를 제시하려는 각 양식의 경향을 보게 된다. 이것은 꽤 순진한 경향이지만, 이 탐구가 우리에게서 차단하고자 하는 그런 경향이다(AIME, 416).

〔POL〕과 〔ORG〕 사이의 이런 구분이 파악하기 약간 어려운 것처럼 보인다면, 그것을 파악할 더 쉬운 방법이 있을 것이다. 라투르의 십오겹 도표에서 이들 두 가지 양식이 다른 위치에 자리하고 있음을 떠올리기만 하면 된다. 〔POL〕은 준주체의 양식에 속하는 반면에, 〔ORG〕는 준주체를 준객체와 연계시키는 양식에 속한다. 이것은 즉각적으로, 〔POL〕이 그것 너머에 자리하고 있는 '미니-초월성'에 대하여 나타내는 우려에도 불구하고, 〔POL〕은 여전히 〔ORG〕보다 더 유아론적 경향이 있음을 시사한다. 5장으로 되돌아가면, 라투르는 다음과 같이 서술했다. "〔POL〕이라는 존재양식에는 '자기발생적'이라는 문자 그대로의 의미에서 독특한[수이 제네리스sui generis] 무언가, 즉 그리스인들이 아우토퓌오스autophuos라고 일컬었던 것이 있으며, 그리고 그것은 우리가 준거의 연쇄에 부여하는 만큼의 존중과 기술을 갖고서 다룰 수 있게 되어야 할 그런 것이다"(AIME, 135). 그런데 라투르가 아우토퓌오스라는 용어를 사용한 행위는 그리스어에서 유래한 또 하나의 전문 용어를 즉시 시사하는데, 나는 칠

레인 생물학자 움베르토 마투라나와 프란시스코 바렐라가 주창하고 독일인 사회학자 니클라스 루만이 더 발전시킨 개념인 아우토포이에시스[autopoiesis][자기생산]을 말한다.[7] 면역학의 고찰에서 처음 생겨난 그 착상은, 세포는 자신의 내부 상태변수들을 안정하게 유지하려는 유일한 목적을 지닌 항상성의 체계라는 것이다. 이런 이유로 인해 세포는 자신의 환경에 직접 접근할 수 없고, 오히려 자신의 고유한 견지에서 그 환경을 이해할 따름이다. 여태까지 라투르는 자신과 평행선을 달리는 이런 아우토포이에시스 학파와 대화를 나눈 적이 없으며, 그리고 내가 알기에 라투르는 루만의 이론이 특성상 너무나 생물학주의적라고 간주하면서 루만과 그가 독일 사회학에 미친 영향에 대하여 단지 가혹한 논평밖에 제시한 적이 없다.[8] 라투르가 사회에 관한 모든 생물학적 모형을 거부할 이유를 이해하기는 쉬운데, 왜냐하면 이것은 조직을 흩어지고 되는대로 존재하는 회집체라기보다는 오히려 하나의 통일된 유기체로 해석하는 것과 마찬가지일 것이기 때문이다. 이것은 결국 기성의 유기적인 대문자 사회에 관한 뒤르케임의 모형으로 되돌아갈 위험이 있을 것인

7. Humberto R. Maturana and Francisco Varela, *Autopoiesis and Cognition: The Realization of the Living* (Dordrecht: D. Reidel, 1980); Niklas Luhmann, *Social Systems*, trans. J. Bednarz Jr. and D. Baecker (Stanford: Stanford University Press, 1995). [니클라스 루만, 『사회적 체계들: 일반 이론의 개요』, 이철·박여성 옮김, 한길사, 2020.]

8. Bruno Latour, personal communication, October 5, 2013.

데, "(연합체의 사회학에 대립적인 것으로서) '사회적인 것'의 사회학이 사회적인 것을 인간과학의 주요 현상으로 여기는 것은 옳았을지도 모른다." 이 간략한 구절에서 두 가지의 것이 시사적인데, 그것들은 (1) 사회학이 사회적인 것에 중요성을 부여하는 것은 옳았을지도 모른다는 마지못한 인정, 그리고 (2) 대체로 뒤르케임의 실패한 경쟁자인 타르드를 가리키는 '연합체의 사회학'에 대한 환기다. 라투르의 경우에, 사회가 유기체로 여겨질 수 없는 이유는 그것이 언제나 수많은 인간 요소와 비인간 요소로 구축된 즉흥적인 콜라주이기 때문이다. [ORG]는 어떤 것과도 단절되어 있지 않기에 행위자들이 오가고 많은 대본이 형편없이 실패함에 따라 자신의 정체성을 거의 유지하지 못한다. 이와는 대조적으로, [POL]은 자기발생적이라는 것이 앞서 이해되었다. 이것은, 라투르가 사회에 대해서는 루만이 생물학적 모형을 사용한 것을 단호하게 거부함이 틀림없더라도 정치에 대해서는 그런 모형을 수용할 것이라는 짐을 시사한다. 라투르 자신의 표현대로, "정치체가 유령인 것은 맞지만, 그것은 대문자 사회라는 유령처럼 심령체인 것은 아니다. 여기서 그리스어와 라틴어를 혼동하지 말아야 하는데, 아우토퀴오스는 하나의 존재양식이고, 수이 제네리스 대문자 사회는 그렇지 않다"(AIME, 416~7).

이제 우리는 『양식들』을 마무리하는 16장을 살펴보는데, 여기서 라투르는 정치와 도덕의 관계를 간단히 고찰한다. 처음에 라투르가 도덕주의자를, 강력한 전략과 잔혹함을 겸비하여 정치적 과업에 성공한 한니발만큼 정치적 과업을 제대로 달성해 내지 못하는 아름다운 영혼으로 여긴다는 점을 참작하면, 초기 라투르는 필경 그런 관계는 무엇이든 비웃었을 것이다. 그다음에 중기 라투르는 견해를 전환하는데, 도덕주의자를 집합체에서 사전에 배제된 존재자들에 대한 중요한 탐지자로서 과학자와 나란히 둔다. 그런데 『양식들』의 후기 라투르는 더욱더 나아가서 (기발하든 그렇지 않든 간에) 도덕이 자신의 프로젝트 전체의 기초에 놓여 있다고 주장한다. 첫째, [POL]과 [MOR] 사이의 관계에 관한, 모든 마키아벨리주의를 넘어서는, 감동적인 언급이 있는데, "정치적 원[POL]을 갱신하고 폐기하는 행위 속에 이른바 도덕의 가장 중요한 원천 중 하나가 있다는 점을 우리가 어떻게 부인할 수 있을까? 정치적 용기와 비겁 사이의 차이를 간과하기는 어렵다"(AIME, 453). 그런데 라투르의 도덕은 영원히 초연한 상태에 있는 아름다운 영혼의 도덕이 아니다. 그것은 편을 들고 행위도 실행하는 사람들의 도덕이다.

단순히 괴롭고, 막연히 불편한 것만으로는 충분하지 않은데, 우리는 모든 연계의 총체적 질을 확인하기 위해 새로운 탐구의 움직임에 전념해야 한다. … 일부 사람은 구원에 대한 종교적 양식의 요구에서 그리고 그 심판의 날에서 모든 탐구를 끝내기 위한 구실, 심지어 모든 타협의 바로 그 필요성을 부정하기 위한 구실을 찾아내기조차 한다. … "어차피 나는 구원을 받는데, 도덕적이어야 할 이유가 있는가?" 이런 입장을 취하는 경우에 누구나 도덕뿐만 아니라 종교도 배반하고 있다(AIME, 460).

이제 우리는 도덕이 『양식들』 프로젝트 전체의 근저에 놓여 있다는 라투르의 주장 — 실패한 아름다운 설교자보다 성공한 권력 투쟁가에게 가시적으로 더 공감하면서 자신의 경력을 시작한 저자에게서 비롯되는 사실상 놀라운 결말 — 을 살펴보자. 그 책의 말미에서 라투르는, 까닭 없이 디저트를 대접하는 방식으로 도덕이 제시되고 있지 않은지 의문시하는 냉소적인 한 독자를 상상한다. 라투르는 다음과 같이 응대한다.

우리의 탐구에 관해 비딱하게 말하기 전에, 어쩌면 그 독자는, 지금까지 내가 각각의 양식에 대한 적정성 조건과 비적정성 조건을 발표했다는 의미에서, 처음부터 줄곧 내가 '도덕화'하고 있었음을 인식할 것이다. 모든 혁신은 '가치 판단', 가능한 가장 차별적인 판단을 수반한다. 그 결과, '도덕적 물음'은 '사실에 관한' 물음들이 전부 처리되고 난 후에 이 탐구에 편입되지 않고 있다. 그 물음은 처음부터 다루어졌다. 독자적인 방식으로 진리와 허위, 선과 악을 구분할 수 없는 양식은 단 하나도 없다(AIME, 452).

여기서 도덕과 가치는 동시에 언급되지만, 라투르에게는 그것들이 사실상 스펙트럼의 양편에 자리하고 있다는 점이 인식되어야 한다. 이것은 『자연의 정치』에서 가장 분명했는데, 그 책에서 막스 베버의 가치/사실 구분(라투르의 책에서 폐기되기보다는 오히려 변형된 구분)은 '사실'을 집합체의 외부에 할당했고 '가치'를 집합체의 내부에 할당했다. 그런데 우리는 라투르가 도덕주의자들을 '가치' 진영에 배치하리라 예상했었을 것이지만, 실제로 그는 정반대의 조치를 취하면서 배제된 존재자들을 외부에서 찾아내는 임무를 두고서 도덕주의자들을 과학자들과 제휴시킨다. 가치가 일반적으로 상대주의와 관련되어 있다면, 라투르는 도덕을 일종의 실재론과 연계시킨다. 그 이유는 도덕관념을 갖춘 도덕이 자기발생적인 집합체가 자신을 우주 전체로 착각하지 못하게 막는 것이기 때문이다. 초기 라투르의 정치가 모든 종류의 초월성에 대한 어떤 여지도 남겨두지 않았다면, 세월이 흐름에 따라 '미니-초월성'에 대한 라투르의 관심이 증가하는 사태는 이제 그가 코스모스에 대한 도덕적 토대라고 주장하는 것에서 절정에 이른다. 다양한 양식이 전개되는 방식에서 적정성 혹은 비적정성에 대한 근거를 제공하는 것은 오로지 도덕이다.

5장

'유용한 웃음거리' : 라투르의 왼쪽 측면

벤저민 노이스의 라투르 비판
라투르와 푸코에 대한 헤크먼 등의 논평

이 책의 서론에서 나는, 진리 정치와 권력 정치 사이의 훨씬 더 결정적인 균열이 정치적 좌익과 우익 사이의 익숙한 구분을 가로지른다고 주장했다. 진리와 권력은 둘 다 라투르의 적인데, 그 이유는 둘 다 자신의 적을, 증명에 의해서든 혹은 힘에 의해서든, 단박에 침묵시키려고 함으로써 정치를 단락하기 때문이다. 또한, 우리는 이들 두 종류의 정치가 좌익과 우익 둘 다의 맛깔로 나타남을 이해했다. 프랑스 혁명 시기 이후로 좌익은 다소 근본적인 방식으로 기존 질서를 바꾸려고 노력했고, 한편으로 우익은 그런 변화가 무질서를 수반할 위험성이 매우 높음을 강조했다. 좌익과 우익은 진리 혹은 권력과 서로 관련될 수 있고 진리와 권력은 좌익 혹은 우익과 서로 관련될 수 있더라도, 이 모든 네 가지 종류의 정치가 비롯된 기원은 근대적이고, 따라서 라투르는 그중 어느 것도 수용할 수 없다. 라투르의 관점에서 바라보면, 진리 정치와 권력 정치가 공유하는 문제는 둘 다 정치가 불확실성과 무지의 고유한 환경에서 성장하도록 내버려두기보다는 오히려 정치적 물음에 대하여 너무 이른 답변을 제시한다는 것이다. 진리 정치인들은 틀린 사람들의 주장을 너무 빨리 일축하고, 권력 정치인들은 약한 사람들의 요구를 너무 빨리 경시한다. 라투르는 그에 해당하는 비판을 정치적 좌익과 우익에 대하여 제기하지는 않지만, 이와 관련하여 그가 어떻게 할지에 대하여 우리가 추측할 수 없는 것은 아니다.

라투르는 정치적 모형으로서의 혁명을 거부하지만, 이것은 좌익에 대한 비판이 아니라 진리 정치에 대한 비판이다. 결국, 라투르는 우익 혁명이라는 개념에도 꼭 마찬가지로 관심이 거의 없을 것이고, 게다가 그는 정치에 못지않게 과학에서도 혁명이라는 관념을 싫어한다. 라투르가 혁명과 관련하여 생각하는 문제점은 그것이 부와 권력의 재분배를 제안한다는 점이 아니라, 그것이 지식이나 자연권에 대한 호소에 기반을 둔 정치 외적인 방식으로 그렇게 한다고 주장한다는 점이다. 꼭 마찬가지로, 라투르는 지식과 맺어진 연계를 단절한 권위주의 체계에 관한 정치적 모형도 거부할 것이지만, 이것은 우익에 대한 비판이 아니라 권력 정치에 대한 비판이다. 그 이유는 순전한 다문화주의 시각을 강요하고 진리에 대한 모든 확고한 주장을 금지하는 권위주의적인 상대주의적 정부를 상상하는 것도 가능하기 때문이며, 그리고 심지어 과학자들에 의한 어떤 진리 주장에 대해서도 화를 내면서 반응하고 과학을 권력 대결에 불과한 것으로 전환할 과학 이론을 상상하기는 더 쉽기 때문이다. 상대주의와 관련하여 라투르가 생각하는 문제점은 그것이 세계에 관해 허용하는 다양한 시각과 관련된 것이 아니라, 그것이 유동적인 언어 게임 외에는 어느 것에도 준거하지 않은 채로 내부적으로 그렇게 한다는 주장과 관련되어 있다. 요약하면, 라투르는 자신이 진리 정치와 권력 정치 둘 다를 거부하는 이유는 매우 명확히 하는 반면에 좌익 대 우익의 문제는 결코 명시적으로 쇄신하지 않는다. 그리고 이런 구분이 개인과 집단에 대한 우리의 정치적 식별을 계속해서 지배하는 한, 라투르는 지금까지 여전히 정치적으로 파악하기 어려운 인물이었다. 이 책의 마지막 장에서 나는, 라투르주의자가 정치에서 좌익/우익 구분 ─ 진리와 권력 사이의 전쟁과 꼭 마찬가지로 자연과 문화 사이의 근대적 이분법과 밀접한 관련이 있는 구분 ─ 을 쇄신할 수 있을 방법에 관해 추측한다.

그런데 좌익과 우익을 특징짓는 어떤 입장들과 라투르의 차이를 고찰하기 위해 이 책을 마무리하는 그 논의를 기다릴 필요는 없다. 지금까지 좌파는 라투르를 전면적으로 다룬 적이 없지만, 그런 관여의 몇 가지 예비 사례는 이미 출판되었다. 이들 사례 중 가장 실질적인 것은 『부정적인 것의 지속』이라는 벤저민 노이스의 2012년 책에서 찾아볼 수 있다. 이에 비해, 「과학학과 언어 억압」이라는 샌드 코엔의 1997년 논문은, 때때로 거의 희극적으로 불투명해지는 그 높은 포스트모더니즘적 어조로 인해 이미 기한이 지났다. 코엔의 논문에 실린 마지막 두 문장은 그 논문 전체에 대한 거의 완벽한 본보기다.

현대 역사주의 및 다른 사회적 구성체들에의 많은 뛰어난 통찰에도 불구하고, 〔『우리는 결코 근대인이었던 적이 없다』〕는 여전히 요구의 모방, 명령어의 모방에서 제기된 또 하나의 프로젝트라는 인상, 여기서는 만족(종합)에 대한 욕망에서 제기된 모형, 지적 회의주의를 억압하는 모형을 펼치는 것으로서의 과학학이라는 인상을 나에게 준다. [폴] 드 만의 관념, 즉 인식적 억압은 인식론에 맞서도록 유도된 언어의 폭력 — 문법과 논리의 미학적 구성체들이 가하는 언어의 폭력 — 이 필요하다는 관념이 확증된 것처럼 보인다.[1]

우리는 "요구의 모방"이 뜻하도록 되어 있는 바를 숙고하느라고 많은 시간을 보내기보다는 오히려 빨리 넘어가자. 「혼성 세계에서 브뤼노 라투르와 함께 위험하게 살기」라는 마크 엘럼의 1999년 비판 논문은 코엔의 논문보다 더 잘 작성되었음이 확실한데, 그렇다고 내가 그 논문을 더 좋아하는 것은 전혀 아니다. 라투르는, 마치 그가 논증에는 거의 관심이 없고 한낱 수사법으로 뱀 부리는 사람에 불과한 것처럼, 단지 "이야기하기"로 성공한다는 주장으로 시작한 후에, 엘럼은 수사법으로 사람의 눈길을 끌어 인기를 노리는 자신의 주장으로 건너뛴다. 라투르는, 엘럼이 서술하는 바에 따르면, "근대 존재론의 역사를 재해석하고 재작성하는 과업에 마찬가지로 헌신한 탁월한 페미니스트 학자들의 작업에 대한 평가는 전혀 표명하지 않는다."[2] 천만에, 라투르의 저작에서는 도나 해러웨이, 누르츠 마레, 이사벨

---

1. Sande Cohen, "Science Studies and Language Suppression : A Critique of Bruno Latour's *We Have Never Been Modern*," *Studies in the History and Philosophy of Science*, vol. 28, no. 2 (1997) : 360~1.

2. Mark Elam, "Living Dangerously with Bruno Latour in a Hybrid World," *Theory, Culture and Society*, vol. 16, no. 1 (1999) : 5.

스탕게스, 그리고 셜리 스트럼 같은 여성들에게 진 진정한 지적 부채가 여기저기서 공지되는데, 엘럼은 뤼스 이리가레에 대한 각주가 없는 상황에 완전히 사로잡혀 있다. 이런 환경 아래서 어떤 공평무사한 저자는 다음과 같이 서술했었을 것인데, "언뜻 보기에 라투르/이리가레 연계가 명백한 것처럼 보이지 않을 것은 틀림없지만, 나는 그런 검토되지 않은 비교에서 알게 될 것이 많이 있음을 보여줄 것이다." 오히려, 엘럼은 이루어지지 않은 대화를 라투르가 저지른 가부장적인 억압의 치명적인 징후인 것처럼 묘사하기로 선택하는 한편으로, 당연하게도 이리가레가 라투르를 논의하지 않은 사실에 대해서는 어떤 상응하는 언급도 이루어지지 않는다. 엘럼 자신의 표현대로,

라투르는, 우리의 비근대성에 대한 그의 표상에서 여성의 타자성을 표상될 수 없는 것으로 계속해서 남겨둠으로써, 남성성과 합리성 사이의 공모를 깨뜨리는 페미니즘 관점에서 바라보면 죄가 있는데, 그는 단지 남성성과 혼성 네트워크의 구축 및 규세 사이에 이루어진 새롭고 잠재적으로 더 강력한 공모에 대한 자신의 지지를 확인할 따름이다.[3]

그런데 라투르의 "죄" 그리고 네트워크와 남성성 사이에 이루어

---

3. 같은 곳.

진 "강력한 공모"의 혐의는, 논쟁적 박력을 희생하고서 죄를 씌우며 빈정거리는 풍자의 분위기를 전반적으로 풍기는 엘럼의 논문에서 단지 교묘하게 암시될 뿐이다. 라투르는 적으로서 이보다 더 나은 대접을 받아야 마땅한 중요한 인물이다. 그리고 노이스의 분석이 조악한 심리학화와 장난기 어린 점수 매기기에서 절대 벗어나지 않지만, 그는 적어도 라투르의 철학적 목적에 대하여 정통한 평가를 한다.

곧장 노이스를 검토하기 전에, 다음과 같은 명백한 논점을 언급하자. 맑스의 자본주의 비판은 오늘날의 정치적 좌익에게는 지적으로 중요한 것이지만 라투르에게는 전혀 흥미롭지 않은 것이다. 라투르가 이해하는 바에 따르면, '대문자 자본'은 뒤르케임에 의해 규정된 대로의 '대문자 사회'에 못지않게 단독으로 서 있는 구조로 물화될 수 없다. 먼저 나타나는 것은 온갖 행위소들의 평면이며, 그리고 그것들을 연계시킨다고 추정되는 모든 구조나 맥락은 전제되기보다는 오히려 풀뿌리 층위에서 입증되어야 한다. 일찍이 1984년에 『비환원』에서 다음과 같이 서술된다.

'자본주의'는 근본적으로 새로운 것, 전대미문의 단절, 궁극적인 극단까지 밀어 붙여진 '탈영토화'라고 지금까지 흔히 언급되었다. 언제나 그렇듯이, 대문자 차이는 신화화된 것이다. 유일신과 마찬가지로, 자본주의는 현존하지 않는다. 어떤 등가물도 존재하지 않는다. 이들 등가물은 만들어져야 하며, 그리고 그것들은 비싸고 매우 오래가지 않는다. 기껏해야 우리는 확대된 네트워크를 구축할 수 있을 뿐이다. 오늘날에도 자본주의는 주변적이다.··· 나는 페르낭 브로델에게 경의를 표한다.··· 브로델은 이 사실을 숨기지 않고서 장거리 통제가 빈약한 네트워크들을 통해서 이루어질 수 있는 방법을 보여준다(PF, 173).

브로델에 관한 언급은 주목할 만하다. 그 이유는 그 저명한 프랑스인 역사가가 국소적이고 지역적인 시장들에서 출현한 자본주의의 역사에 관하여 라투르주의적인 것처럼 보이는 탐구를 수행할 뿐만 아니라, 맑스에 대한 대안으로서 좌파에게 미치는 어떤 호소력도 갖추었기 때문이다.[4] 저명한 들뢰즈주의 좌파 인사인 마누엘 데란다가 티무르 시친과 대화를 나누는 동안 진술한 대로,

유물사관에 맞서서 우리는 목적론 없는 역사라는 새로운 관점, 즉 역사를 내부적으로 균질한 시대들 – 봉건주의, 자본주의, 사회주의(혹은 농경 시대, 산업 시대, 정보 시대) – 로 구분하지 않

---

4. 그 주제에 관한 브로델의 세 권의 저서 중 첫 번째 권은 *Civilization and Capitalism, 15th-18th century, Vol. 1: The Structure of Everyday Life*, trans. S. Reynold (Berkeley: University of California Press, 1992)이다[페르낭 브로델, 『물질문명과 자본주의 I: 일상생활의 구조 상·하』, 주경철 옮김, 까치, 1995]. 그런데 자본주의에 대한 자세한 설명은 제2권에서 시작된다.

는 관점이 필요합니다. 그런 시대들은 절대 존재하지 않았습니다. 브로델은, 예를 들면, 14세기에, 프랑스와 스페인이 될 유럽 지역에는 봉건 영주들의 장원들이 자리하고 있었지만, 플랑드르와 네덜란드의 소도시들뿐만 아니라 북부 이탈리아와 북부 독일(한자 동맹)의 도시국가들은 많은 측면에서 이미 근대적이었던 상황을 보여줍니다. 그러므로 우리는 역사적 증거에 의거하여 우리의 역사철학을 재고해야 합니다.[5]

그러므로 데란다는 새로운 원칙 — 국소적 행위자들의 중요성에 주목할 뿐만 아니라 맑스의 ('유물론적'이라고 가정되더라도) 궁극적으로 관념론적인 유산에서 벗어난 강건한 철학적 실재론에도 주목하는 원칙 — 으로 정치적 좌익을 재발명하는 데 스스로 열려 있음을 보여준다. 대다수 지적 좌파의 경우에 사정은 여전히 이렇지 않다. 여기서 기본적인 세계상은 자유롭고 초월적인 인간 주체가 자본, 물신, 객체, 이데올로기, 혹은 사회의 소외적인 타자성에 의해 억압받는 세계다. 라투르의 철학적 진전 전체가 그런 인간/비인간 이원론을 모두 근절하는 데 있음을 참작하면, 그가 좌파에게 점점 더 인기가 없어지는 사태는 거의 놀랍지 않다.

---

5. Manuel DeLanda and Timur Si-Qin, "Manuel DeLanda in conversation with Timur Si-Qin" (Berlin : Société, 2012).

라투르의 철학과 급진적 좌익 정치의 이런 양립 불가능성은 행위자-네트워크 이론에 공감할 사람들에게 흔히 으뜸의 고려 사항이다. 철학자 톰 아이어스가 이것에 대한 좋은 사례다. 원래 라투르에게 다소 우호적이었던[6] 아이어스는 2011년 무렵에 노이스의 비판에 깊이 설득당한 것처럼 보인다. 아이어스가 『부정적인 것의 지속』에 관한 흥미로운 논평에서 서술한 대로,

> 또한, 우리는 브뤼노 라투르라는 사회학자에 대한 유쾌하게 활발하고 솔직한 비난과 관련하여 노이스에게 감사할 수 있는데, 라투르의 저작은 사회인류학과 과학사회학이라는 분야들에서 특히 영향력이 있는 것으로 판명되었지만, 그가 옹호하는, 인간 및 비인간 '행위소들'의 '평평한 존재론'은 근본적인 변화에 관한 이해를 방해한다. 노이스가, 논란의 여지는 있지만, 그 점을 잘 서술하는 경우는, "모든 객체의 실정성으로 표현된 존재론적 평등성에 대한" 라투르의 "신념은 자본주의의 실재적 추상화의 논리를 파악할 수 있는 능력이 결여되어 있다"라고 적을 때이다. … 더욱이, 노이스는 반좌익 정치를 마음속에 품고 있다는 이유로 라투르를 비난하는데, 반좌익 정치는 아마 라투르의 주요한 철학적 주장 ─ 이를테면 근대주의에 의한 자

---

6. Bruno Latour, Graham Harman, and Peter Erdélyi, *The Prince and the Wolf: Latour and Harman at the LSE* (Winchester: Zero Books, 2011)의 138쪽에 실린 아이어스의 흥미로운 질문을 보라.

연과 문화의 분리는 사물들의 그리고 이들 사물의 끊임없는 연합과 네트워크 형성의 본질적으로 '혼성적'인 본성을 포착하지 못한다는 주장 ─ 에 영향을 준다고 이야기되는 편견이다. 라투르의 명시적인 표적은, 내가 앞서 언급한 비판적 추상화의 바로 그 움직임 속에서, 분리와 논쟁의 선을 그음으로써 진전할 수 있을 따름인 대립적 비판, 그것도 특히 맑스주의적인 비판이라는 바로 그 개념이다. … 라투르에 대한 〔노이스의〕 공격은 … 잘 꾸며진 것처럼 보인다. 노이스가 무시하는 분야에서 이루어진 과학자들의 작업에 관한 라투르의 민족지학적 성찰은 풍부하지만, 여기서 '평평한 존재론'의 철학적 및 정치적 기반은 유용한 웃음거리가 된다.[7]

위의 인용 구절에서 아이어스는 라투르에 대하여 두 가지 명시적인 혐의를 제기하는데, 그 두 혐의는 모두 노이스의 책에서 매우 잘 나타난다.

(a) 라투르의 평평한 존재론은 근본적인 변화를 방해한다. 이것은 얼마간 참이지만, 그 가능한 결과가 못마땅하다는 단 하나의 이유로 인해 어떤 존재론이 왜 내쳐져야 하는지 이해하

---

7. Tom Eyers, "Think Negative!" *Mute*, April 7, 2011. http://www.metamute.org/editorial/articles/think-negative에서 입수할 수 있음.

기 어렵다. 아이어스의 함의는 근본적인 변화를 보호하려는 배타적인 목적을 위해서 평평하지 않은 존재론을 유지해야 한다는 점인 것처럼 보인다. 이것은 근본적인 변화에 관한 기존 모형들이 철학적으로 옹호할 수 있는 것인지 혹은 정치적으로 충분한 것인지 여부를 의문시하는 것에 대한 아이어스(그리고 노이스 자신)의 소극적인 태도를 시사한다.

(b) 라투르는 자연과 문화 사이의 근대적 분리에 대한 그의 비판에 '영향을 주는' 반좌익 정치적 편견을 마음속에 품고 있다. 이것은 장단점이 있는 또 하나의 칼이다. 그 이유는 우리가 개인적 편견의 혐의를 고집하는 한에 있어서 그 비난은 쉽게 되돌릴 수 있기 때문이다. 예를 들면, 우리는 이렇게 말할 수 있을 것이다. "아이어스와 노이스는 자연과 문화 사이의 근대적 분리에 대한 라투르의 통렬한 비판을 수용하기를 거부하는 그들의 태도에 영향을 주는 친좌익 정치적 편견을 마음속에 품고 있다." 이런 경로를 따라 어떤 진보도 이루어질 수 없다. 우리가 이런 식으로 말한다면, 그것은 단지 공교롭게도 우리의 의견에 이미 동의하는 사람들을 즐겁게 하기 위함이다. 더욱이, 톰 아이어스와 벤저민 노이스의 동기보다 브뤼노 라투르의 동기의 순수성을 더 의심해야 하는 이유가 명료하지 않다. 그런데 아이어스의 논평은 간략하여서 라투르에 관한 자신의 견해를 더 자세히 전개할 여지가 없다. 노이스 자신의 경우에는 사정이 다른데, 그는 『부정적인 것의

지속』이라는 책의 3장 전체를 라투르를 논의하는 데 바침으로써 라투르를 비판하는 좌파 인사들 사이에서 여전히 이례적이게도 라투르의 관념들을 자세히 다루는 수고를 아끼지 않는다.

벤저민 노이스의 라투르 비판

노이스의 책이 표방하는 목적은 다양한 '긍정주의' 저자에 대한 폭넓은 비판, 즉 라투르를 들뢰즈, 데리다 등과 일률적으로 취급하는 비판을 제시하는 것이다. 이런 광범위한 프로젝트는 여기서 우리가 관심을 가질 필요가 없는데, 왜냐하면 우리는 라투르에 대한 노이스의 비판에만 관심이 있기 때문이다. 노이스는 몇 가지 사실로 시작하는데, "〔라투르의〕 저작은 1970년대에 전개된 반反헤게모니 투쟁에 뿌리박고 있지 않고, 사실상 그는 맑스주의 전통이나 혁명적 전통에 대하여 상당한 정치적 회의주의를 분명히 나타낸다"라고 정확히 진술한다.[8] 또한, 노이스는 라투르가 "(최소한 일반적으로 규정되는 대로의 '좌익'적) 정치 활동이나 이론에 관여하기를 사절한다"라고 언급한다. 라투르가 "네트워크를 인류학적으로 혹은 사회학적으로 꼼꼼히

---

8. Benjamin Noys, *The Persistence of the Negative : A Critique of Contemporary Continental Theory* (Edinburgh : Edinburgh University Press, 2012), 80.

추적하는 사람으로 〔자신을 규정한다〕"라는 사실은 "변화에 관한 모든 급진적 모형이나 혁명적 모형에 대한 거부"를 수반하는 것처럼 보이고 "새로운 정치적 점진주의를 드러낸다."[9] "라투르는 긍정주의가 암묵적으로 나타내는 보수적인 정치적 효과를 부각한다"[10]라는 노이스의 주장은 라투르를 "신자유주의자"[11]라고 억측한 브라지에의 공격을 충실히 모방한다.

그런데 여기서 노이스는 두 가지 다른 쟁점을 엉겁결에 융합한다. 노이스가 라투르의 저작에서 점진주의의 분위기를 감지한 것은 확실히 이해될 수 있더라도, 급진적 모형 혹은 혁명적 모형에 대한 거부가 정치적 점진주의를 당연히 수반하는 것은 결코 아니다. 라투르가 정치에서 급진적 모형 혹은 혁명적 모형을 거부하는 이유는 그가 과학과 여타의 것에서 이들 모형을 거부하는 이유와 같다는 사실을 인식하는 것이 중요한데, 이를 테면, 대부분의 자칭 혁명은 문화적으로 축적된, 타락한 비본질적인 것들을 제거한 다음에 그것들을 자연 혹은 진리에의 호소로 아무튼 대체해야 한다는 근내주의적 요구를 통해서 진전된다. 예를 들면, 바디우가 모든 정치의 뿌리에 있는 '공산주의적 불변항'을 찬양할 때 주장하는 대로, 우리는 모두 실제로 혹은 잠재적으로 '주체'이기에 우리는 모두 단적으로 평등하다는

9. 같은 곳.
10. 같은 곳.
11. Brassier, "Concepts and Objects," 53.

진리를 인식해야 한다는 그들의 요구에 힘입어 바디우와 지젝은 그들 각자의 정치 이론에서 친위대 공산주의 혁명가로서 행동할 수 있게 된다. 그런데 라투르에 의한 혁명적 정화의 거부가 점진주의를 수반할 필요는 없는데, 그 이유는 자연과 문화를 분리하고자 하는 근대적 시도가 없더라도 갑작스럽고 유의미한 변화, 심지어 파국적 변화가 일어날 수 있기 때문이다. 우리는, 파스퇴르가 무지한 자들의 계몽자로서 '혁명적' 자격을 갖추고 있었다는 것은 부인하였지만 파스퇴르의 의학 — 이것과 관련하여 '보수적'인 것도 '점진적'인 것도 전혀 없었다 — 이 획기적 전환을 초래했다는 것은 부인하지 않았음이 확실한, 루이 파스퇴르에 관한 라투르의 역사를 떠올리기만 하면 된다. 가톨릭교도인 라투르는 프로테스탄트 종교개혁의 '혁명적'인 힘에 경의를 거의 표하지 않으리라 추정되지만, 그렇다고 해서 그가 '성 루터'라는 프로테스탄트 '성인'이 불러일으킨 거대한 역사적 변화에 경의를 표하면서 이 성인에 관하여 반쯤 농담처럼 언급하지 않게 되는 것은 아니다(AIME, 44). 어쩌면 노이스는 이들 사례 중 어느 것도 라투르의 정치철학을 한낱 자유주의적 점진주의와 구별되게 하지 않는다고 여전히 주장할 것이다. 그런데 2012년에 『부정적인 것의 지속』이 출판될 무렵에 노이스는 『존재양식들에 관한 탐구』의 말미에서 라투르가 경제학을 공격하는 상황도 보지 못했었을 것이고, 2013년 기포드 강연에서 기후 회의론자에 맞서 슈미트주의적 전쟁을 벌여야 한다는 그의 요청도 듣지 못했었을 것이다. 사실상 라투르의 정치가 자본주의적 호모 오이코노미쿠스에 대한 그의 비판 및 기후변화와 관련하여 더 떠들썩해지고 있다는 상당한 증거가 있는데, 그렇다 하더라도 라투르는 대다수 근대적 좌파를 떠받치는 '혁명적'이라는 용어의 존재론적으로 정화하기라는 의미에서 '혁명적'일 수는 결코 없다.

근대주의적 정화라는 의미에서의 혁명에 대한 라투르의 적대감은, 노이스 자신도 인용하는, 앞서 인용된 터키의 잡지에 실린 인터뷰의 또 다른 구절에서 전적으로 부각된다.

> 정치체를 바꾸어서 결국 한낱 대의 정부에 불과한 것이 생겨나는 것, 이것은 이제 조물주가 물질에 가하는 작용의 가능성에 대한 꽤 역겨운 한계로 여겨집니다. 그 이상이 가능하다는 것입니다. 즉 총체적인 혁명 말입니다. 〔버나드〕 야크는 그 관념의 이런 특별한 변형이 루소에게서, 그다음에 칸트, 헤겔, 맑스를 거친 후에 니체에게까지 이어지는 방식을 보여줍니다. 야크는 이 논증을 네그리의 추종자들에게 이르기까지 혹은 심지어 새로운 영토를 차지하기 위해 격렬히 싸우는 투사들에게 이르기까지 계속해서 전개할 수 있었을 것입니다. 혁명은 총체적이지 않으면 아무것도 아닙니다(DBD).

노이스는 라투르와 관련하여 기꺼이 "아마추어 정신분석가 역할을 연기하는"[12] 데서 명백한 즐거움을 느끼는데, 라투르를 그의 억압된 "진짜 표적은…맑스주의"[13]인 일종의 무시무시한 부르주아로 묘사한다. 여기서 노이스는 라투르를 묘사하면서 약간 더 도를 지나치게 된다. 노이스는, 네그리의 "추종자들"에 관한 라투르의 언급을 마치 그것이 얼버무리는 말인 것처럼 지나가듯 들추어낸 다음에(노이스는 "조심스러운 거리두기 책략을 주목하라"고 말한다), 네그리와 마이클 하트의 『제국』의 말미에서 제기된 개혁주의적인 언급을 참작한다면 라투르의 평가가 "약간 역설적인 혐의"라고 일컫는다.[14] 하지만 『제국』의 내용이 무엇이든 간에, 노이스가 네그리에게 개혁주의자 자격증을 건네주는 것은 기이한데, 네그리의 정치적 이력은 대단히 비타협적이어서 라투르가 그를 '총체적 혁명가'라고 일컫는 행위는 전적으로 정당한 것처럼 보인다(1970년대 네그리의 경력에 관한 어떤 요약도 그 점을 입증하는 데 충분하기 마련이다). 그런데 어쩌면 더 흥미로운 것은 라투르가 좌파에게서 나타나는 일종의 불성실성을 지적하는, 이미 인용된 구절이다.

총체적 혁명이라는 관념은 매우 흥미로운 어떤 정신병리에서 또다시 변형되었습니다. 총체적 전복의 의지가 일부 진영에서

---

12. Noys, *The Persistence of the Negative*, 94.

13. 같은 책, 81.

14. 같은 책, 94.

는 여전히 존재하지만, 현재 그것이 훨씬 더 대단하게 만족스러
운 것이 되어 버린 이유는 그것이 또한 도덕적으로 뛰어나다는
절대적 안도감을 유지하는 상태에서 실패의 확실성과 연계되
어 있기 때문입니다. … 그리고 이것이 극좌익의 소수파 정당들
이 여타의 운동을 여전히 겁박할 수 있는 이유를 설명하는 데
크게 도움이 됩니다. 당신은 최고이고 가장 똑똑한데, 당신은
실패할 것입니다. 실패는 결코 당신에게 불리하게 작용하지 않
을 것인데, 당신만큼 급진적이지 못한 사람들에게만 불리하게
작용할 것입니다(DBD).

라투르는 그 인터뷰를 다음과 같이 주장하면서 마무리한다.
"좌파에게 역병보다 덜 필요한 단 한 가지의 것이 있다면, 그것
은 이런 과거의 유물, 즉 혁명이라는 유령, 먼지와 백화된 유골
들의 계곡입니다. 우리는, 마침내, 미래를 고려하기 위해 과거를
모범으로 삼는 일을 그만둘 수 있을까요?"(DBD). 어쨌든 라투
르는 자유시장 '신자유주의자'가 결코 아닌데, 그것은 21세기 초
의 정치사상과 관련된 논쟁에서 게으른 사람이 선택하는 용어
다.[15] 노이스는 올바르게도 "[라투르의] 사상의 핵심에 자리하

---

15. 그 용어에 관한 한 가지 그럴듯한 역사는 Jamie Peck, *Constructions of Neo-
liberal Reason* (New York : Oxford University Press, 2013)에서 찾아볼 수 있
는데, 비록 나는 그 책의 분석이 충격적이라고 깨닫는 사람들에 속하지는 않
지만 말이다.

고 있는 것은 사회적인 것과 자연적인 것 사이의 구분을 설명할 수 있을뿐더러 용해할 수도 있는 새로운 구축주의다"[16]라고 진술한다. 라투르는 "신화, 이데올로기, 혹은 허위의식의 바다와 별개로 확실한 지식이 순전히 거주하는 영역을 확보하려고 끊임없이 시도하는 근대적 분할의 원칙을 비판 역시 수용한다고 간주함으로써"[17] 비판을 거부한다. 라투르와 관련하여 노이스가 우려하는 것은, 라투르의 "위기는 자본주의의 위기가 아니라, 근대적 기획 ─ 혹은, 라투르가 선호하는 표현으로, 근대적 구성 ─ 의 위기"[18]라는 점이다. 역설적이게도 라투르는 바디우와 함께 1989년을 최근 역사에서 획기적인 해로 여기는데, 그렇다 하더라도 라투르의 경우에는 그 해가 근대주의의 종언을 나타내고 바디우의 경우에는 1989년이 "근대적 기획을 실재적인 것에 대한 20세기의 열정에 충실하게 재발명할 기회"[19]를 제공한다. 라투르와 바디우의 의견이 일치하는 이런 사태는 또 다른 이유에서 흥미로운데, 왜냐하면 나중에 라투르가 "미셸 세르의 히로시마의 위기를 1989년의 위기로 득의만면하게 대체한다"[20]라는 이유로 노이스에게서 질책을 받게 될 것이기 때문이다. 그

---

16. Noys, *The Persistence of the Negative*, 81.

17. 같은 곳.

18. 같은 책, 82.

19. 같은 책, 83.

20. 같은 책, 93.

렇지만 히로시마는 바디우 자신의 '사건' 목록에서 두드러지지 않으며, 그리고 라투르는 노이스 자신이 읽었지만(그는 그 구절이 나타나는 에세이에서 인용한다) 인용하지 않기로 작정하는 구절에서 히로시마에 대한 세르의 전념에 관해 꽤 감동적으로 서술한다(EWC, 92). 더욱이, 세르가 2차 세계대전 시기 자신의 젊은 시절 동안 히로시마 사건 및 다른 심란한 사건들을 보고서 겪은 공포가 사실상 근대주의적 비판—세르는 그런 비판을 지속적으로 격렬히 거부하는데도—과 마찬가지라고 노이스가 생각하는 이유가 불분명하다.

'평평한 존재론', 즉 다른 무언가에 영향을 미치는 존재자들은 모두 실재적인 것으로 여겨지는 비환원적 이론에 대한 라투르의 신념—그러므로 '행위자' 혹은 '행위소'라는 용어는 라투르 이론의 핵심에 자리하고 있다—을 노이스는 올바르게도 언급한다. "평평하고 구체적인 존재론에의 이런 의지는 라투르가 유물론에서 물질의 한 특정한 형태가 여타의 형태보다 뛰어나다고 상정하는 관념론적 경향을 제기하리라 희망하는 수단이다."[21] 그런데 노이스는 자신이 이 방법에 감춰진 비열한 위선을 탐지한다고 생각하는데, 그 이유는 "모든 존재자가 동등하게 실재적이어야 하지만 일부 존재자는 다른 존재자들보다 덜 실재적이며, 그리고 이들 존재자는 정말 공교롭게도 비판적 좌익 정치와 연

---

21. 같은 책, 84.

관된 존재자들이기 때문이다. 추정상의 환원주의자들에게는 어떤 비환원도 허용되지 않는다."[22] 노이스의 주장은, 라투르가 주사위를 조작하여 자신이 싫어하는 것들은 배제하면서도 모든 것에 대한 공평성을 공표함으로써 '비판적 좌익 정치'가 미리 배제되어 특별한 냉대를 받는다고 하는 것인 듯 보인다. 그런데 이것은 비환원 이론의 요점을 이해하지 못한 것이다. 라투르의 주장은 모든 철학적 입장이 동등하다는 것이 아니라, 모든 행위자가 동등하다는 것이다. 말하자면, 라투르는 실재적인 모든 것이 공유하는 어떤 기본적인 특질―존재하는 모든 것은 어떤 다른 행위자를 "수정하거나 변형하거나 교란하거나 생성한다"라는 사실 (PH, 122)―에만 주목함으로써 환원주의를 가장 잘 회피할 수 있다는 존재론적 결정을 내린다. 『네트워크의 군주』에서 내가 라투르가 행위와 효과를 실재성의 기본 규준으로 사용한 것은 잘못된 일이라고 주장했지만, 그가 어떤 식으로든 존재하는 모든 것에 대한 가능한 가장 광범위한 정의를 제공하려는 취지에서 이 이론을 제시한다는 점은 의문의 여지가 없다. 정말로 존재하는 것은 데카르트적 시공간 격자에서 위치를 차지하는 물질적 성분의 입자들뿐이라는 독단적인 결정을 사전에 내림으로써 시작하는 주류의 유물론과 라투르의 이론을 대조하라. 누군가가 이런 조잡한 판본의 유물론을 거부하고서 한정적인 미

---

22. 같은 곳.

묘한 점을 무수히 추가하더라도, 세계의 근저에 단 한 가지 종류의 존재자가 정말로 존재한다는 주장은 실재적인 것을 실재적인 것에 관한 추상적 이론으로 대체한다. 라투르는 「유물론을 되돌려 주시겠습니까?」라는 자신의 인상적인 2007년 시론에서 이런 논점을 매우 납득이 가도록 주장한다. 비환원의 원리는, 존재자들이 각기 무언가 다른 것에 어떤 영향을 미치는 한, 이들 존재자는 동등하게 강하지는 않더라도 동등하게 실재적인 것으로 여겨져야 한다는 점을 요구한다. 그 원리는 평평함에 반대하는 어떤 환원주의적 유물론이 평평함 자체와 동등한 권리를 갖추고 있어야 한다는 점을 절대 요구하지 않는다. 노이스는, 그가 할 수 있다면, 더 설득력이 있는 이론으로 평평한 존재론에 자유롭게 반대할 수는 있지만, 비환원의 문제에 있어서 위선을 구실로 삼아서 라투르를 비난할 자유는 없다.

노이스의 다음 비판은, 라투르가 그들의 해방적 힘을 업신여기면서도 "맑스주의자들에게 추근댄다"[23]라는 것이다. 이것에 대한 논증은 다음과 같이 진행된다. "라투르는 미셸 칼롱과 힘께 서술하면서 맑스주의를 사용하여 맑스주의에 더욱더 압박을 가하는데, 이를테면 그는 언제나 '자본주의들'이 존재할 뿐인데도 맑스주의가 자본주의를 물화하는 위험을 무릅쓴다고 주장한다."[24] 노이스는 이것을 라투르의 불편한 모순으로 여

---

23. 같은 책, 85.

기는데, 요컨대 라투르는 자본주의를 "구성적 체제"로 설명한다는 점에서 칼롱과 의견을 같이하는 동시에 그것의 현존을 부인하는 것으로 추정된다. 이것은, 라투르가 "혁명적 폭력은 불가능하다. … 그러므로 그런 짓을 하지 마라!"[25]라고 말하고 있는 것처럼 보인다는 노이스의 빈정대는 진술과 같은 취지에서 비롯된다. 심지어 노이스는, "문체상의 자부심"[26]을 이유로 라투르를 비난한 바로 직후에, 뻔뻔스럽게도 라투르의 주장을 근친상간 금기를 끔찍스럽게도 떠올리게 하는 것으로 묘사한다.[27] 그런데 독자들에게 불가능한 것을 추구하는 일을 자제하라고 촉구하는 행위에는 아무 모순도 없다. 예를 들면, 라투르가 근대 시대에 관해 언급하면서 동시에 그 시대가 실제로 근대적이었음을 부인하는 경우에는 모순된 것이 전혀 없는데, 그 이유는 그 경우에 라투르는 근대인들이 사실상 그런 일을 절대 하지 않은 채로 자신들이 자연을 문화로부터 정화한다고 여겼다는 점을 말할 따름이기 때문이다. 혁명적 폭력의 경우에도 사정은 마찬가지인데, 명백히 로베스피에르와 생-쥐스트, 레닌은 모두 혁명적 폭력을 실행하려고 시도했으며, 그리고 그들은 모두 그 일에 어느 정도 성공했다. 라투르는 그들의 그런 혁명적 조

---

24. 같은 책, 84.
25. 같은 책, 94.
26. 같은 책, 91.
27. 같은 책, 94.

치가 그들이 스스로 하고 있다고 생각한 것을 행하지 않았다는 점을 덧붙일 따름일 것인데, 그들은 보편적 평등주의라는 원칙을 내세워서 오랫동안 누적된 문화적 계층구조를 일소함으로써 사회를 정화한 것이 아니라 오히려 비혁명적인 지도자들이 행하는 것과 같은 방식으로 장기판 위에 행위자들을 재배치했을 뿐이다. 라투르가 혁명적 폭력에 반대하는 주장을 펼치는 이유는 단지 그것이 자신이 행하고 있다고 생각하는 것을 행할 수 없기 때문이며, 그리고 이것은 결코 모순적인 주장이 아니다.

또한, 노이스가 진술하는 대로, "라투르와 칼롱에게 자본주의는 두드러지게 취약한 체제인데, 언제나 국소적 효과에 의해 생성되고 있는 대상이기에 붕괴할 수 있다. 이렇게 해서 라투르는 원하는 것을 모두 얻게 되는데, 맑스주의가 자본을 물화하고 자본의 세부에 주의를 기울이지 않는다고 비난함으로써 맑스주의의 측면을 공격할 뿐만 아니라, 맑스주의에의 의존을 부인하는, 자본에 대한 약화된 비판도 유지할 수 있다."[28] 그런데 여기서 논점을 교묘히 피하는 사람은 노이스인데, 그 이유는 먼저 맑스주의만이 자본을 비판할 수 있을 뿐이라고 가정한 다음에 여타의 비판은 모방과 추근거림에 지나지 않는 것이라고 계속해서 비난하기 때문이다. 우리가 자본주의라고 일컫는 것이 애초에 결코 매우 강하지 않았다는 칼롱과 라투르의 주장에서

---

28. 같은 책, 85.

맑스주의에의 "의존을 부인하는" 어떤 태도도 찾아내기 어렵다. 사실상 허약한 자본주의라는 개념보다 덜 맑스주의적인 개념을 상상하기는 어려운데, 오히려 맑스주의자들은 자본주의를 탐욕스러운 용으로 여긴다. 맑스주의의 "측면을 공격하"거나 맑스주의에 "추근대"는 데 단지 자본주의의 허약성을 언급하는 것만으로 충분하다면, 그 입장은 애초에 매우 강건하지 않았다.

계속해서 노이스는, 라투르가 단지 자본주의가 현존함을 밝히는 데 필요한 입증 기준을 도대체 충족할 수 없도록 높게 설정함으로써 자본주의의 추정상의 '비현존'을 증명한다고 불평한다. "라투르가 시인할 수 없는 바는, 자본에 내재적이라는 것이 자본에 의해 전적으로 결정되는 것임을 뜻하는 것이 아니라 오히려 누구나 자본을 꺾기를 바란다면 그 지형 위에서 투쟁할 필요성 — 전통적으로 '계급투쟁'으로 일컬어지는 것의 필요성 — 을 드러낸다는 점이다."[29] 이와 관련하여 노이스는 다음과 같이 서술한다.

이처럼 자본주의를, 자본주의 비판자와 지지자의 머릿속에서 구상되는 대로, 총체적 지배의 환상으로 간주하는 행위는 자본주의를 구성하는 것에 대한 기준을 너무나 높게 설정함으로써 이루어진다. 라투르 자신은 자본주의가 그것의 고유한 내적

29. 같은 책, 86.

의무 — 절대적 등가성이 이루어진 상황 — 를 충족하고 나서야 현존할 수 있을 따름이라고 주장함으로써 자본주의를 추출하거나 정제한다. 이런 식으로 라투르는, '절대적 등가성'을 자신의 고유한 극한점으로서 직면하기에 모순들로 찢길, 실재적 추상 관념들을 통해서 조직된, 공식적인 축적 공정으로서의 자본주의에 대한 맑스의 실제 정의를 무시한다.[30]

이것은 라투르의 교묘한 화법에 대한 정교한 맑스주의적 응답으로서 제기되지만, 사실상 라투르의 존재론에 대한 오해일 뿐이다. 말하자면 라투르의 주장은, 우리가 바위와 나무, 개울 같은 생명 없는 객체들도 찾아낼 수 있는 한에 있어서 '순수한 형태'의 사회는 절대 나타나지 않는다고 말함으로써 라투르가 뒤르케임주의적 사회학에 반대하는 것과 마찬가지로, 자본주의는 그것이 순수한 형태로 절대 나타나지 않는다면 현존하지 않는다고 말하는 것이 아니다. 요약하면, 근대주의의 오류는 자신이 모든 것을 정화하는 데 이미 성공했다고 생각하는 것이 아니라, 정화를 자신의 현행 과업으로 여긴다는 것이다. 라투르의 불평은, 정치적 견지에서 서술하면, 맑스주의가 사람들은 자본에 의해 '완전히 결정된다'라고 생각한다는 것이 아니고 오히려 맑스주의가 자본과 그 타자 사이의 지속적인 투쟁('계급투쟁')을

---

30. 같은 책, 87.

여타의 것이 처음부터 밀어 넣어지게 되는 기본적인 구조적 이원론으로 여긴다는 것이다.

노이스의 비판에서 드러나는 결점에도 불구하고, 내가 아는한, 좌파의 인사 중에서 그가 지금까지 라투르에게 관여하는데 가장 진지한 노력을 기울였다. 이런 이유로 인해, 우리는 노이스가 어쩌면 옳을 두 가지 점을 언급함으로써 논의를 끝내야한다. 첫 번째 것은 라투르가 권력투쟁 자체보다도 더 높은 정치적 기준을 위한 여지를 거의 남겨두지 않는다는 노이스의 누그러지지 않는 감각인데, 이것은 많은 비판자와 친구가 똑같이공유하는 감각이다. 노이스가 서술하는 대로, "납득시키고자하는 실용주의적 욕망을 기준으로 삼는 것은 또다시 성공적인것을 옳은 것과 동일시하는 관점을 재생산한다. 〔『판도라의 희망』에서〕 라투르는 궤변을 조건부로 옹호하면서 이것이 힘과 정의의 동일성을 수반함을 부인하고, 오히려 그것이 지식의 권위를 의문시함으로써 민주주의적 논쟁이 개시될 수 있게 한다고주장한다."[31] 궤변의 문제에 관하여, 노이스는 예상보다 더 너그럽다. 『네트워크의 군주』에서 내가 주상한 대로, 라투르는 소크라테스를 '인식론 경찰'에 속한다고 잘못 여김으로써 소크라테스의 이른바 권위주의적 지식 주장에 반대하기 위해 소피스트를 포용하는 추가적인 오류도 저지르게 된다. 힘과 정의의 동일

---

31. 같은 책, 91.

성에 관해서는 노이스 역시 올바르게도 라투르의 사유에 포함된 이 요소에 관해 우려한다. 어쩌면 모든 철학적 입장은 그것이 자신의 나머지 경력에 걸쳐서 억누르려고 애써야 하는 원천적인 과잉을 지니고서 생겨날 것이다. 스피노자는, 그의 추종자들이 정반대의 주장을 아무리 떠들썩하게 제기하더라도, 전체적인 신/자연 가설로 인해 개별 존재자들을 다룰 준비가 부실한 채로 남게 된다. 후설은 자신의 현상학적 출발점으로 인해 물리적 세계를 밝히는 데 있어서 비교적 무력한 채로 남게 되고, 따라서 나중에 그는 이런 결점을 해소하기 위해 점점 더 터무니없는 노력을 기울여야 한다. 하이데거는 눈에 보이는 존재자들보다 은폐된 존재를 높이 평가함으로써 일상적 존재자들에 대한 경멸에 갇히게 되고, 따라서 그것들을 회복시키기 시작하려면 궁극적으로 네겹의 격언적 복합체가 필요하다. 라투르가 처음에 견지한 홉스주의적 정치철학의 경우에 원천적인 위험은 모든 형태의 정치적 초월성, 즉 리바이어던 자체를 넘어선 모든 상소 법정을 차단하는 것이다. 앞서 우리가 이해한 대로, 이것은 라투르의 시적 전개에 영향을 미친다. 그런데도 또한 내게는 라투르가 "지식의 권위를 의문시하기"를 바라는 이유, 즉, 지식 주장이 정치에 대한 끔찍한 근거라는 사실 — 대다수 현재 좌파가 충분히 진지하게 고려하지 않는 것 — 을 노이스가 파악하지 못하는 것처럼 보인다.

그런데 이와 관련하여 노이스(그리고 다른 좌익 옹호자들)

가 여전히 옳을지도 모르는 논점이 있다. 노이스는 다음과 같이 주장한다. "폭력의 결과에 대한 [라투르의] 불안은 결코 일반적인 것이 아니라 혁명적 폭력의 문제에 집중된다. 혁명적 폭력이 제안하는 것은 거시적 수준의 변화인데, 그리하여 폭력은 네트워크의 미시적 수준에서 일어나는 변화의 한계에 대항함으로써 '네트워크' 자체의 변화를 지향한다."[32] 그 불평은 장점이 없지 않다. 나는 이미 근대주의적 혁명에 대한 라투르의 비판을 옹호했는데, 그런 혁명은 문화와 역사의 장애물을 정화하여 어떤 적절한 이념의 이름으로 사회를 재건해야 한다는 지지할 수 없는 요구를 제기한다. 이런 의미에서, 라투르에게는 실재적인 '거시 수준'이 전혀 없으며, 크고 작은 미시 수준들만 있을 따름이다. 그런데도 근대적인 혁명적 요구를 방지한 후에 라투르가 여전히 중요하거나 심지어 격변적일 하위혁명적 변화를 위한 여지를 불충분하게 남겨 두는 위험이 라투르의 입장에 내재한다. 노예 반란을 촉구하기 위해, 2008년 경제 붕괴 이후에 월스트리트가 대체로 아무 타격도 받지 않은 것으로 드러난 점에 분노하기 위해, 케네디 암살이나 어떤 여객기의 추락이 은밀한 군사적 음모에서 비롯되었다고 생각하기 위해, 혹은 선진적 서양이 세계의 나머지 지역을 희생시키는 대가로 인위적으로 높은 생활 수준을 향유한다고 주장하기 위해 근대주의적 자연/문화

---

32. 같은 책, 93.

분열을 고수할 필요는 없다. 이것들은 모두 좌익의 전형적으로 떠들썩한 주장이며, 그리고 라투르가 제안한 자연/문화 정화의 중단을 견뎌낼 수 있을 것이다. 그런데 라투르의 정치철학이 이런 비절대적 의미에서 진리와 정의를 요청할 수 있는지 여부를 여전히 알아내야 한다면, 좌익이 합리주의적 판본의 자연/문화 분할과 단절할뿐더러 인간 정치가 실재에 접근하기 위한 초험적 조건이라는 현재 널리 퍼진 인식론적 관점과도 기꺼이 단절할지 여부 역시 여전히 알아내야 한다.

라투르와 푸코에 대한 헤크먼 등의 논평

우리 시대에 인문학과 사회과학에서 가장 널리 인용되는 인물은 미셸 푸코임이 확실하다. 우리는 구글 스칼라Google Scholar의 도움을 받아서 푸코가 미치는 영향력의 크기도 정량화할 수 있다. 이 책을 저술하고 있는 무렵(2014년 6월)에, 다양한 분야에서 거론되는 저작을 남긴 자크 데리다는 놀랍게도 14만 8천 회의 인용 기록을 보유하고 있다. 데리다라는 인물이 대단히 인상적이지만, 푸코는 입이 떡 벌어지게도 48만 1천 회의 인용 기록을 보유하고 있는데, 이것은 데리다보다 푸코의 관념들이 훨씬 더 광범위한 분과학문에 걸쳐서 더 직접적으로 사용될 수 있다는 사실을 입증한다. 여기서 푸코를 언급할 만한 이유는 라투르 자신이 언젠가 인문학과 사회과학에서 거의 보편적인 준거 대상으로서 푸코와 경쟁할 것이라는 소문이 최근에 나돌기 때문이다. 결국, 라투르의 지적 방법들은 거의 모든 주제와 잘 어울린다. 이들 방법은 푸코 자신의 방법들보다 자연과학에 대한 (논란의 여지는 있지만) 더 자세한 취급법을 제시한다. 게다가 라투르는 푸코보다 생명 없는 행위자들에 관해 더 많은 것을 말해줄 것이 확실한데, 푸코의 '물질성'에 대한 관심은 사실상 비인간 세계가 역사를 통해서 인간 주체를 형성하는 방식에 대한 관심에 불과한 것으로 판명되었다. 현재 라투르는 (지금까지 거의 모든 사람이 읽은) 푸코보다 여전히 틈새 인물이지만, 라투르가 우리에게 제공하는 도구는 매우 유연하기에 결국에는 라투르가 첨단적이라고 자처하는 모든 작업의 표준적인 준거로서 푸코를 대체할지 여부를 궁금히 여기는 것은 더는 어리석은 일이 아니다.

푸코와 라투르의 각자 입장들 사이의 지적 관계를 간략히 고찰하자. 어쩌면 지금까지 이 관계에 대한 가장 자세한 논고는 대체로 푸코를 편드는 「우리는 결코 탈근대인이었던 적이 없다」라는 수전 헤크먼의 2009년 논문일 것이다. 또한 유용한 것은 핀란드 학자 올리 피티넨과 사카리 타미넨의 2011년 논문인데, 그 제목(「우리는 결코 단지 인간이었던 적이 없다」)은 라투르의 가장 유명한 책의 제목을 또다시 흉내 낸 것이다. 또 하나의 유용한 글은 2011년 초에 개빈 켄달과 마이크 마이클이 발표한 논문이다. 그 문제에 관한 라투르 자신의 견해를 살펴보면, 라투르는 푸코에게 본격적으로 대응한 적이 결코 없지만, (공저자 에밀 에르망과 함께) 라투르 자신이 푸코와 다른 점을 가장 생생하게 시사하는 저작은 어쩌면 『파리 : 보이지 않는 도시』일 것이다. 사적 대화에서는 훨씬 더 긍정적으로 발설되는 경향이 있는, 푸코에 관한 라투르의 긍정적인 진술이 출판되어 있음에도 불구하고, 라투르는 푸코의 족적을 따르고 싶은 마음이 없다는 감각을 회피하기는 어렵다. 1984년에 출판된 『비환원』에서 '권력'에 관한 다음과 같은 진술을 살펴보자.

> 권력의 철학자들과 사회학자들은 자신들이 비판한다고 주장하는 주인들에게 아부한다. 이런 권력은 권력으로 설명되지 않는 공모, 묵인, 타협, 그리고 혼합물의 결과로서만 효과가 있을 따름인데도, 그들은 주인들의 행위를 권력의 힘에 의거하여 설명한다. '권력'이라는 개념은 무력한 군주가 강해지기 위해서 마찬가지로 약한 자들과 동맹을 맺는 바로 그 순간에 비판자에게서 졸음을 유발하는 양귀비의 최면성 미덕이다(PF, 175).

누군가가 '권력'에 대한 푸코의 정의를 아무리 정교히 다듬으려고 시도하더라도, 라투르의 기준에 합격할 그 용어의 의미를 상상하기는 어렵다. 하지만 그 문제에 관한 헤크먼의 대안적 견해를 고찰하자.

헤크먼은 상당히 합당하게도 『우리는 결코 근대인이었던

적이 없다』를 라투르의 가장 대표적인 저작으로 여긴다. 그 책의 핵심 주장은 이쪽에는 자연 그리고 저쪽에는 문화를 위치시키는 근대주의적 분열을 지지할 수 없다는 것이지만, 헤크먼은 이 주장에 특별한 감명을 느끼지 않는다. "이것 자체는 논란의 여지가 없다"라고 헤크먼은 다소 성급히 서술한다. 왜냐하면 "어떤 의미에서는 여기서 라투르가 주장하고 있는 것이 새롭지 않기 때문이다. 근대주의와 그것이 의지하고 있는 이분법에 대한 비판은 19세기와 20세기의 대다수 사상에서 찾아볼 수 있다. 그중에서 헤겔과 니체, 하이데거는 물질적인 것/담론적인 것의 이분법에 대한 접근법을 제시하면서 근대주의에 도전했다."[33] 요약하면, 헤크먼에게 근대성에 대한 라투르주의적 비판은 비교적 낡은 모자이고, 따라서 최근에 가장 지배적인 형태의 이분법, 즉 언어적 전회에 대한 도발적인 이의 제기를 통해서만 흥미로울 뿐이다. "라투르의 이의 제기의 중요성은… 그것의 시의적절함이다. 그는 20세기 말과 21세기 초 사상에 고유한 문제 — 현대 사상의 언어적 전회 — 를 거론하고 있다."[34] 언어적 전회는 사실상 20세기 말 이전에 이르기까지 꽤 서슬러 올라가야 하더라도 헤크먼의 논점은 매우 명료한데, 언어적 전회는 여전

33. Susan Hekman, "We have never been postmodern : Latour, Foucault, and the material of knowledge," *Contemporary Political Theory*, vol. 8 (2009) : 435.
34. 같은 글, 436.

히 당대의 지적 지평이다. 언어적 전회와 관련하여 헤크먼이 가장 불편하게 느끼는 점은 그것이 정치적 거대 서사를 희생시킨다는 것이다. 최근의 프랑스 이론에 공감적인 많은 저자와는 달리, 헤크먼은 데리다가 자신의 언어적 헌신에 의해 부분적으로 눈이 멀게 된다는 점을 기꺼이 인정한다. "이 문제와 그것이 정치 이론에 미치는 영향의 본성은 전형적인 포스트모더니스트인 자크 데리다의 저작에서 가장 명백하다. 데리다의 관심은 전적으로 언어 — 그것의 '차이,' 그것의 해체, 글과 말에 있어서 언어의 유희, 인간의 죽음 — 에 집중된다."[35] 게다가 데리다는 (종교는 말할 것도 없이) 윤리와 정치에 관한 자신의 다양한 글에서 대담하게 그런 언어적 주제들을 넘어서는 것처럼 보일지라도, "이들 논의의 어디에서도 이들 정치적 개념의 실재적이고 물질적인 결과에 대한 언급이나 그런 개념들이 자리하고 있는 정치적 세계에 대한 언급이 전혀 없다. 그의 해체 이론에 충실하게, 데리다의 텍스트는 언어적인 것을 감히 넘어서지 않는다."[36]

그런데 헤크먼의 주장에 따르면, 데리다와 달리 푸코는 근대적 자연/문화 분열의 한 극에 여전히 갇히는 잘못을 저지르지 않는다. 분명히 라투르적인 몸짓으로 헤크먼은 다음과 같이 덧붙인다. "언어/실재 이분법의 언어 쪽으로 이동하는 것은 이

---

35. 같은 곳.
36. 같은 곳.

분법을 해체하는 것이 아니라 오히려 영속화한다. 우리에게 필요한 것은 물질적인 것을 상실하지 않은 채로 언어적 전회의 통찰을 편입할 수 있는 이론이다. … 언어와 실재의 내부-작용(캐런 배러드의 용어)을 서술하는 이론을 부각하는 것은 만만찮은 과업이다."[37] 그런데 "라투르는 탈근대인으로 분류될 뿐만 아니라 전형적인 탈근대인으로 인정받게 된 한 사상가, 즉 미셸 푸코에 대하여 오해한다." 헤크먼의 독법 아래서 푸코는 "물질적인 것 또는 '실재'를 배제할 정도로 담론을 강조하기는커녕 담론과 실재 사이의 상호작용을 언제나 예민하게 의식한다."[38] 이렇게 해서, 내가 보기에 푸코의 독창성은 과대평가하면서 라투르의 독창성은 과소평가하는, 헤크먼의 논문의 나머지 부분이 전개되기 위한 배경이 설정된다.

　헤크먼이 푸코와 라투르에 관해 말하는 바의 세부를 살펴보기 전에, 우리는 방금 언급된 구절들에서 두드러지는 세 가지 문제점을 인식해야 한다. 첫째, 헤크먼은 푸코가 세계를 '담론' 극으로 환원하지 않고 오히려 "담론과 실재 사이의 상호작용을 언제나 예민하게 의식한다"라고 말함으로써 푸코를 옹호한다. 이것은 라투르의 『우리는 결코 근대인이었던 적이 없다』라는 책을 이미 오해하는 셈이다. 그 책의 요점은 자연/문화 이

---

37. 같은 글, 438.
38. 같은 곳.

원론이 그것들의 끊임없는 교환으로 대체되어야 한다는 것이 아니라, 그 두 극이 모두 애초에 쓸모없다는 것이다. 이런 이유로 인해 라투르는 '행위소'라는 통일된 개념, 즉 근대적 자연/문화 대립쌍을 모두 포괄하고 가로지르는 개념을 지지하여 자연과 문화 둘 다를 내팽개친다. 라투르의 경우에, 우리가 무언가를 자연적인 것 혹은 문화적인 것으로 그럴듯하게 판별할 수 있는 한에 있어서 그것이 실재적이라는 것이 아니라 오히려 행동하는 것이라면 무엇이든 실재적이다. 라투르가 때때로 근대주의적 이원론의 반향 속으로 미끄러진다는 사실(『존재양식들에 관한 탐구』에서 라투르가 불행하게도 '준객체'와 '준주체'에 의지하는 사례처럼)로 인해 그의 비판이 품은 일반적인 정신이 바뀌는 것은 아니다. 자연과 문화 중 하나를 근본적인 것으로 간주하는 것이 요점이 아닌 것과 마찬가지로 자연과 문화를 혼합하는 것도 요점이 아니다. 둘째, 이런 맥락에서 배러드의 내부-작용 이론에 의지하는 것은 미덥지 않다. 『우주를 중간에서 만나기』에서 배러드가 수행한 탐구의 지적 출발점은 닐스 보어의 상보성 이론인데, 이 이론은 마음과 세계의 이분법에 이익를 제기하는 것이 아니라 단지 그 두 극을 영구적으로 융합할 따름이다. 이런 융합이 배러드와 헤크먼이 바라는 것일지도 모르지만, 라투르 자신의 의도는 아니다. 특히 '내부-작용'이라는 배러드의 용어는 '상호작용'이라는 일반적인 낱말을 대체하는 용어로 채택되는데, 바로 그 이유는 배러드가 우선 마음과 실재가 분리된

항들이라는 점에 동의하지 않기 때문이다. 이런 이유로 인해 행위주체들은 그들이 언제나 이미 사전에 통일된 어떤 곳에서 '내부-'작용한다. 배러드는 두 가지 별개의 극으로서의 마음과 실재를 단적으로 폐기한다는 관념을 전혀 품고 있지 않은데, 바로 그 관념이 라투르의 근대주의 비판의 주안점이다. 세 번째이자 마지막으로, 우리는 헤크먼의 진술에서 "물질적인 것 또는 '실재'를 배제할 정도로 담론을 강조하기는커녕"이라는 어구를 무시하지 말아야 한다. 헤크먼의 진술에서는 '물질적인 것'과 '실재'가 동의어로 활용되는 것처럼 보이는 한편으로(이미 나쁜 착상이다) '실재'만이 따옴표로 묶여 있는데, 이는 마치 헤크먼이 '물질적인 것'이라는 낱말이 일반적으로 '실재'를 연상시킨다는 점은 편안하게 여기면서도 인간의 개입 범위를 완전히 벗어나는 것으로서 '실재'라는 낱말의 일반적인 의미는 받아들이고 싶지 않은 것처럼 보인다. 후자의 논점은 헤크먼이 배러드의 내부-작용성 모형을 지지하는 사실과 잘 부합할 뿐만 아니라, 헤크먼과 라투르가 의견이 일치하는 지점이기도 하다. 주요한 차이점은, 헤크먼은 세계를 '실재'와 '담론'으로 알려진 두 가지 특정한 존재자 사이의 상호작용에서 비롯되는 것으로 명시적으로 간주하는 반면에, 라투르의 입장은 '담론'이 전혀 개입하지 않은 채로 이루어지는 '실재'와 '실재' 사이의 상호작용 — 어떤 자동차가 운전자가 없거나 심지어 목격자도 없는 상태에서 언덕 아래로 굴러 내려가는 동안 과속방지턱이 그 자동차의 현가장치를 파손할 때처럼―을 원칙적으로 허용한다는 것이다.

푸코와 더불어 들뢰즈는 현대 철학적 좌파의 또 다른 영웅이다. 그런데 헤크먼이 보기에, "들뢰즈는 우리를 [정치적으로] 불분명한 중립 지대에 남겨 둔다."[39] 헤크먼은 클레어 콜브룩, 윌리엄 코널리, 그리고 마이클 하트 같은 선도적인 들뢰즈주의자들을 칭송하면서도 그들이 여전히 부족하다고 판정하는데, 그이유는 "푸코가 근대주의와 언어적 구성주의 둘 다를 넘어서는 정치가 조직될 방식에 관한 더 나은 지식을 제공하"[40]기 때문이다. 라투르에 의해 비판받은 이원론을 여전히 견지하면서 그대립항들을 그저 융합할 따름인 헤크먼은 푸코에게 경의를 표하는데, 왜냐하면 푸코는 "자연과 문화가 복잡한 방식으로 상호작용하는 세계를 서술하"[41]기 때문이다. "푸코는 언어적인 것과 물질적인 것 중 어느 것에도 특권을 주기를 바라지 않고, 오히려 그것들을 하나의 상호작용적 연속체로 통합하기를 바란다."[42] 푸코는 들뢰즈보다 더 구체적이라는 이유로 높이 평가되는데, "감옥, 병원, 보호 시설, 섹슈얼리티의 실천, 그리고 현대 생활의 많은 다른 요소에 관한 푸코의 서술은 우리의 정치가 어떠해야 하는지에 대한 구체적인 감각을 우리에게 제시한다. 요

---

39. 같은 글, 439.
40. 같은 글, 440.
41. 같은 곳.
42. 같은 곳.

약하면, 푸코는 우리가 무엇을 해야 할지를 제시한다."[43] 푸코에게서 나타나는 물질적인 것과 담론적인 것의 차이도 헤크먼에 의해 "담론과 실천 사이의 친밀한 관계"[44]로 윤색된다. 이제 '물질적인 것'이 '실천'과 동일시되었기에 우리는 헤크먼의 푸코가 여전히 얼마나 인간중심적인지 얼마간 깨닫게 되는데, 그렇다고 헤크먼의 독법이 부정확하다고 말하는 것은 아니다. 헤크먼은, "푸코는 언제나 그저 담론에 관심이 있지 않고, 오히려 담론적 실천, 담론이 사용되는 방식, 그리고 사회에서 담론이 수행하는 역할에 관심이 있다"[45]라는 고전적인 드레이퍼스/래비나우 해석에는 동의하지만, 한편으로 푸코에게 해석은 언제나 자의적이라는 그들의 결론은 유감스럽게 생각한다. 헤크먼은 이 견해를 진부하고 상투적인 견해이자 "푸코뿐만 아니라 포스트모더니즘 일반에 대한 표준 해석"[46]으로 일축한다. 하지만 헤크먼은 데리다와 관련하여 오로지 언어적 우주가 있을 뿐이라는 점을 앞서 이미 인정했다. 헤크먼은 푸코에게서 같은 혐의를 어떻게 면제하는가? 기묘하게도, 헤크먼은 '물질적인 것'이 독립적인 실재성을 갖추고 있다고 공표하지 않고 오히려 또다시 "푸코의 방법은 물질적인 것과 개념적인 것이 분리될 수 없음을 언제나

---

43. 같은 곳.
44. 같은 곳.
45. 같은 글, 442.
46. 같은 곳.

전제로 한다"[47]라고 주장함으로써 그렇게 한다. 푸코의 경우에 가장 물질적인 것은 '권력'이며, 그리고 헤크먼은 "푸코가 권력에 사로잡혀 있다"[48]라는 사실을 인정한다. 우리는 이것이 푸코의 가장 라투르적인 측면인 동시에 가장 라투르적이지 않은 측면 이라는 점을 알게 될 것이다.

주지하다시피, 푸코의 권력사의 한 양태, 또한 "담론과 실천 의 복잡한 교직"으로 알려진 양태는 더 일반적으로 "학교, 병 영, 병원, 그리고 다른 기관들에 만연하는" 치안과 감시의 역사 다.[49] 더욱이, "감시는 규율을 산출하고, 규율은 신체의 규율 이다. … 푸코가 서술하는 규율적 실천을 통해서 생겨나는 것 은 그가 생명권력이라고 일컫는 것 … 신체를 예속시키고 인구 를 통제하기 위한 기법이다."[50] 마지막으로, 우리는 "권력은 소 유물이 아니라 일련의 다양한 관계다"[51]라는 점을 인식해야 한 다. 푸코의 경우에 "역사적 구성물"[52]인 것은 섹슈얼리티뿐만이 아니고, 그리하여 푸코의 소문난 '유물론'이 사실상 인간 주체에 관한 역사주의에 지나지 않음을 시사한다. 게다가, "담론적인 것 과 비담론적인 것은 사건, 실천으로 합쳐진다."[53] 헤크먼은, 푸

---

47. 같은 곳.
48. 같은 곳.
49. 같은 글, 444.
50. 같은 글, 445.
51. 같은 글, 446.
52. 같은 글, 447.

코가 "담론에 매혹되었으며, 그리고 담론을 우선시함으로써 본질적으로 물질적인 것을 무시했다"라는 드레이퍼스와 래비나우의 견해를 인용한 후에, 푸코에 대하여 거의 설득력이 없는 변론을 제시한다. "(푸코의) 주의는 명백히 담론에 집중된다. 하지만 푸코는 담론에 주의를 집중하면서도 담론적인 것과 비담론적인 것 사이의 연결 관계를 절대 간과하지 않는다."[54] 그런데 앞서 우리는 헤크먼이 '비담론적인 것' 또는 '물질적인 것'을 실천과 역사의 너무나 인간적인 의미에서 해석함을 이미 깨달았다.

요약하면, 푸코가 물질적인 것을 무시한다고 말하는 것은 불공정하다고 헤크먼이 생각하는 이유는 푸코가 물질적인 것을 인간적인 것에 용해하기 위해 대단히 애를 쓰기 때문이다. 추정컨대, 이처럼 물질적인 것을 용해하는 행위는 푸코가 물질적인 것을 무시하지 않음을 입증한다! 헤크먼은, 헛된 일이지만, 말은 "존재를⋯구성하지 않고 오히려⋯존재를 폭로한다"라고 항의하는데, "게다가, 중요하게도, (푸코)는 폭로될 물질적 실재가 저쪽에 존재한다는 점을 절대 의문시하지 않는다. 우리의 개념들은 그 실재를 매우 다양한 방식으로 파악하지만, 푸코의 경우에, 저쪽에 폭로될 무언가 ─ 존재론적 연속체, 존재 혹은 그 양식들 ─ 가 언제나 존재한다."[55] 여기서 헤크먼은 존재론 혹은

---

53. 같은 글, 449.
54. 같은 곳.
55. 같은 글, 450.

존재에 관해 최초로 언급하며, 그리고 헤크먼이 물질적인 것을 실천적/역사적인 것과 동일시한다는 사실을 참작하면, 우리는 헤크먼의 '존재'가 결코 인간의 얼굴을 갖추고 있지 않다고 예상할 이유가 전혀 없다. 이것이 비개연적인 것처럼 보인다면, 헤크먼이 '폭로'라는 용어가 "객체들이 복잡한 일단의 관계 — 경제적 관계, 사회적 관계, 기타 등등 — 로 이루어진 실정적 조건 아래서 현존한다"[56]라는 점을 뜻하는 것으로 윤색하는 행위를 살펴보기만 하면 된다. "기타 등등"이 사회과학의 알려진 주제들 이외의 것을 포함할 것이라는 암시는 전혀 없는데, 헤크먼의 "관계들"은 단적으로 인간관계들인 것처럼 보인다. 헤크먼은 "푸코가 자신의 초기 삶에서 맑스주의를 재미 삼아 생각했다"[57]라는 사실이 중요하다고 깨닫고, 따라서 그 논문을 마무리하면서 "어쩌면 이 중차대한 시기에 우리에게 필요한 것은 맑스로의 귀환이다"[58]라고 천명한다. 그런데 우리는, 푸코의 작업에 잔존하고 있는 것이, 헤크먼의 용어 선택에서 판단컨대, 실재적인 것에 대한 관심이 아니라 "물질적인 것에 대한 맑스의 관심과 관련된 요소"[59]라는 점을 인식하지 않을 수 없다. 그 점은 사소한 것이 아니라, 문화연구 진영에서 지금까지 점점 더 대중화된, 기묘하게

---

56. 같은 글, 451.
57. 같은 글, 452.
58. 같은 글, 453.
59. 같은 글, 452.

도 관념론적인 판본의 맑스를 암시한다. 헤크먼은 앞서 '물질적인 것'을 오로지 사회적 및 경제적 관계들로만 이루어져 있는 것으로 이미 서술하였다. 하지만 이것은 맑스 자신의 견해가 전혀 아니다. 맑스가 모든 것을 사회적 관계 아래 포섭하면서 비관계적 잔여 부분을 '상품 물신주의'의 환영으로 여긴다고 간주하고자 하는 최근의 시도에도 불구하고, 맑스는 인간 영역의 바깥에 상품화되지 않은 실재를 위한 충분한 여지를 남겨둔다. 맑스는 스스로, 『자본』의 서두에서, 공기와 물, 원시림은 상품이 아닐뿐더러 부족 공동체에서 생산된 객체도 아니며 농노가 봉건 영주에게 바친 소작료도 아니라고 말한다.[60] 헤크먼이 푸코가 "향후 수십 년 동안 지적 사유와 정치 이론을 인도할 것"[61]이라고 예측하면서 자신의 논문을 마무리할 때, 헤크먼은 정치사상이 자연(단지 비담론적 실천이라는 매우 약한 의미에서의 자연)과 문화의 상호 형성과 전적으로 관련되어 있으며, 그리고 실재 전체를 규정할 사회적 및 경제적 관계들의 체계와 전적으로 관련되어 있다고 가정하는 것처럼 보인다.

어떤 단계에서 리투르 역시 세계를 오로지 권력으로 이루어져 있을 뿐인 풍경으로 간주하는 것처럼 보이는 것은 참이지만, 라투르를 푸코와 구별하게 하는 몇 가지 두드러진 특징이 있다.

---

60. * Karl Marx, *Das Kapital*, Vol. 1, trans. B. Fowkes (New York : Vintage, 1977). [카를 마르크스, 『자본론 1-상·하』, 김수행 옮김, 비봉출판사, 2015.]

61. Hekman, "We have never been postmodern", 453.

첫째, 라투르는 생명 없는 존재자들의 역할에 대하여 푸코보다 더 강건한 감각을 지니고 있음이 명백한데, 바로 이런 이유로 인해 현재 일부 연구자는 푸코에게서 라투르로 전향하고 있다. 푸코의 경우에는 '물질적인 것'의 유일한 역할이 어떤 새로운 역사적 형태의 인간 주체를 형성하는 것처럼 종종 보인다. 라투르가 객체-객체 관계를 명시적으로 고려하는 경우는 거의 없다는 것이 사실이지만, 그는 홉스주의적 개코원숭이와 인간을 비동물 매개자들로 보완한다. 또 하나의 주요한 차이점은 권력에 대한 라투르의 시각이 푸코의 시각보다 덜 암울하다는 것인데, 이것은 기질이나 일반적인 문체상 분위기의 차이를 넘어서는 방식으로 그러하다. 권력, 생명정치의 규율적 실천에 대한 푸코의 기본적으로 암울한 시각은 그의 사상이 견지하는 궁극적으로 루소주의적인 성향을 저버린다. 헤크먼 자신은, 모든 것이 나쁘지는 않더라도 모든 것은 위험하며, 그리고 그런 위험에 대한 이유는 권력의 주요한 역할이 형성하고 길들이며 통제하는 것이기 때문이라는 푸코의 말을 인용한다. 하지만 루소와는 거의 관련이 없고 홉스의 가까운 친척인 라투르는 권력의 협상을 어떤 긍정적인 시각으로 바라보는 경향이 있는데, 말하자면 이들 협상을 제도를 지배하는 편집증의 교활한 생명정치로 여기지 않고 모험적이고 취약한 책략으로 여긴다.

이것이 푸코와 라투르가 같은 취지에서 작업하고 있지 않음을 독자에게 납득시키는 데 불충분하다면, 라투르/에르망의

『파리 : 보이지 않는 도시』를 살펴보기만 하면 된다. 이 책보다 푸코적이지 않은 책을 상상하기는 어려울 뿐만 아니라, 그것을 푸코에 대한 명시적인 풍자가 결코 아닌 것으로 해석하기도 어렵다. 다음과 같이 몇 가지 유쾌한 구절을 고찰하자.

과대망상자들은 지도와 영토를 혼동하고서 사실상 파리 전체를 자신의 눈앞에 두고 있기에 자신들이 파리 전체를 지배할 수 있다고 생각한다. 편집광들은 영토와 지도를 혼동하고서 자신들이 지배당하고 관찰당하고 감시당하고 있다고 생각하는데, 그 이유는 단지 어떤 눈 먼 사람이 은밀한 곳에 있는 가로 4m 세로 8m의 방에서 어떤 모호한 기호들을 멍하니 바라볼 수 있기 때문이다(PIC, 28).

혹은 또다시,

프랑스 총리관저인 마티뇽궁Hôtel de Matignon의 창문에서 바라보면 어떠할까? 우리에게는, 총리가 프랑스를 통치하너라도, 프랑스가 보이는 것이 아니라, 잘 가꾼 정원이 보일 따름이다. 오텔 드 빌Hôtel de Ville로 불리는 파리 시청사의 발코니에서 바라보면 어떠할까? 보기 흉한 분수들이 흩어져 있는, 인적이 없고 차가운 광장이 보일 뿐인데, 이 대도시에 활기를 불어넣은 것은 전혀 보이지 않는다. 이것은 파리가 보이지 않음을 뜻하는가? "이동하자, 볼 것이 전혀 없다." 글쎄, 그냥 그렇게 하자, 움직이자, 그러면 갑자기 파리가 보이기 시작할 것이다(PIC, 29).

푸코는 정당하게도 라투르의 다음과 같은 진술을 자신의 유산에 대한 조소로 해석할 것이다. "어떤 조감도도, 한눈에, 총체적으로 파리를 구성하는 다수의 장소를 포착하지 못할 것이다. 파노라마가 없는 것과 마찬가지로 파놉티콘도 없다. 오직 다수의 연결 관계를 갖춘 다채로운 디오라마들, 도로와 포도 아래에서, 지하철의 터널을 따라서, 하수구 덮개 위에서 교차하는 전선들이 있을 따름이다"(PIC, 32). 게다가, 라투르와 에르망은 국가경찰 간부의 사무실에 접근하는 상황과 관련하여 더할 나위 없는 조소를 퍼붓는다.

일련의 검문소를 거쳐 우리는 위계적으로 조직된 1만 7천 명의 단체에 소속된 헨리 씨의 사무실에 이르게 되었는데, 어쩌면 우리는 파리 전체를 포괄할 수 있을뿐더러 어떤 무덤도 중앙집권적인 니폴레옹식 프랑스 국가로부터 숨을 만큼 충분히 깊지 않음을 알고 있는 사람들 ─ 카인과 아벨을 막론하고 모두 ─ 에 대한 최악의 규제 역시 정당화할 수 있는 최고의 파놉티콘, 천 개의 눈을 가진 공작을 만났었을 것이다(PIC, 51~2).

어디에도 파놉티콘은 존재하지 않고, 사실상 중앙 권력은 존재하지 않는다고 라투르가 부정적으로 응답할 때 우리는 전혀 놀라지 않는다. 또한, 라투르는 존재하지도 않는 이런 파놉티콘을 찾아내는 척하는 방법에 소요할 시간도 그다지 없다. 이를테면,

> 비판은, 교양이 있든 통속적이든, 까다롭든 소박하든, 비용이 많이 들든 저렴하든, 용감하든 안이하든 간에, 도처에서 거짓말만 알아챌 따름이다. 비판은 완전하고 전면적인 실재를 여전히 갈망하지만, 단지 자신이 따라갈 방법을 알지 못하는 가닥, 경로 혹은 채널과 자신이 가늠할 방법을 알 수 없는 객체들을 발견할 따름인데, 각 단계에서 말과 사물, 과거와 현재 사이의 마찬가지로 한없이 먼 거리에 채어 비틀거린다(PIC, 94).

이제 2011년에 올리 피티넨과 사카리 타미넨이 발표한 논문을 살펴보자. "〔푸코와 라투르〕의 전작이 이차 문헌에서 체계적인 방식으로 비교된 적이 없다"[62]라고 말할 때 그들은 그르지 않은데, 그 이유는 헤크먼의 논문조차도 비교 해설이라기보다는 오히려 라투르의 가능한 비난으로부터 푸코를 옹호하는 변론이기 때문이다. 피티넨과 타미넨은 올바르게도 그 두 사상가 사이의 주요한 차이점을 식별하는데, "푸코는 인간을 지식의 대

---

62. Olli Pyyhtinen and Sakari Tamminen, "We have never been only human : Foucault and Latour on the question of the *anthropos*," *Anthropological Theory*, vol. 11, no. 2 (2011) : 135~52.

상으로 삼는 진리 게임에만 전념하는 반면에, 라투르의 관심사는 인간과학의 경계에 한정되지 않는다. 오히려, 라투르는 독특하게 실험실, 세균, 기술 등에 집중함으로써 '경성 과학'을 연구했다."[63] 그런데 또한, 인간을 영원한 본질로 간주하기보다는 오히려 "〔푸코와 라투르〕 둘 다 인간을 관계들의 복합체로 간주한다"[64]라는 의미에서, 그 두 저자 사이에는 명백한 공통점도 있다. 피티넨과 타미넨은, 설득력이 덜하게도, "그들의 관계주의에도 불구하고 푸코도 라투르도 관계들이 실재계 전체를 망라하리라 생각하지 않는다"라는 주장(부분적으로『네트워크의 군주』라는 나 자신의 책에 맞서 제기된 주장)을 덧붙인다. "우리는 푸코와 라투르 둘 다의 경우에 모든 행위 및 모든 인간 복합체에 대한 자원을 궁극적으로 제공하는 것은 연합체들의 외부라고 주장한다."[65] 이런 주장은 빗장을 너무 낮게 지르는데, 그 이유는 단지 전면적인 버클리주의적 관념론자만이 현재 우리가 직접 접근할 수 있는 모든 것을 넘어선 외부 세계를 언제나 명시적으로 부정하게 되기 때문이다. 사실상, 그 핀란드인 저자들은 "〔푸코와 라투르〕 둘 다 역시 이 〔외부〕를 제대로 다루지 못한다"[66]라고 덧붙임으로써 그 점을 인정한다. 푸코는 (『성의 역

---

63. 같은 글, 136.
64. 같은 글, 137,
65. 같은 곳.
66. 같은 곳.

사』에서) '생명'을 저항의 원천으로 제시하고 라투르는 (『사회
적인 것을 다시 회집하기』에서) 무정형의 '플라스마'를 같은 목
적으로 제시하더라도, "푸코도 라투르도 생명/플라스마 자체와
더불어 그것이 네트워크 관계들에서 차지하는 몫에 대한 상세
하고 포괄적인 설명을 제공하지 못한다."[67]

푸코-라투르 관계에 관하여 고려할 만한 다른 한 편의 논
문은 개빈 켄달과 마이크 마이클이 작성한 훨씬 더 이전(2001
년)의 논문이다.[68] 그 논문의 중간쯤에, 그 저자들은 처음에 어
쩌면 라투르를 향후 주요한 프랑스 사상가로 천명하는 것처럼
들릴 내용을 진술한다.

여태까지, "푸코 다음에 누구인가?"라는 물음에 대한 답변은
"라투르"인 것처럼 보이곤 했다. 라투르 덕분에 우리는 푸코의
프로그램에 포함된 몇 가지 간극을 밝혀낼 수 있게 되는데, 특
히 (푸코의 '자기의 기술'이 충분했다고 생각한 경우에) 기술에
관해 진지하게 생각할 수 있게 된다. 또한, 라투르 덕분에 우리
는 주체성의 혼성 특실에 관해 진지하게 생각할 수 있게 되는
데, 특히 순전히 인간적인 것 혹은 순전히 사회적인 것에 대한

---

67. 같은 글, 145.

68. Gavin Kendall and Mike Michael, "Order and Disorder : Time, Technol-
ogy, and the Self." 이 논문은 페이지를 매기지 않은 채로 HTML 형식으로
*Culture Machine*이라는 온라인 저널에 발표되었다.

부적절한 강조에서 벗어날 수 있게 된다.

이런 평가는 그 저자들이 펼친 논증의 핵심을 이루는 라투르의 '기술'technology과 푸코의 '기법'technique 사이의 다소 강제적인 구별에 의존한다. 그런데 그런 구별로 인해 필경 흥미로운 결과가 초래된다. 그 저자들이 서술하는 대로, "라투르는 체계성 – 어떤 네트워크가 성공적으로 결성되어 지속적으로 작동할 수 있다면 다소간 일상화됨이 틀림없는 중개자들의 움직임을 통한 행위자들의 결합 – 을 강조한다." 달리 진술하면, "라투르의 사상은 … 기법적인 것(단수의 것, 이산적인 것, 임시방편적인 것)보다 '기술적인 것'(체계적인 것, 일상화된 것, 틀 지우는 것)에 관해 설명하"는 반면에, 푸코는 전자의 세 가지 기법적인 것에 관해 숙고한다. 켄달과 마이클은, 이렇게 해서 푸코가 라투르에게는 없는 중요한 이론적 자원을 갖추게 된다고 생각한다. "그리하여 푸코의 경우에, 자기soi는 규율, 지식, 통치성 등의 '대상'에 해당하는 환원 불가능한 유동성multiplicité을 지니고 있다. 그것은 언제나 지식/권력 네트워크에서 전개되는 기법과 기술을 '벗어나기 직전 – 들뢰즈와 가타리가 서술하는 대로, '탈영토화'되기 직전 – 에 있다." 본질적으로 파악할 수 없는 그런 유동성과는 대조적으로, "라투르가 해명하는 역할은 필요 이상으로 파악할 수 있는 것일 따름인데, 그것은 결국 네트워크 전체에 대하여 하찮은 것에 불과하다. 그것은 전적으로 확정되어 있다." 그리고 이제 그 논문의 마지막 타격이 가해진다.

우리가 다음에 어디로 갈지 추측하기는 그다지 어렵지 않을 것이다. 이질적인 네트워크에 대한 라투르의 강조를 그런 네트워크의 역사적으로 조건 지어진 출현에 대한 푸코의 단언과 결합하는 분석의 힘과 유연성을 상상하라. 라투르의 네트워크는 때때로 완전히 형성된 채로 출현하는 것처럼 보이는 반면에, 푸코는 우리가 네트워크가 천천히, 힘들게, 우발적으로 결성된 방식을 이해하는 데 도움을 줄 수 있다. 푸코는 인간의 사회적 세계를 새로운 사회적 배치의 배후에 있는 역동적인 메커니즘으로 강조하는 반면에, 라투르는 우리가 세계가 인간적인 것 혹은 사회적인 것을 훨씬 넘어 펼쳐져 있는 방식을 이해하는 데 도움을 줄 수 있다.

부정적인 면에서, 그 저자들은 라투르와 관련하여 두 가지 잘못을 저지른다. 첫 번째 것은 네트워크가 서로 매끈하게 부합되는 '중개자들'로 가득 차 있다는 관념이다. 사실상, 라투르의 체계는 불완전하게 형성된 매개자에 지나지 않는 것들의 체계다. 라투르가 매개자/중개자라는 대립 용어들을 사용하는 용법은 세계에 현존하는 두 가지 다른 종류의 존재자들을 서술하는 데 사용되는 분류학으로서의 용법이 아니라, 엄밀히 말하자면, 중개자 같은 그런 것은 존재하지 않음을 보여주려고 고안된 논증적 장치로서의 용법이다. 무언가가 또 다른 행위자의 힘을 전달하기 위한 투명한 운반체에 불과한 것처럼 보이더라도, 이것은 만들어내는 데 많은 노동이 소요된 매개의 외관상 결과에 불과할 따름이다. 중개자로 추정되는 것 — 이를테면, 믿음직한 자전거 메신저 혹은 전화선 — 은 사실상 어떤 주어진 순간에도 놀라움이나 혼란을 초래할 수 있는 별개의 기이한 점들을 갖춘 매개자다. 이런 의미에서, 라투르의 견해가 언제나 가장 사소한 행위자들의 반항이나 파괴성도 고려한다는 점을 참작하면, 그 저자들은 그 견해의 체계성을 과장한다. 그런데 (『네트워크의 군주』에서 내가 주장한 대로) 진정으로 변화가 일어나기에는 지나치게 관계적인 라투르의 입장에서 켄달과 마이클이 과도한 전체론을 탐지할 때, 그들의 본능은 옳다. 그 저자들이 생각하는 대로, 들뢰즈와 푸코가 그런 변화를 설명할 뛰어난 자원을 제공하는지 여부는 여기서 미해결의 물음으로 남겨둘 수 있다. 그런데 최소한 그들은 라투르의 관계주의적 접근법이 변화와 유동성의 모형과 양립 불가능하다는 사실을 알아채고 있으며, 그리고 이렇게 해서 그들은 '과정철학'이라는 용어가 라투르가 속하는 화이트헤드주의적 전통(모든 주어진 순간에 객체들의 철저한 관계적 확정성에 기반을 둔 전통)과 베르그송-들뢰즈주의적 전통(그런 확정성이 절대 현존하지 않는 전통)을 통합하기에 충분하다고 가정하는 일반적인 오류를 능숙하게 회피한다.

그 저자들이 라투르를 오해하는 두 번째 점은 더 어처구니없더라도 덜 중요하다. 라투르의 네트워크는 완전히 형성된 채로 출현하는 것처럼 보이는 반면에 푸코는 공들여 역사적 작업을 수행한다고 그들이 말할 때, 나는 우리가 동일한 라투르 ― 파스퇴르가 자신의 영향력을 확산시키는 방식, 혹은 파리의 아라미스 지하철 체계가 궁극적으로 실패한 방식에 관한 이야기를 전하려고 매우 큰 노력을 기울이는 라투르 ― 를 읽고 있는지 의심할 수밖에 없다. 푸코는 자신이 자료보관소에서 얼마나 많은 시간을 보냈는지 어김없이 자랑하지만, 푸코가 라투르보다 더 나은 이야기꾼인지 혹은 심지어 더 성실한 기록 보관자인지도 절대 확실하지 않다. 라투르의 입장에 한 가지 약점이 있다면, 그것은 그의 행위자들이 완전히 형성된 채로 출현하는 것이 아니라 오히려 그것들의 역사가 현재에 종료된다는 것이다. 행위자에 관한 자신의 구상 덕분에 라투르는 어쩌면 여전히 일어날 일을 고려하기보다는 이미 일어난 일을 서술하는 데 더 능숙하다. 행위자에 대한 라투르의 관계주의적 모형은 단지 행위자들이 일단의 다른 관계를 맺고 있기만 했었더라면 어쩌면 일어났었을 반사실적 사례를 다루기 위한 충분한 자원 역시 제공하지 못한다. 결국 라투르에게 이것은 다소 터무니없는 관념일 것인데, 그이유는 그에게 행위자는 바로 그것이 맺은 관계들에 불과하기 때문이다.

피티넨/타미넨뿐만 아니라 켄달/마이클도 헤크먼보다 더 올바르게 깨닫는 것은 라투르가 푸코에게서 이미 입수할 수 있던 '유물론적' 통찰을 절대 표절하지 않는다는 사실이다. 오히려, 라투르는 생명 없는 존재자들에 호소함으로써 새로운 분야를 개척하고 있으며, 그리하여 언젠가 푸코의 계승자로서 입지를 확립할 것이다. 푸코와 라투르 둘 다 관계주의적 존재론의 난국에 여전히 갇혀 있는 것처럼 보이는데, 한편으로 푸코가 (켄달과 마이클이 생각하는 대로) 라투르보다 관계주의를 벗어날 자원을 더 많이 지니고 있는지 여부는 전적으로 분명하지는 않다. 이 점에 관해서 나는 개인적으로 회의적인데, 그 이유는, 헤크먼이 인정하는 대로, 푸코의 '물질적' 영역 자체가 사회적 관계들로 이루어져 있기 때문이다. 켄달과 마이클은 '자기' 덕분에 푸코가 관계주의를 벗어날 수 있게 된다고 생각할지라도, 이것은 단지 인간을 유일하게 자유로운 존재자로 비준할 따름일 것인데, 한편으로 ('자기'를 결여하는) 여타 존재자는 관계적 전체에 여전히 갇혀 있게 될 것이다. 이렇게 해서, 자연/문화 분열에 대한 라투르의 강력한 비판은 사라져 버릴 것이다. 우리는 순전히 인간적인 비결정성에 의해서만 전복되는 순전히 기계적이고 로봇 같은 자연에 관한 근대적 구상으로 회귀할 것이다.

6장

'흥미로운 반동주의자' : 라투르의 오른쪽 측면

슈미트와 라투르

레오 스트라우스와 슬라보예 지젝에 따른 슈미트

샹탈 무페에 따른 슈미트

우리 시대의 정치철학자 샹탈 무페는 한 주요한 20세기 지식인에 관해 다음과 같이 서술한다. "그는, 도덕적 결함이 있음에도 불구하고, 단지 1933년에 히틀러를 지지했다는 이유로 인해 그의 작업을 일축하는 것은 큰 실수가 될 사상가로서…중요한 인물이다."[1] 무페가 서술하고 있는 그 사람은 마르틴 하이데거가 아니라 칼 슈미트인데, 슈미트가 전시에 히틀러 아래서 저지른 행동은 하이데거의 행동보다 외관상 훨씬 더 나빴다. 하이데거는 단지 프랑스 점령 당국 아래서 대학 교육을 하지 못하도록 금지당했을 뿐이지만, 슈미트는 사실상 미합중국 점령 당국에 의해 구금되었는데, 이는 프랑스 군사재판과 미합중국 군사재판이 갖춘 엄격함의 어떤 차이에서 기인하기보다는 오히려 그 두 사람이 저지른 행동 사이의 실제적 차이에서 기인하는 차이점이다. 수십 년 동안 되풀이되는 추문에 대하여 슈미트가 하이데거보다 더 큰 면역성이 있는 이유가 무엇이든 간에, 무페는 올바르게도 슈미트가 "[20]세기의 위대한 정치 및 법 이론가 중 한 사람으로 [현재 널리 인식되고 있다]"라고 말한다. "그의 경이로운 박식함과 성찰의 폭 – 그를 만난 사람의 마음을 언제나 사로잡은 것들 – 이 그가 매우 다양한 분야에 미친 영향을 설명하는 데 도움이 된다."[2] 그런데 최근에 슈미트의 인기가 치솟은 사

---

1. Chantal Mouffe, "Introduction : Schmitt's Challenge," *The Challenge of Carl Schmitt*, ed. Chantal Mouffe (London : Verso, 1999), 1.
2. 같은 곳.

태에 대한 더 시의적절한 이유가 있는데, 특히 좌파에서는 아무도 한 나치 저자의 평판이 높아지리라 예상하지 않았을 것이다. 무페가 서술하는 대로, "슈미트의 사상은 의기양양한 자유주의의 위험을 경고하는 역할을 수행하"[3]는데, 자유주의는 오늘날보다도 무페가 이 글을 발표한 1999년에 훨씬 더 의기양양했었다. 슈미트가 제기하는 경고의 본성은 매우 명료하다. 무페 자신의 표현대로, "오늘날 인도주의적 수사는 정치적 이해관계를 바꾸어 놓았으며, 그리고 공산주의의 붕괴와 더불어 서구 자유주의자들은 적대관계가 근절되었다고 상상한다. '반성적 근대성'의 단계에 이르렀기에 윤리가 정치를 대체할 수 있다. … 그런데 '정치적인 것'에 내재하는 뿌리 깊은 갈등관계의 차원과 법의 정치적 '외부'에 관한 슈미트의 단언은 이 모든 것이 희망적 사고임을 드러낸다."[4]

슈미트의 가장 유명한 관념은 정치가 오직 동지와 적을 구별함으로써 출현한다는 것인데, 슈미트는 도덕에서 선과 악의 구별이 중요하거나, 혹은 미학에서 아름다움과 추함의 구별이 중요한 것과 마찬가지로 동지와 적의 구별이 정치에 중요하다고 주장한다.[5] 『정치적인 것의 개념』에서 슈미트가 서술하는 대로,

---

3. 같은 글, 2.

4. 같은 곳.

5. Carl Schmitt, *The Concept of the Political*, trans. G. Schwab (Chicago : University of Chicago Press, 2007), 26. [카를 슈미트, 『정치적인 것의 개념』, 김효전·정태호 옮김, 살림, 2012.]

정치적 적은 도덕적으로 악할 필요도 없고 미학적으로 추할 필요도 없다. 정치적 적은 경제적 경쟁자로서 나타날 필요도 없으며, 어쩌면 적과 거래하는 것이 오히려 유리할 것이다. 그런데도 정치적 적은 타자, 이방인이며, 그 본질은 그가, 특히 강한 의미에서, 실존적으로 다르고 이질적인 존재라는 것으로 충분하다. 그리하여 극단적인 경우에는 적과 충돌하는 사태가 일어날 수 있다. 이들 충돌 사태는 미리 규정된 일반적 규범에 의해서도 해결될 수 없고, 공평무사한 중립적인 제3자의 판단에 의해서도 해결될 수 없다.[6]

그런 사상가와 관련하여 무엇이 라투르의 관심을 끌 것인지는 알기 쉽다. 정치적 갈등은 궁극적으로 모든 '불편부당한' 혹은 '합리적인' 중재를 넘어선다는 견해를 견지함으로써 슈미트는 라투르보다 앞서 진리 정치라고 일컬어진 것을 단호히 거부한다. 정치적 투쟁은 투명하고 이상적인 언술 상황을 창출함으로써 치유될 수 있을 개탄할 만한 전前이성적인 사태가 결코 아니다. 인간사에 대한 비관주의는 (슈미트의 비관주의처럼) 대체로 정치적 우익과 관련되며, 그리고 어쩌면 그것은 2008년에 라투르가 런던정경대학교에서 다음과 같이 발언한 이유일 것이다. "반동적 사상가들이 진보적 사상가들보다 더 흥미롭습니

---

6. 같은 책, 27. [같은 책.]

다. … 여러분은 루소보다 마키아벨리와 〔칼〕 슈미트 같은 사람들에게서 정치에 관해 더 많이 배운다는 점에서 말입니다"(PW, 96). 진보적 사상가들과 관련된 문제는 그들이 정치를 과학, 도덕, 통상, 법, 정의, 진리, 혹은 어떤 다른 실재 양식으로 교체하기를 바란다는 점인 것처럼 보인다.

이 장은 다음과 같이 편성되어 있다. 첫 번째 절에서는 슈미트 정치철학의 가장 기본적인 양태들과 이들 양태가 브뤼노 라투르에게 뜻하는 바가 고찰된다. 지면상의 이유로 인해 그 고찰은,『헌법론』같은, 다작의 저자 슈미트가 저술한 더 기념비적인 저작 중 하나를 고찰하기보다는 오히려『정치적인 것의 개념』이라는 짧은 논고에 한정된다. 두 번째 절에서는 원보수주의자 레오 스트라우스와 우리 시대의 공산주의 철학자 슬라보예 지젝이 다소 유사하게 슈미트를 거부하는 점을 고찰하면서 진리 정치의 우익 판본과 좌익 판본 사이의 기묘한 유사성이 거론된다. 세 번째 절에서는, 또다시 지면상의 이유로, 슈미트에 대한 무페의 비판이 제한적으로 고찰되는데, 이 비판이『호모 사케르』에서 조르조 아감벤이 수행하고「법의 힘」에서 데리다가 수행하는, 슈미트에 관한 마찬가지로 뛰어난 탐구보다 라투르의 고유한 관심사와 더 밀접한 관계가 있기에 이 책에서는 아감벤과 데리다의 작업이 고찰되지 않는다.

슈미트와 라투르

『정치적인 것의 개념』이라는 슈미트의 논고가 여덟 개의 절로 나누어져 있지만, 그 논고는 단 두 가지의 중심 관념을 포함하고 있는 것으로 해석될 수 있다. 1절에서 6절까지는 적에 맞선 실존적 투쟁으로 이해되는 정치적인 것을 지지하여 진리 정치에 대한 격렬한 거부가 표명된다. 이런 투쟁에는 우리 자신의 삶의 방식을 보존하기 위해 적을 물리적으로 살해하는 행위가 포함될지라도, 우리가 적을 부도덕하다거나 기괴하다고 묘사할 필요는 없다. 7절과 8절에서는, 인간은 근본적으로 개선될 수 없다는 우익의 직관을 지지하여 좌익 진보주의 혹은 자유주의적 진보주의에 대한 거부가 표명된다. 지금까지 이 책에서 서술된 네 가지 기본적인 입장의 견지에서 살펴보면, 슈미트는 홉스와 더불어 권력 정치의 우익 성향에 속하는데, 두 사람 모두 정치가 정치 자체를 넘어선 어떤 기준에 호소할 수 있다는 점을 거부할뿐더러 또한 인성을 생래적으로 불신한다. 이런 점에서 라투르가 홉스와 슈미트 둘 다를 '흥미로운 반동주의자'로 분류하기에 충분할 것이다. 좌익 계열의 진리 정치인들은, 정치적 영역과 그것의 가능한 영광스러운 미래 ― 그것에 이르기 위해서는 상당한 피를 흘려야 할지라도 ― 에 관한 낙관주의적이고 평등주의적인 관념을 견지하는 한편으로, 슈미트가 정치적인 것이라고 일컫는 것을 과학적 조작 혹은 도덕적 조작으로 대체하는 경향이 있다. "자본주의에 내재하는 모순으로 인해 프롤레타리아트는 이길 수밖에 없음이 틀림없다." 혹은, "인간의 타고난 선함을 부패시키는 원인은 사회다." 하지만 슈미트와 마찬가지로 라투르의 경우에도, 지식에 대한 주장이 부재할 때에만, 그리고 평화에 대한 전망이 우리가 공유하는 공통 본성의 합리주의적 호소에 의지하기보다는 오히려 우리와 우리 적 사이의 상호 악의를 고려할 때에만 정치적인 것이 먼저 나타난다.

이제 우리는 슈미트를 직접 살펴볼 것인데, 그 텍스트의 첫 번째 문장으로 시작하자. "국가의 개념은 정치적인 것의 개념을 전제로 한다."[7] 이 문장은 국가의 하위적 지위를 절대 수반하지 않는다. 정반대로,

> 국가란 그 말의 의미에서 그리고 그것의 역사적 출현에 있어서 인민의 어떤 특정한 존재자다. 생각할 수 있는 많은 종류의 존재자들과 비교하여, 그것은 결정적인 경우에 궁극적인 권위다. … 존재자와 인민에 대한 이런 표상의 모든 특성은 정치적인 것을 특징짓는 추가적 특질에서 그 의미를 부여받기에 정치적인 것의 본성을 오해할 때 파악할 수 없게 된다.[8]

한 가지 그런 오해는, 슈미트에 따르면, 정치를 경제와 도덕의 혼성물로 대체하는 자유주의적 구상이다. 그런데 슈미트는 "민

---

7. 같은 책, 19. [같은 책.]
8. 같은 책, 19~20. [같은 책.]

주주의는 자유주의적 19세기를 특징짓는 모든 전형적인 구별과 탈정치화를 지양해야 한다"[9]라고 생각한다. 자유주의적 탈정치화의 결함을 폭로한 사람은 헤겔이라고 슈미트는 주장한다. 헤겔은

> 부르주아에 대한 최초의 논쟁적으로 정치적인 정의를 [제시했다]. 부르주아는 비정치적이고 위험이 없는 사적 영역을 떠나기를 바라지 않는 개인이다. 부르주아는 자신의 사유 재산을 소유하며, 그리고 자신의 소유적 개체주의를 정당화함으로써 전체에 맞서 한 개체로서 행동한다. 부르주아는 자유와 풍요의 과실 속에서 그리고 무엇보다도 그 향유의 전적인 보장 속에서 자신의 정치적 무력함에 대한 보상을 찾아내는 사람이다. 그리하여 부르주아는 용기가 자제되고 비명횡사의 위험을 면제받기를 원한다.[10]

이들 문장은 헤겔 혹은 슈미트보다 맑스 혹은 레닌에 의해 쉽게 작성되었을 것인데, 이것은 나치 슈미트가 우리 시대의 죄익 인사들에게 놀라운 호소력을 갖는 사실에 대한 추가적인 통찰을 제공한다. 그런데 정치적인 것에 관한 슈미트의 구상이 매우

9. 같은 책, 23. [같은 책.]
10. 같은 책, 62~3. [같은 책.]

암울하여서 이와 대비하여 안전하고 싶은 부르주아의 충동이 꽤 호소력이 있는 것처럼 들릴 것이다.

슈미트의 핵심적인 정치적 대립은, 더 상위의 상고법원이 전혀 없는 상태에서 순전히 내재적인 투쟁을 벌이는 동지와 적 사이의 대립이다. 적과의 투쟁은 그 분쟁을 해결하기 위해 정의 혹은 도덕의 공동 기준에 호소할 수 없는 방식으로 예외적 조건 아래서 발생하는 실존적 투쟁이다. 현행의 한 사례로서, 이편의 이집트 그리고 저편의 수단과 에티오피아 사이에서 나일강의 물을 둘러싸고 갑자기 불거진 분쟁을 고려하자. 이집트는 어떤 특정한 비율의 나일강 물에 대한 권리를 부여받은 조약을 유지하고 있는 반면에, 수단과 에티오피아는 이 조약이 영국 제국주의 시대에 강제로 체결되었기에 더는 구속력이 없다고 항의한다. 이집트가 수단과 에티오피아는 강수량도 있지만 자국은 나일강이 유일한 수원이라고 강조할 때, 이들 후자 국가는 이집트가 비효율적인 관개 농법을 통해서 나일강 물을 너무 많이 낭비하고 있다고 응대한다. 이 분쟁에서 어느 나라가 옳고, 어느 나라가 그른가? 그 대립의 양쪽 진영 모두 할 말이 많이 있다. 하지만 가설적으로 이 분쟁에서 세계의 모든 국가가 이집트에 맞서 수단과 에티오피아를 편들게 되었다고 생각하자. 이런 시나리오 아래서도, 햇볕이 강한 이집트가 인구가 급증함에 따라 에티오피아 혹은 수단이 나일강에 건설한 어느 댐을 폭파함으로써 자국의 물 공급을 확보하려고 전쟁을 벌일 상황은 계속해서 전적으로 나타날 법한 것으로 남는다. 슈미트의 경우에 이것은 세계의 모든 국가가 반대하는 근본적으로 '비도덕적인' 행위나 '불법적인' 행위가 아니라, 오히려 이집트가 자국에서 충분한 물을 빼앗아서 자국의 삶의 방식을 박탈하기를 원하는 적에 맞서 실존적인 필요에 의해서 벌인 작전이다. 호혜적으로, 수단이나 에티오피아가 댐을 건설하고 나서 단지 그것이 이집트에 의해 폭파당했음을 알아차린다면, 이들 국가는 자국의 가장 비싸고 유익한 공적 하부구조 프로젝트를 파괴한 적과의 실존적 투쟁에 갇히게 되었다고 간주할 것이다. 슈미트의 경우에 그런 분쟁을 해결할 더 상위의 상고법원은 단적으로 존재하지 않기에 궁극적으로는 무장 투쟁에 의해 해결되어야 할 것이다. 슈미트가 서술하는 대로, "오직 실제 당사자들만이 구체적인 상황을 올바르게 인식하고 이해하며 판단할 수 있기에 극단적인 갈등 사례를 해결할 수 있다. 각각의 당사자는 자신의 적이 자신의 삶의 방식을 부정하고자 하므로 자신의 실존 형식을 보존하기 위해 그 적을 격퇴하거나 그 적과 싸워야 할지 여부를 판단할 입장에 치해 있다."[11]

가능한 나일강 물 전쟁에서 다양한 강국이, 민중에게서 호전적인 열정을 불러일으키기 위해서든 혹은 자국의 대의의 정당성에 대한 진지한 믿음에서 비롯되든 간에, 상대국을 악하거

---

11. 같은 책, 27. [같은 책.]

나 비도덕적인 침략국으로 표현하는데, 하지만 슈미트는 이것이 정말로 중요한 것은 아니라고 주장한다. 진정으로 중요한 것은 더 상위의 중재 기준이 없는 실존적 투쟁이라는 단순한 사실이다. 그런 투쟁은 적에 대하여 마지못해 하는 어떤 존중이나 찬양과 양립 불가능하지 않다. 예를 들면, 예전에 내가 이스라엘에 맞선 1973년 8월 전쟁에 참전한 이집트의 지도적인 장군 중 한 사람과 카이로에서 초대 파티를 열었을 때 나눈 대화를 나는 잘 기억하고 있다. 나를 가장 놀라게 한 것은 그 장군이 이스라엘의 아리엘 샤론을 직업적으로 찬양한 점이었는데, 아랍 언론에서는 일반적으로 샤론이 시나이Sinai반도와 베이루트 교외에서 일어난 다양한 역사적 사건으로 인해 비인간적인 도살자로 묘사되었다. 그런데 칼 슈미트는 그런 찬양에 놀라지 않았을 것인데, 그 이유는 슈미트의 경우에 적은 도덕적으로 멸시당하거나 철저한 소멸의 대상이라기보다는 존중받을 수 있다는 것이 핵심 원리이기 때문이다. 슈미트가 정말로 개탄하는 것은 "모든 전쟁을 종식하기 위한 전쟁"에 대한 우드로 윌슨의 이상주의적 요청 같은 관념들이나. 슈미트가 이해하는 대로,

그런 전쟁은 필연적으로 대단히 치열하고 비인간적인데, 그 이유는 그것이 정치적 틀의 한계를 넘어섬으로써 적을 도덕적 범주 등으로 강등시키는 동시에 패배시켜야 할 뿐만 아니라 전적으로 말살시켜야 할 괴물로 만들 수밖에 없기 때문이다. 다시

말해서, 그 적은 더는 자신의 영역으로 물러서게 하기만 하면
되는 적이 아니다.[12]

전쟁에의 도덕적 접근은 위험한 부작용을 낳는 일탈 행위라고
슈미트는 주장한다. 최근에 '정당한 전쟁' 이론에 관한 갱신된
이야기가 있었지만, 슈미트에게 이 개념은 완전한 시간 낭비다.
"순전히 종교적인 동기로, 순전히 도덕적인 동기로, 순전히 법리
적인 동기로, 혹은 순전히 경제적인 동기로 전쟁을 벌이는 것은
무의미할 것이다. … 전쟁은 종교적인 것일 필요도 없고 도덕적
으로 선한 것일 필요도 없고 수지맞는 것일 필요도 없다. 오늘
날 전쟁은 십중팔구 이런 것들이 아니다." 오히려, "정치적인 것
의 본질적으로 객관적인 본성과 자율성은 그것이 적-동지 대립
관계를 다른 대립관계들과는 독립적으로 다루고 구별하며 파
악할 수 있는 덕분에 명백해진다."[13]

우리 시대의 인간은 일반적으로 다양한 연합체에 속해 있
는데, "그는 어떤 종교 기관, 민족, 노동조합, 가족, 스포츠클럽,
그리고 다른 많은 연합체의 구성원이다."[14] 그러므로 정치적 국
가는 단지 다양한 인간 연합체의 한 가지 형태일 따름인 것처럼
보일 것이다. 그런데 슈미트의 경우에 그 국가는 독특한데, 그

12. 같은 책, 36. [같은 책.]
13. 같은 책, 27. [같은 책.]
14. 같은 책, 41. [같은 책.]

이유는 그것만이 잠재적으로 그 구성원들의 생명을 처분할 수 있기 때문이다.

> 결정적인 정치적 존재자로서의 국가는 엄청난 권력을 지니고 있는데, 말하자면 전쟁을 벌임으로써 사람들의 생명을 공개적으로 처분할 수 있다. 교전권jus belli은 그런 처분권을 포함하고 있다. 그것은 이중의 가능성을 함축하는데, 즉 국가의 구성원들에게 기꺼이 죽을 각오와 망설임 없이 적을 살해할 각오를 갖출 것을 요구할 권리 … 사람들의 육체적 생명을 관장하는 이런 권력 덕분에 그 정치적 공동체는 사회들의 여타 연합체를 초월한다.[15]

그런데 이런 권력은, 바로 그 본성상, 실존적으로 위험한 상황에서만 사용되어야 하는데, 한낱 국가의 물질적 강화를 위해 사용되지 말아야 한다. 슈미트가 서술하는 대로, "생존자들의 무역과 산업이 번성하거나 자손의 구매력이 증대하도록 타인을 살해하고 스스로 죽을 각오를 하라고 인간에게 진지하게 요구하는 것은 무시무시하고 정신 나간 짓이다."[16] 게다가, "인간 생명의 그런 물리적 파괴 행위가 자신의 고유한 삶의 방식에 대한

---

15. 같은 책, 46~7. [같은 책.]
16. 같은 책, 48. [같은 책.]

실존적 위협에 의해 촉발되지 않는다면, 그 행위는 정당화될 수 없다. 전쟁이 정치적 규범이나 윤리적 규범에 의해 전혀 정당화될 수 없는 것과 꼭 마찬가지다. … 정의가 전쟁의 본질에 속하지 않는다는 사실은 〔휘호〕 흐로티우스 이후 지금까지 일반적으로 인정되었다."[17] 여기서 또다시, 슈미트는 적들 사이에 벌어지는 무장 전투의 본성을 충분히 납득시킨다.

> 왜냐하면 적이라는 개념에는 전투가 상존할 가능성이 포함되어 있기 때문이다. … 무기의 본질은 그것이 인간을 물리적으로 살해하는 수단이라는 점이다. … 〔전투〕는 경쟁을 의미하지 않고, 순수한 지적 논쟁도 의미하지 않으며, 결국 모든 인간이 아무튼 언제나 관여하는 상징적 투쟁도 의미하지 않는다. … 동지, 적, 그리고 전투라는 개념들이 자신의 실제적 의미를 부여받는 바로 그 이유는 이들 개념이 물리적 살해의 실제적 가능성을 가리키기 때문이다. 전쟁은 적대관계에서 비롯된다. 전쟁은 적을 실존적으로 부정하는 것이다.[18]

미적 생산이나 경제적 생산의 폐기가 전투 행위를 멈추지 않을 것처럼 평화주의적인 전쟁의 포기도 전투 행위를 멈출 수 없다.

---

17. 같은 책, 49. [같은 책.]
18. 같은 책, 32~3. [같은 책.]

슈미트가 암울하게 진술하는 대로, "어떤 국민이 정치의 영역에서 자신을 유지할 에너지 혹은 의지를 더는 지니고 있지 않더라도, 〔정치〕는 세상에서 사라지지 않을 것이다. 단지 약한 국민이 사라질 뿐이다."[19] 슈미트는 모든 도덕적 혹은 법적 고려로부터 정치를 단절함으로써 모든 형태의 진리 정치를 거부하고 이 방인과의 가능한 실존적 투쟁에 관한 관념에 근거를 둔 정치를 지지한다. 정치적인 것은 도덕이나 법과는 전적으로 다른 종류의 것이라고 주장함으로써 슈미트는 『양식들』의 저자인 후기 라투르의 골목길을 곧바로 걷고 있다.

그런데 슈미트는, 외부적 기준 혹은 준거가 없는 상태에서 권력 정치라고 일컬어진 것을 지지하여 진리 정치에 반대하는 논변을 확대하는 것만은 아니다. 또한, 그는 근대성의 나머지 정치적 축, 즉 훨씬 더 잘 알려진 좌익과 우익의 구분에 관해서도 우리에게 말해줄 것이 있다. 슈미트는 그 책의 7절을 다음과 같이 시작한다.

자연과 국가에 관한 모든 이론과 모든 성치적 이념은 그 인간학에 따라 분석될 수 있고, 그리하여 그것들이 의식적으로든 무의식으로든 간에 인간이 본성상 선하거나 혹은 본성상 악하다고 전제하는지 여부에 따라 분류될 수 있을 것이다. 여기

---

19. 같은 책, 53. [같은 책.]

서 그런 구별은 특정적으로 도덕적이거나 특정적으로 윤리적인 의미로 받아들일 것이 아니고 오히려 개괄적인 방식으로 받아들여야 한다. 인간에 관한 구상 ─ 문제가 있든 문제가 없든 간에 ─ 은 그 후에 이루어지는 모든 정치적 고려의 전제, 이를테면 인간이 위험한 존재인지 아닌지, 모험적인 생명체인지 무해한 생명체인지 여부에 관한 물음에 대한 답변에 결정적이다.[20]

이것은 정치적 좌익과 우익의 토대에 관한, 누구나 바랄 수 있을 만큼 명료한 서술이다. 좌익의 경우에, 루소의 말을 인용하면, "인간은 자유롭게 태어났으나, 어디서나 쇠사슬에 묶여 있다."[21] 그런데 우익의 경우에는, 마키아벨리가 서술하는 대로, "대체로 인간에 관해 이렇게 말할 수 있는데, 인간은 은혜를 모르고, 변덕스럽고, 위선자이자 기만자이고, 위험 기피자이며, 이득에 탐욕스럽다."[22] 자연스럽게도, 우리는 이 주장을 선과 악에 관한 어떤 특정한 구상에도 고정할 필요가 없는데, 그 이유는 슈미트가 다음과 같이 환기하기 때문이다. "악은 부패·연약

---

20. 같은 책, 58. [같은 책.]

21. Jean-Jacques Rousseau, *The Social Contract and Other Later Political Writings*, trans. V. Gourevitch (Cambridge : Cambridge University Press, 1997), 41. [장 자크 루소, 『사회계약론』, 김영욱 옮김, 후마니타스, 2018.]

22. Niccolò Machiavelli, *The Prince*, trans. P. Bondanella (Oxford : Oxford University Press, 2008), 58. [니콜로 마키아벨리, 『군주론』, 강정인·김경희 옮김, 까치, 2015.]

함·비겁함·어리석음으로 나타날 수 있거나, 혹은 야성·관능·활기·비합리성 등으로도 나타날 수 있다. 선은 이에 대응하여 합리성·완전성·온순함·교화 가능성·평화로움 등과 같은 변양 태로 나타날 수 있다."[23]

슈미트는 그 사유를 진전시킴으로써 다음과 같이 진술하는데, "나는 이른바 권위주의적 이론과 아나키즘적 이론 사이의 대립이 〔선한 인간과 악한 인간에 관한〕 이들 정식에서 유래될 수 있다고 여러 번 지적했다."[24] 더욱이, "인간의 선함을 전제로 하는 일부 이론과 가설은 자유주의적이다."[25] 자유주의자는 아나키스트가 아님이 명백하지만, "사회는 자신의 고유한 질서를 결정하며, 그리고 국가와 정부는 종속적이기에 사회의 불신을 받으며 통제되고 엄밀한 범위 내에 국한되어야 한다"[26]라고 생각한다. 슈미트는 토머스 페인의 말을 인용함으로써 자유주의적 견해를 다음과 같이 요약한다. 그 견해는 "사회는 합리적으로 규제된 우리의 요구에서 비롯된 결과이고, 정부는 우리의 악덕에서 비롯된 결과다"[27]라고 생각한다. 그리고 여기서 또다시 우리는 자유주의에 대한 슈미트의 근본적인 불만을 맞닥뜨리

---

23. Schmitt, *The Concept of the Political*, 58. [슈미트, 『정치적인 것의 개념』.]

24. 같은 책, 60. [같은 책.]

25. 같은 곳.

26. 같은 책, 60~1. [같은 책.]

27. 같은 책, 61. [같은 책.]

게 된다.

> 부르주아 자유주의는 정치적 의미에서 결코 급진적이지 않았
> 다. … 그것의 중립화, 탈정치화, 그리고 자유 선언은 … 어떤 정
> 치적 의미를 가진다. … 하지만 이것은 정치 이론도 아니고 정치
> 이념도 아니다. … 〔자유주의〕는 권력의 분립과 균형이라는 신
> 조, 즉 국가와 정부를 견제하고 제어하는 체계를 산출했다. 이
> 것은 국가 이론으로도 기본적인 정치적 원리로도 특징지어질
> 수 없다.[28]

인간은 제어할 수 없는 제도에 의해 억압을 받지 않기만 한다
면 선을 행하기 위해 태어났다고 생각하는 모든 아나키즘적·
사회주의적·자유주의적 이론에 맞서 슈미트는 더 진지하게 생
각해볼 만한 견해를 공표한다. 말하자면, "여전히 남는 것은, 모
든 진정한 정치 이론은 인간의 악함, 즉 인간이 결코 문제가 없
는 존재가 아니라 위험하고 역동적인 존재임을 전제로 한다는,
진기하고도 많은 사람을 확실히 불안하게 하는 진단이다."[29] 이
와는 대조적으로, 아나키즘적 방법은 (자유주의적 방법과 마
찬가지로) 다음과 같이 생각한다. "인간을 악하다고 여기는 개

---

28. 같은 곳.
29. 같은 곳.

인들만이 악하다. 인간을 선하다고 여기는 사람들, 즉 아나키스트들은 아무튼 악한 사람들을 지배하거나 통제할 권리가 있다."[30] 그런데 우리의 모든 도덕적 및 정치적 규율은 나쁜 것 혹은 악한 것을 나쁜 사회나 제도의 일시적인 부작용에 불과한 것으로 인식하기보다는 오히려 인간이 정말로 저지를 수 있는 것으로 인식하는 경우에만 기능할 수 있다.

> 어떤 신학자가 인간을 죄가 있거나 구원이 필요한 존재로 더는 여기지 않고 선택받은 자와 선택받지 않은 자를 더는 구별하지 않는다면, 그 신학자는 더는 신학자가 아니다. 도덕주의자는 선과 악 사이에서 선택할 자유를 전제로 한다. 정치적인 것의 영역은 결국 적대관계의 실제적 가능성에 의해 결정되기에 정치적 구상과 이념은 인간학적 낙관주의로 시작할 수는 없다.[31]

여기서 신학자에 관해 언급되었다고 해서 슈미트는 신학과 정치의 혼합에 대하여 우호적인 견해를 견지한다는 점이 수반되지는 않는다. "신학적 전제와 정치적 전제의 방법론적 연관성은 명백하다. 하지만 신학적 원용은 일반적으로 정치적 개념들을 헷갈리게 하는데, 그 이유는 그 개념적 구별을 대체로 도덕

---

30. 같은 책, 64. [같은 책.]
31. 같은 곳.

적 신학으로 이행하기 때문이다."[32] 이것은 슈미트에 관한 학문에서 논쟁의 대상이 되는 논점임이 확실하다. 장-프랑수아 케르베강의 표현대로, "한편으로, 슈미트의 사상에서 중심 요소는 종교적인 것, 심지어 신학적인 것이라고 믿는 사람들이 있다. … 다른 한편으로, 슈미트의 작업에서 가장 독창적이고 가장 강력한 것은 법적·정치적 문제에 기반을 두고 있다고 간주하는 사람들이 있다."[33] 여기서 우리는 그 논쟁을 해결할 수 없지만, 우리 목적을 위해 논의 중인 슈미트는 "신학적 원용은 일반적으로 정치적 개념들을 헷갈리게 하는데, 그 이유는 그 개념적 구별을 대체로 도덕적 신학으로 이행하기 때문이다"라고 서술한 그 사람이다.

슈미트에 따르면, 진정한 정치철학자들은 "적의 구체적 가능성을 언제나 염두에 둔다. 그들의 현실주의는 안전이 절실한 사람들을 놀라게 할 수 있다. … 인간은, 자신이 순조롭게 지내거나 상황을 기꺼이 감수하는 한, 방해받지 않은 평온함의 환상을 선호하고 비관주의자를 허용하지 않는다."[34] 그런 결벽성에 대한 좋은 해독제는 토머스 홉스의 냉철한 위대함에서 언제나 찾아낼 수 있다고 슈미트는 믿는데, "참으로 유력하고 체계

---

32. 같은 책, 65. [같은 책.]

33. Jean-François Kervégan, "Carl Schmitt and 'World Unity'," in Mouffe, *The Challenge of Carl Schmitt*, 54.

34. Schmitt, *The Concept of the Political*, 65. [슈미트, 『정치적인 것의 개념』.]

적인 정치사상가인 홉스의 경우에는 인간에 관한 비관주의적 구상이 정치사상의 어떤 특정한 체계의 기본 전제다. 또한 홉스는, 각자가 자신이 진·선·정의를 보유하고 있다고 확신함으로써 최악의 적대관계가 생겨나며 마침내 만인에 대한 만인의 전쟁이 벌어진다고 인식했다."[35] 이것은, 앞서 인용된, 울리히 벡의 세계시민주의적 낙관주의에 대한 라투르의 경고를 떠올리게 한다. 슈미트는 계속해서 진술하는데,

> 홉스는 누구보다도 더 명료하게 확신을 하고서 정치사상의 [그런] 단순한 결론을 도출했다.… 홉스에 따르면, 더 상위 계급의 지배는 그것이 이런 더 상위 계급의 어떤 사람들이 더 하위 계급의 사람들을 지배한다는 점을 정치적으로 의미하지 않는다면 공허한 문구다. 여기서 정치사상의 독립성과 완결성은 반박의 여지가 없다.[36]

홉스의 사례는 우리에게 "정치의 정점은 적이 구체적으로 명료하게 적으로 인식되는 바로 그 순간이다"[37]라는 점을 떠올리게 한다. 이와는 대조적으로, "국내정치나 국제정치를 막론하고 정치의 역사 어디에서나 이런 구별을 할 수 없거나 하지 않으려는

---

35. 같은 곳.
36. 같은 책, 67. [같은 책.]
37. 같은 곳.

성향은 정치적 종말의 징후다."[38]

우리 시대에는 나치 법학자 칼 슈미트를 편안한 마음으로 완전히 지지하는 정치사상가가 거의 없기에, 그의 저작을 활용하는 사람들은 일반적으로 자신이 슈미트와 다른 점을 애써 강조한다. 그런데 라투르가 슈미트의 견해에 동의하지 않는 점은 무엇인가? 우리는 앞서 「정치를 조금 이야기했더라면 어떻게 되었을까」라는 시론의 각주에서 그런 비판 한 가지를 이미 맞닥뜨렸는데, 그 내용은 다음과 같다.

> 슈미트와 꼭 마찬가지로 주권에 관해 이야기하는 사람들은 정치적 담화가 그 점들 하나하나에서 곡선을 필요로 한다는 점을 이해할 수 없기에 [그 대신에] 단 하나의 점에 정치적 성변화라는 기이한 사건을 응축한다는 사실을 알게 되는 것은 흥미롭다. 사실상 그들은, 마치 천둥과 번개의 권능 전체를 제우스 손에 맡기는 것처럼, 정치적 원의 곡률을 '예외상태'로 착각한다(TPL, 163, 각주 10).

나중에 『양식들』에서 같은 주장이 반복됨을 알 수 있는데,

> 슈미트의 오류는, 그가 정치적 양식은 오로지 높은 곳에서, 강

---

38. 같은 책, 68. [같은 책.]

자들 사이에서 그리고 드물게, 예외 사례를 찾아내야 한다고 믿는 점에 있다. 원을 바라보라. 그것은 위와 아래, 왼쪽과 오른쪽, 모든 점에서 예외적인데, 그 이유는 그것이 결코 직진하지 않을 뿐만 아니라 그것이 확산하려면 언제나 처음부터 다시 시작해야 하기 때문이다(AIME, 347~8).

슈미트는 정치적인 것에 관한 물음에서 모든 초월성을 추방하는 반면에, 라투르는 정치적 영역이 순전히 자기완결적인 체계가 되지 못하게 막는 '미니-초월성'의 현존을 옹호하는 주장을 펼치느라고 자신의 후기 경력 대부분을 보냈다는 차이점이 추가로 존재한다.

그런데 이제 2013년 2월에 행해진 라투르의 기포드 강연을 살펴보자. 이 강연에서 슈미트는 꽤 두드러지게 거론된다. 이 강연의 주제는 가이아인데, 제임스 러브록의 유명한 이론에 따르면, 가이아는 하나의 유기체로 여겨지는 지구다. 가이아에 대한 라투르의 관심은 그것이 "정치 이론에 의해 여태까지 탐구된 지구에 관한 가장 세속적인 표상"이라는 사실에서 비롯된다. "가이아는 아직 통일되어 있지 않은 것이기에 조성되어야만 하고, 따라서 새로운 방식으로 과학과 정치, 신학을 동원할 수 있는 유일한 존재자가 된다"(GIFF, 8). 다시 말해서, 라투르가 가이아는 아직 조성되지 않았다고 주장하는 이유는, 우리가 아직 다가오는 생태적 파국을 진실로 믿고 있는 것처럼 행동하고 있지 않은 점을 참작하면, 그것이 아직 정치적 집합체로 완전히 통합되지 않은 상태로 있기 때문이다. 인식해야 할 첫 번째 것은, 러브록 자신은 이런 식으로 가이아를 이해하지 않을 것이라는 점이다. 러브록은, 우리가 아직 정치적으로 통합하지 않은 한에 있어서 가이아는 아직 조성되지 않았다고 말하기보다, 그 문제에 관하여 더 표준적인 과학적 실재론 노선을 취할 것이라고 추정된다. 가이아는 오래전에 조성되었으며, 그리고 우리가 좋아하든 싫어하든 간에, 이제 그것은 인간에게 대단히 위험한 방향으로 나아가고 있다. 2009년 4월에 유니버시티 칼리지 더블린에서 러브록이 행한 암울하고 거의 묵시록적인 강연에서 나는 이런 진술을 직접 들었다. 그날 밤에 러브록이 진술한 대로, 북극 빙봉이 용해됨으로써 궁극적으로 세 가지 치명적인 사건 ― 해조류의 죽음과 우림의 죽음(두 사건 모두 과잉의 이산화탄소를 제거할 수 있는 지구의 역량을 대부분 파괴한다), 그리고 마지막으로 캐나다와 시베리아의 영구 동토층의 용해(그리하여 이전에 동결된 바이오매스로부터 훨씬 더 많은 이산화탄소를 방출한다) ― 이 초래될 것이다. 라투르주의적인 지적 틀의 기본 결함 중 하나 ― 그리고 그의 영웅에 속하지 않는 칸트에게서 물려받은 놀라운 유산 중 하나 ― 는, 일반적으로 (빙봉, 해조류, 우림, 그리고 영구 동토층 사이에 맺어진 관계들 같은) 객체-객체 관계들을 이들 존재자에 접근할 수 있게 하는 인간의 수단을 동시에 고려하지 않은 채로 고려하기가 여전히 다소 어렵다는 것이다. 이것은 매개로서의 과학에 관한 라투르의 개념에서 정확히 비롯되지만, 그것으로 인해 라투르는 지식의 대상을 그것을 파악하게 하는 수단과 구분하기가 상당히 어렵게 된다. 그리하여, 지구의 파괴에 대한 증거를 알고 있는 정통한 전문가들도 가이아의 현존을 여전히 반신반의할 따름이라는 사실로부터, 라투르는 가이아 자체가 아직 조성되지 않았다는 결론을 내리는 것처럼 보인다. 라투르는 확실히 올바르게도 가이아에 관한 모든 **전체론적** 개념과 맞서 싸우는데, "가이아에 대한 어떤 전체론적 견해도 유지될 수 없는 이유는 작업 중인 기술공, 시계공 — 눈이 멀든 그렇지 않든 간에 — 이 전혀 없기 때문이다"(GIFF, 66). 그런데 전혀 납득할 수 없는 이유로, 가이아 전체론이 부재한 이런 상황으로부터 라투르는 가이아 역시 사전에 확립된 통일성이 없다는 결론을 내린다. 그러므로 라투르는 가이아가 오직 인간 주도의 조성 과정을 통해서만 그런 통일성을 달성할 수 있다고 짐작하는데, "자연에도 정치에도 통일성이 없다면, 그것은 우리가 찾고 있는 어떤 보편성도 **조성되어야 함을 뜻한다**"(GIFF, 82). 가이아의 특질이 이미 알려진 경우뿐만 아니라 가이아가 알려지기에 앞서 이미 존재한 경우에도 평화는 불가능할 것이라고 라투르는 생각하는데, "우리가 세계는 이미 단적으로 통일되어 있다 — 대자연이든, 대문자 사회든, 혹은 유일신이든 간에 무엇에 의해 통일되었는지는 중요하지 않다 — 고 믿는 한에 있어서 찾으려고조차 하지 않는 것은 바로 이들 평화 조건이다"(GIFF, 83).

그런데 여기서 우리의 진짜 관심사는 가이아에 관한 라투르의 구상에 대한 칼 슈미트의 관련성이다. 에든버러에서, 슈미트는 기포드 강연 중 다섯 번째 강연에서 처음 거론된다. 라투르가 진술하는 대로, "전쟁상태가 일반화된 이유를 이해하려면, 이 상황을 이른바 예외 상황으로 규정한 저자, 즉 '정치신학'의 주요한 해설자로서 독성이 강하고 불가피한 칼 슈미트에 의지하는 것이 최선이다"(GIFF, 101). 우리가 이미 이해한 대로, 적은 더 상위의 상소법원이 모두 사라지고 나서야 나타난다. "심판, 중재자, 섭리, 상위 담당자가 있는 한… 싸우기 좋아하는 인간 사이에서 벌어지는 온갖 불가피한 투쟁은 단순한 관리를 통해서 혹은 치안 활동을 통해서 해결될 수 있는 내부 갈등에 불과하다"(GIFF, 101). 다시 말해서, "그것들은 판정될 수 있고, 그것들은 계산될 수 있고, 그것들은 결단될 필요가 없다"(GIFF, 101~2). 왜냐하면 "관리와 회계가 충분히 이루어지는 경우에는 전쟁이 존재하지 않기 때문인데, 이를테면 경찰에 송부함으로써 갈등이 해결될 수 있는 경우에도, 다투는 사람들이 국가가 상황을 규정할 권리를 갖추고 있다고 동의하는 경우에도 전쟁이 존재하지 않기 때문이다. 주권을 갖춘 중재자가 전혀 없는 경우에 전쟁이 시작된다. … 그런 것이 극단적인 '예외상태'다"(GIFF, 102).

환경 위기의 시대에 이런 논의는 특히 적실해진다. 기후과학의 고유한 복잡성으로 인해 과학은 모든 정치적 쟁의를 침묵시킬 수 있는 중립적 중재자라는 평소의 역할을 더는 수행할 수

없다. 혹은 라투르 자신의 표현대로,

기후학을 구성하는 자연과학들의 복합체는 확실한 최종 심판
의 역할을 더는 수행할 수 없을 것인데, 그 이유는 인간에서 비
롯된 기후변화의 원인을 둘러싼 비논리적인 '논쟁' 때문이 아니
라, 우리가 가이아의 민감성을 감지하게 만들기 위해 그 복합
체가, 꼬리에 꼬리를 물고, 확립해야 하는 많은 고리 때문이다.
이것이 내가 포스트자연적·포스트인식론적 상황이라고 일컫
은 것이다. 매우 기묘하게도, 대자연, 적어도 지상의 지구는 '예
외상태', 즉 삶과 죽음의 '양극단'으로 인해 모든 사람이 결단할
수밖에 없는 상황에 놓이게 되었다(GIFF, 102).

그리고 여기서 반동주의적 정치가 우리에게 친절을 베풀 수 있
을 것인데, "슈미트처럼 위험하고 반동주의적인 사상가들의 큰
미덕은 우리가 끊임없는 희망에 여전히 사로잡힌, 대단히 많은
우유부단한 생태론자의 선택보다 훨씬 더 극명한 선택을 하도
록 강요하는 것이다"(GIFF, 109). 라투르는 계속해서 진술한다.

슈미트의 선택은 매우 명료하다. 당신은 적과 동지를 구별하는
데 동의한 다음에 정치에 관여함으로써 충분히 실제적인 전쟁
의 경계선을 예리하게 규정하거나…아니면 당신은 전쟁을 벌
이고 적을 두기를 꺼림으로써 정치를 제거하는데, 이는 당신이

포괄적인 자연상태를 보호하는 데 몰두하고 있음을 뜻한다(GIFF, 105).

그런데 우리가 알기에, 라투르의 경우에는 선재하는 자연이 존재하지 않기에 정치의 대안이 없는데, 이는 궁극적으로 전쟁의 대안이 없음을 뜻한다. 라투르는 우리에게 자신이 "호전적인 사람이 아니"(GIFF, 105)라는 점을 그럴듯하게 확신시키지만, 기후 문제에 관한 우리의 현행 교착상태가 전쟁상태에 매우 근접한다고 평가한다. 우리를 위해 문제를 해결할 수 있는 통일된 자연, 국가, 혹은 과학은 전혀 없기에, "상식으로 통하는 것이 단적으로 터무니없는 이유는 〔우리〕가 〔자신의〕 안전과 타인들의 안전을 현존하지 않는 어떤 존재자의 돌봄에 맡기는 것을 수용하기 때문이다"(GIFF, 105). 이제 라투르는 그 상황을 다음과 같이 평가한다. "그것은 극명한 선택이라고 나는 동의한다. 대자연이 정치를 소멸시키거나, 아니면 정치가 자연을 소생시키거나, 즉 마침내 정치가 가이아를 마주하기로 동의하거나 둘 중의 하나다. … 그런 위협에 대처하지 않는다면, 불가피하고 비참하게 실패할 치안 활동만이 있을 따름이지, 그럴듯한 자연의 정치는 전혀 없을 것이다"(GIFF, 105). 더 평이하게 서술하면, 라투르는 기후변화 회의론자들에 대한 슈미트주의적 전쟁을 요청하고 있다. 라투르가 정치적 점진주의에 갇혀 있다는 불평이 얼마나 많았던가! 이런 움직임과 더불어 라투르는 심지어 정치적 좌익을 능가하는데, 기본적으로 인간중심적인 좌익 정치는 기후 위협을 다만 자본주의라고 일컬어지는, 더 포괄적인 인간 문제의 불가피한 부작용으로 개념화할 수 있을 뿐이다. 여섯 번째 기포드 강연에서 라투르는 녹색 슈미트주의를 훨씬 더 긴급하게 표명하는데, 그리하여 "슈미트가 자신의 기묘하고 중독성이 있으며 심오한 언어로 '공간 질서를 위한 전쟁'Raumordungkrieg이라고 일컬은 것, 20세기 갈등과의 관련성에서 일단 추방된 표현, 생태학에 대한 근본적인 정의를 제공하면서도 다가오는 전쟁을 제한할 충분한 힘을 갖춘 정치와 마침내 관계를 맺을 수 있는 생태학을 제공하는 표현"(GIFF, 135)을 소생시키기를 희망한다.

이제 라투르와 슈미트 사이의 유사점과 차이점을 고찰하자. 우리는 앞서 라투르가 제기한 가장 명시적인 이의를 이미 접했다.

> 슈미트의 오류는, 그가 정치적 양식은 오로지 높은 곳에서, 강자들 사이에서 그리고 드물게, 예외 사례를 찾아내야 한다고 믿는 점에 있다. 원을 바라보라. 그것은 위와 아래, 왼쪽과 오른쪽, 모든 점에서 예외적인데, 그 이유는 그것이 결코 직진하지 않을 뿐만 아니라 그것이 확산하려면 언제나 처음부터 다시 시작해야 하기 때문이다(AIME, 347~8).

슈미트의 경우에는, 한 주권자가 어떤 외부 기준에의 어떤 호소도 중지되고 실존적 투쟁이 개시되는 예외상태를 간헐적으로 결정한다. 라투르의 경우에는, 예외상태가 별개의 위기 순간들에 한정되는 것이 아니라 오히려 언제나 도처에서 발생하는데, 적어도 정치적 원이 진전될 때마다 발생한다. 예외상태가 끊임없이 발생한다고 주장함으로써, 라투르는 정치에서 초월성을 슈미트보다 훨씬 덜 허용하는 것처럼 보이고 어쩌면 권력 정치인과 훨씬 더 닮았을 것이다. 하지만 『자연의 정치』로부터 이미 우리는, 라투르의 경우에 정치적인 것은 미니-초월성의 호출로 가득 차 있음을 알고 있는데, 그 이유는 집합체가 슈미트의 예외상태와 전적으로 무관한 그런 종류의 도덕적 고려를 포함하여 자신의 외부에 자리하고 있는 것을 끊임없이 고려해야 하기 때문이다. 요점은, 라투르는 언제나 맥시-초월성을 차단하면서 매 순간 미니-초월성을 정치적 원에 새겨 넣는 반면에, 슈미트의 경우에는 이제 더는 어떤 초월성도 결코 없는 예외상태가 생겨날 때까지 맥시-초월성(정의, 도덕…)에 언제나 의지할 수 있다는 것이다.

진리 대 권력에 관한 문제와 관련하여 슈미트에 대한 라투르의 입장은 얼마간 이렇게 요약된다. 정치철학자로서 라투르의 본능은 근본적으로 홉스와 슈미트의 접근법과 양립할 수 있더라도, 라투르는 순전한 권력 투쟁을 넘어서는 초월성 — 비록 우리의 정치적 집합체에 아직 통합되지 않은 행위자들의 미니-초월성이라는 희석된 형태이지만 — 을 자신의 더 오래된 모형들보다 더 많이 허용한다. 그런데 다른 한편으로, 좌익과 우익 사이의 구분, 더 친숙한 구분의 경우에는 어떠한가? 우리는 앞서 이 주제에 관한 슈미트의 견해를 이미 맞닥뜨렸는데, "자연과 국가에 관한 모든 이론과 모든 정치적 이념은 그 인간학에 따라 분석될 수 있고, 그리하여 그것들이 의식적으로든 무의식으로든 간에 인간이 본성상 선하거나 혹은 본성상 악하다고 전제하는지 여부에 따라 분류될 수 있을 것이다."[39] 라투르와 울리히 벡 사이에 벌어진 논쟁을 회상하면, 처음에는 라투르를 우익에 벡은 좌익에 귀속시키고 싶을 것이다. 결국, 보편적인 세계시민주의적 평화에 대한 벡의 희망에 맞서, 라투르는 이사벨 스탕게스가 제시한 유형의 정치적 현실주의를 두 번 지지하는데, 우선 스탕게스에게 동조하여 "관용의 폐해"(BEC, 454)를 경멸한 다음에 "스탕게스가 강조하는 대로, 평화 합의는 자신의 신들(편협한 애착들)을 고려하지 않는 선의의 인간들 사이에서 이루어지는 것이 아니고 오히려 악의를 품은, 인간 이상의 것들과 인간 이하의 것들에 홀린 악의의 인간들 사이에서 이루어진다"(BEC, 456)라는 의견에 동의한다. 더욱이, "선의의 인간들이 자신의 신들을 외투 보관실에 걸어놓은 다음에 시가를 입에 물고 하버마스 클럽에서 회합하여 이런저런 분쟁의 휴전을 논의할 때, 나는 진행 중인 일이 결코 평화 회의가 아닐 것이라고 추측한다"(BEC,

---

39. 같은 책, 58. [같은 책.]

456). 이렇게 해서, 라투르와 스탕게스는 "의식적으로든 무의식으로든 간에 인간이 본성상 악하다고 전제하는" 것처럼 보일 것이고, 따라서 정치적 우익의 기본 가정을 지지하는 것처럼 보일 것이다. 하지만 사실상, 이와 관련하여 라투르와 스탕게스는, 인간이 자신의 이기심을 무시하고서 구속력이 있는 일단의 보편적 규범에 동의하게 될 수 있다는 모든 벡주의적 관념이나 하버마스주의적 관념에 맞서 권력 정치에 동조하고 있을 따름이다. 슈미트 자신의 주장과 매우 유사하게도, 정치적 반동주의자들이 진보주의자들보다 더 흥미롭다는 라투르의 주장에 대해서도 사정은 마찬가지다. 라투르의 입장에서 이것은 인간이 음흉하고 문제가 있다는 그런 주장이 아니다. 오히려 라투르는, 우리가 정치적 진리는 이미 알려져 있거나 파악될 수 있으며, 그리고 이런 진리는 그것을 공교롭게도 가로막는 탐욕과 무지, 이기심이 없다면 곧 실행될 수 있을 것이라는 생각에 빠지게 될 때마다 정치적 양식을 간과하게 된다고 주장하고 있을 따름이다. 정치적으로 중요한 이런 귀결에 관해서는 반동주의자들이 더 잘 알고 있다.

좌익/우익 정치적 분열과 관련하여 라투르를 사실상 좌익과 우익 중 어느 한 쪽에 위치시키기는 다소 어렵다. 한편으로 라투르는 흔히 우익과 연관되는 그런 종류의 현실주의적 본능을 갖추고 있다. 그런데 다른 한편으로 라투르는 과거의 세계를 고수하는 보수주의자가 아니라, 오히려 자연과 문화 혹은 인간과 기계 사이의 구분선을 흐리게 하는 새로운 혼성 구성체들을 끊임없이 찬양한다. 사실상, 슈미트가 표명한 정식의 첫 번째 부분("자연과 국가에 관한 모든 이론과 모든 정치적 이념은 그 인간학에 따라 분석될 수 있을 것이다")만을 취한다면, 우리는 라투르를 좌익/우익 도식에 따라 분류하는 것이 거의 무의미한 이유를 즉시 깨닫게 된다. 인류학이라는 분과학문에 대한 라투르의 대단한 애호에도 불구하고, 그의 인간학은 인간의 본질적인 선 혹은 악에 관한 인간학이 아니라, 네트워크로 직조될 뿐만 아니라 바로 그런 네트워크와 별개로 본질적으로 '문제가 있는' 기질도 본질적으로 '문제가 없는' 기질도 전혀 없는 인간들과 비인간들의 '인간학'이다. 누군가의 인간론이 인간은 선하다는 이론인지 인간은 악하다는 이론인지에 대한 슈미트의 규준에 따라 라투르의 정치적 영혼을 가늠한다면, 라투르는 인간 본성에 관한 실제 이론이 전혀 없다는 사실이 명백해진다. 라투르가 그런 이론을 갖는 것도 터무니없을 것인데, 왜냐하면 라투르의 경우에는 정치적 영역이 인간 영역과 일치하지 않기 때문이다. 달리 서술하면, 어떤 의미에서 정치적 좌익과 우익은 인간이 실재의 존재론적 중심에 놓인 자신의 지위를 상실하고 있는 시대에 지금까지 계속해서 서성거린 인간주의적 정치 이론이다.

4장에서 우리는 지금 다시 살펴볼 만한, 슈미트와 라투르 사이의 또 하나의 차이점을 간략히 고찰하였다. 오늘날 정치적 좌익에 대한 슈미트의 놀라운 호소력의 대부분은, 정치적 다툼을 윤리적 쟁점과 경제적 관리로 대체함으로써 평화와 질서를 추구하는 부르주아 자유민주주의에 의해 수행된 광범위한 탈정치화에 대한 그의 조바심에서 비롯된다. 그런데 이런 탈정치화의 문제는 라투르의 관심을 끌 것처럼 보이는 슈미트의 한 양태가 아닌데, 라투르는 제라드 드 브리스와 나눈 서신에서 적어도 두 번 정반대 방향을 택한다. "참여할 필요가 없음은 여전히 이상적인 것이기 마련일뿐더러 당연히 행동 요청에 대한 가장 널리 퍼진 응답이기도 하다"(RGDV, 819). 우리는 또한 다음과 같이 상세한 구절을 인용했다. "파리 하수 체계의 작동, 이라크 내 대량살상무기의 수색, 캘리포니아에서 수행되는 줄기세포 연구의 발달, 지구온난화, P2P 소프트웨어, 유럽 기업들을 위한 새로운 회계 절차 등에 우리가 모두 끊임없이 연루되거나 관련되거나 혹은 개입하게 되기를 요구하는 인지적·심리적·정동적 장치는 전혀 없다"(RGDV, 819). 슈미트와 좌파는 모두 '탈정치화'라는 용어를 단지 저주의 말로 사용하는 경향이 있는 반면에, 라투르는 '정치적-5단계'가 현재 숙달되고 일상화되어 있으며 그리고 페미니스트들과 과학학의 학자들, 미셸 푸코 이외의 누구에 의해서도 정치적 논의를 위해 거의 제기되지 않는 모든 쟁점을 포함한다는 사실과 관련하여 아무 문제가 없다고 여긴다. 라투르는 이들 블랙박스 개봉자들의 작업을 존중함이 분명하지만, 많은 정치적 박스가 영원히 개봉되지 않은 채로 있다는 사실에 심란해하지 않는 것처럼 보인다. 이미 인용된 구절에서, "천연두나 결핵에 대한 접종이 더는 정치적인 것이 아닌 것과 마찬가지로, 파리에서 하수 체계의 조용한 작동은 더는 정치적인 것이 아니다. 이제 그것은 거의 화제가 되지 않는 무언의 방대한 관료들이 관장한다"(RGDV, 817). 라투르가 슈미트보다 더 홉스주의적임을 밝히는 어떤 쟁점이 있다면, 그것은 바로 이것이다. 슈미트는 인간의 삶을 재정치화하기를 바라는 반면에, 홉스가 정치적 투쟁의 본질적인 특질은 음울하다고 간주한다는 사실을 참작하면, 홉스는 전적으로 즐겁게 그것을 탈정치화한다. 다음 절에서 알게 되는 대로, 이것은 (특히) 레오 스트라우스가 홉스를 자유주의의 창시자로 여기는 까닭이며, 그리고 또한 자유주의에 대한 공감이 슈미트의 저작에서 우리가 여태까지 찾아볼 수 있었을 것보다 라투르의 저작에서 더 많이 나타나는 이유를 이해하는 데 도움이 된다. 홉스와 슈미트 사이에 선택하도록 강요받는다면, 라투르는 확실히 홉스를 좇을 것이다.

레오 스트라우스와 슬라보예 지젝에 따른 슈미트

레오 스트라우스와 슬라보예 지젝이 동시에 그럴듯하게 언급될 수 있을 다수의 맥락을 상상하기는 어렵다. 스트라우스는 시카고대학교에서 수십 년 동안 소수의 학생 입문자에게 침울한 이야기를 들려준 원보수주의적 독일인 망명자인데, 이들 학생 중 일부는 나중에 우익 싱크탱크와 미합중국 행정부에 관여한 주요 인물이 되었다. 이와는 대조적으로, 지젝은 오늘날 좌익에서 가장 두드러진 인물 중 한 사람으로 독일 관념론 철학과 라캉주의 정신분석학의 자극적인 해석자이자 세계 곳곳을 누비는 광대다. 스트라우스가 사망한 지 한 세대가 채 지나지 않아서 지젝이 중요한 공인으로 등장했지만, 하여간 그 두 사람이 대화를 주고받는 상황을 상상하기는 어렵다. 그런데 그들 각자의 정치적 입장의 차이가 아무리 크더라도, 슈미트에 관한 그들의 견해는 한 가지 중요한 점을 공유한다. 말하자면, 스트라우스와 지젝은 둘 다 슈미트의 결단주의에 맞서 지식에 기반을 둔 정치에 대한 요구로 대응한다.

히틀러가 권력을 장악하기 일 년 전인 1932년에 스트라우스는 슈미트를 비판하는 글을 저술했는데, 그 해는 또한 슈미트와 하이데거가 나치당에 가입하기 일 년 전이기도 했다. 스트라우스는 많은 위대한 사상가가 저술하는 방식이라고 스스로 믿고 있는 그런 식으로 저술하는데, 이를테면 절제된 표현이나 의도적으로 어색한 모순으로 자신의 주요 논점을 은밀히 감추는 한편으로 더 가시적이지만 궁극적으로 더 평범한 주장을 요란스럽게 허위로 강조한다. 긍정적인 측면에서, 이것은 스트라우스가 정치를 너무 진지하게 여겨서 정치를 단지 타인들에 대한 도덕적 우위를 주장할 기회로 절대 활용하지 않음을 나타내는 징후다. 이렇게 해서 스트라우스는 정치에 관하여 로크, 루소, 제퍼슨, 혹은 맑스에게서 배우는 것보다 종종 더 많이 배울 수 있는 '흥미로운 반동주의자들'에 속하게 된다. 부정적인 측면에서, 스트라우스는 종종 음모론적인 사소한 것들을 감지하고 구축하는 데 매우 많은 에너지를 소모하기에 스트라우스의 '비밀스러운' 구술적 가르침의 입문자들만을 겨냥하고 있을 따름인 것처럼 보이는 논의에 있어서 공개적인 독자들은 배제되는 느낌을 쉽게 받게 된다. 사실상 스트라우스의 추종자들은 스트라우스주의적 집단 내에서 반쯤 자유롭게 회람하는 문서를 공유하기를 그야말로 거부하는 경우가 종종 있다. 더욱이, 음모가 있는 듯한 비밀 엄수의 이런 미묘한 과시는 너무나 흔히 스트라우스의 견해가 여타 사람의 견해와 마찬가지 방식으로 고찰되거나 판단되지 못하게 막는데, 왜냐하면 그의 찬양자들은 언제나 그의 비판자들이 그를 피상적으로 해석했다고 주장하면서 외부 비판자들로부터 철저히 보호된 스트라우스의 구술적 전통 혹은 언행록에 담긴 비밀스러운 잉여물로 추정되는 것을 제시할 수 있기 때문이다.

이제 점증하는 탈정치화에 맞서 정치적인 것을 보존하는데 관심이 있는 슈미트에 대한 스트라우스의 비판적 평가를 살펴보자. 자유주의는 슈미트가 그것으로부터 정치적인 것을 구조하기를 바라는 주적인 것처럼 보인다. 스트라우스가 서술하는 대로, "탈정치화는 근대적 발달의 우연적인 결과이거나 혹은 심지어 필연적인 결과일 뿐만 아니라 그것의 본래적이고 진정한 목표이기도 하다. 근대적 정신이 자신의 최대 효능을 획득한 운동, 즉 자유주의는 바로 정치적인 것의 부정으로 특징지어진다."[40] 그런데 자유주의는 정치적인 것을 말살해 버린 것처럼 보일 뿐인데, 그 이유는 자유주의가 사실상 정치적인 것을 도덕과 경제로 대체할 따름이기 때문이다. "그러므로 자유주의는 정치적인 것을 말살해 버린 것이 아니라, 단지 정치적인 것에 대한 이해를, 정치적인 것의 진정성을 말살해 버렸을 뿐이다."[41] 스트라우스는 쉬운 해답이 없는 철학적 의문을 제기하는 슈미트의 태도를 찬양하는 것처럼 보인다. 이것은 자유주의를 대체할 어떤 좋은 이념도 지금까지 구상된 적이 없다는 슈미트의 깨달음에서 특히 명백하다. 스트라우스가 재치 있게 서술하는 대로, "이렇게 자각함으로써 〔슈미트〕는 대체로 자신들의 뒷주머니에 정교한 비자유주의적 원리를 휴대하는 자유주의의 적들 사이에서 전적으로 고립되어 있다."[42] 사실상 "또한, 〔슈미트〕는 자신의 견해를 진술하면서 자유주의적 사상의 요소들을 사용하지 않을 수 없을 것이다. 이런 강제성으로부터 슈미트가 진술한 언

---

40. Leo Strauss, "Notes on Carl Schmitt, *The Concept of the political*," appendix to Schmitt, *The Concept of the Political*, 99~100. [레오 스트라우스, 「카를 슈미트의 『정치적인 것의 개념』에 대한 주해」, 슈미트, 『정치적인 것의 개념』의 부록.]
41. 같은 글, 100. [같은 글.]
42. 같은 글, 101. [같은 글.]

명의 잠정성이 생겨난다."[43]

　라투르와는 달리, 스트라우스는 자연상태라는 개념을 지지할 뿐만 아니라 슈미트가 이 개념을 전면적으로 복원한 점에 대해서도 경의를 표한다. 스트라우스가 서술하는 대로, "문화가 자연의 양육으로 이해되는지 아니면 자연과의 투쟁으로 이해되는지는 자연이 이해되는 방식, 즉 모범적 질서로 이해되는지 아니면 제거되어야 할 무질서로 이해되는지에 달려 있다. 그런데 문화가 어떻게 이해되든 간에, '문화'는 자연의 문화임이 확실하다."[44] 스트라우스는 계속해서 서술하는데, "이런 식으로 이해되는 자연적인 사회적 관계를 가리키는 용어가 자연상태 status naturalis다. 그러므로 문화의 기초는 자연상태라고 말할 수 있다."[45] 더욱이,

　　홉스는 자연상태를 곧 전쟁상태 status belli로 서술하는데, 여기서 "전쟁의 본질은 실제 투쟁에 있는 것이 아니라 주지의 투쟁 성향에 있다"(『리바이어던』, XIII)라는 것을 염두에 두어야 한다. 슈미트의 용어 사용법에 따르면, 이 진술은 자연상태가 진실로 정치적인 상태임을 뜻한다. … 그리하여 당연히 슈미트가 근본적이라고 강조한 정치적인 것은 모든 문화의 근저에 자리하고 있

43. 같은 곳.
44. 같은 글, 104~5. [같은 글.]
45. 같은 글, 105. [같은 글.]

는 '자연상태'라는 점이 도출되는데, 요컨대 슈미트는 홉스주의적 자연상태의 명예를 회복시킨다.[46]

그런데 스트라우스가 훨씬 더 흥미로운 경우는 그가 슈미트와 홉스의 차이점을 지적할 때다. 예를 들면, "슈미트에 의해 규정되는 자연상태는 홉스에 의해 규정되는 자연상태와 근본적으로 다르다. 홉스에게 자연상태는 개인들의 전쟁상태인 한편으로, 슈미트에게 자연상태는 집단들의 전쟁상태다."[47] 또한, 홉스는 리바이어던의 절대 권력을 통해서 끔찍한 자연상태를 종식시키는 데 관심이 있는 반면에, 슈미트는 우리를, 적어도 국제적 수준에서, 자연상태로 귀환시키기를 바란다. 홉스의 경우에, "만인에 대한 만인의 전쟁상태는 자연상태를 폐기할 동기를 부여하기로 되어 있다. 슈미트는 자연상태 혹은 정치적인 것을 이렇게 부정하는 구상에 맞서 정치적인 것의 입지를 정한다."[48] 그리고 이렇게 해서 개인이 국가에 대해 품어야 하는 충성심의 크기와 관련하여 또 하나의 차이점이 생겨나는데, 이 경우에 슈미트가 더 강경한 입장을 취함이 명백하다. 왜냐하면 "슈미트에 따르면 정치집단이 '자신의 구성원들에게 죽을 각오를… 요구'할 수 있는 것은 정치집단의 본질에 속하는 [반면에] … 이런 주장에 대

---

46. 같은 곳.
47. 같은 글, 106. [같은 글.]
48. 같은 곳.

한 정당화는 홉스에 의해 아무튼 제한되기 [때문인데], 이를테면 전투에서 자신의 생명을 잃을 두려움으로 인해 대열을 이탈하는 사람은 '단지' 불명예스럽게 행동했을 뿐이지 부당하게 행동한 것은 아니다(『리바이어던』, XXI)."[49] 더 일반적으로, 홉스의 경우에, "인간은 그 밖의 점에서는 무조건적 복종의 의무를 지고 있지만, 자신의 생명을 희생시킬 의무는 지지 않는다. 왜냐하면 죽음은 최대의 악이기 때문이다. 홉스는 그 결과를 회피하지 않고 미덕으로서의 용기의 지위를 명백히 부정한다(『인간론』, 제13장 9절)."[50] 홉스에게서는 나타나지만 슈미트에게서는 없는 것처럼 보이는 개인의 이런 자연권을 참작함으로써 스트라우스는 "홉스는, 베이컨보다 그 정도가 훨씬 더 크게⋯ 문명의 이상을 제창한 저자다. 바로 이런 사실에 의해 홉스는 자유주의의 창시자다"[51]라는 결론을 내린다. 사실상 스트라우스는 다음과 같이 서술함으로써 슈미트에 관한 자신의 시론을 마무리 짓는다. "그러므로 자유주의에 대한 근본적인 비판은 홉스에 대한 적절한 이해에 기반을 두고서야 가능하다. 따라서 그런 절박한 과업을 달성하기 위해 슈미트에게서 배울 수 있는 바를 시사하는 것이 이 주해의 주요한 의도였다."[52]

---

49. 같은 곳.
50. 같은 글, 106~7. [같은 글.]
51. 같은 글, 107. [같은 글.]
52. 같은 글, 122. [같은 글.]

그런데 홉스와 슈미트 사이의 이들 중대한 차이점에도 불구하고, 스트라우스는 슈미트가 자유주의에 자신이 기꺼이 인정하는 것보다 더 많이 사로잡혀 있음을 보여주고자 한다. 인간을 근본적으로 위험하다고 여기는 정치 이론들과 인간을 기본적으로 선하거나 개선 가능하다고 여기는 정치 이론들 사이의 차이점에 관하여 앞서 언급된 슈미트의 구절을 인용한 후에 스트라우스는 약간의 진부한 스트라우스적 표현을 제시한다. 즉, "방금 묘사된 사고의 흐름은 십중팔구 슈미트의 최종 결론이 아닐 것이고, 게다가 그것은 그가 말해야 하는 가장 심오한 것도 아님이 확실하다. 그것은 전적으로 다른 방향으로 흐르는 성찰, 즉 앞서 서술된 사유 노선과 조화될 수 없는 성찰을 은폐한다."[53] 말하자면 스트라우스는, 슈미트가 처음에는 풍경을 적/동지 대립관계에 전적으로 의거하여 바라보는 권력 정치 이론가처럼 보이지만 사실상 슈미트는 정반대의 입장, 즉 기묘한 종류의 어두운 자유주의적 도덕주의자의 입장에 빠져든다고 주장하고자 한다. 스트라우스가 생각하기에, 문제는 슈미트가 인간의 위험성을 하나의 '추측'으로 주장할 수 있을 따름이라는 것이다. 이렇게 해서 스트라우스는 한낱 추측에 불과한 것에 대한 슈미트의 의존에 맞서 지식의 검을 휘두르게 되는데, "인간의 위험성이 정말로 인식되는 것이 아니라 단지 추측되거나 믿어지

---

53. 같은 글, 111. [같은 글.]

는 것일 뿐이라면, 인간의 비위험성 역시 가능한 것으로 여겨질 수 있고, 따라서 인간의 위험성을 제거하려는 시도가…실행될 수 있다."54 다시 말해서, 슈미트뿐만 아니라 "인간은 기본적으로 선하다"라고 가정하는 정반대 진영의 라이벌들도 "인간학적 신앙 고백"에 의존할 따름이다.55 스트라우스가 이해하는 대로, 슈미트의 신앙 고백은 도덕적 근거에 의존하는데, "궁극적으로 슈미트는 〔정치적인 것의 부정에 상응하는〕 이런 이상을 유토피아적이라고 절대 거부하지 않고 ─ 결국 그는 자신이 그런 이상이 실현될 수 없는지 여부를 알지 못한다고 말한다 ─ 오히려 그것을 혐오한다. 슈미트가 자신의 견해를 도덕적인 방식으로 표명하지 않고 오히려 은폐하려고 노력한다는 사실은 그의 논의를 더 효과적으로 만들 따름이다."56 그다음에 스트라우스는, 슈미트가 정치적인 것의 종언 이후에 출현할 순전한 오락과 쾌락의 세계에 관해 개탄스럽게 언급하는 구절을 인용한다. 이것은, 정치적인 것에 대한 슈미트의 옹호가 자체적으로 정당화되는 것도 아니고 생래적으로 위험한 인간의 특질에 대한 어떤 확정된 지식에서 비롯되는 것도 아니라, 오히려 자유주의 지체를 생각나게 하는 어떤 도덕적 의미에 기반을 두고 있음을 시사한다. 정치적

---

54. 같은 곳.

55. Schmitt, *The Concept of the Political*, 58. [슈미트, 『정치적인 것의 개념』.]

56. Strauss, "Notes on Carl Schmitt, *The Concept of the political*," 111. [스트라우스, 「카를 슈미트의 『정치적인 것의 개념』에 대한 주해」.]

인 것에 관한 슈미트의 개념은 뒤집어진 자유주의에 불과한 이념 ― 정치적 위험성의 도덕성, 말하자면 "마키아벨리의 의미에서 비르투, 즉 국가를 형성하는 힘으로서의 권력에 대한 긍정"[57]의 도덕성을 선호하는 이념 ― 을 낳는 것으로 판명된다.

이제 스트라우스는 슈미트의 입장에 반대하는 논변의 마지막 곡절을 제시한다. 비록 슈미트는 어떤 은밀한 도덕적 신념도 갖추지 않은 채로 정치적인 것 자체를 위해 헌신할 수 있었더라도, "정치적인 것은 '긴급 사태'에 대비함을 뜻한다. 그러므로 정치적인 것 자체에 대한 긍정은, 무엇을 위해 싸우고 있는지에 전적으로 무관하게, 투쟁 자체에 대한 긍정이다."[58] 슈미트의 모범적인 정치적 행위자는 "무슨 수를 써서라도 결단을 회피하려는…의지를 갖지 않고, 오히려 사실상 결단에 온 힘을 기울이는데, 요컨대 내용에 무관하게 모든 결단에 대한 열의를 나타낸다."[59] 스트라우스의 결론은, 자신의 논변에 의해 철저히 정당화됨에도 불구하고, 그 스트라우스주의에 있어서 거의 익살스럽다.

정치적인 것 자체를 긍정하는 사람은 싸우기를 바라는 모든 사람을 존중하는데, 그는 자유주의자와 꼭 마찬가지로 관용적

57. 같은 글, 112. [같은 글.]
58. 같은 글, 120. [같은 글.]
59. 같은 곳.

이지만 정반대의 의도를 품고 있다. 자유주의자는 모든 '정직한' 확신을, 그것들이 단지 법적 질서, 평화를 신성불가침의 것으로 인정하는 한, 존중하고 관용하는 반면에, 정치적인 것 자체를 긍정하는 사람은 모든 '심각한' 확신, 즉 전쟁의 실제적 가능성에 지향된 모든 결단을 존중하고 관용한다. 그러므로 정치적인 것 자체에 대한 긍정은 정반대로 편향된 자유주의인 것으로 판명된다.[60]

그런데 사실상 스트라우스는 훌륭한 논변을 전개함으로써 마침내, 모든 평화적인 견해에 대한 자유주의자의 평화적인 관용 그리고 모든 호전적인 견해에 대한 슈미트의 호전적인 관용이 지식이라는 주제를 회피하는 한에 있어서 같은 실수를 저지른다고 주장하게 된다. 그리하여 여기서 스트라우스는 자신의 가장 위대한 지적 영웅들, 즉 소크라테스와 플라톤에게 의지하는데, "[자유주의자에게] 의견 일치와 평화는 무슨 수를 써서라도 이루어지는 의견 일치와 평화다. 그렇지만 원칙적으로, 이미 확정된 목적에의 수단에 대해서는 의견 일치를 이루는 것이 언제나 가능한 반면에, 목적 자체에 대해서는 언제나 다툼이 있다. 우리는 오직 정의로운 것과 선한 것을 둘러싸고서 언제나 서로 다투고 있다(플라톤, 『에우튀프론』, 7B~D와 『파이드로스』,

---

60. 같은 곳.

263A)."[61] 그다음에 슈미트에 관한 자신의 시론 전체에서 스트라우스의 고유한 견해에 대한 어쩌면 가장 솔직한 표현에 해당할 구절이 이어진다.

> 무슨 수를 써서라도 이루어지는 의견 일치는 인생의 의미를 대가로 치르고서 이루어진 의견 일치로서만 가능할 뿐인데, 왜냐하면 무슨 수를 써서라도 이루어지는 의견 일치는 단지 인간이 무엇이 옳은 것인지에 관한 의문을 제기하는 것을 단념했을 경우에만 가능하기 때문이다. 그리고 인간이 그런 의문 제기를 단념한다면 그는 인간이기를 단념하는 것이다. 그런데 인간이 무엇이 옳은지에 관한 의문을 진지하게 제기한다면, 다툼이…생사를 건 다툼이 촉발될 것이다. 정치적인 것—동지와 적으로 편을 가르기—은 무엇이 옳은지에 관한 물음의 심각성에서 자신의 정당성을 확보하게 된다.[62]

이 구절은 관용에 관한 연성 자유주의적 구상과 슈미트의 결단주의 둘 다에 대해서 마찬가지로 잘 작동한다. 슈미트의 입장을 획득하려면, 첫 번째 문장의 절반을 다음과 같이 바꾸기만 하면 된다. "무슨 수를 써서라도 이루어지는 의견 차이는 인생

---

61. 같은 글, 117~8. [같은 글.]
62. 같은 글, 118. [같은 글.]

의 의미를 대가로 치르고서 이루어진 의견 차이로서만 가능할 뿐이다." 결국 우리는, 논의를 위해서 대립을 너무 이르게 포기하지 말아야 하는 것과 마찬가지로 대립을 위해서 논의를 너무 이르게 포기하지 말아야 한다. 동지와 적에 의거하여 정치를 고찰함으로써 어쩌면 슈미트는 정의에 관한 소피스트들의 규정 중 하나, 즉 정의란 "자신의 동지에게는 도움을 주고 자신의 적에게는 타격을 주는 것"이라는 규정을 무의식적으로 반복할 것인데, 이 규정은 (소크라테스가 주장하는 대로) 누구나 자신의 진짜 동지와 적이 실제로 누구인지 알고 있다고 가정한다. 그런데 플라톤의 대화편에서는 무엇이든 어떤 종류의 지식을 지니고 있다고 주장하는 소크라테스가 사실상 절대 나타나지 않는다. 그러므로 스트라우스가 인간의 악함에 대한 슈미트의 단순한 "인간학적 신앙 고백"에 맞서 '지식' 카드를 활용할 때, 우리는 소크라테스가 스트라우스와 나란히 서 있다고 동의할 필요가 없다. 스트라우스가 소크라테스와의 그런 연계를 절실히 욕망한다는 사실은 트레이시 B. 스트롱의 다음과 같은 진술에 의해 강조되는데,

> 슈미트에 대한 스트라우스의 비판의 본성은, 자유주의에 대한 〔스트라우스〕 자신의 비판이 무엇이든 간에, 그것이 도덕적 진리에 대한 단순한 재확인일 수는 없다는 것을 시사한다. 오히려 (그리고 너무나 금언적으로), 스트라우스의 『자연권과 역사』

(명백히 소크라테스가 아니라 자유주의에 관한 책)의 서론 및 3장과 4장을 시작하는 강조된 낱말들이 알려 주는 대로, '그것은 소크라테스를 이해하는 것이다.'[63]

궤변에 대립적인 것은 지식이 아니라 철학이며, 그리고 이런 이유로 인해 철학은 (궤변 및 지식과는 달리) 불확실성과 무지의 고백이다. 이런 점에서 스트라우스보다 라투르가 소크라테스와 더 비슷하다.

이제 비길 데 없이 독특한 지젝을 살펴보자. 스트라우스가 우익의 진리 정치에 호소함으로써 슈미트를 비판한다면, 지젝은 두드러지게 좌익적인 성향의 진리 정치를 전개한다. 스트라우스와 거의 마찬가지로, 지젝은 그 내용과 무관하게 모든 결단을 수용하는 슈미트의 관용에 대해 고민한다. "칼 슈미트의 정치적 결단주의가 나타내는 근본적인 역설은…자유민주주의적 형식주의에 대한 그의 바로 그 반론이 형식주의적 덫에 가차 없이 사로잡힌다는 것이다."[64] 지젝은 예리하게 덧붙이는데, "이 것은 근대적 보수주의의 주요한 특색이면서 이로 인해 그 이념은 모든 종류의 전통주의와 극명하게 구별된다. 근대적 보수주

---

63. Tracy B. Strong, "Foreword : Dimensions of the New Debate Around Carl Schmitt," in Schmitt, *The Concept of the Political*, xviii.

64. Slavoj Žižek, "Carl Schmitt in the Age of Post-Politics," in Mouffe, *The Challenge of Carl Schmitt*, 18.

의는, 자유주의보다 훨씬 더, 전통적인 가치들 그리고/혹은 권위들의 집합이 해체됨으로써 겪은 교훈 ─ 보편적으로 수용되는 준거틀로 상정될 수 있을 어떤 긍정적인 내용도 더는 존재하지 않는다 ─ 을 취한다."[65] 사실상 지젝은, 그의 주의 환기용 따옴표의 애매한 분위기에도 불구하고, 결단과 내용 사이의 이런 간극을 근대성 전체의 뿌리로 간주하는 것처럼 보인다. "'근대'적인 것은 결단 행위와 그 내용 사이의 간극이다. … 그러므로 역설은 … 근대주의의 가장 깊숙한 가능성이 그것의 외관상 정반대의 모습 ─ 긍정적인 이유에 근거를 둘 수 없는 무조건적 권위에의 귀환 ─ 으로 드러난다는 것이다."[66] 지젝의 경우에 이런 간극은 죄인이 행한 일련의 선한 행위 때문이라기보다는 오히려 오로지 은총을 통해서 구원하는 근대적인 칼뱅주의적 유일신에서도 볼 수 있을 뿐만 아니라, 일방적으로 그리고 아무 이유도 없이 2 + 2 = 5라고 결정할 수도 있을 근대적인 데카르트적 유일신에서도 볼 수 있다.[67] 이렇게 해서 지젝은 여기서 고찰될 수 없는 전형적으로 길고 유쾌한 일탈에 나서게 되는데, 이번에는 아버지에 대한 프로이트의 다양한 모형과 비극에 관한 일탈이다.

지젝이 이해하는 대로, 슈미트의 형식주의적 덫이 그의 결단주의적 정치와 관련된 유일한 문제인 것은 아니다. 또 하나의

---

65. 같은 글, 18~9.
66. 같은 글, 20.
67. 같은 글, 20 & 26.

문제는 슈미트가 "정치적인 것을 구성하는 고유의 적대관계를 우리와 그들 사이의 외부 관계로 이미 대체한다"[68]라는 것이다. 그런데 슈미트의 경우에 사정이 이러함은 확실히 참이지만, 그것은 지금 당장 가장 중요한 문제가 아니다. 그 이유는 우리가 아무튼 슈미트가 자신의 초점을 국제 분쟁에서 사회적 계급들 사이의 국내 반목으로 이행하도록 설득할 수 있을지라도, 핵심적인 슈미트주의적 문제는 여전히 남아 있을 것이기 때문이다. 말하자면, 어떤 추정상의 정치적 진리에 근거를 두고서 한 계급이 다른 한 계급과 싸우는가? 아니면 긴급한 실존적 이유로 인해 적 계급을 파괴해야 한다는 순전한 결단에서 그렇게 할 따름인가? 우리는 이 물음에 대한 지젝 자신의 답변을 이미 알고 있는데, 왜냐하면 지젝은 순종의 진리 정치인이고 그의 정치적 존재론은 다음과 같은 역사적 견지에서 설명될 수 있기 때문이다.

진정한 의미로서의 정치는 데모스demos의 구성원들(위계적인 사회적 체계에서 확정된 지위를 부여받지 못한 사람들)이 발언권을 요구한 고대 그리스에서 최초로 나타난 현상인데, 그들은 권력과 사회적 통제권을 지닌 사람들에 맞서 자신들이 겪은 부당한 대우에 항의했으며 자신들의 발언이 들릴 수 있기를,

68. 같은 글, 27.

공적 영역에 포함되는 것으로 인정받기를 원했다.[69]

지젝은 계속해서 오늘날 좌파의 프랑스인 동지 세 사람(알랭 바디우, 에티엔 발리바르, 그리고 자크 랑시에르)을 환기하는데, 이들 사상가는 모두 스스로 자명하다고 여기는 만인의 평등성에 정치의 근거를 둔다. 지젝이 서술하는 대로, "정치적 갈등은 조직된 사회적 신체 – 각각의 부분이 자기 자리를 갖는다 – 와 '몫 없는 부분' – 보편성, 에티엔 발리바르가 평등자유égaliberté라고 일컫는 것, 발언하는 존재자로서 만인의 원칙적인 평등성이라는 공허한 원리에 의거하여 이런 질서를 불안정하게 한다 – 사이의 긴장을 포함한다."[70] 여기서 정치를 입증되지 않은 입장들 사이의 투쟁으로 간주하는 슈미트주의적이고 라투르주의적인 구상은 제거된다는 것을 인식하자. 자신의 동지들과 마찬가지로 지젝의 정치 이론에서도, 만인의 보편적인 유사성은 처음부터 상정되는 한편으로, 다양한 신과 원리, 문화, 관습에 대한 여타 신념은 사유하는 주체로서 우리가 공유하는 유산에 비해서 한낱 이데올로기에 불과한 것으로 암묵적으로 여겨진다. 지젝에게 정치가 투쟁이라면, 그것은 무시되는 데모스와는 대조적으로 특권적인 지위를 차지하고 있는 사람들의 기득권과 무지에 맞서는 투쟁

69. 같은 곳.
70. 같은 글, 27~8.

일 따름이다. 그런데 (지젝이 서술하는 대로) '진정한 의미로서의 정치'는 데모스의 발언권에 대한 요구와 동등하다는 관념과 관련하여 적어도 두 가지 문제점이 있다. 첫째, 우리가 진정한 의미로서의 정치는 "발언하는 존재자로서 만인의 원칙적인 평등성"을 자신의 유일한 의제로 삼는다고 말한다면, 이것은 최소 공통분모에 불과한 것을 제시한다. 많은 사람이 그런 공정한 원리에 이의를 제기하는 억압적인 엘리트주의 집단에 맞서 기꺼이 싸우고 죽을 것이라면, 한편으로 우리가 자신의 생명을 바칠, 발리바르의 평등자유보다 더 구체적인 것도 많이 있다. 요점은, 오로지 우리의 평등성에만 호소함으로써 지젝은, 우리의 여타 특징과 신념은 비교적 부차적이거나 우유적이거나 혹은 이데올로기적인 것에 불과하다고 여기면서, 인간들이 정치적으로 교체할 수 있는, 발언하고 생각하는 존재자들에 지나지 않음을 암시하는 것처럼 보인다는 사실이다. 자신의 특수성을 위해 싸우거나 혹은 평등성보다 하위의 다른 목적을 위해 싸우는 것은, 데카르트주의적 혹은 라캉주의적 코키토cogito로서의 인간에 관한 정의만이 '진정한 의미로서의 정치'로 여겨지는 이론에 부당한 것처럼 보일 수밖에 없을 것이다. 두 번째 문제점은, '진정한 의미로서의 정치'를 억압받는 데모스의 평등주의적 외침과 동일시함으로써 지젝은 그 중요성이 더 제한적인 상황을 정치적 견지에서 언급할 수 있는 능력을 상실한다는 것이다. 지역교육위원회의 정치적 술책, 유럽연합의 전자통신 정책, 혹은 심지어 2016년 미합중국 공화당 대통령 후보 선출은 모두 나름대로 흥미진진하다. 하지만 그것들은 모두 평등한 발언권이 있는 인간들의 평등자유와 직접적인 관계가 없는 한에 있어서 '진정한 의미로서의 정치'에 대립하는 것으로서 혁명적이지 않은 '통치'처럼 보이는 경향이 있을 것이다. 그런데 여기서 우리는, 어떤 집단의 형성 혹은 재건이 걸려 있는 모든 경우에 정치가 나타날 수 있다고 간주하는 라투르의 구상이 지닌 귀중한 유연성을 상실하게 된다.

스트라우스는 자신을 이해할 수 있는 소수의 소중한 동료와 소크라테스의 지식에 호소함으로써 슈미트의 결단주의에 대항하는 반면에, 지젝은 훨씬 더 광범위한 인간 군중에 속하는 진리로 슈미트에 대항한다. 스트라우스가 철학을 엘리트적이고 은밀한 지식의 일종으로 잘못 해석함으로써 자신의 진리 정치를 개시한다면, 지젝은 정치철학을 안정화에 이바지하는 비속한 힘으로 잘못 해석함으로써 자신의 진리 정치를 개시한다. "고대 그리스에서 자신의 권리를 요구하는 데모스의 이름 아래 무언가가 출현했으며, 그리고 바로 그 기원부디 (즉, 플라톤의 『국가』로부터) 최근의 자유주의적 '정치철학'의 부활에 이르기까지 '정치철학'은 정치적인 것의 불안정 잠재력을 묶어두려는 시도, 이런저런 식으로 그 잠재력을 부정하거나 규제하려는 시도였다."[71] 지젝은 나아가서 정치철학을 추구하는 사람들의 심리를 분석하기까지 하는데, "그러므로 온갖 형태의 정치철학은 일종의 '방어기제 형성'이며, 그리고 어쩌면 그 유형학은 정신 분석에서 겪는 어떤 외상성 경험에 대한 방어기제의 다양한 양상에 준거를 둠으로써 확립될 수 있을 것이다."[72] 우리는 '방어기제 형성' 주위에 붙인 주의 환기용 따옴표와 '어쩌면' 정치철학은 어떤 정신적 외상에 대한 반작용에 불과할 것이라는 유보적 서술에 오도되지 말아야 한다. 왜냐하면 이것은 지젝이 정말로 믿고 있는 것임이 확실하기 때문이다. 인간의 보편적 평등성이라는 진리는 지젝에게 매우 명백하기에 그는 가당찮은 기득권이나 심리적 문제를 지닌 사람들만이 바로 이런 원리에 (도덕뿐만 아니라) 정치의 근거를 두기를 거부할 수 있을 것이라고 생각한다. 이런 의미에서 지젝의 입장은 단지 더 강경한 혁명적 판본에 해당하는 울리히 벡의 입장일 뿐이라고 여길 수 있는데, 라투르는 울리히 벡의 입장이 견지하는, 사실은 우리는 모두 마찬가지라는 세계시민주의적 자기 과신을 비판했다. 그런데 사실상 그런 합의는 정치적 논의의 출발점이라기보다는 오히려 결과이어야 한다. 라투르주의적 관점에서 바라보면, 지젝은 자신의 정치 이론에서 결코 충분히 철학적이지 않은 한에 있어서, 자신의 입장이 포함할 수 있는 불확실성에 외교관의 태도로 절대 전념하지 않는 한에 있어서 정치에 실패한다. 맥도날드가 쇠고

71. 같은 글, 29.
72. 같은 곳.

기 지방으로 감자튀김을 초벌로 튀김으로써 인도의 힌두교 신자들의 기분을 상하게 했을 때 처한 곤경 상황에 대한 지젝의 반응을 살펴보자.

맥도날드가 지역적 전통을 존중하는 것이 좋지 않겠냐고 말하면서 이런 조치를 옹호하고 있던 내 친구들에게 나는 다음과 같이 물었다. 그런데 잠깐만, 끔찍하게 들릴지도 모르지만, 소가 정말로 신성하다는 것은 참이 아님은 단순한 사실이며, 그리고 매우 통속적인 표현으로 서술하면, 이것은 어리석은 종교적 믿음에 불과한 것이 아닐까? 그다음에 그들은 내게 물었다. 그런데 당신은 단지 진리에 관한 서양의 객관적 관념을 부과하고 있는 것이 아닐까? 나의 경우에 여기서 문제가 시작된다. 나는 서양의 객관성을 물신화하고 있지 않은데, 내가 말하고 있는 것은 단지 타자의 이데올로기적·종교적 환상에 대한 이런 종류의 존중을 윤리의 궁극적인 지평으로 수용하지 말아야 한다는 점이다.[73]

그런데 그 물음은 윤리가 아니라 정치의 궁극적인 지평과 관련이 있는데, 그리하여 여기서 지젝은 그 두 가지를 혼동하고 있

73. Slavoj Žižek and Glyn Daly, *Conversations with Žižek* (Cambridge : Polity Press, 2003), 122~3.

는 것처럼 보인다. 이 구절은 유쾌하게도 솔직하지만 명백한 문제점들이 있다. 첫째, 만약 지젝이 맥도날드의 인도 영업을 관장하는 책임자라면, 그는 필시 이런 식으로 말할 수 없을 것인데, 왜냐하면 그런 발언은 거대한 정치적·외교적 실패를 초래할 것이므로 정치적으로 엄청나게 잘못된 판단을 드러낼 것이기 때문이다. 노련한 정치인이라면 누구도 그런 진술을 절대 하지 않을 것임은 명백하다. 물론, 지젝에게는 이것이 전혀 중요하지 않은 이유는 그가 철학과 정치 둘 다를 지식의 형식으로 해석하면서 자신이 공교롭게도 그런 지식 — 구체적으로, 주체에 관한 라캉주의적 구상과 연계된, 세계에 관한 '유물론적' 구상(지젝의 유물론은 물질이 마음의 외부에 객관적으로 현존하지 않는 기묘한 것이지만 말이다) — 을 갖추고 있다고 믿고 있기 때문이다. 라투르는, 올바르게도, 지젝은 정치와 철학 둘 다를 지식에 대한 주장으로 대체하기를 바랄 뿐이라고 말하곤 했다. 정치와 철학은 둘 다 무지한 사람들에게서 신성한 소, 자유민주주의, 혹은 분석철학에 대한 소박한(혹은 '어리석은') 믿음을 없애버리는 방법이 될 따름일 것이다. 스트라우스도 마찬가지로 철학자는 대중이 속기 쉬운 믿음을 파괴할 수 있는 지식을 보유하고 있다고 확신한다. 차이점은 스트라우스가 철학자에 대한 이들 아둔한 대중의 위험을 훨씬 더 확신하고 있다는 것인데, 이것은 철학자가 대중의 일상적인 견해에 거짓으로 따름으로써 대중을 신중하게 관리해야 한다는 점을 수반한다. 만약 지젝이 맥도날드의 인도 영업을 관장하는 책임자라면, 그는 어쩌면 결국 자신의 직위에서 쫓겨나거나 혹은 심지어 거리에서 폭행을 당할 것이라는 점을 우리는 알게 되었다. 만약 스트라우스가 책임자라면, 그의 공적 태도는 지젝의 태도와 정반대일 것이고, 게다가 그는 힌두교 신자인 것처럼 가장할 것이다. 만약 울리히 벡이 책임자라면, 그는 추정컨대 우리가 힌두교 신자들과 근본적으로 공유하는 합리적인 의견 일치에 희망을 걸면서 힌두교 믿음을 적당히 걸러 들을 것이다. 만약 슈미트가 책임자라면, 그는 신성한 소에 대한 인도인들의 믿음을 존중할 것이지만 맥도날드의 바로 그 현존이 아무튼 그 믿음에 의해 위협받는다면 그것을 분쇄할 각오도 되어 있을 것이다. 그런데 만약 라투르가 책임자라면, 그는 신성한 소에 대한 믿음의 허위성을 그다지 빨리 가정하지 않을 것이다. 라투르의 접근법은 더 끈기가 있을 것인데, 왜냐하면 그는 자신이 심지어 자신의 믿음 중 어느 것이 본질적이고 어느 것이 비본질적인지도 확신하지 못함을 (외교관처럼) 깨달을 것이기 때문이다. 지젝은, 이와는 대조적으로, 모든 인간은 발언하는 존재자로서 평등하며, 그리고 이런 사실은 정치의 진정한 토대를 제공한다고 이미 전적으로 확신한다. 인도인들과 슬로베니아인들은 모두 사유하는 존재자들res cogitans인데, 힌두교 신자들은 신성한 소에 대한 불필요한 '이데올로기'에 매달리다니 얼마나 부끄러운 일인가! 그런데 이렇게 해서 지젝은 정치를 추정상의 지식으로 대체할 따름이며, 그리고 이런 지식에 맞춰 살지 못하는 사람들의 견해는 고려되지 않을 것이다.

이것은 라투르가 단적으로 상대주의자임을 뜻하는가? 이런 의문과 관련된 문제는, 그것이 비非상대주의가 자체의 비용을 치르지 않은 채로 도래한다고 가정하는 한편으로 상대주의의 함정을 가리킬 따름이라는 것이다. 상대주의를 회피한다는 것은 진리에 직접 접근할 수 있는 어떤 방법을 요구함을 뜻하며, 그리고 이것은 관념론이라는 마찬가지로 위험한 함정을 초래한다. 그 이유는 실재가 이런저런 진리의 형태로 적절히 모형화될 수 있다고 가정하는 것은 본질적으로 관념론적이기 때문인데, 그런 가정은 바로 라투르가 자신의 전체적인 번역 이론으로 거부하는 것이다. 라투르에 반대하여, "사실은, 우리는 모두 정말 생각하고 발언하는 존재자들이고, 우리의 여타 차이점은 피상적이거나 한낱 이데올로기적인 것에 불과하다"라고 말함으로써 우리는 인간 본성에 대한 상대주의를 확실히 피할 수 있을 것이다. 이것은 사실상 지젝과 바디우가 우리에게 말하는 것이다. 그것은 데카르트가 녹는 밀랍의 사례를 사용하여 연장延長만이 물리적 존재자들의 제일 성질로 여겨질 뿐이라고 주장하는 경우와 동일한 책략이다. 이들 철학적 결단과 관련된 문제는 그것들이 인간이나 물리적 객체들의 특질에 대한 불확실성 혹은 무지의 종언을 공표한다는 것이다. 이런 불확실성을 인간이나 객체들에 관한 과학적 지식에의 요구로 대체함으로써 그런 책략은 각각의 객체를 그것에 대해 습득된 인식 가능한 성질들의 어떤 집합으로 과도하게 단순화한다. 모든 정치적 투쟁이 이른바 계몽의 이런 계기에서 비롯된다면, 그것은 단지 부패한 자들과 무지한 자들이 입을 다물고 권력을 양도하도록 강요하는 투쟁일 따름이다. 라투르의 정치 이론의 경향은, 그의 형이상학의 경우와 마찬가지로, 지식을 번역으로, 즉 철학으로 혹은 소크라테스적 무지로 전환하는 것이다. 그런데 스트라우스와 지젝은 정확히 같은 이유로 소크라테스의 유산을 회피하는데, 그들은 정치가 지식에 근거를 두어야 한다고 주장한다. 그들은 둘 다 일종의 진리 정치에 완전히 헌신한다.

샹탈 무페에 따른 슈미트

이 장을 시작하는 구절에서 이미 언급된 샹탈 무페는 고인이 된 에르네스토 라클라우와 함께 『헤게모니와 사회주의 전략』을 저술한 저자로서 큰 영향력을 지닌 벨기에인 정치 이론가다. 그들의 저서는 예전에 지젝 자신에 의해 다음과 같이 상찬되었다.

> 에르네스토와 샹탈 무페의 장점은 바로 『헤게모니와 사회주의 전략』에서 그들이 ⋯ 본원적인 '외상', 즉 상징화, 총체화, 기호적 통합에 저항하는 불가능한 중핵에 대한 인식에 ⋯ 바탕을 둔 사회적 장에 관한 이론을 전개했다는 것이다. ⋯ 그들은 우리가

어떤 근본적인 해결책을 강구한다는 의미에서 '근본적'이지 않음이 틀림없다고 강조한다. 우리는 언제나 틈에 끼여 살고 빌린 시간 속에서 살아간다. 모든 해결책은 잠정적인 미봉책으로 어떤 근본적으로 불가능한 것을 잠시 유예할 따름이다. 그러므로 '근본적 민주주의'라는 용어는 아무튼 역설적으로 여겨져야 하는데, 그것은 바로 순수한, 참된 민주주의라는 의미에서 '근본적'이지 않다. 오히려, 그것의 근본적인 특질은 우리가 오직 민주주의의 고유한 근본적 불가능성을 고려함으로써만 민주주의를 구할 수 있음을 뜻한다.[74]

'외상'과 '중핵' 같은 낱말들이 라클라우와 무페의 입장을 지젝 자신의 입장과 연계시키는 것처럼 보이지만, 라클라우와 무페는 자신들의 정치적 주장에 있어서 지젝보다 훨씬 덜 절대주의적이다. 사실상 슈미트에 관한 무페의 적지 않은 문장은 라투르 자신에 의해 쓰였을 법하고, 따라서 무페는 지젝, 바디우, 혹은 스트라우스의 방식으로 진리 정치인이 아님이 확실하다.

무페는 슈미트와 정면으로 대결하기를 권고하는데, 이것은 "자유주의자와 민주주의자가 공히 일반적으로 회피하는 몇 가지 심란한 문제를 직면하기"를 뜻한다. "사실상 나는, 그의 사상

---

74. Slavoj Žižek, *The Sublime Object of Ideology* (London : Verso, 1989), 5~6.
    [슬라보예 지젝, 『이데올로기의 숭고한 대상』, 이수련 옮김, 새물결, 2013.]

과 정면으로 대결함으로써 우리가 자유민주주의의 바로 그 본성에 새겨진 한 가지 중요한 역설을 인식할 수 있게 될 것 — 그리하여 협상을 시도할 더 나은 위치에 자리하게 될 것 — 이라고 확신한다."[75] 이들 용어에 대한 무페의 용법은 슈미트 자신의 용법을 반영한다. 무페가 서술하는 대로,

> 슈미트는 자유주의적 개인주의 — 자체의 도덕적 담론이 개인에 집중된다 — 와 민주주의적 이상 — 본질적으로 정치적이며, 균질성에 기반을 둔 정체성을 창출함을 목표로 삼는다 — 사이의 극복할 수 없는 대립을 단언한다. 슈미트는 자유주의는 민주주의를 부정하고 민주주의는 자유주의를 부정한다고 주장하고, 게다가 의회민주주의는 민주주의와 자유주의를 접합하는 것이기에 가망 없는 체제라고 주장한다.[76]

그다음에 무페는 슈미트의 개념들을 사용하여 "시민권의 경계와 자유민주주의적 합의의 본성"[77]에 관한 현행 논쟁을 분명히 한다. 우리는 이들 흥미로운 논의를 건너뛰고서 무페의 시론을 마무리하는 결론, 「슈미트의 거짓 딜레마」라는 흥미로운 제목

---

75. Chantal Mouffe, "Carl Schmitt and the Paradox of Liberal Democracy," *The Challenge of Carl Schmitt*, 38.

76. 같은 글, 40.

77. 같은 글, 39.

이 붙은 절로 직접 이동하자. 그 거짓 딜레마는 다음과 같다. "인민의 통일체가 존재하며, 그리고 이것은 데모스 외부 ─ 그 통일체가 자신의 통일성을 확립하기 위해 필요로 하는 외부 ─ 의 모든 적대관계를 추방할 것을 요구하거나, 아니면 데모스 내부의 몇몇 분열 형태는 합법적인 것으로 여겨지며, 그리고 이것은 정치적 통일체와 정치적인 것의 바로 그 현존을 부정하는 그런 종류의 다원주의를 불가피하게 초래할 것이다."[78]

이런 추정상의 딜레마에 대한 무페의 응답은 단순할 뿐만 아니라 설득력도 있는데, 그것은 라투르 자신의 지지를 확실히 받을 수 있을 것이다. 말하자면, 슈미트의 견해와 관련된 문제는, 슈미트가 정치적 통일체가 사전에 이미 주어져 있다고 가정한다는 것이다. 무페가 서술하는 대로, "슈미트의 경우에 국가라는 통일체는 이미 주어져 있기에 안정된 어떤 구체적인 통일체다. 또한, 슈미트가 인민의 정체성을 구상하는 방식의 경우에도 사정은 마찬가지인데, 그것 역시 주어진 것으로서 존재해야 한다. 그런 이유로 인해 슈미트에 의한 '우리'와 '그들' 사이의 구별은 딱히 정치적으로 구축되지 않는데, 그것은 단지 이미-존재하는 경계에 대한 인정일 따름이다."[79] 무페는 계속해서 라투르뿐만 아니라 듀이에게도 어울릴 수 있는 진술을 표명한다. 무페

---

78. 같은 글, 49.
79. 같은 글, 50.

는 올바르게도 인민의 단일한 '정체성'보다 인민의 "다수의 가능
한 정체성"에 관해 언급한 후에 계속해서 다음과 같이 말한다.
"인민의 그런 정체성은 헤게모니적 부각이라는 정치적 과정의
결과로 여겨져야 한다. 민주주의 정치는 완전히 구성된 인민이
자신의 통치권을 행사하는 그 국면에 있는 것이 아니다. 통치의
국면은 인민에 대한 규정을 둘러싼 바로 그 투쟁, 즉 인민의 정
체성 구성을 둘러싼 투쟁과 분리될 수 없다."[80] 무페는 슈미트
와 마찬가지로 정치를 '우리'와 '그들' 사이의 갈등으로 여기지만,
(지젝과 마찬가지로) 정치를 각기 다른 정치적 존재자들 사이
의 외부적 분쟁에 주로 준거하기보다는 오히려 폴리스 자체의
내부에서 생겨나는 것으로 여긴다. 또한 무페는 지젝과 마찬가
지로 내부의 '갈등 장'을 인식하는데, 그렇다 하더라도 지젝과는
달리(하지만 라투르와는 매우 유사하게도) 갈등이 어느 주어진
정치적 상황의 특권적인 지배자들과 박탈당한 데모스 사이에
존재하는 것으로 미리 결정되어 있지 않다고 생각한다. 오히려,
이런 갈등의 당사자들 자체가 언제나 논쟁 중인 문제다. 불완전
하게 규정된 갈등이 자유민주주의적인 징치적 체계의 내부에
속하는 한,

　　우리는… 그런 체제가 다원주의를 필요로 하는 이유를… 깨닫

---

80. 같은 글, 51.

6장 '흥미로운 반동주의자': 라투르의 오른쪽 측면　365

기 시작할 수 있다. 공동선을 규정하려고 시도하고 공동체의 정체성을 결정하고자 하는 다수의 경쟁하는 세력이 없다면, 데 모스의 정치적 부각은 일어날 수 없을 것이다. 우리는 이해관 계들의 집합체에 속해 있거나, 아니면 결단의 순간을 제거하는 숙의 과정에 있을 것이다. 즉, 슈미트가 지적한 대로, 우리는 정 치의 장 속에 있는 것이 아니라 경제 혹은 윤리의 장 속에 있을 것이다.[81]

이 모든 것은 라투르에게 전적으로 어울릴 것처럼 들리는데, 하 버마스류의 합리주의적 진리 정치에 대한 무페의 깊은 의심도 사정은 마찬가지다.[82] 그렇다면 라투르의 정치 이론과 무페의 정치 이론 사이의 주요한 차이점은 무엇인가? 라투르와 무페 사이의 차이는, 라투르와 꽤 많은 다른 지적 이웃 사이의 차이 와 마찬가지로, 비인간 존재자들을 자신의 이론에 편입하고자 하는 라투르의 관심이 더 크다는 사실에서 비롯된다. 이것이 이 제 7장의 중심 주제로서 고찰될 쟁점이다.

---

81. 같은 곳.
82. 같은 글, 45~6,

7장

'코페르니쿠스적 혁명' :
리프먼, 듀이, 그리고 객체지향 정치

사물정치의 의미

리프먼과 듀이에 관한 마레의 고찰

리프먼, 듀이, 그리고 라투르

라투르의 최근 정치사상에 대한 존 듀이와 월터 리프먼의 중요성에 관해 언급할 국면에 이르렀다. 듀이는 거의 소개할 필요가 없는데, 왜냐하면 그는 역사상 가장 중요한 미합중국인 철학자 중 한 사람으로 널리 알려져 있을뿐더러 더 일반적으로 미합중국의 공적 생활에 지속적으로 영향을 미치는 인물로도 유명하기 때문이다. 리프먼은 정치학 바깥의 학자들에게 더는 유명하지 않은데, 하지만 전성기 시절의 리프먼은 세계적인 찬사를 얻은 엄청난 저술가이자 저널리스트였다. 여기서 2007년에 라투르가 제라드 드 브리스와 주고받은 서신의 한 대목을 살펴보자.

> (드 브리스)와는 대조적으로, 나는 아리스토텔레스로의 귀환이 유익하다고 믿지 않는다. … 아리스토텔레스 대신에 실용주의자들과 특히 존 듀이에게 의지하자 … (듀이)는 월트 리프먼에게서 힌트를 얻어 '공중의 문제'를 (언급했다). 여기에 급진적인 의미의 코페르니쿠스적 혁명이 있는데, 그것은 바로 아무 쟁점도 없는 상태에서 정치를 규정하려고 시도하는 대신에 어떤 새로운 공중을 생성하게 하는 쟁점을 중심으로 공중들을 공전하게 하는 것이다(RGDV, 814~5).

이 서신에서 듀이와 리프먼이 등장하게 된 것은 우연이 아니다. 최근에 라투르와 드 브리스는 누르츠 마레의 2005년 암스테르

담대학교 박사학위 논문을 공동으로 지도하였는데, 현재 마레는 골드스미스 런던대학교에서 사회학 교수로서 복무하고 있다.[1] 그 박사학위 논문의 2장에서 마레는 라투르에게 분명히 깊은 인상을 남긴 방식으로 리프먼-듀이 논쟁을 상세히 다루었다.[2] 정치철학에 관한 라투르의 가장 흥미로운 진술 중 여러 사례에서 마레가 인용되었다. 예를 들면, 드 브리스에 대한 라투르의 답신에는 다음과 같이 쓰여 있는데, "드 브리스는, 듀이에 대한 누르츠 마레의 재해석을 좇아서, 정치를 일종의 절차도 아니고 생활영역도 아닌 것으로 다시 규정한다. 정치는 어떤 본질이 아니고, 정치는 움직이는 것이며, 정치는 궤적을 갖는 것이다"(RGDV, 814). 같은 페이지에서 라투르는 "쟁점들과 그 궤적들"이라는 마레의 어구를 "공중의 문제"라는 리프먼의 슬로건과 동등한 것으로 간주한다(RGDV, 814). 게다가 우리는 이미 2008년에 런던정경대학교에서 라투르가 표명한 다음과 같은 진술을 알고 있다.

---

1. Noortje Marres, "No issue, no public : democratic deficits after the displacement of politics," Ph.D. dissertation, University of Amsterdam, The Netherlands, 2005. http://dare.uva.nl/record/165542에서 입수할 수 있음.
2. 나 역시 마레에게서 많은 것을 배웠는데, 하지만 궁극적으로 나는 실용주의를 향한 마레의 성향에 동의하지 않는다. 나 자신의 철학적 입장에 대한 마레의 비판에 대해서는 Noortje Marres, "Nothing Special," *Drift wijsgerig festival*, ed. Deva Waal (Amsterdam : Drift, 2013), 9~19를 보라.

한마디 덧붙일 수 있을까요? 왜냐하면 제 말은 이것이 정치철학에서 흔한 일이기에, 즉 반동적 사상가들이 진보적 사상가들보다 더 흥미롭다〔웃음〕는 것은 일반적으로 참이기에 그렇습니다. 여러분은 루소보다 마키아벨리와 〔칼〕 슈미트 같은 사람들에게서 정치에 관해 더 많이 배운다는 점에서 말입니다. 그리고 〔월터〕 리프먼(제가 누르츠 〔마레〕에게 신세를 진 일례입니다) 같은 예외 사례는 극히 드뭅니다(PW, 96).

『양식들』에 서술된, 밀접히 연관된 일련의 구절에서 라투르는 마레와 리프먼 둘 다를 사물의 정치에 연계시킨다. 라투르는 마레에 관해 다음과 같이 언급한다. "누르츠 마레가 제안한 강력한 슬로건에 따르면, '쟁점이 없다면, 정치도 없다!' 그러므로 정치가 언제나 이해되지 않는 것처럼 보이는 것은 무엇보다도 정치가 언제나, 정보과학의 용어를 빌려 표현하면, 객체지향적이기 때문이다"(AIME, 337). 또한, 라투르는 리프먼에 관해 다음과 같이 언급한다. "누구나 단지 정치적 양식을 호출되고 소집되어야 하는 유령 공중의 형태로 파악함으로써만 그 양식의 존재론적 존엄성을 존중할 수 있는 것은 바로 이런 이유 때문인데, 어쩌면 월터 리프먼이 그것을 실제로 파악한 유일한 사람일 것이다"(AIME, 352). 더욱이, 라투르는 사물에 관해 다음과 같이 언급한다. "정치가 '부정직'해야 한다면… 정치의 행로가 구부러져 있다면, 그 이유는 매 순간에 정치가 그것에 관해 아무것도 듣고 싶지 않은 사람들을 혼란스럽게 하는 의외의 결과를 낳는 의문, 쟁점, 이해관계, 사물 ─ 레스 푸블리카, 즉 공적인 것이라는 의미에서의 사물 ─ 주위를 공전하기 때문이다"(AIME, 337). 그런데 아무튼, 사물로의 정치적 전회는 드 브리스와 주고받은 서신에서 훨씬 더 명시적으로 진술되었다. 라투르가 서술하는 대로,

> 누군가가 무슨 용어 ─ 객체, 사물, 모임, 관심 ─ 를 사용하기를 바라든 간에, 핵심적인 움직임은 쟁점을 기성의 정치권에 편입시켜 처리되도록 하는 대신에 정치에 대한 모든 정의가 쟁점 주위를 공전하게 하는 것이다. 먼저 상황이 공적인 것을 하나의 문제로 전환하는 방식을 규정하고, 그러고 나서야 정치적인 것이 무엇이고, 어떤 절차가 정립되어야 하고, 다양한 회집체가 어떻게 합의에 이를 수 있는지 등을 더 정확히 규정하려고 노력하라. 그런 것이 바로 인간중심적인 현실정치와 대조를 이루는 STS의 냉철한 사물정치다(RGDV, 815).

사물정치로의 진회와 더불어, 우리는 라투르의 정치철학의 최신 국면에 접근한다. 라투르는 우리의 근본적인 정치적 무지를 알아차림으로써 진리 정치와 권력 정치의 이원론을 벗어난다. 그런데 우리는 무엇에 관해 무지한가? 우리는 공화국에서 생겨나는 모든 쟁점이나 사물에 관해 무지하며, 그리고 공중을 변환시키는 것은 사물들에 관한 이런 무지다. 더욱이, 라투르는

인간이 근본적으로 개선될 수 있는지 아니면 개선될 수 없는지에 관한 물음에 특별한 관심을 두지 않음으로써 좌익과 우익의 이원론을 벗어나는데, 그 이유는 라투르가 인간 본성이라는 주제에 결코 특별한 관심을 두지 않기 때문이다. 인간의 궁극적인 운명은 어떤 오래가는 내적 본성에서 비롯될 것도 아니고 인간의 근본적인 평등이나 불평등에서 비롯될 것도 아니라, 인간이 다양한 사물과 결부되는 데서 비롯될 것이다. 스트럼과 라투르는 꽤 일찍이 비인간 행위자들을 정치적 영역에 편입함으로써 홉스를 앞질렀다. 그 후 삼십 년도 더 지난 후에, 정치사상가로서의 라투르를 여전히 가장 특징짓는 것은 그가 객체 혹은 사물에 부여하는 이례적으로 두드러진 역할이다. 이제 라투르가 사물정치와 현실정치를 대조하는 2005년 시론이 고찰된 후에 마레와 리프먼, 듀이에 관한 약간의 논의가 이어질 것이다.

사물정치의 의미

2005년에 라투르는 〈사물을 공적으로 만들기〉라는 미술 전시회의 공동 기획자로서 작업했다. 이것은 독일 카를스루에의 미디어아트 센터(이하 ZKM)에서 라투르가 기획한 두 가지 전시회 중 두 번째 것이었는데, ZKM은 라투르의 가장 도발적인 두 명의 친구, 즉 철학자 페터 슬로터다이크와 미술가 페터 바이벨의 소속 기관이기도 하다. 첫 번째 카를스루에 전시회

(2002년의 〈우상충돌〉)의 경우와 마찬가지로, 이번 전시회도 멋진 삽화로 장식된 도록을 발간했는데,³ 여기서 라투르가 작성한 서문의 제목은 「현실정치에서 사물정치로」였다.⁴ 독자는 초기 라투르가 강고한 현실정치의 옹호자와 매우 흡사한 것처럼 보였음을 떠올릴 것이다. 그렇지만 2005년에 라투르는 그 개념에서 거리를 두는데, 이제는 그것을 "적나라한 권력관계를 다루는 실증적이고, 유물론적이고, 현실적이고, 이해관계에만 입각한, 사실적 방법"(RD, 4)으로 서술하면서 "이런 '현실'은, 비스마르크 시대에는 그것이 대체하고자 한 잔인한 이상주의 이후의 환영할 만한 변화인 것처럼 보였을 것이지만, 현재는 우리에게 대단히 비현실적이라는 인상을 준다"(RD, 4)라고 이의를 제기한다. 지금까지 살펴본 대로, 라투르는 그가 인간의 권력 투쟁 난투극을 옹호하는 위험에 대체로 빠져 있는 것처럼 보일 때마다 비인간 사물에 도움을 요청하는 경향이 있음을 우리는 이미 이해했다. 현재의 사례도 예외가 아니다. 이제 라투르가 제안하는 것은 현실정치를 대체하는 문자 그대로의 사물정치인데, '개체지향 민주주의'에 관한 은유가 추가되어 있다. 라투르는 객

---

3. Bruno Latour and Peter Weibel, eds. *Making Things Public : Atmospheres of Democracy* (Cambridge : MIT Press, 2005).

4. * 홍성욱이 엮은 『인간·사물·동맹 : 행위자네트워크 이론과 테크노사이언스』(이음, 2010)라는 책의 9장 「현실정치에서 물정치로 : 혹은 어떻게 사물을 공공적인 것으로 만드는가」에 이 서문의 한글 번역본(이상희·홍성욱 옮김)이 실려 있다.

체를 쟁점과 동일시하는 한편으로, 또한 "홉스에서 롤스까지, 루소에서 하버마스까지"(RD, 5) 대다수의 근대 정치철학이 객체에 관한 모든 언급을 회피하고자 큰 노력을 기울였다고 주장한다. 이것은 미술 전시회 도록에 실린 시론이지만, 리프먼의 "이른바 『유령 공중』이라는 놀라운 책"(RD, 28)에 대한 라투르의 찬사와 리프먼의 감탄스러운 비판자인 듀이에게 라투르가 지나치듯이 나타내는 수긍을 비롯하여 정치철학의 다양한 논점이 제기된다. 하지만 여기서 추구되는 우리의 목적에 대하여, 그 시론의 가장 유익한 점은 제안된 새로운 사물정치의 일곱 가지 특징을 요약한 결론이다(RD, 31). 각각의 특징에 관하여 간략히 논평하면서 하나씩 살펴보자.

1. "정치는 더는 인간에게만 한정되지 않고 인간이 결부된 많은 쟁점을 포함한다." 우리가 앞서 이해한 대로, 인간이 비인간 행위자들과 결부되는 것은 라투르의 초기 경력부터 줄곧 라투르의 정치(그리고 존재론)가 나타내는 중추적인 특징이었고, 게다가 라투르를 마키아벨리와 홉스에게서 최대로 떼어놓는 것이다. 그것은 또한 라투르를 현란한 동시대 인물인 지젝에게서도 떼어놓는데, 발언하는 인간들의 천부적인 평등성에 대한 지젝의 빈약한 근대주의적 호소는 다양한 사물에의 우리의 애착에 대해 어떤 정치적 역할의 여지도 남겨두지 않는 것처럼 보인다. 그런데도 '아름다운 영혼' 정치에

대한 지젝의 유명한 증오는 적어도 정치적 행위자들이 모든 정치적 분쟁 위에 있는 척하기보다는 오히려 자신의 판돈을 걸고 패를 보여주어야 한다는 점을 수반하며, 그리고 이것은 지젝이 라투르와 슈미트 둘 다와 공유하는 점이다.

2. "즉, 사실의 문제가 그것의 복잡한 얽힘으로 대체되어 관심의 문제가 될 때, 객체는 사물이 된다." '관심의 문제'라는 용어는 라투르의 저작에서 다소 최근에 나타난(어쩌면 1990년대 말에 생겨난) 것이지만, 우리가 '관심의 문제'를 '관계의 문제'로 바꿔 적는다면 쉽게 이해될 수 있는 대로, 그 용어가 서술하는 개념은 초기 시절부터 라투르의 존재론의 핵심 요소였다. 불행하게도, 사실의 문제에 대한 라투르의 반대는 그것에 직접 접근할 수 있다고 주장하는 사람들의 오만을 겨냥하고 있을 뿐만 아니라, 그것이 다른 사물들에 의해 기입되거나 다른 사물들에 영향을 미치는 방식과 전적으로 무관한 자율적인 사실이 존재할 수 있다는 관념에도 맞선다. 이런 전략의 불행한 측면은, 그것이 라투르가 대체로 흡족한 계승자인 홉스주의적 유산과 관련된 주요한 문제 ─ 리바이어던 자체를 넘어서는 어떤 권위에도 호소할 수 없는 무능력 ─ 를 해결할 수 없다는 것이다. 라투르의 리바이어던은 주권이 어떤 특권적인 한 지점에도 자리하고 있지 않은, 인간과 비인간의 분산된 네트워크이지만, 그것은 자신의 외부에 철저히 아무것도 남겨두지 않는 네트워크다. 이것은, 폴리스가 이전에

무시당한 — 이미 네트워크를 이루고 있지만 — 사물들을 고려하도록 요청함으로써 적나라한 권력 대결에서 벗어날 정치적 '미니-초월성'을 고려해야 한다는 라투르의 주장에 대한 문제점을 제기한다.

3. "회집하기는 가상 의회의 구축이라는 어떤 이전의 전통과 관련된 기존의 구체 혹은 돔 아래서 더는 행해지지 않는다." 여기서 우리는, 전통적인 좌익에 대한 라투르의 혐오감이 '신자유주의'를 근본적으로 손을 대지 않고 그대로 둘 점진주의적이고 개혁주의적인 정치를 수반한다고 가정하는 비판자들의 불공정성을 알게 된다. 회집하기는 낡은 가용수단과는 전적으로 다른 수단이 필요할 것인데, 게다가 이것은 최근에 침공당한 이라크에 대한 부풀릴 수 있는 '공기팽창식 의회'라는 슬로터다이크의 비웃는 듯한 관념을 조소하는 행위를 라투르가 승인한다는 사실에 의해 추가적으로 두드러지게 된다(RD, 7).

4. "언어 장애, 인지 결함, 그리고 온갖 종류의 장애에 의해 부과된 고유한 한계는 더는 부인되지 않는 대신에 보철이 허용된다." 여기서 목표 대상은 모든 형태의 강압으로부터 자유로운 포괄적 합리성의 지배를 받는, 하버마스가 옹호하는 이상적 담화 상황인 것처럼 보인다. 합리성과 강압은 그 종류가 전적으로 다르다는 주장에 대한 라투르의 의견 차이를 참작하면, 그런 하버마스주의적 모형은 라투르에게 나쁜 의미에

서 가망 없이 근대적이라는 인상을 줄 수 있을 따름이다. 라투르주의적 의회는 이상적 담화에 못지않게 '비합리적인 것'과 '권력 대결'을 위한 여지를 남겨둠이 틀림없다.

5. "정치는 더는 적당히 발언하는 의회에 한정되는 것이 아니라 오히려 올바른 집회를 추구하는 다수의 다른 회집체에 확대된다." 여기서 거론되는 것에는 비인간 행위자들뿐만 아니라 일반적인 명제적 의미에서 '발언하'지 못하는 인간들도 포함된다.

6. "회집하기는 더는 하나의 신체, 리바이어던, 혹은 국가에 상당하다는 것이라고 주장하지 않는, 잠정적이고 취약한 유령 공중 아래서 행해진다." 물론, 유령 공중이라는 개념은 리프먼에게서 유래한다. 우리는 그 개념을 나중에 다시 간략히 논의할 것이다.

7. "그리고 마지막으로, 사물정치는 어쩌면 정치가 계승 시점에 대한 강박에서 벗어날 때 가능해질 것이다." 라투르의 근대성 비판의 기둥 중 하나는, 사람들이 점진적으로 더 조금 믿고 더욱더 이성에 의존함과 더불어 역사가 더 나쁜 것에서 더 좋은 것으로 이행한다는 모든 가정에 대한 그의 혐오감임을 떠올리자. 그의 예전 스승인 미셸 세르의 경우와 마찬가지로 라투르의 경우에도, 시간은 나선과 소용돌이를 거쳐 움직이면서 죽은 형상들을 새로운 모습으로 영원히 소생시킨다.

사물정치의 이들 핵심적인 특징을 계속해서 염두에 둔 채로 우리는 리프먼-듀이 논쟁에 대한 누르츠 마레의 혁신적인 설명을 살펴보자.

리프먼과 듀이에 관한 마레의 고찰

마레는 자신의 박사학위 논문의 2장에서 리프먼과 듀이에 대한 참신한 해석을 잘 요약하였으며, 그리고 『물질적 참여』라는 책의 2장에서 약간 덜 상세하게 요약하였다. 주지하다시피, 『공공성과 그 문제들』이라는 1927년 저작에서 가장 명시적으로 피력된 듀이의 정치 이론은 『여론』(1922)과 『유령 공중』(1927)이라는 리프먼의 두 저작으로부터 많은 영향을 받았다. 그 두 사상가는 종종 정반대의 인물들로 묘사되는데, 마레가 서술하는 대로,

> 그런 평가에서 리프먼은 기술관료적 해결책을 대표하는데, 시사 문제들의 복잡성으로 인해 정부의 의사 결정과 정책 수립은 전문가 조언을 강하게 반영해야 하고 시민 협의에 대해 단지 제한적인 역할만을 허용해야 한다고 리프먼은 주장했다. 그 다음에 이 냉정한 주장은, 기술사회에서 정치에 가해진 제약은 바로 민주주의의 팽창을 필요로 한다는 듀이의 급진적인 제안과 대조된다.[5]

이런 일반적인 견해에 맞서 마레는 "이들 두 사상가에 의해 전개된 논증 사이에는 두드러진 유사성"이 있다고 주장하는데, "… 리프먼과 듀이는 둘 다 민주주의 정치를 쟁점 형성의 특정한 실천으로 구상했다."[6] 지금까지 다른 논평가들이 그 두 철학자가 당대의 미합중국 민주주의에 문제가 있다고 진단한 점에서 부분적으로 의견이 일치했다고 지적했지만, 마레는 한 걸음 더 나아가서 그들이 "또한 근대 민주주의 이론에 대한 현저히 유사한 비판을 전개했다"라는 점을 보여주려고 했는데, "… 리프먼과 듀이는 현실적으로 존재하는 민주주의를 평가할 기존의 기준을 의문시하게 되었다."[7] 리프먼은 특히 근대 민주주의가 복잡하거나 매개된 객체들을 서툴게 파악하는 사실에 관심을 가졌다. 전쟁 시기든 평화 시기든 간에,

정치의 객체가 공적 논쟁이나 정치적 의사 결정에 관여하는 사람들에 의해 인식된다고 가정할 수 없을 것이다. 이로부터 리프먼은 다음과 같은 과감한 추론을 제시하게 되었다. 논쟁에 관여하는 사람들이 논의 중인 사안을 잘 파악하고 있다고 가정할 수 없다면, 그 사안과 관련하여 그들이 형성하는 의견이 타당할 것이라고 기대할 수 없다.[8]

---

5. Marres, "No issue, no public," 34.

6. 같은 글, 35.

7. 같은 글, 38.

이렇게 해서 리프먼은 『여론』에서 민주주의에 대한 희망을 포기할 지경에 이르게 되었는데, 그렇다 하더라도 오 년이 지난 후 『유령 공중』에서는 그의 결론이 그다지 암울하지 않았다. 『유령 공중』이라는 책에서, "리프먼은 민주주의가 작동하려면 … 시민이 공적인 사안에 관한 유능한 평가자이고 고급 정보에 대한 접근권을 갖추고 있어야 한다는 관념을 거부한다. … 『유령 공중』에서 리프먼은, 어떤 기묘하고 생소하며 복잡한 쟁점의 출현이 민주주의 정치를 가능하게 하는 조건이라고 상정한다."9 투명하게 이해할 수 있는 쟁점은 기존의 기관들에 의해 처리될 수 있기에 이들 쟁점은 그 해결책이 덜 명료한 문제보다 민주주의와의 관련성이 더 적고 덜 흥미롭다. "그러므로 리프먼의 경우에, 공중의 정치에의 개입은 기존의 사회적 집단과 기관들이 어떤 쟁점을 해결하지 못함으로써 촉발된다. 공중의 정치에의 개입을 필수적인 것으로 만드는 것은 그 쟁점을 처리할 공동체 혹은 기관이 없는 상황이다. 공중이 그 쟁점을 채택하지 않는다면, 아무도 채택하지 않을 것이다."10

리프먼은 공중의 정치에의 개입이 직접적이지 않고 오히려 공중이 알게 되는 간접 정보에 의해 매개된다고 강조했다. "듀이는 리프먼으로부터 공중과 그 쟁점들 사이의 관계는 이차적

---

8. 같은 글, 41~2.

9. 같은 글, 45.

10. 같은 글, 47.

이고 간접적이라는 관념을 물려받았다. 하지만 듀이의 경우에 이런 관계의 간접성으로 인해 공중이 문제의 사안에 실체적으로 개입하지 못하게 되지는 않는다."[11] 사실상 많은 간접적인 정치적 효과는, 그것들이 누군가가 직접적으로 개입하는 쟁점의 경우와는 다른 수단에 의해 처리되어야 하더라도, 대단히 중요하다.

> 듀이가 말하는 대로, 이들 사례에서, 어떤 쟁점이 해결될 수 있으려면, 그 쟁점에 공동으로 연루되는 사람들이 하나의 공동체를 조직해야 한다. 어떤 공중의 구성원들이 공유하는 것은, 그들이 모두 어떤 특정한 사안에 의해 영향을 받지만 이미 같은 공동체에 속하지는 않는다는 점이다. 이런 이유로 인해 그들은 자신들에게 영향을 미치는 쟁점을 해결할 수 있으려면 어떤 정치적 공동체를 새로 형성해야 한다.[12]

마레는 『공공성과 그 문제들』에서 듀이가 뒤로 갈수록 후퇴한다는 사실을 지적한다. 그 책의 앞부분에서는 듀이가 공동체는 미리 존재하지 않고 오히려 조직되어야 한다는 관념을 고수하지만, 뒷부분에서는 공유된 공동체가 사전에 존재해야 한다

---

11. 같은 글, 49.
12. 같은 글, 51.

고 암시하는 것처럼 보인다. "여기서, 그의 이전 주장―공중의 형성을 요청하는 간접적인 결과의 주요한 특징은 바로 이들 결과가 초래하는 문제를 해결하기 위한 기존의 공동체가 없다는 것이라는 주장―은 사라져 버린다."[13] 그런데 마레는 듀이가 오직 편협한 사적 이해관계의 힘을 막는 방호 시설로서만 기존의 공동체를 요구한다는 결론을 내린다. "이런 점에서, 듀이가 민주주의의 필요조건으로서 하나의 통일된 사회적 공동체를 상정하게 되는 사태가 완전히 이해된다. 그런 공동체는 민주주의에 사적 이해관계의 침범에 맞서 성공적으로 보호될 수 있는 장소를 제공하고, 게다가 어쩌면 그것은 정부가 공공성에 봉사할 수밖에 없도록 하는 데 필요한 자원을 제공할 것이다."[14] 하지만 마레는 공동체에 관한 듀이의 개념에 일반적으로 초점을 맞추는 행위를 자제하자고 제안하는데, 왜냐하면 "정치적 민주주의는 공동체 생활 자체에의 참여로부터 도출될 수 있는 성취―내가 보기에, 이것은 정치적 문제가 아니라 도덕적 문제다―와 관련된 것이 아니기 때문이다. 정치적 민주주의는 삶의 방식을 반드시 공유하지는 않는 사람들이 집단적으로 연루된 심각한 분쟁을 처리하는 것과 관련되어 있다."[15] 우리는 공동체를 도덕적 문제라고 일컫기보다는 오히려 사회적 문제로 일컬을 수 있을 것인데, 그 이유

13. 같은 글, 54.
14. 같은 글, 55.
15. 같은 글, 56.

는 마레의 경우에 사회적인 것과 정치적인 것의 구분이 라투르의 경우에 못지않게 중요하기 때문이다. 마레는 계속해서 서술한다. "공중의 생성에 대한 듀이의 설명이 정치적 공동체의 구성원들은 무엇보다도 공유되거나 대립적인 의견들과 이해관계에 의해 연계되는 것이 아니라 오히려 쟁점에 의해 연계됨을 시사한다는 점을 나는 강조하고 싶다."[16] 쟁점은 종종 "행위자들의 전체 존재를 위태롭게" 하기에 마레는 다음과 같이 재치 있게 지적한다.

사태를 둘러싸고 조직되는 공중은 기묘한 사물들의 공동체로 가장 적절히 규정될 수 있을 것이다. 듀이주의적 공중을 이렇게 정교히 규정하는 것은 그것이 사회적 집합체로 이해되지 말아야 하는 또 하나의 이유도 가리킨다. 정치적 공동체는 사회적 공동체와 동일시될 수 없을 뿐만 아니라, [채식주의자들과 돼지 유전자를 토마토에 삽입하는 캔자스 농기업 사이에 그렇듯이] 생활양식들이 양립할 수 없는 것으로 판명되는 사건도 연루된 사람들 사이에서 한가로운 교류를 초래하는 상황이 전혀 아니다.[17]

---

16. 같은 글, 57.
17. 같은 글, 58~9.

공중조차도 어떤 쟁점을 아무런 매개 없이 직접 해결할 수는 없기에 "듀이가 자신의 국가론의 일부로 제안한 해결책은…공중이 어떤 쟁점이 처리된다고 보증할 수 있는 주요한 방법은 그 작업을 행할 자원을 획득함으로써 이루어지는 것이라는 점이다. 그러므로 공중의 과업은 바로 사태를 해결할 수 있게 할 제도적 배치를 회집하는 것"[18]인데, 이것은 듀이가 '국가의 발견'에 못지않은 것이라고 서술한 과업이다.

마레가 보기에, 문제는 "리프먼과 듀이가 공중이 조직되는 과정에 관해 언급하는 바가 놀랍게도 전혀 없다는 점이다. 그들의 저작에서 공중은 순간적으로 나타나는(그리고 사라지는) 경향이 있다."[19] 그런데 그들은, 우리가 공중을 어떤 종류의 추상관념으로 간주하지 못하게 함으로써, 부정적인 의미에서 매우 중요한 것을 말해준다. "오로지 어떤 추상적이고 일반적인 존재자가 공적 행위를 수행할 수 있을 뿐이라는 루소주의적 가정을 비판하면서 리프먼과 듀이는 실제 사람들 혹은 인간 집단들이 공중의 역할을 수행한다고 강조한다."[20] 더욱이, "리프먼과 듀이는 둘 다 현실적으로 존재하는 개인들이 공중의 작업을 실행한다고 강조했다. 개별적 행위자들이 어떤 사태의 주역들(이들 역시 개별적 행위자들이다)에 동조하거나 혹은 반대함으로

---

18. 같은 글, 59.
19. 같은 글, 60~1.
20. 같은 글, 61.

써 그 사태의 진행에 영향을 미치는 한에 있어서 공중은 행위 주체성을 부여받을 수 있을 따름이라고 리프먼은 지치지도 않고 지적했다."[21] 그런데 듀이는 두 가지 다른 공중인 것처럼 보이는 것 사이의 긴장 관계를 우리에게 남기는데, 그는 "어떤 쟁점에 의해 영향을 받는 행위자들의 집합을 언급할뿐더러 그 쟁점이 처리됨을 보증하려고 스스로 조직하는 행위자들의 집합도 언급한다."[22] 이런 모호성이 초래하는 위험은, 사실상 어떤 쟁점에 의해 누가 영향을 받고 어떻게 영향을 받는지는 정치적 과정의 시점에도 그리고 종점에도 결코 완전히 명백하지는 않는데도, 조직되는 공중이 그 회원 구성을 영향을 받는 공중과 가급적 가깝게 점근적으로 일치시켜야 하는 '대응' 모형이 암시된다는 것이다. 라투르가 실용주의자들에게서 빌리는 정치적 원은, 정치적 행위자들과 그들의 목표들이 어떤 쟁점을 둘러싸고 공중을 형성하는 과정에 앞서 존재하면 기능할 수 없다.

리프먼과 듀이에 대한 마레의 해석이 갖는 참신성은 그 장의 끝에서 분명해진다. 듀이에 대하여, "듀이의 작업이 민주주의를 숙의 절차로 규정하는 정의를 지지하는 데 자주 동원된다는 것은 약간 역설적이다. … 듀이의 경우에, 정치의 내용 — 정치가 처리하는 우발적이지만 필수적인 문제들과 그것들에 대하여 추구

---

21. 같은 글, 63.
22. 같은 글, 62.

되는 해결책 — 이 도외시된다면 민주주의 정치는 이해될 수 없을 것이다."[23] 더 간략히 서술하면, 듀이는 발언하고 숙고하는 사람들뿐만 아니라 인간의 상호작용을 매개하는 객체들에 관해서도 철학하기를 수행하고 있고, 따라서 우리의 목적을 위해 듀이는 일종의 원原-라투르로 여겨질 수 있다. 그리고 리프먼의 경우에는 그를 통상적인 방식으로 기술관료로 해석하는 것은 거의 터무니없는 일인데, 그 이유는 리프먼이, 라투르와 매우 흡사하게도, 필요한 기술관료적 지식이 먼저 획득될 수 있다고 생각하지 않기 때문이다. 그러므로 리프먼의 경우에 어떤 진리 정치도 성립하지 않는다. 마레의 표현에 따르면, "리프먼은 적절한 지식이 민주주의의 필요조건이라는 관념을 거부한다. … 불완전한 지식이라는 바로 그 조건 아래서 우리는 민주주의 정치에 개입해야 한다고 〔리프먼〕은 덧붙인다."[24]

마레는 『물질적 참여』라는 책에서 다음과 같이 언급함으로써 그 상황을 평가한다. "존 듀이와 월터 리프먼의 저작들은 공중이 물질적 수단에 의해 조직된다는 특별한 구상을 전개하는데, 이 구상은 물질적 공중이 본질적으로 문제가 있는 구성체로 가장 잘 이해된다는 것을 시사한다."[25] 단지 철저히 인간중

---

23. 같은 글, 66.
24. 같은 글, 66~7.
25. Noortje Marres, *Material Participation : Technology, the Environment and Everyday Publics* (London : Palgrave Macmillan, 2012), 40.

심적인 이론에 대한 뻔한 구실로서 '물질적'이라는 용어를 채택할 뿐인 많은 용례와는 달리, 마레는 이 낱말을 정말로 객체중심적인 의미로 의도한다. 마레가 서술하는 대로, "문제적 상황이라는 관념은…인식론적 개념이 아닌데, 그런 개념에 따르면 어떤 상황의 문제성은 그런 것으로서 '지각되'거나 '여겨지'는 그 상황의 인공물로 이해되어야 할 것이다. 오히려 그 관념은, 스티브 울거의 어구를 사용하면, 일종의 '존재론적 골칫거리'를 부각한다."[26] 훨씬 더 평이하게 서술하면, "[듀이의] 설명에서 충돌과 갈등, 결여와 필요, 상실과 만족 같은 현상들은 '객체들의 평면'에서 전개되는 역동적인 것으로서 다루어질 때 가장 생산적이다."[27] 듀이는, 기술의 확산이 가련한 탈주술화된 인간을 소외시키는 결과를 초래하기보다는 오히려 공중의 "급진적 증식과 과잉"을 초래한다고 생각한다. 마레가 구체적으로 서술하는 대로, "기술적이든, 물질적이든, 자연적이든, 인공적이든 간에, 행위자들이 문제적 배치에 공동으로 연루되어 있음이 공중으로 일컬어지는 얽힘의 번성을 보장한다."[28] 리프먼은 확실히 그런 얽힘을 승인할 것인데, 그 이유는 그가 "근대 민주주의 이론에서 나타나는 '사물에 대한 반감'에…명시적으로 이의를 제기하"[29]기 때문이다. 마레는 "기술사회에서 민주주의에 관한 실용

---

26. 같은 책, 44.
27. 같은 곳.
28. 같은 책, 46.

주의적 이론들이 과학적 자유주의와 관련된 객체중심적인 공중과는 명백히 다른 물질적 공중을 부각한다"[30]라는 점을 강조하려고 애쓴다. 이른바 이들 객체중심적인 이론은 사실상 칼 포퍼에 의해 요청된 그런 종류의 문제 해결 기술관료제 – 객체에 대한 우리의 항구적인 무지 및 적절한 지식에 의한 객체의 불가해성과 관련된 모든 감각을 상실하는 이론 – 에 불과하다. 더욱이, 자유주의자들 사이에서는 객체를 과학과 더불어 합의와 관련시키는 오랫동안 지속한 경향이 있었는데, 그리하여 모든 갈등과 의견 불일치는 스펙트럼의 인간 쪽에만 속할 수 있었다. 하지만 마레류의 실용주의는 객체를 인식론적 대상에서 분쟁의 대상으로 전환함으로써 라투르의 이론에 가까이 접근한다. 그런데 또한 마레는 샹탈 무페의 견해에도 접근하는 것처럼 보이는데, 무페는 "공중을 '객체들의 평면'에서 형성되는 것으로 다룰 뿐만 아니라 민주주의에서 '분쟁과 갈등'의 동학에 형성적 역할을 부여하는 것도 가능함을 보여준다." 무페가 라투르만큼 객체지향적인 사상가인지는 나에게 명료하지 않지만, 우리는 앞서 무페와 라투르가 전면적인 라투르-무페 대화를 흥미로운 과제로 만들 그런 식으로 슈미트에게서 유사한 교훈을 도출함을 알게 되었다.

---

29. 같은 책, 49.
30. 같은 책, 55.

리프먼, 듀이, 그리고 라투르

이제 우리는 다음과 같은 라투르의 중요한 구절을 네 번째 이자 마지막으로 인용하자.

아리스토텔레스 대신에 실용주의자들과 특히 존 듀이에게 의 지하자⋯〔듀이〕는 월트 리프먼에게서 힌트를 얻어 '공중의 문 제'를 〔언급했다〕. 여기에 급진적인 의미의 코페르니쿠스적 혁 명이 있는데, 그것은 바로 아무 쟁점도 없는 상태에서 정치를 규 정하려고 시도하는 대신에 어떤 새로운 공중을 생성하게 하 는 쟁점을 중심으로 공중들을 공전하게 하는 것이다(RGDV, 814~5).

라투르는 코페르니쿠스적 혁명이라는 칸트의 은유에 대하여 매우 일관되게 비판적일뿐더러 '급진적'이라는 근대적 형용사에 대한 거부감도 매우 크기에, 우리는 그가 이들 용어를 드물게 도 긍정적인 취지에서 사용하는 경우에 주목해야 한다. 라투르 는 칸트가 철학의 역사에서 정화 혁명 – 대단히 많은 학자가 칸트 에게 그 영예를 귀속시키는 혁명 – 을 이루어냈다는 점을 부정하 더라도, "아무 쟁점도 없는 상태에서 정치를 규정하려고 시도하 는 대신에 공중들이 그것들을 둘러싸고 한 공중을 생성하는 의제들을 마침내 돌아보게 하는 것"이라는 정치적 원리에는 코페르니쿠스적 지위를 부여한다. 라투르는 '객체'와 '사물'을 '쟁점'의 동의어로 사용하고 있기에 그 원리를 다음과 같이 다시 서술하자. "아무 객체도 없는 상태에서 정치를 규정하려고 시도하는 대신에 공중들이 그것들을 둘러싸고 한 공중을 생성하는 객체들을 마침내 돌아보게 하는 것은 급진적인 의미의 코페르니쿠스적 혁명이다." 라투르가 객체지향 정치를 요청하는 의도는 정치를 순전한 인간 상호작용의 영역에서 떼어놓기 위함인데, 이것은 페르 쇼우텐이 인간은 대체로 비인간 매개자들에 의해 개코원숭이를 넘어선다는 라투르와 스트럼의 진술에서 감지한 평생의 전략이다. 「상호객체성에 관하여」라는 1996년 논문에서 표명된 라투르의 유쾌한 진술을 떠올리자. "내가 우표를 구매하려고 판매대에 다가가서 창구에 대고 이야기하는 동안 내게는 가족도 없고 동료도 없고 나를 괴롭히는 상사도 없다. 그리고 감사하게도, 그 판매원은 내게 자신의 장모에 관한 이야기도 하지 않고 자기 애인의 치아에 관한 이야기도 하지 않는다"(INT, 233). 점점 더 고답적인 것이 되어 가는, 근대 철학의 용어들을 사용하면, 정치는 주체보다 객체와 더 많이 관련되어 있다. 그 이유는 돌과 중성자가 투표권을 갖거나 의석을 차지할 자격을 갖추고 있기 때문이 아니라, 과학이 실재계에 대한 직접적인 접근과 관련된 것이 아닌 것과 마찬가지로 정치가 인간의 권력 투쟁과 관련된 것이 아니기 때문이다.

마레가 '쟁점들과 그 궤적들'에 관해 언급할 때, 우리는 '객체들과 그 궤적들'이라는 같은 의미의 구절도 생각할 수 있다. 정치는 그런 객체들의 현존이 필요하다. 라투르가 서술하는 대로, "드 브리스는, 듀이에 대한 누르츠 마레의 재해석을 좇아서, 정치를 일종의 절차로도 생명의 영역으로도 다시 정의하지 않는다. 정치는 어떤 본질이 아닌데, 그것은 움직이는 것이고, 그것은 궤적이 있는 것이다"(RGDV, 814). 어쩌면 라투르가 궤적에 관해 언급한 가장 흥미로운 발언은 그가 '정치적-1단계'에서 '정치적-5단계'까지 이어지는 스펙트럼을 도입한 2007년에 표명되었을 것이다. 또다시 '쟁점'이라는 낱말을 '객체'라는 동의어로 대체한 다음에 라투르가 우리에게 무엇을 말해줄 수 있는지 살펴보자. "천문학에서 항성이 천문학자들이 지도를 제작할 수 있게 된 일련의 변환이 일어나는 유일한 무대인 것과 마찬가지 방식으로, 객체는 자신의 이력에서 어디에 있는지에 따라 다양한 양태를 제시한다." 앞서 우리가 이해한 대로, 라투르의 경우에 일반적으로 객체는 모호한 배경 관심사(정치적-1단계)에서 공중이 생겨나게 하는 문제(정치적-2단계)로, 주권자 개입의 현장(정치적-3단계)으로, 명시적인 정치적 논쟁과 문제 해결의 영역(정치적-4단계)으로, 마침내 평범한 관리의 문제(정치적-5단계)로 연쇄적으로 이행한다. 자연스럽게도, 확실히 흔한 일은 아니지만, 반대 방향의 움직임 역시 가능하다. 미합중국에서 널리 퍼진 식수의 불소화 조치는 처음에는 공산주의적 계획이라고 주장하는 일부 사람의 반대에 부딪혔고, 나중에는 대체로 괴짜들의 음모론에서 비판받는 꽤 평범한 공중보건 조치로 전환되었으며, 그리고 현재는 점점 그 수가 늘어나는 전문의들의 공격을 또다시 받고 있다. 요약하면, 그 불소화 조치는 정치적-3단계에서 정치적-5단계로 이행하였지만, 현재는 필시 정치적-4단계로 후퇴한 상태다. 미합중국에서는 남성 유아에 시술되는 포경 수술의 경우에도 마찬가지 상황이 벌어졌는데, 그 수술은 수십 년 동안 표준적인 신생아 시술로 여겨진 후에 신뢰받기에는 너무나 수지맞고 불필요한 산업으로 공격받게 되었다. 이 경우에, 포경 수술 역시 불소화와 매우 흡사한 방식으로 과정이 반전됨으로써 상류를 거슬러 올라가는 연어처럼 정치적-5단계에서 정치적-4단계로 이행하였다. 심지어, 이를테면 미합중국에서 금주령이 내려진 시기의 술처럼, 정치적-5단계 쟁점이 흐름을 거슬러 곧장 주권자 개입의 대상으로서 정치적-3단계로 이행하는 사례도 많이 있다. 객체가 정치적-2단계나 정치적-1단계까지 멀리 후퇴할 수 있는지는 더 의심스러운 것처럼 보이지만, 어쩌면 몇 가지 사례를 찾아볼 수 있을 것이다. 어쨌든, 이제 리프먼과 듀이를 간단히 재론하기 위해 제쳐놓아야 하는 주제이지만, 정치적 쟁점이 겪는 이력의 궤적은 라투르의 가장 흥미로운 미완의 것 중 하나임이 틀림없다.

어쩌면 리프먼의 『유령 공중』에서 가장 흥미로운 관념은, 각각의 쟁점/객체가 모든 가능한 쟁점에 어리석게도 관여하는 동일한 익명의 회색 대중 대신에 새로운 공중을 생성한다는 착상일 것이다. 이것은 사실상 낙관주의에 대한 어떤 근거를 제공하는데, 그 이유는 그것이 훌륭한 민주주의 시민은 만사에 정통해야 한다는 터무니없는 기대를 없애버리기에 누군가가 어떤 쟁점에서 괴리될 때마다 민주주의가 거대한 실패작인 것처럼 보이게 하지 않기 때문이다. "유럽의 현실적인 정치사상가들은 오래전에 인민 대중이 공무의 진행을 주도한다는 관념을 버렸"[31]지만, 자기지배를 위해 자국의 시민을 교육해야 한다고 여전히 가정하는 미합중국에서는 이 주제로 인해 특별한 골칫거리가 유발되었다. 리프먼은 자신이 최근에 읽었던 교과서에 관해 말하면서 "도시 하수구에서 인도의 아편까지, 자신이 생각하기에, 모든 것을 언급하는 그 교과서의 저자는 한 가지 결정적인 사실을 놓치고 있다"라고 이의를 제기하는데, "그 시민은 공적인 사안에 자신의 시간을 조금밖에 쏟지 않는다."[32] 그런 책의 불행한 독자는

언제나 모든 것에 관해 알 수는 없으며, 그리고 그가 한 사물을 쳐다보고 있는 동안 천 개의 다른 것이 큰 변화를 겪는다. 그가 최선을 다할 곳에, 그리고 자신의 본질적으로 아마추어

---

31. Walter Lippmann, *The Phantom Public* (New Brunswick : Transaction Publishers, 1993), 9. [월터 리프먼, 『환상의 대중』, 오정환 옮김, 동서문화사, 2018.]
32. 같은 책, 14. [같은 책.]

적인 소양에 어울리는 방식으로 자신의 주의를 고정하기 위한 어떤 합리적 근거를 찾아낼 수 없다면, 그는 세 개의 뼈를 동시에 핥으려고 하는 강아지처럼 당황할 것이다.[33]

당대의 가장 정통한 저널리스트 중 한 사람인 리프먼 자신조차도 필시 민주주의 시민의 공식적인 의무에 부응할 수 없는데, "왜냐하면, 공익사업이 나의 관심사이기에 그것을 지켜보느라고 대부분의 시간을 보내지만, 나는 민주주의 이론에서 나에게 기대하는 일 ─ 즉, 무슨 일이 진행 중인지 인식하면서 자기지배적인 공동체가 직면하는 모든 문제에 관해 표명할 만한 의견을 갖는 것 ─ 을 할 시간을 마련할 수 없기 때문이다."[34] 달리 진술하면, "공중이 하루에 대략 삼십 분 동안 신문을 읽는 바쁜 사람들로 이루어져 있다는 사실을 떠올리면, 공중이 제대로 해낼 수 있다는 점을 부정하는 것은 무정한 태도가 아니라 단지 신중한 태도일 따름이다."[35] 누군가가 학생으로서 할 수 있는 최선의 일은 일반적인 지적 태도를 발달시키고 인간사에서 나타나는 기본 패턴을 알아차리는 법을 배우는 것이다. 그런데 "그런 패턴은 교사에 의해 발명될 수 없다. 그런 패턴을 탐지하는 것은 정치 이론가의 과업이다. 정치 이론가는 자신의 과업을 수행하

---

33. 같은 책, 15. [같은 책.]
34. 같은 책, 10. [같은 책.]
35. 같은 책, 109. [같은 책.]

면서 대중이 정치적 재능을 갖추고 있다고 가정하지 말아야 하고, 오히려 그 사람들은 재능을 갖추고 있더라도 공적인 사안에 쏟을 시간과 주의가 단지 조금밖에 없을 것이라고 가정해야 한다."[36] 여기서 리프먼은 인간의 무지에 대하여 최소한 라투르 자신의 자각만큼 폭넓은 자각을 보여준다. 유식한 민주주의 시민을 형성하려는 다양한 절망적인 노력은 사실상 절망할 권리가 전혀 없는데, 그 이유는 이들 노력이 오로지 어떤 그릇된 이상을 스스로 선택함으로써 곤경에 빠지기 때문이다.

> 나는 탐탁지 않은 이상을 뜻하지 않는다. 나는 달성할 수 없는 이상을 뜻하는데, 단지 뚱뚱한 사람이 발레 댄서가 되려고 하는 것이 좋지 않다는 의미에서 좋지 않을 따름인 이상을 뜻한다. 이상은 그 주체의 참된 가능성을 표현해야 한다. 그렇지 않은 경우에 이상은 참된 가능성을 차단한다. 전능한 주권적 시민이라는 이상은, 내가 보기에, 그런 그릇된 이상이다.[37]

사실상 그 범위가 한정된 우리의 능력은 단지 정치와 관련되어 있지 않고 오히려 우리 삶의 모든 양태에 확대된다.

---

36. 같은 책, 17. [같은 책.]
37. 같은 책, 29. [같은 책.]

농부는 밀을 심을 것인지 혹은 옥수수를 심을 것인지 결정하고, 정비사는 펜실베이니아 정비소에서 제안된 일자리를 택할 것인지 혹은 이리Erie 정비소에서 제안된 일자리를 택할 것인지 결정하고, 포드 자동차를 구매할 것인지 피아노를 구매할 것인지 결정하며, 그리고 포드 자동차라면, 엘름 스트리트에 있는 매장에서 구매할 것인지 혹은 자신에게 광고 전단을 보낸 판매원에게서 구매할 것인지 결정한다. 이들 결정은 그에게 제시된 꽤 협소한 선택지에 대하여 이루어지는데, 그는 세상의 모든 여성과의 결혼을 고려할 수 없는 것과 꼭 마찬가지로 세상의 모든 직업을 놓고서도 선택할 수 없다.[38]

공중은 수백만 명의 그런 사람으로 구성되어 있는데, 그들은 모두 자신들의 지도자들과 가장 예리한 공무 저널리스트들보다 조금 더 무지할 따름이다. 그런 사람들을 모두 공중으로 불리는 단일한 무정형의 덩어리로 추상적으로 반죽하는 것은, 일부 철학자가 생각한 대로, 더 상위의 통일체를 창출하지 않는다. 리프먼이 서술하는 대로, "다수의 인간으로부터 하나의 일반의지를 구성하는 것은, 매우 많은 사회철학자가 추측한 대로, 헤겔주의적 불가사의가 아니라, 오히려 지도자들, 정치인들, 그리고 운영위원들에게 잘 알려진 기술이다."[39] 진정한 덩어리

---

38. 같은 책, 35. [같은 책.]

는 존재하지 않고, 오히려 리프먼이 "심층 다원주의"라고 일컫는 것만이 존재할 뿐이다.

이런 심층 다원주의에 맞서 주장한 사상가들의 노력을 헛된 것이었다. 그들은 사회적 유기체들과 민족적 영혼들, 대령大靈들, 그리고 집단적 영혼들을 발명했다. 그들은 유망한 비유를 찾아서 벌집과 개미탑으로, 태양계로, 인체로까지 나아갔다. 그들은 연합의 어떤 근거를 찾아내려는 노력의 일환으로 더 상위의 통일체를 찾아서 헤겔에게, 일반의지를 찾아서 루소에게 기대었다.… 그렇지만 우리는 다양성을 흡수하는 하나의 통일체를 찾아낼 것이라고 더는 기대하지 않는다.[40]

이렇게 해서 리프먼은 보기보다 냉소적이지 않은 결론에 이르게 된다. "일단의 삽다한 의견이 결국 집행 조치로 이행될 수 있기 전에 선택지는 소수의 대안으로 축소된다. 채택된 대안은 대중에 의해 집행되는 것이 아니라, 대중의 에너지를 통제하는 개인들에 의해 집행된다."[41] 리프먼은 그 주제를 계속 진전시키는데, "우리는 인민이 통치한다는 관념을 버려야 한다. 그 대신에 우리는, 인민은 간헐적으로 다수자로서 동원됨으로써 실제로

39. 같은 책, 37. [같은 책.]
40. 같은 책, 87~8. [같은 책.]
41. 같은 책, 38. [같은 책.]

통치하는 개인들을 지지하거나 반대한다는 이론을 채택해야 한다. 우리는 대중의 의지가 지속적으로 주도하는 것이 아니라 오히려 간헐적으로 개입한다고 말해야 한다."[42] 그러므로 "사람들이 명백히 상충하는 목적들을 지니고 있더라도 인류는 당신 혹은 내가 우연히 대변자로서의 권한을 부여받게 되는 어떤 포괄적인 목적을 지니고 있다고 주장하는 것은 아무 근거도 없다. 그 주장은 우리가 공중은 어떤 심층적인 방식으로 메시아적 힘이라는 결론을 내리는 순환 논리에 빠져들어야 한다는 것에 지나지 않는다."[43] 오히려, "여론의 이상은 어떤 문제의 위기 동안 그 위기를 수습할 수 있을 그런 개인들의 행위를 지지하는 방식으로 사람들을 단결시키는 것이다."[44] 달리 진술하면, "타협할 수밖에 없게 된 사람들이 서로 너그러워지도록 어떤 위기에 처했을 때 힘의 사용을 점검하는 것이 여론의 기능이다."[45]

이제 리프먼은 자신의 책 제목을 다시 거론하는데, 마레는 그 제목이 키르케고르에게서 빌린 것임을 밝혔다. "사건의 진행을 주도하는 공중이 있다는 믿음"에 반대하여, "나는 이런 공중이 한낱 유령에 불과하다고 생각한다."[46] 그 관념은 두드러지게

---

42. 같은 책, 51~2. [같은 책.]
43. 같은 책, 57. [같은 책.]
44. 같은 책, 58. [같은 책.]
45. 같은 책, 64. [같은 책.]
46. 같은 책, 67. [같은 책.]

간단한데, "철도 파업의 경우에 공중은 어쩌면 그 철도회사의 고객인 농부들일 것이고, 농업 관세의 경우에 공중은 어쩌면 파업에 참여한 바로 그 철도회사 직원을 포함할 것이다. 내가 이해하기에, 공중은 개인들의 고정된 집단이 아니다. 공중은, 어떤 사태에 관심이 있으며 오로지 그 행위자들을 지지하거나 반대함으로써 그 사태에 영향을 미칠 수 있는 그런 사람들일 따름이다."[47] 리프먼은 그 책의 10장에서 다시 한번 그 주제를 거론한다.

> 공중의 자격은 고정되어 있지 않다. 그것은 쟁점에 따라 바뀐다. 한 사태의 행위자는 다른 한 사태의 구경꾼이며, 사람들은 자신이 집행자인 장과 자신이 공중의 구성원인 장 사이에서 끊임없이 왔다 갔다 하고 있다. … 어떤 사람이 자신의 의견을 집행하고 있는지 아니면 집행하고 있는 다른 누군가의 의견에 영향을 미치기 위해 행동하고 있을 따름인지 구별하기가 어려운 중간지대〔역시〕존재〔하지만 말이다〕.[48]

혹은 또다시, "공중을 구성하는 방관자들의 무작위적인 집단은, 그들이 그럴 마음을 품고 있더라도, 오늘의 모든 문제에 개입

---

47. 같은 곳.
48. 같은 책, 100. [같은 책.]

할 수는 없다."⁴⁹ 드물지 않게도, 그들은 사실상 개입하도록 요청받는다. 왜냐하면 "해소하기 가장 어려운 논란"과 관련된 문제의 경우에 "…공중이 판정하도록 요청받"기 때문이다. "사실이 대체로 모호한 경우에, 선례가 없는 경우에, 새로움과 혼동이 만연하는 경우에, 공중은 그 모든 부적합한 상황에서 자신의 가장 중요한 결정을 내릴 수밖에 없다. 가장 어려운 문제는 제도가 처리할 수 없는 것이다. 그것이 바로 공중이 처리할 문제다."⁵⁰ 리프먼이 "공중을 형성하는 방관자의 무작위적인 집합체"를 지나가는 길에 언급함에도 불구하고, 공중은 사람들의 무작위적인 집합체도 아니고 심지어 보편적인 집합체도 아니라, 오히려 발생하는 각각의 쟁점에 대하여 각기 다른 특정한 집단이다. 그들은 "제도가 처리할 수 없는…가장 어려운 문제"를 위해 존재한다고 리프먼은 말했다. 리프먼의 스파링 파트너인 듀이는 곧 우리에게 공중의 과업은 바로 그런 문제들을 처리할 수 있는 새로운 제도를 창출하는 것이라고 말해줄 것이다. 리프먼이 라투르의 『자연의 정치』에서 '고려하기'로 알려진 국면을 표현한다면, 듀이는 '서열대로 배치하기'라는 상보적 국면에 관해 약간 더 많이 이야기한다.

듀이는 다음과 같이 표현함으로써 공중의 본성을 분명히

---

49. 같은 책, 115. [같은 책.]
50. 같은 책, 121. [같은 책.]

하는데, "공중이 생겨나게 하는 사태의 본질은 그 사태가 그것을 초래하는 데 직접 개입한 사람들 너머로 확대된다는 사실이다."[51] 이런 이유로 인해 "그런 사태가 처리될 수 있으려면 특별한 기관과 조치가 세워져야 하거나, 아니면 어떤 기존 집단이 새로운 기능을 떠맡아야 한다."[52] 이런 긴요한 과업은 생각보다 더 광범위하고 더 어려운데, 그 이유는 새로운 사태를 처리하기 위한 새로운 제도를 갖추어야 할 필요성과 기존 제도의 저항 사이에 끊임없는 긴장이 존재하기 때문이다.

생겨나는 새로운 공중은 오랫동안 여전히 어설프고 조직되지 않은 상태에 있을 것인데, 그 이유는 그것이 물려받은 정치적 기관들을 사용할 수 없기 때문이다. 이들 기관은, 정교하고 잘 제도화되어 있지만, 새로운 공중의 조직화를 가로막는다. 그것들은, 사회적 삶이 더 유동적이고 소정의 정치적 주형과 법적 주형에 덜 빠져들게 된다면 빠르게 성장할 새로운 국가 형태들의 발달을 방해한다. … 정치적 형식들을 생성한 공중은 사라지고 있지만, 권력과 소유욕은 죽어가고 있는 공중이 만들어낸 공무원과 기관들의 수중에 여전히 있다. 이런 이유로 인

---

51. John Dewey, *The Public and Its Problems : An Essay in Political Inquiry* (University Park : Penn State University Press, 2012), 54. [존 듀이, 『공공성과 그 문제들』, 정창호·이유선 옮김, 한국문화사, 2014.]
52. 같은 곳.

해 국가 형태의 변화는 흔히 혁명의 결과로서 초래될 따름이다. … 국가는 바로 그 본성에 의해 언제나 조사되고 탐구되며 탐색되어야 하는 것이다. 국가는 그 형태가 안정되자마자 거의 곧장 재건되어야 한다.[53]

듀이는 계속해서 정치의 실험적 양태를 강조한다.

구체적인 사실에서, 현실적이고 구체적인 조직과 구조에서, 최선의 것이라고 할 수 있는 국가 형태는 찾아볼 수 없는데, 적어도 역사가 끝날 때까지는 찾아볼 수 없고, 따라서 누구나 그것의 온갖 다양한 형태를 조사할 수 있다. … 그리고 행위의 조건과 탐구 및 지식의 조건은 언제나 변화하기에 그 실험은 언제나 다시 시도되어야 한다. 국가는 언제나 재발견되어야 한다.[54]

그 특질이 철저히 실용주의적인 듀이의 관념과 관련된 한 가지 중요한 관념은, 국가의 인과적 기원으로 추정되는 것을 찾느라고 시간을 낭비하지 말아야 하고 오히려 단적으로 그 결과에 유의해야 한다는 관념이다. "살펴보기에 잘못된 장소는 … 고유한 생성력에 의해 국가를 산출한다고 추정되는 이른바 인과

---

53. 같은 책, 56. [같은 책.]
54. 같은 책, 57. [같은 책.]

적 행위주체성의 영역, 근원의 영역, 힘들의 영역에 있다."[55] 듀이는 헤겔을 명시적으로 비판하면서 다음과 같이 덧붙인다. "결합력이 선험적 보편성을 갖는다는 관념은, 고유한 경계, 한계, 다른 국가들에 대한 무관심과 심지어 적개심을 갖추고서 각각 국소적으로 다수의 국가가 존재한다는 명백한 사실에 부딪혀 즉시 타파된다."[56] 이렇게 해서 듀이는, "보편적 이성은 산맥을 건널 수 없기 마련이고 목적은 강물에 가로막힐 것이라는 주장은 특이하다고 해도 전혀 지나치지 않다"[57]라는 해학적인 여담을 표명하게 된다. 그리하여 "결과 인식을 결정적 인자로 만드는 이론만이 다수의 국가가 있다는 사실에서 자신을 확증하는 특질을 찾아낼 수 있다"[58]는 것이 당연히 도출된다. 그런데 "정치적 형식의 균일성보다 오히려 다양성이 규칙이라는 사실에도 불구하고, 하나의 원형적 존재자로서의 국가 자체에 대한 신념은 정치철학과 정치학에서 끈덕지게 존속한다."[59] 듀이는 이런 상황이 유감스럽다고 깨닫는데, 그 이유는 "고대 국가와 현대 국가, 서양 국가와 동양 국가에 공통적인 구조들을 '비교의 방법'에 의해 찾아내려는 엄청난 노력이 지금까지 모두 수포로 돌아

---

55. 같은 책, 60. [같은 책.]
56. 같은 책, 61. [같은 책.]
57. 같은 책, 63. [같은 책.]
58. 같은 곳.
59. 같은 책, 64. [같은 책.]

갔"[60]기 때문이다. 때때로 그로 인해 노골적인 형이상학적 낭비도 초래되었는데, 또다시 헤겔이 듀이의 과녁 중에 두드러진다.

> 그다음의 변증법적 결론은 그 의지가⋯ 모든 사적 의지 혹은 그런 의지들의 모든 집합체를 넘어서는 무언가, 즉 어떤 지배적인 '일반의지'라는 것이다. 이런 결론은 루소에 의해 도출되었으며, 그리고 독일 형이상학의 영향 아래 신비하고 초월적인 절대의지라는 독단으로 우뚝 서게 되었다.⋯이들 결론 중 어느 것에 대한 대안이든 그것은 근원적인 인과적 동인 이론을 포기하고 널리 분산된 영향에 관한 이론을 채택하는 것이다.[61]

리프먼과 듀이는 둘 다 공중을, 국소적이고 잠정적인 견지에서, 현행의 제도가 처리할 채비를 갖추고 있지 않은 어떤 참신한 쟁점/객체에 의해 형성되는 것으로 간주한다. 라투르가 이들 저자에게 동의하는 점은 알기 쉽다. 정치는 권력 대결과 언어 게임의 순전한 인간 영역이 아니라 오히려 인간과 사물의 혼성 교배에서 비롯되는데, 이것은 라투르의 정치적 저작뿐만 아니라 모든 저작의 주요한 주제 중 하나다. 어떤 주어진 쟁점에 영향을 받거나 관여하는 비전문가들은 말할 것도 없고 전문가들도

---

60. 같은 책, 65. [같은 책.]
61. 같은 책, 69. [같은 책.]

사물의 깊이를 완전히 가늠할 수는 없기에, 무지는 모든 인간 행위의 근저에 자리하고 있다. 이것이 라투르와 리프먼 둘 다를 소크라테스와 연계시키는 것인데, 한편으로 라투르는 소크라테스를 인식론 경찰로 잘못 해석하고, 다른 한편으로 리프먼은 소크라테스가 덕은 지식을 뜻한다고 생각하는 것(플라톤의 『메논』에서 알게 되는 사실의 정반대)으로 잘못 해석한다.[62]

진짜 의문은, 우리가 앞서 이해한 대로, 라투르와 듀이가 무지를 **충분히** 고려하는지 여부다. 라투르는 완전히 확신하고서 자신의 정치를 객체지향적이라고 일컫지만, 라투르와 듀이가 객체란 무엇이라고 생각하는지 한번 떠올려보자. 라투르의 경우에 객체는 따로 남겨진 어떤 본질적인 본성에 의해 규정되기보다는 오히려 그것의 효과와 관계들에 의해 규정되는 행위소다. 듀이의 경우에 객체는 감춰진 인과적 역능이라기보다는 그 결과다. 두 경우에 모두 우리는 하나의 철학으로서 충분히 존중받을 만한 실용주의의 궤도에 진입한다. 그런데 객체를 정치에 편입하는 것의 요점은 초월적 기준 없이 벌어지는 공허한 권력 대결에 대한 널리 퍼진 보형에 대항하는 것이었다. 라투르는 점진적으로 (『자연의 정치』에서) '미니-초월성'이라는 중기 라투르의 개념을 구축하고 마침내 (『양식들』에서) 자신의 철학 전체가 포괄적인 도덕에 의해 지배된다는 후기 라투르의 주장을 제

---

62. Lippmann, *The Phantom Public*, 20. [리프먼, 『환상의 대중』.]

기함으로써 자신의 초기 입장의 그런 결점을 해결한다. 하지만 객체가 그것의 현행 효과들로 이루어져 있거나, 혹은 심지어 그것의 가능한 효과들의 총합으로 이루어져 있다고 규정된다면 사실상 초월적인 것은 전혀 존재하지 않는다. 인간들 사이에 벌어지는 권력 대결을 사물들과 인간들 사이에 분산된 권력 대결로 대체하는 것은 단지 권력의 정치적 지배 위치를 옮기고서 그 지배를 유지하는 것에 불과하며, 따라서 인간과 사물이 어떤 관계적 네트워크에서 펼쳐지지 않은 경우에 정말로 무엇인지에 대한 감각을 전혀 제공하지 않는다. 레오 스트라우스가 우리 편이었기만 했더라면 다음과 같이 서술했었을 것이다. "그렇지만 원칙적으로, 이미 확정된 객체의 효과에 대해서는 의견 일치가 언제나 가능한 반면에, 객체 자체에 대해서는 언제나 다툼이 있다. 우리는 언제나 오직 객체가 무엇인지를 둘러싸고서 스스로 다투고 있다."

8장

맺음말

앞장에서 이루어진 고찰 덕분에 우리는 라투르가 이 책 전체에 걸쳐 논의된 여타 기본적인 형태의 근대 정치와 어떻게 다른지에 대한 감각을 강화할 수 있었다. 권력 정치의 경우에는 아무 객체도 존재하지 않는다. 인간 주체는 자신의 입김을 내뱉고 자신의 힘에 취함으로써 비인간의 놀라운 것들과 절대 접촉하지 않는데, 그 이유는 이것들이 정당화되지 않은 초월적인 부분들에 해당할 것이기 때문이다. 진리 정치의 경우에도 역시 아무 객체도 존재하지 않는다. 그 이유는 그것이 우리가 그러해야 한다고 생각하는 실재에 대한 어떤 확정된 모형으로 대체되기 때문인데, 이 모형에 어울리지 않는 실재의 모든 특질은 조기에 기차에서 내던져야 하는 불필요한 이데올로기적 수화물로 여겨진다. 객체는 '상품 물신주의'의 산물로 일축된다. "인간은 자유롭게 태어났으나, 어디서나 쇠사슬에 묶여 있다"라고 하는데, 그리하여 인간의 성취에 대한 모든 한계를 사회의 타락한 일터에서 제조되는 족쇄로 전환한다. 혹은 우익 판본의 진리 정치의 경우에, 철학자는 지식을 지니고 있지만 일반 인간 대중의 강한 무지로 인해 그것을 그 자신과 소수의 엘리트 학생에게만 한정해야 하는데, 독약을 마시고 싶지 않은 신중한 사상가라면 누구나 대중의 소박한 믿음에 아첨해야 한다. 두 경우 모두에서 모든 것은 인식되거나, 혹은 적어도 점근적으로 진전하는 방식으로 인식될 가능성이 있다고 여겨진다. 이와는 대조적으로, 라투르의 경우에 정치는 결코 정확히 '인식되'지 않는 객체들에 의해 촉발되며, 정치적-1단계에서 정치적-5단계까지 이르는 생명 주기를 따라서 제도적으로 관리된다. 여기서 정치는 주로 지식의 문제라기보다는 오히려 항구적인 놀라움의 문제다.

진리 정치와 권력 정치에서 좌익 정치와 우익 정치로 이행함으로써 또한 우리는 좌익 정치와 우익 정치의 경우에도 공히 아무 객체도 존재하지 않음을 알 수 있다. 이들 정치는 모두 과거의 불필요한 제약의 제거를 통한 진보에 대한 모형을 수용하거나, 아니면 『출애굽기』에서 아이스킬로스, 소크라테스, 루이 14세, 버크, 탈레랑, 링컨, 스탈린, 그리로 마오쩌둥에 이르기까지 동일한 인간 고난의 반복을 지켜본 사람들의 신중하고 비관주의적인 경계를 수용하는 근대적이고 인간중심적인 입장들이다. 이런 의미에서 라투르의 객체지향 정치는 어쩌면 좌익 정치보다 더 과감하고 우익 정치보다 더 신중하다. 어떤 상황에서도 우리는 정치적 객체가 실제로 무엇인지 결코 알지 못하는데, 소크라테스 자신과 거의 흡사하게도, 라투르는 좌익 정치나 우익 정치, 권력 정치나 진리 정치보다 우리의 근본적인 무지를 더 건전하게 존중한다. 라투르가 적절한 노선 위에 있다면, 이들 친숙한 분열은 사라지고 여전히 인식되지 않은 다른 것들로 대체될 법하다.

나는 라투르의 정치철학을 규명하는 데 도움이 될 네 가지 단서와 더불어 라투르가 회피해야 하는 네 가지 위험에 관해 언급함으로써 이 책을 시작했다. 이제 우리는 이들 여덟 가지 논점을 모두 재검토할 수 있기에 이전 장들에서 알게 된 것에 대한 감각을 획득할 수 있다.

첫째, 라투르의 정치철학을 세 가지 별개의 단계로 분할할 필요성이 언급되었다. 이런 분할은 유용한 것으로 판명되었다. 초기 라투르는 매우 흔쾌히 홉스와 마키아벨리의 비단 의상을 착용함으로써 정의와 힘 사이의 모든 구분을 없애 버린다. 중기 라투르는 셰핀과 셰퍼에 대한 1991년 응답 – "그렇지 않다. 홉스는 틀렸다!" – 으로 시작된다. 이제 권력 정치는 라투르에게 진리 정치가 언제나 그랬던 것과 꼭 마찬가지로 의심스러운 것이 되며, 그리고 그의 관심사는 현행의 정치적 집합체를 벗어나는 것이라면 무엇이든 탐지하는 데 자리하게 된다. 『양식들』 프로젝트의 후기 라투르는 마침내 정치를 실재 전체와 동일시하는 자신의 이전 경향에 종지부를 찍는데, 그 이유는 이제 정치가 다양한 양식 중 하나의 양식일 따름이기 때문이다.

둘째, 우리는 라투르가 평생에 걸쳐 정치인들을 존중한 점에 놀랐는데, 일반적으로 지식인들은 정치인들을 경멸한다. 이것에 대한 이유 역시 이제는 명백할 것이다. 훌륭한 정치인은 자신의 기술을 발휘해야 할 객체들을 그것들이 이러해야 하는 것에 대한 어떤 인식론적 모형으로 대체하려고 하지 않고, 혹은 심지어 힘의 작용을 벗어나는 그런 객체들이 존재하는 것에 대한 부인으로 대체하려고도 하지 않는다.[1] 이런 의미에서, 불가사의한 객체들의 추구자로서 정치인은 현장연구에 개입하는 철학자로도 여겨질 수 있을 것이다.

세 번째 단서는 2008년에 런던정경대학교에서 라투르가 표명한, 반동주의적 정치철학자들이 종종 루소 같은 정치적으로 '좋은 사람들'보다 더 흥미롭다는 통렬한 발언이다. 이것에 대한 이유 역시 이제는 명백하다. 현행의 인간 조건의 모든 결함의 원인을 사회에 현존하는 무지와 억압, 음모의 어떤 조합에 귀속시키는 것은 정치적 좌파의 특징이다. 지금까지 이런 모형이 많은 개별 사례에서 해방해 주는 것으로 판명되었지만, 그것은 본연의 정치보다 인식론 및 도덕과 더 많이 관련되어 있다. 우파는 인간 역사의 일반적인 상향 추세를 전혀 믿지 않고 오히려 이 역사를 언제나 동일한 영웅들과 연인들, 바보들을 토해내는 반복적인 희비극으로 간주하는 경향이 있기에, 정치의 작용을 유토피아에 이르는 길을 가로막는 유감스럽고 우연적인 장애물로 일축할 개연성이 더 적다. 그런데 라투르는 반동주의적 정치철학자들에게 매혹되지만, 그가 그들에 속한다고 여겨질 수는 없다. 라투르는 인간 본성에 대한 그들의 근본적인 비관주의를 품고 있지 않을 뿐만 아니라, 어떤 근본적인 진보도 이루어지지 않은 채로 동일한 인간 쟁점이 거듭해서 되풀이된다는 그들의 확신도 품고 있지 않다. 더욱이, 라투르는 인간 본성이 (좋든 나

---

1. Graham Harman, "On the Undermining of Objects : Grant, Bruno, and Radical Philosophy," *The Speculative Turn*을 보라.

쁘든 간에) 우선적으로 결정적인 정치적 쟁점이라는 우파와 좌파 둘 다의 암묵적인 확신도 품고 있지 않다. 라투르의 경우에, 정치는 최소한 주체의 문제만큼이나 객체의 문제이기도 하다.

네 번째 단서는 리프먼과 듀이가 정치철학에서 코페르니쿠스적 혁명을 일으켰다는 라투르의 확신이다. 7장에서 이 주장의 본성에 관한 고찰이 이루어졌다. 정치는 우리가 여전히 근본적으로 무지한 쟁점들/객체들의 극장이며, 그리고 이들 객체는 정치체에 속하는 인간 집단 전체에 의해 연속적으로 다루어지지 않고 오히려 매번 다른 관련 집단들에 의해 어떤 쟁점이 생겨난다. 이제 우리는 이런 관념이 라투르의 정치적 입장과 더 일반적으로 양립할 수 있다는 것을 알게 되었다.

또한, 라투르가 직면하는 네 가지 잠재적인 위험도 있었는데, 사실상 대륙적 전통에 속하는 정치철학에서 이루어지는 모든 시도가 이들 위험에 직면한다. 첫 번째 위험은 정치적 주제에 관한 노골적인 침묵의 위험이다. 스트라우스는 베르그송과 화이트헤드, 후설, 하이데거가 모두 과거의 비견할 만한 인물들에 비해 정치철학에 관해 말한 바가 놀랄 정도로 거의 없었다고 신랄하게 주장했다. 이제 우리는 라투르가 정치철학에 관해 절대 침묵한 채로 있지 않음을 알게 되었다.

두 번째 위험은 도처에서 무제한으로 정치를 찾아내는 정반대의 위험이다. 우리는 이런 특정한 문제가 자신의 경력 대부분 동안 라투르를 괴롭혔음을 앞서 알게 되었다. 라투르는 『양식들』에 이르러서야 이 위험에서 궁극적으로 벗어나게 되는데, 여기서 정치는 마침내 다양한 존재양식 가운데 하나의 양식에 불과한 것으로서 포함되고 한정된다.

세 번째 위험은, 대륙철학 진영에서 다시 한번 가장 유행하는 정치적 견해가 된 좌익 정치에 아첨하고 싶은 유혹이다. 거리에서 최루 가스와 경찰봉을 뚫고서 자본주의를 제압하는 데에는 어쩌면 대단한 용기가 필요할 것이지만, 21세기 초의 지적 모임에서 자본주의에 소리치는 데에는 도대체 아무 용기도 필요하지 않다. 이것은 자동적으로 유행이 잘못되었음을 뜻하는 것은 아니고, 오히려 대륙철학자들 사이에서 어떤 순응주의가 생겨남으로써 이제 정치적 생물다양성이 위험할 정도로 낮은 수준에 이르렀음을 뜻한다. 라투르의 접근법은, 그의 적들이 그의 주장을 그저 조롱거리로 만들기보다는 오히려 그의 주장과 기꺼이 다투는 한, 그런 생물다양성을 증진할 만큼 충분히 참신하다.

네 번째 위험은 모든 정치를 권력 투쟁에 지나지 않은 것으로 전환하기의 위험이다. 이제 우리는 라투르가 권력 정치(그의 최초 견해)가 진리 정치(그가 언제나 반대한 견해)에 못지않게 결함이 있음을 점점 더 깨닫게 된다는 것을 알게 되었다. 라투르의 '미나-초월성'에의 호소, 그리고 사물-자체가 집합체에-의해-현재-인식되지-않은-객체로 대체되어야 한다는 라투르의 단언이 권력을 초월하는 어떤 실재를 제대로 다룰 만큼 충분히 강건한지 여부는 별개의 문제다.

브뤼노 라투르는 자신의 『양식들』 프로젝트의 다양한 결과를 규명하느라고 여전히 열심히 작업하고 있고, 게다가 가이아의 정치적 함의를 탐구하는 데에도 여전히 매우 많은 시간을 들이고 있다. 그러므로 나는 이 책이 라투르의 정치철학에 관한 나의 최종적인 발언일지 전혀 확신할 수 없다. 하지만 나는 한 가지 점은 확신하는데, 말하자면 라투르를 좌익 정치, 우익 정치, 진리 기반 정치, 혹은 권력 기반 정치로 특징지어질 수 있는 정치와 연관시키는 것은 더는 가능하지 않다. 라투르의 철학적 궤적을 살펴보면 네 가지 정치적 극은 모두 마찬가지로 불가능해진다. 라투르의 정치철학에 관한 모든 논의는 부르주아지 및 신자유주의자들과 관련된 산만한 모욕 행위로 시작할 것이 아니라 바로 여기서 시작해야 한다.

:: 참고문헌

이 책과 관련된 브루노 라투르의 단독저작, 공동저작, 혹은 편집서(연대순으로 정리)

with Michel Callon, "Unscrewing the big Leviathan : How actors macro-structure reality and how sociologists help them to do so," *Advances in Social Theory and Methodology : Toward an Integration of Micro- and Macro-Sociologies*, eds. K. Knorr-Cetina and A.V. Cicourel (London : Routledge & Kegan Paul, 1981).

with Steve Woolgar, *Laboratory Life : The Construction of Scientific Facts* (Princeton : Princeton University Press, 1986). [브루노 라투르·스티브 울거, 『실험실 생활 : 과학적 사실의 구성』, 이상원 옮김, 한울, 2019.]

"The Powers of Association," *Power, Action and Belief : A New Sociology of Knowledge?*, ed. John Law, *Sociological Review* Monograph, no. 32 (1986) : 264~80.

Science in Action : How to Follow Scientists and Engineers Through Society (Cambridge : Harvard University Press, 1987). [브루노 라투르, 『젊은 과학의 전선 : 테크노 사이언스와 행위자-연결망의 구축』, 황희숙 옮김, 아카넷, 2016.]

with S.S. Strum, "Redefining the social link : From baboons to humans," *Social Science Information*, vol. 26, no. 4 (1987) : 783~802.

The Pasteurization of France, trans. A. Sheridan and J. Law (Cambridge : Harvard University Press, 1988).

"How to Write '*The Prince*' for Machines as Well as for Machinations," Article Number 36 on website of Bruno Latour, http://www.bruno-latour.fr/article?page=6에서 입수할 수 있음. 또한, Brian Elliott, ed., *Technology and Social Process* (Edinburgh : Edinburgh University Press, 1988), 20~43에서 입수할 수 있음. 이 책에서 인용된 쪽수는 라투르의 웹사이트 판본을 가리킨다.

"The Enlightenment Without the Critique : A Word on Michel Serres' Philosophy," *Contemporary French Philosophy*, ed. A.P. Griffiths (Cambridge : Cambridge University Press, 1987).

"Technology Is Society Made Durable," *A Sociology of Monsters : Essays on Power, Technology, and Domination*, ed. John Law, Sociological Review Monograph, no. 38 (1991) : 103~32.

We Have Never Been Modern, trans. C. Porter (Cambridge : Harvard University Press, 1993). [브뤼노 라투르, 『우리는 결코 근대인이었던 적이 없다』, 홍철기 옮김, 갈무리, 2009.]

"Pragmatogonies : A Mythical Account of How Humans and Nonhumans Swap Properties," *American Behavioral Scientist*, vol. 37, no. 6 (1994) : 791~808.

Aramis, or the Love of Technology, trans. C. Porter (Cambridge : Harvard University Press, 1996).

"On Interobjectivity," trans. G. Bowker, *Mind, Culture, and Activity : An International Journal*, vol. 3, no. 4 (1996) : 228~45.

with Emilie Hernant, *Paris Invisible City*, trans. L. Carey-Libbrecht, corrected by V. Pihet. http://www.bruno-latour.fr/virtual/index.html에서 입수할 수 있음. 원래 *Paris ville invisible* (Paris : La Découverte-Les Empêcheurs en rond, 1998)라는 불어 판으로 출판되었음.

Pandora's Hope : Essays on the Reality of Science Studies (Cambridge : Harvard University Press, 1999). [브뤼노 라투르, 『판도라의 희망 : 과학기술학의 참모습에 관한 에세이』, 장하원·홍성욱 책임 번역, 휴머니스트, 2018.]

"On the Partial Existence of Existing *and* Non-existing Objects," *Biographies of Scientific Objects*, ed. L. Daston (Chicago : University of Chicago Press, 2000), 247~69.

with Peter Weibel, eds., *Iconoclash : Beyond the Image Wars in Science, Religion and Art* (Cambridge : MIT Press, 2002).

War of the Worlds : What About Peace?, trans. C. Brigg (Chicago : Prickly Paradigm Press, 2002).

"What if We *Talked* Politics a Little?" *Contemporary Political Theory*, vol. 2, no. 2 (2003) : 143~64.

Politics of Nature : How to Bring the Sciences into Democracy, trans. C. Porter (Cambridge : Harvard University Press, 2004).

"Whose Cosmos, Which Cosmopolitics? Comments on the Peace Terms of Ulrich Beck," *Common Knowledge*, vol. 10, no. 3 (2004) : 450~62.

"Why Has Critique Run Out of Steam? From Matters of Fact to Matters of Concern," *Critical Inquiry*, vol. 30, no. 2 (2004) : 225~48.

with Peter Weibel, eds., *Making Things Public : Atmospheres of Democracy* (Cambridge : MIT Press, 2005).

"From Realpolitik to Dingpolitik, or How to Make Things Public," *Making Things Public* (2005).

Reassembling the Social : An Introduction to Actor-Network-Theory (Oxford : Oxford University Press, 2005).

"Turning Around Politics : A Note on Gerard de Vries' Paper," *Social Studies of Science*, vol. 37, no. 5 (2007) : 811~20.

"Can We Get Our Materialism Back, Please?," *Isis*, vol. 98 (2007) : 138~42.

"An Attempt at a 'Compositionist Manifesto'," *New Literary History*, vol. 41, no. 3 (2010) : 471~90.

"Coming Out as a Philosopher," *Social Studies of Science*, vol. 40, no. 4 (2010) : 599~608.

with Graham Harman, and Peter Erdélyi, *The Prince and the Wolf: Latour and Harman at the LSE* (Winchester: Zero Books, 2011).

An Inquiry into Modes of Existence: An Anthropology of the Modern, trans. C. Porter (Cambridge: Harvard University Press, 2013).

"Facing Gaia: Six Lectures on the political theology of nature," the Gifford Lectures on Natural Religion, Edinburgh, February 18~28, 2013. 현재 http://www.bruno-latour.fr/sites/default/files/downloads/GIFFORD-SIX-LECTURES_1.pdf에서 입수할 수 있음.

"Biography of an inquiry: On a book about modes of existence," *Social Studies of Science*, vol. 43, no. 3 (2013): 287~301.

"War and Peace in an Age of Ecological Conflicts," lecture given at the Peter Wall Institute for Advanced Studies, Vancouver, September 2013. http://www.bruno-latour.fr/article에서 논문 번호 130으로 입수할 수 있음.

"Another way to compose the common world," paper prepared for the session "The Ontological Turn in French Philosophical Anthropology," an Executive Session of the AAA Annual Meeting, Chicago, November 23, 2013. http://www.bruno-latour.fr/article에서 논문 번호 132로 입수할 수 있음.

"Let the dead (revolutionaries) bury the dead," published in a special issue of the Turkish journal of sociology *Birikim*, edited by Koray Caliskan. Noys, *The Persistence of the Negative*에서 인용되었고, 2014년 1월 10일 현재 http://www.translatum.gr/forum/index.php?topic=11884.0에서 입수할 수 있음.

Facing Gaia: Eight Lectures on the New Climatic Regime, trans. C. Porter (Cambridge: Polity, 2017).

Down to Earth: Politics in the New Climatic Regime (Cambridge: Polity, 2018) [브뤼노 라투르, 『지구와 충돌하지 않고 착륙하는 방법: 신기후체제의 정치』, 박범순 옮김, 이음, 2021].

다른 저자들의 저작(저자/편집자의 알파벳순으로 정리)

Acuto, Michele and Simon Curtis, eds., *Reassembling International Theory: Assemblage Thinking and International Relations* (Basingstoke: Palgrave Macmillan, 2014).

Agamben, Giorgio, *Homo Sacer: Sovereign Power and Bare Life*, trans. Daniel Heller-Roazen (Stanford: Stanford University Press, 1998). [조르조 아감벤, 『호모 사케르: 주권 권력과 벌거벗은 생명』, 박진우 옮김, 새물결, 2008.]

Badiou, Alain, *Logics of Worlds: Being and Event 2*, trans. A. Toscano (London: Continuum, 2006).

Barad, Karen, *Meeting the Universe Halfway: Quantum Physics and the Entanglement of Matter and Meaning* (Durham: Duke University Press, 2007).

Beck, Ulrich, *Risk Society : Towards a New Modernity* (London : Sage, 1992). [울리히 벡, 『위험사회 : 새로운 근대(성)을 향하여』, 홍성태 옮김, 새물결, 2006.]

_____, *Die Erfindung des Politischen* (Frankfurt : Suhrkamp, 1993). [울리히 벡, 『정치의 재발견 : 위험사회 그이후 재귀적 근대사회』, 문순홍 옮김, 거름, 1998.]

Blok, Anders and Torben Elgaard Jensen, *Bruno Latour : Hybrid Thoughts in a Hybrid World* (London : Routledge, 2012). [아네르스 블록·토르벤 엘고르 옌센, 『처음 읽는 브뤼노 라투르 : 하이브리드 세계의 하이브리드 사상』, 황장진 옮김, 사월의책, 2017.]

Brassier, Ray, "Concepts and Objects," *The Speculative Turn : Continental Materialism and Realism*, eds. L.R. Bryant, N. Srnicek, and G. Harman (Melbourne : re.press, 2011), 47~65.

Braudel, Fernand, *Civilization and Capitalism, 15th-18th century, Vol. 1 : The Structure of Everyday Life*, trans. S. Reynold (Berkeley : University of California Press, 1992). [페르낭 브로델, 『물질문명과 자본주의 I : 일상생활의 구조 상·하』, 주경철 옮김, 까치, 1995.]

Bryant, Levi R, Nick Srnicek, and Graham Harman, eds., *The Speculative Turn : Continental Materialism and Realism* (Melbourne : re.press, 2011).

Chalmers, David, *The Conscious Mind : In Search of a Fundamental Theory* (New York : Oxford University Press, 1997).

Cohen, Sande, "Science Studies and Language Suppression : A Critique of Bruno Latour's *We Have Never Been Modern*," *Studies in the History and Philosophy of Science*, vol. 28, no. 2 (1997) : 339~61.

Cornell, Drucilla, Michael Rosenfeld, and David Gray Carlson, eds., *Deconstruction and the Possibility of Justice* (New York : Routledge, 1992).

DeLanda, Manuel and Timur Si-Qin, "Manuel DeLanda in conversation with Timur Si-Qin" (Berlin : Société, 2012). 300부 한정판.

Derrida, Jacques, "Force of Law : The 'Mystical Foundation of Authority," *Deconstruction and the Possibility of Justice*, eds. D. Cornell, M. Rosenfeld, and D.G. Carlson (New York : Routledge, 1992), 3~67.

Descola, Philippe, *Beyond Nature and Culture*, trans. J. Lloyd (Chicago : University of Chicago Press, 2013).

de Vries, Gerard, *Bruno Latour* (Cambridge : Polity, 2016).

Dewey, John, *The Public and Its Problems : An Essay in Political Inquiry* (University Park : Penn State University Press, 2012). [존 듀이, 『공공성과 그 문제들』, 정창호·이유선 옮김, 한국문화사, 2014.]

Disch, Lisa J., "Representation as 'Spokespersonship' : Bruno Latour's Political Theory," *Parallax*, vol. 14, issue 3 (2008) : 88~100.

Elam, Mark, "Living Dangerously with Bruno Latour in a Hybrid World," *Theory, Culture and Society*, vol. 16, no. 1 (1999) : 1~24.

Eyers, Tom, "Think Negative!" *Mute*, April 7, 2011. http://www.metamute.org/edito-rial/articles/think-negative에서 입수할 수 있음.

Faye, Emmanuel, *Heidegger: The Introduction of Nazism into Philosophy in Light of the Unpublished Seminars of 1933-1935*, trans. M. Smith (New Haven : Yale University Press, 2011).

Gibbon, Edward, *The Decline and Fall of the Roman Empire* (New York: Modern Library, 2003). [에드워드 기번, 『로마제국 쇠망사 1』, 윤수인·김희용 옮김, 민음사, 2008.]

Griffiths, A. Phillips, ed., *Contemporary French Philosophy* (Cambridge : Cambridge University Press, 1987).

Harman, Graham, *Tool-Being: Heidegger and the Metaphysics of Objects* (Chicago : Open Court, 2002).

_____, "Bruno Latour and the Politics of Nature," *Humanity at the Turning Point : Rethinking Nature, Culture, and Freedom*, ed. S. Servomaa (Helsinki : University of Helsinki, 2006), 147~58.

_____, "The Importance of Bruno Latour for Philosophy," *Cultural Studies Review*, vol. 13, no. 1 (2007) : 31~49.

_____, *Prince of Networks: Bruno Latour and Metaphysics* (Melbourne : re.press, 2009). [그레이엄 하먼, 『네트워크의 군주 : 브뤼노 라투르와 객체지향 철학』, 김효진 옮김, 갈무리, 2019.]

_____, *Towards Speculative Realism: Essays and Lectures* (Winchester : Zero Books, 2010).

_____, "On the Undermining of Objects : Grant, Bruno, and Radical Philosophy," *The Speculative Turn*, eds. L.R. Bryant, N. Srnicek, and G. Harman (Melbourne : repress, 2011), 21~40.

_____, "On the Supposed Societies of Chemicals, Atoms, and Stars in Gabriel Tarde," *Savage Objects*, ed. G. Pereira (Lisbon : INCM, 2012).

_____, "McLuhan as Philosopher," *Bells and Whistles : More Speculative Realism* (Winchester : Zero Books, 2013), 180~97.

_____, "Conclusions : Assemblage Theory and Its Future," *Reassembling International Theory : Assemblage Thinking and International Relations*, eds. M. Acuto and S. Curtis (London : Palgrave Macmillan, 2014), 118~31.

_____, "Relation and Entanglement : A Response to Bruno Latour and Ian Hodder," *New Literary History*, vol. 45, no 1 (2014) : 37~49.

_____, "Agential and Speculative Realism : Some Remarks on Barad's Ontology," *Rhizomes*, issue 30 (2016).

_____, *Prince of Modes : Bruno Latour's Later Philosophy* (Melbourne : re.press), forthcoming.

Heidegger, Martin, *Bremen and Freiburg Lectures*, trans. A. Mitchell (Bloomington : Indiana University Press, 2012).

Hekman, Susan, "We have never been postmodern : Latour, Foucault, and the material of knowledge," *Contemporary Political Theory*, vol. 8, no. 4 (2009) : 435~54.

Hobbes, Thomas, *Leviathan* (Oxford : Oxford University Press, 2009). [토마스 홉스, 『리바이어던 1·2』, 진석용 옮김, 나남출판, 2008.]

James, William, *Essays in Radical Empiricism* (Lincoln : University of Nebraska Press, 1996). [윌리엄 제임스, 『근본적 경험론에 관한 시론』, 정유경 옮김, 갈무리, 2018.]

Jasanoff, Sheila, "Breaking the Waves in Science Studies : Comment on H.M. Collins and Robert Evans, 'The Third Wave of Science Studies'," *Social Studies of Science*, vol. 33, no. 3 (2003) : 389~400.

Jobs, Steve, "Steve Jobs on Apple's Resurgence : 'Not a One-Man Show'," *BusinessWeek*, May 12, 1998. http://www.businessweek.com/bwdaily/dnflash/may1998/nf80512d.htm에서 입수할 수 있음.

Kafka, Franz, *The Trial*, trans. B. Mitchell (New York : Schocken Books, 1998). [프란츠 카프카, 『심판』, 김현성 옮김, 문예출판사, 2007.]

Kendall, Gavin and Mike Michael, "Order and Disorder : Time, Technology, and the Self," *Culture Machine*, November 2001. https://culturemachine.net/interzone/order-and-disorder-kendall-michael/에서 입수할 수 있음.

Kervégan, Jean-François, "Carl Schmitt and 'World Unity'," *The Challenge of Carl Schmitt*, ed. C. Mouffe (London : Verso, 1999), 54~74.

Kymlicka, Will, *Contemporary Political Philosophy* (Oxford : Oxford University Press, 2002). [윌 킴리카, 『현대 정치철학의 이해』, 장동진 책임번역, 장휘·우정열·백성욱 공동번역, 동명사, 2018.]

Lacan, Jacques, *Écrits : The First Complete Edition in English*, trans. B. Fink (New York : W.W. Norton, 2007). [자크 라캉, 『에크리』, 홍준기·이종영·조형준·김대진 옮김, 새물결, 2019.]

Lévi-Strauss, Claude, *Structural Anthropology* (New York : Basic Books, 1963).

Lippmann, Walter, *Public Opinion* (New York : Free Press Paperbacks, 1997). [월터 리프먼, 『여론』, 이충훈 옮김, 까치, 2012.]

_____, *The Phantom Public* (New Brunswick : Transaction Publishers, 1993). [월터 리프먼, 『환상의 대중』, 오정환 옮김, 동서문화사, 2018.]

Lovelock, James, *Gaia : A New Look at Life on Earth* (Oxford : Oxford University Press, 2000). [제임스 러브록, 『가이아 : 살아있는 생명체로서의 지구』, 홍욱희 옮김, 갈라파고스, 2004.]

Luhmann, Niklas, *Social Systems*, trans. J. Bednarz Jr. and D. Baecker (Stanford : Stanford University Press, 1995). [니클라스 루만, 『사회적 체계들 : 일반이론의 개요』, 이철·박여성 옮김, 한길사, 2020.]

Machiavelli, Niccolò, *The Prince*, trans. P. Bondanella (Oxford : Oxford University

Press, 2008). [니콜로 마키아벨리, 『군주론』, 강정인·김경희 옮김, 까치, 2015.]

_____, *Discourses on Livy*, trans. J.C. Bondanella and P. Bondanella (Oxford : Oxford University Press, 2009). [니콜로 마키아벨리, 『로마사 논고』, 강정인·김경희 옮김, 한길사, 2018.]

Maniglier, Patrice, "Qui a peur de Bruno Latour?" *Le Monde* website, September 21, 2012. https://www.lemonde.fr/livres/article/2012/09/21/qui-a-peur-de-bruno-latour_1763066_3260.html에서 입수할 수 있음.

Marres, Noortje, "No issue, no public : Democratic deficits after the displacement of politics," Ph.D. dissertation, University of Amsterdam, The Netherlands, 2005. http://dare.uva.nl/record/165542에서 입수할 수 있음.

_____, *Material Participation : Technology, the Environment and Everyday Publics* (London : Palgrave Macmillan, 2012).

_____, "Nothing Special," *Drift wijsgerig festival*, ed. Deva Waal (Amsterdam : Drift, 2013), 9~19.

Marx, Karl, *Das Kapital*, Vol. 1. trans. B. Fowkes (New York : Vintage, 1977). [카를 마르크스, 『자본론 1-상·하』, 김수행 옮김, 비봉출판사, 2015.]

Maturana, Humberto R. and Francisco Varela, *Autopoiesis and Cognition : The Realization of the Living* (Dordrecht : D. Reidel, 1980). [움베르또 마뚜라나·프란시스코 바렐라, 『자기생성과 인지』, 정현주 옮김, 갈무리, 근간]

Meier, Heinrich, *Carl Schmitt and Leo Strauss : The Hidden Dialogue*, trans. J. Harvey Lomax (Chicago : University of Chicago Press, 1995).

Meillassoux, Quentin, *After Finitude : Essays on the Necessity of Contingency*, trans. R. Brassier (London : Continuum, 2008). [퀑탱 메이야수, 『유한성 이후 : 우연성의 필연성에 관한 시론』, 정지은 옮김, 도서출판b, 2010.]

Mouffe, Chantal, ed., *The Challenge of Carl Schmitt* (London : Verso, 1999).

Mouffe, Chantal, "Introduction : Schmitt's Challenge," *The Challenge of Carl Schmitt*, ed. C. Mouffe (London : Verso, 1999), 1~6.

_____, "Carl Schmitt and the Paradox of Liberal Democracy," *The Challenge of Carl Schmitt*, ed. C. Mouffe (London : Verso, 1999), 38~53.

Negri, Antonio and Michael Hardt, *Empire* (Cambridge : Harvard University Press, 2001). [안토니오 네그리·마이클 하트, 『제국』, 윤수종 옮김, 이학사, 2001.]

Noys, Benjamin, *The Persistence of the Negative : A Critique of Contemporary Continental Theory* (Edinburgh : Edinburgh University Press, 2012).

Peck, Jamie, *Constructions of Neoliberal Reason* (New York : Oxford University Press, 2013).

Pereira, Godofredo, ed., *Savage Objects* (Lisbon : INCM, 2012).

Pyyhtinen, Olli and Sakari Tamminen, "We have never been only human : Foucault and Latour on the question of the *anthropos*," *Anthropological Theory*, vol. 11, no. 2

(2011) : 135~52.

Rosen, Stanley, *The Mask of Enlightenment : Nietzsche's Zarathustra*, 2nd ed. (New Haven : Yale University Press, 2004).

Rousseau, Jean-Jacques, *Discourse on the Origin of Inequality*, trans. D. Cress (Indianapolis : Hackett, 1992). [장 자크 루소, 『인간 불평등 기원론』, 주경복 옮김, 책세상, 2018.]

_____, *The Social Contract and Other Later Political Writings*, trans. V. Gourevitch (Cambridge : Cambridge University Press, 1997). [장-자크 루소, 『사회계약론』, 김영욱 옮김, 후마니타스, 2018.]

Rozental, Stefan, ed., *Niels Bohr : His Life and Work as Seen by His Friends and Colleagues* (Hoboken : John Wiley & Sons, 1967).

Schmitt, Carl, *The Concept of the Political*, trans. G. Schwab (Chicago : University of Chicago Press, 2007). [카를 슈미트, 『정치적인 것의 개념』, 김효전·정태호 옮김, 살림, 2012.]

_____, *Constitutional Theory*, trans. J. Seitzer (Durham : Duke University Press, 2008).

Schouten, Peer, "The Materiality of State Failure : Social Contract Theory, Infrastructure and Governmental Power in Congo," *Millenium : Journal of International Studies*, vol. 41, no. 3 (2013) : 553~74.

_____, "Security in Action : How John Dewey Can Help Us Follow the Production of Security Assemblages," *Reassembling International Theory : Assemblage Thinking and International Relations*, eds. Acuto and Curtis (Basingstoke : Palgrave Macmillan, 2014), 91~7.

Serres, Michel, *The Natural Contract*, trans. E. MacArthur and W. Paulson (Ann Arbor : University of Michigan Press, 1995).

Servomaa, Sonja, ed., *Humanity at the Turning Point : Rethinking Nature, Culture, and Freedom* (Helsinki : University of Helsinki, 2006).

Shapin, Steven and Simon Schaffer, *Leviathan and the Air-Pump : Hobbes, Boyle, and the Experimental Life* (Princeton : Princeton University Press, 1985).

Shaviro, Steven, *Without Criteria : Whitehead, Deleuze, and Aesthetics* (Cambridge : MIT Press, 2009).

Stengers, Isabelle, *Cosmopolitics*, trans. R. Bononno, Two volumes (Minneapolis : University of Minnesota Press, 2010).

_____, *Thinking with Whitehead : A Free and Wild Invention of Concepts*, trans. M. Chase (Cambridge : Harvard University Press, 2011).

Strauss, Leo, *What is Political Philosophy?* (Chicago : University of Chicago Press, 1988). [레오 스트라우스, 『정치철학이란 무엇인가』, 양승태 옮김, 아카넷, 2002.]

_____, "Notes on Carl Schmitt, *The Concept of the political*," appendix to Schmitt, *The*

Concept of the Political, 99~122. [레오 스트라우스, 「카를 슈미트의 『정치적인 것의 개념』에 대한 주해」, 슈미트, 『정치적인 것의 개념』의 부록, 김효전·정태호 옮김, 살림, 2012.]

Strauss, Leo and Joseph Cropsey, *History of Political Philosophy*, 3rd ed. (Chicago : University of Chicago Press, 2007). [레오 스트라우스·조셉 크랍시 엮음, 『서양정치철학사 1』, 김영수 외 옮김, 인간사랑, 2010.]

Strong, Tracy B., "Foreword : Dimensions of the New Debate Around Carl Schmitt," in Schmitt, *The Concept of the Political* (Chicago : University of Chicago Press, 2007), ix~xxxi.

Tarde, Gabriel, *Monadology and Sociology*, trans. T. Lorenc (Melbourne : re.press, 2012). [가브리엘 타르드, 『모나돌로지와 사회학』, 이상률 옮김, 이책, 2015.]

Tolstoy, Leo, *War and Peace*, trans. R. Pevear and L. Volokhonsky (New York : Vintage, 2007). [레프 톨스토이, 『전쟁과 평화 1~4』, 연진희 옮김, 민음사, 2018.]

Tresch, John, "Mechanical Romanticism : Engineers of the Artificial Paradise," Ph.D. dissertation, University of Cambridge, 2001.

Vries, Gerard de, "What is Political in Sub-Politics? How Aristotle Might Help STS," *Social Studies of Science*, vol. 37, no. 5 (2007) : 781~809.

Waal, Deva, ed., *Drift wijsgerig festival* (Amsterdam : Drift, 2013).

Wainwright, Joel, "Politics of Nature : A Review of Three Recent Works by Bruno Latour," *Capitalism Nature Socialism*, vol. 16, no. 1 (2016) : 115~27.

Wark, McKenzie, "Accelerationism," *Public Seminar* blog, November 18, 2013. http://www.publicseminar.org/2013/11/accelerationism/에서 입수할 수 있음.

Watson, James D., *The Double Helix : A Personal Account of the Discovery of the Structure of DNA* (New York : Norton, 2001). [제임스 D. 왓슨, 『이중나선 : 생명구조에 대한 호기심으로 DNA구조를 발견한 이야기』, 최돈찬 옮김, 궁리, 2006.]

Whitehead, Alfred North, *Adventures of Ideas* (New York : Free Press, 1967). [알프레드 노스 화이트헤드, 『관념의 모험』, 오영환 옮김, 한길사, 1996.]

———, *Process and Reality* (New York : Free Press, 1979). [알프레드 노스 화이트헤드, 『과정과 실재 : 유기체적 세계관의 구성』, 오영환 옮김, 민음사, 2003.]

Whitehead, Alfred North and Lucien Price, *Dialogues of Alfred North Whitehead* (New York : Nonpareil Books, 2001). [알프레드 노스 화이트헤드·루시언 프라이스, 『화이트헤드와의 대화 : 철학자와 신문사 주필이 13년여 동안 나눈 세기의 대화록』, 오영환 옮김, 궁리, 2006.]

Žižek, Slavoj, *The Sublime Object of Ideology* (London : Verso, 1989). [슬라보예 지젝, 『이데올로기의 숭고한 대상』, 이수련 옮김, 새물결, 2013.]

———, "Carl Schmitt in the Age of Post-Politics," *The Challenge of Carl Schmitt*, ed. C. Mouffe (London : Verso, 1999), 18~37.

Žižek, Slavoj and Glyn Daly, *Conversations with Žižek* (Cambridge : Polity Press, 2003).